国家出版基金项目
NATIONAL PUBLICATION FOUNDATION

心理学与社会治理丛书
Series on Psychology and
Social Governance

丛书主编：杨玉芳　郭永玉

许　燕　张建新

Research on
the Happiness among
Chinese People:
Construction of an Index
System of Happiness

中国人幸福感研究
幸福指数指标体系的建构

陈红　著

北京师范大学出版集团
BEIJING NORMAL UNIVERSITY PUBLISHING GROUP
北京师范大学出版社

本研究成果得到了国家社会科学基金项目
"中国公民幸福指数的指标体系研究"
（项目批准号：12XSH018）的资助。

丛书编委会

主　　编　杨玉芳　郭永玉　许　燕　张建新

编　　委　(以汉语拼音为序)

　　　　　陈　红　傅　宏　郭永玉　孙健敏

　　　　　王俊秀　谢晓非　许　燕　杨玉芳

　　　　　张建新

丛书总序

经过多年的构思、策划、组织和编撰，由中国心理学会出版工作委员会组织撰写的书系"心理学与社会治理丛书"即将和读者见面。这是继"当代中国心理科学文库""认知神经科学前沿译丛"两大书系之后，出版工作委员会组织编撰的第三套学术著作书系。它的问世将是中国心理学界的一个具有重要理论和现实意义的里程碑式事件。

之前的两套书系在社会上产生了广泛的影响，也赢得了同行普遍的好评。但是这些工作主要基于由科学问题本身所形成的内容架构，对于现实问题的关切还不够系统和全面，因而不足以展现中国心理学界研究的全貌。这就涉及我们常讲的"自下而上"与"自上而下"的问题形成逻辑。我们感到，面对当前中国社会的变革，基于当下现实生活的复杂性和矛盾性，中国心理学界应该尽力做出回应，要有所贡献。而社会治理正是心理学探讨时代需求、关注现实社会的重要突破口，同时也是很多中国心理学者近年来一直努力探索并且已有丰富积累的一个创新性交叉学科领域。

社会治理是由作为治理主体的人或组织对以人为中心的社会公共事务进行的治理。因此，社会治理的核心是"人"的问题，社会治理的理论和实践都离不开"人"这一核心要素，自然也就离不开对人性和人心的理解。这既源自心理学的学科性质，也是由社会治理的本质要素所决定的。一方面，就学科性质而言，心理学是研究人的心理和行为的学科，它兼具自然科学与社会科学的双重属性。2016年5月17日，习近平总书记在哲学社会科学工作座谈会上指出"要加快完善对哲学社会科学具有支撑作用的学科"，这其中就包括心理学。早在现代心理学诞生之初，它就被认为在整个社会科学中具有基础学科的地位。但是在漫长的学科发展历史上，由于心理学本身发展还不够成熟，因此它作为社会科学基础学科的作用并未得到充分体现。尽管如此，近年来由于理论、方法的不断发展与创新，心理学在解决现实问题方面的建树已经日益丰富而深刻，已经在相当程度上开始承担起支撑社会科学、解决社会问题的责任。

　　另一方面，从社会治理自身的学理逻辑出发，当前中国社会治理现代化的过程也离不开心理学的支持。社会治理作为一种现代化的理念，与社会统治和社会管理在基本内涵上有很大差异。首先，它强调治理主体的多元性，除了执政党和政府，还包括各级社会组织、社区、企业以及公民个人。其次，社会治理的客体是以人为中心的社会公共事务，目标是消解不同主体之间的冲突与矛盾。最后，社会治理的过程也不同于传统意义的社会管理，它包括了统筹协调、良性互动、民主协商、共同决策等现代化治理策略与手段。因此，不管从主体、客体或过程的哪个方面讲，社会治理都必须关注社会中一个个具体的人，关注这些个体与群体的心理与行为、矛盾与共生、状态与动态、表象与机制等心理学层面的问题。也只有依托心理学的理论与方法，这些问题才能得到更深入的探索和更彻底的解决。因此可以说，在学科性质、学理关联、问题关切、实践技术等多个层面，心理学均与社会治理的现实需求有着本质上的契合性。

　　正因为如此，近年来国家对于心理学在社会治理中的作用给予了高度重视。中共十九大报告在"打造共建共治共享的社会治理格局"这一部分提出，加强社会心理服务体系建设，培育自尊自信、理性平和、积极向上的社会心态。中共十九届四中全会审议通过的《中共中央关于坚持和完善中国特色社会主义制度 推进国家治理体系和治理能力现代化若干重大问题的决定》再次强调健全社会心理服务体系。可以看出，心理学已经被定位为社会治理现代化进程中不可或缺的一部分。这是时代对中国心理学界提出的要求和呼唤。而本书系的推出，既是对时代需求的回应，也是心理学研究者肩负使命、敢于创新的一次集中探索和集体呈现。

明确了这一定位之后，我们开始积极策划推动书系的编撰工作。这一工作立即得到了中国心理学会和众多心理学界同人的大力支持与积极响应。我们在充分调研的基础上，成立了书系编委会，以求能在书目选题、作者遴选、写作质量、风格体例等方面严格把关，确保编撰工作的开展和收效达到预期。2015年，编委会先后三次召开会议，深入研讨书系编撰工作中的一系列基础问题，最终明确提出了"问题导向、学术前沿、项目基础、智库参考"的十六字编撰方针，即要求书系中的每一本书都必须关注当下中国社会的某一现实问题，有明确的问题导向；同时，这一问题必须有明确的学术定位，要站在学术前沿的视角用科学解决问题的思路来对其加以探讨；此外，为了保证研究质量，要求每一本专著都依托作者所完成的高层次项目的成果来撰写。最后，希望每一本书都能够切实为中国社会治理提供智力支持和实践启示。

基于这样的方针和定位，编委会通过谨慎的遴选和多方面的沟通，确立了一个优秀的作者群体。这些作者均为近年来持续关注社会治理相关心理学问题的资深专家，其中也不乏一些虽然相对年轻但已有较深积淀的青年才俊。通过反复的会谈与沟通，结合每一位作者所主持的项目课题和研究领域，编委会共同商讨了每一本专著的选题。我们总体上将本书系划分为四个部分，分别为"现代化过程中的社会心态""群体心理与危机管理""社区与组织管理""社会规范与价值观"。每一部分邀请 6～8 位代表性专家执笔，将其多年研究成果通过专著来展现，从而形成本书系整体的内容架构。

在这些工作的基础上，2016 年 1 月，中国心理学会出版工作委员会召开了第一次包括编委会成员和几乎全体作者参加的书系编撰工作会议，这标志着编撰工作的正式开启。会上除了由每一位作者汇报其具体的写作思路和书目大纲之外，编委会还同作者一道讨论、确定了书系的基本定位与风格。我们认为本书系的定位不是教材，不是研究报告，不是专业性综述，不是通俗读物。它应该比教材更专门和深入，更有个人观点；比研究报告更概略，有更多的叙述，更少的研究过程和专业性的交代；比专业型综述更展开，更具体，更有可读性，要让外行的人能看懂；比通俗读物更有深度，通而不俗，既让读者能看进去，又关注严肃的科学问题，而且有自己独到的看法。同时，在写作风格上，我们还提出，本书系的读者范围要尽可能广，既包括党政干部、专业学者和研究人员，也包括对这一领域感兴趣的普通读者。所以在保证学术性的前提下，文笔必须尽可能考究，要兼顾理论性、科学性、人文性、可读性、严谨性。同时，针对字数、书名、大纲体例等方面，会上也统一提出了倡议和要求。这些总体上的定位和要求，既保证了书系风格的统一，也是对书系整体质量的把控。

在此后的几年中，书系的编撰工作顺利地开展。我们的"编撰工作会议"制度也一直保持了下来，每过半年到一年的时间即召开一次。在每一次会议上，由作者报告其写作进度，大家一起交流建议，分享体会。在一次次的研讨中，不仅每一本书的内容都更为扎实凝练，而且书系整体的立意与风格也更加明确和统一。特别是，我们历次的编撰工作会议都会邀请一到两位来自社会学、法学或公共管理学的专家参会，向我们讲述他们在社会治理领域的不同理论视角和研究发现，这种跨学科的对话极大地丰富了我们心理学者的思维广度。当然，随着编撰工作的深入，有一些最初有意愿参与撰写的作者，出于种种原因退出了书系的编撰工作，这不能不说是一种遗憾。但同时，也有一些新的同样资深的学者带着他们的多年研究成果补充进来，使得书系的内容更加充实，作者团队也更加发展壮大。在这些年的共同工作中，我们逐渐意识到，我们正在做的事情不仅是推出一套书，而且还基于这一平台构建一个学术共同体，一起为共同的学术愿景而努力，为中国的社会治理现代化进程承担心理学研究者应尽的责任。这是最令人感到骄傲和欣慰的地方。

我们还要感谢北京师范大学出版集团的领导和编辑们！他们对于本书系的出版工作给予了大力的支持。在他们的努力下，本书系于 2020 年年初获批国家出版基金项目资助，这让我们的工作站到了更高的起点上。同时，还要感谢中国心理学会"学会创新和服务能力提升工程"项目在组织上、经费上提供的重要帮助。

在作者、编委、出版社以及各界同人的共同努力下，书系的编撰工作已经接近完成。从 2021 年开始，书系中的著作将分批刊印，与读者见面。每一本专著，既是作者及其团队多年研究成果的结晶，也凝结着历次编撰工作会议研讨中汇聚的集体智慧，更是多方面工作人员一起投入的结果。我们期待本书系能够受到读者的喜爱，进而成为中国心理学和社会治理的科研与实践前进历程中的一个重要里程碑。

主编

杨玉芳　郭永玉　许燕　张建新

2021 年 7 月 22 日

序

什么是幸福?

《说文解字》对幸福二字的解释：幸，吉而免凶也；福，佑也。古文中将幸福连用，指避灾免祸，祈望得福。什么是福？我国古人信奉"五福临门"是大喜事。《尚书·洪范》中说："五福，一曰寿，二曰富，三曰康宁，四曰攸好德，五曰考终命。"国外积极心理学家认为幸福是由积极的情绪、投入、意义、积极的人际关系、成就五因素构成的。当前我国大学生的幸福结构是怎样的呢？了解当代大学生的幸福含义，将有助于有的放矢地开展对大学生的价值观和人生观教育。基于此，2019 年 11 月初，我请求在北京、上海、重庆、天津、成都、西安、大连、开封、福州、杭州、苏州、石家庄、郑州、贵阳、长沙、桂林、海口、湛江、芜湖 19 个城市的大学任课教师向他们的学生做如下调查："什么是幸福？用你想到的第一个词来回答。答案无对错之分，不用填写姓名，只要求写出你最先想到的词语就可以了。"收到问卷共 2988 份①。调查结果表明，幸福是一个主观的复杂系统，可以从不同的角度对它进行分析。例如，可以从幸

① 衷心感谢苏彦捷、郭秀艳、陈有国、傅安国、冯缙、罗扬眉、何嘉梅、张锋、陈幼贞、马建青、王品、张志杰、陈瑞君、赵福菓、凌辉、李宏翰、袁书、邱俊杰、舒首立各位老师，是他们在全国各地的大学课堂里完成了这项调查。感谢马越协助我处理原始数据。

福的形成进行分析，即幸福是怎样获得的；可以从幸福的结构进行分析，即幸福是由哪些成分构成的；还可以从幸福的功能进行分析，即人们为什么要追求幸福，幸福的人生有什么意义。在这次调查中，大学生从不同的角度发表了他们对"什么是幸福"的见解。例如，他们认为，

家人健在，无病无灾，开开心心，就是幸福。

快乐，开心，满足，奋斗，知足，就是幸福。

有事做，有人爱，有所期待，就是幸福。

爱上那个人，就是幸福。

生活有价值、充实，就是幸福。

儿女考上大学，就是幸福。

国泰民安，就是幸福。

……

幸福是一种积极的情绪，是一种愉悦的体验。大学生用"快乐""开心""美满""喜乐""平安""愉快""平静""舒服""惬意""安然""内心充实感"等积极的情绪词汇来描述幸福。在这次调查中，我们没有看到大学生用"愤怒""寂寞""悲伤""仇恨""羞愧""抱怨"等消极的情绪词汇来描述幸福。用他们的话来说：幸福是一种"乐融融""美滋滋"的愉悦体验。

追求就是幸福，包括对梦想追求的过程和达成目标的愉悦。大学生是一个追求梦想的社会群体，有着各种各样的追求，大致可分为生理方面的追求和社会文化方面的追求。前者如"享受美食""吃喝、睡觉需要的满足"，后者如"过有意义、有价值的生活"。不少大学生认为"被爱和爱人"就是幸福，"遇见那个喜欢的人，一起面对生活"就是幸福，"执子之手，与子偕老"就是幸福，"成家立业"就是幸福。在当代大学生看来，纯洁的爱情就像水晶一样晶莹，这是对美和幸福的追求。从对社会文化方面的追求来看，大学生积极响应习

近平总书记"立鸿鹄志，做奋斗者"的号召，认为"国泰民安""家庭美满""人民有信仰，国家有力量，民族有希望""不悔度今天，期望明天去奋斗""热爱生活、永远充满希望""生活富裕""国富民强，民族复兴""梦想成真"就是幸福。也有一部分大学生认为"简单平淡""知足常乐""只羡鸳鸯不羡仙""无忧无虑过生活"就是幸福。

健康就是幸福。个体的健康包括身体健康和精神健康。身体健康使生命体能够满足自身的生理需要，是产生幸福感的基础。许多大学生认为"健康""身体健康""无病无灾""健健康康"就是幸福。一个有理想的青年人不仅其身体生命应当是健康的，而且其精神生命更应当是健康的。

人际和谐就是幸福。许多大学生对"什么是幸福"的回答是"家庭"，典型的回答如："一家人和和美美""阖家安康""父母健康，儿女懂事，丈夫疼爱，全家和睦平安""婚姻幸福，家庭和睦"。也有一些大学生认为"同学之间互相帮助，共同进步"就是幸福，"和我喜欢的人在一起做有意义的事"就是幸福，"与人相处，止于至善"就是幸福。这是很可喜的。新时代，新作为，当代大学生就应该具有团队合作的精神，并把"合力奋斗"视为幸福；这样他们走上工作岗位就会为着一个共同的目标相互支持，团结努力，有新的创造，取得更大的成功。

总结这次调查结果，我们可以看到，生活中像"幸福"这样复杂的心理现象还有许多，如操守、定力、仁爱心、正义感、和谐观等，我们可以把它们视为一个个系统，并且从不同的角度进行分析。在这里，我们仅从结构的角度对幸福进行了分析，当然还可以从其他的角度进行分析。当代大学生的幸福包含积极的情绪（愉悦体验）、追求、健康与人际和谐四个因素。心理现象越复杂，受社会文化因素的制约越明显。对于像"幸福"这样复杂的心理现象，我们不能盲目套用西方学术界的概念、理论和方法，而应当从中国的实际出发，用中国人的视角来研究中国人的幸福感。

陈红教授所著的《中国人幸福感研究——国民幸福指数的建构与应用》是一本优秀的专著，具有下列三个特点：第一，在研究内容上，用系统分析的方法建构了基于主体认知幸福理论和领域幸福框架下的中国人幸福指数指标体系。从中国的实际出发，编制了符合中国文化和国民实际生活的城市居民幸福指数量表，具有较高的信效度。在全国范围内——长江以北、长江以南以及少数民族地区进行了测试，用该量表探讨了大范围内中国国民的幸福指数现状，丰富了国内的幸福感研究内容。第二，在研究方法上，采用多元化研究方法进行多角度研究。采用文献法、内容分析法建构幸福感的理论框架；采用功能性磁共振成像技术，探讨不同的幸福感人群在大脑静息态下的脑激活模式和特征。第三，获得了一系列有价值的发现。例如，总体上我国居民的总体幸福感水平中等偏高，北方居民的总体幸福感水平显著高于南方；家庭月收入增加能显著提升我国少数民族地区居民的幸福感，但当经济收入达到一定的水平之后，对幸福感的影响相对减弱，等等。总之，这项研究成果将会给各级政府管理部门在为人民服务的工作中提供一定的参考。

是为序。

黄希庭

西南大学心理学与社会发展研究中心

自　序

　　幸福是人类追求的永恒主题。对幸福的理解，人各不同。自然的美，如有一只天鹅在水面游动，把头探入水中，清澈的湖水倒映着它洁白的羽毛；小舢板驶过开满莲花的荷塘，用手轻抚莲叶上的水珠；乡间冉冉升起炊烟，树叶上洒满阳光……这些最容易使人们感受到置身其中简单而平凡的幸福；而身边亲人的陪伴、辛苦劳作后的一杯凉茶、冥思苦想后的灵感火花、有情人终成眷属……则是人的社会属性带来的另一种幸福。幸福是人的主观感受。幸福指数是衡量人们幸福程度的主观指标数值。

　　在 21 世纪初期，伴随着我国发展进入全面追求幸福的新阶段，幸福指数与社会发展的关系逐渐成为我国学者关注的一个热点领域。来自心理学、社会学、经济学、管理学等不同的学科领域研究者共同推动着幸福指数的测量不断走向深入。幸福指数可以为国家及时地调整政策取向提供数据支持，采取适当的政策更好地促进社会的有效运转和良性发展。本书延续黄希庭教授重庆市重大研究项目"重庆市公民幸福指数研究"的工作，在我的社科基金项目（12XSH018）基础上完成，历时五年，致力于建构科学而易于操作的中国人幸福指数指标体系，并运用于中国国民幸福的国情分析和跨文化比较。

　　首先，本书阐述了对幸福指数研究的基本观点。第一种是系统的观点。幸福是一个多维度的系统，分为整体幸福感和领域幸福感。

整体幸福感和领域幸福感又分别有不同的维度。第二种是开放的观点。幸福是一个开放的系统，分析幸福系统与外部环境系统的交互作用，如自然生态环境和社会生活环境会对个人幸福产生影响，个人幸福也会对周围环境产生影响。幸福系统也与内部的人格系统和价值观系统发生交互作用。第三种是动态的观点。幸福是一个动态系统，是变化发展的。外在环境变化会影响人的幸福感，使之提高或下降。比如物质生活的改善、人际关系的融洽等都会影响人的幸福感。个体的幸福感水平也因主观参考框架的不同发生变化。

其次，本书提出了领域幸福感理论，明确了幸福指数的含义和功能。幸福是一种愉悦、快乐的心理状态，源于人的生存发展需要达到一定程度的满足。幸福是建立在人生意义基础之上的，意义存在于人们对"真善美"的追求中，体现在个体正确的理想与价值观中。幸福指数是衡量人们幸福程度的主观指标数值。幸福指数的意义是从关注人们的物质需要、经济条件转移到关注精神追求和心理感受，以新的视角去审视人们的物质需要、经济条件、生活质量、生存环境和社会环境，其核心和基础是以人为本。从我国的实际出发，在实证调查的基础上构建了一套适合我国国民的幸福指数指标体系。该体系包括整体幸福指数和领域幸福指数两个部分。其中整体幸福指数包含一个维度；领域幸福指数包含五个维度：政治生活满意度、人际关系满意度、经济生活满意度、环境生活满意度和健康状态满意度。编制的中国人幸福指数量表具有良好的心理测量学指标。

最后，本书在全国范围内验证指标体系的适用性并开展了幸福指数国情分析。采用随机分层整群取样，在长江以南等地区进行了调查，结果显示该指标体系适用于中国人的幸福感测量。为进一步开展幸福指数的国情分析，我们采用本课题编制的中国人幸福指数量表，对我国长江以南居民、长江以北居民和少数民族居民的幸福感及其影响因素进行了考察，揭示了当前我国国民的幸福感水平，以及收入、职业、居住环境等因素对幸福感水平的影响。

本书在学术方面有如下特点：首先，我们所建构的中国人幸福指数指标体系以幸福感为核心，兼顾主观情感和客观指标，考虑了整体幸福感和领域幸福感，且领域幸福感又细分为不同的子系统（黄希庭，李继波，刘杰，2012），概括了生活领域中的大部分方面，是点、线、面的整合。其次，统合简化了已有研究中涉及较多的幸福指数维度，将重叠维度概括为更高一级的指标，使各个维度彼此间独立，内容结构更加合理。再次，本研究所建构的中国人幸福指数指标体系补充、丰富和发展了中国人幸福指数测量体系，纳入了鲜有研究的政治生活满意度，更为系统全面且符合中国国情。最后，我们将领域幸福感细分为不同的子系统，为后续研究提供了有益的思路。研究者可以以该体系为框架，探究当代国民在不同生活领域中的幸福感体验，整体评估国民幸福感状况以及社会生活对国民幸福感的影响；也可以针对某个子系统进行更深入的研究，探索具体领域中影响国民幸福感的因素，从特定的生活领域出发提出建议，不断完善创新、丰富该体系，推进中国人幸福感的研究走向深入。

本书在应用方面有如下特点：首先，中国人幸福指数指标体系可以监测中国居民幸福感现状，从检测数据中看到居民幸福感在总体以及各领域中的水平，了解当前的社会现状，了解"为人类谋求幸福"目标的实现程度，以及不同领域对这一目标的贡献，从而清楚提升居民幸福感，需从哪些领域进行改善。其次，基于中国人幸福指数指标体系的检测结果，评价举措或政策制定的合适性，为政策制定者提供客观的参照标准。最后，在中国人幸福指数指标体系的监测数据中发现的问题，在一定程度上有助于对现行政策措施进行诊断，为政策制定提供有益的新视角。

最后，感谢我连续三届的研究生为本书的撰写查阅文献、收集资料，各章撰写人分别是胡小勇、陈红（第 1 章、第 2 章），胡媛艳

（第 3 章、第 4 章），郑莹灿（第 5 章、第 6 章），肖子伦（第 7 章），刘舒洋（第 8 章），剩下的章节及全书的统稿由胡小勇老师、郑莹灿博士协助我完成。特别提及，北京师范大学出版社高等教育分社副社长周益群、策划编辑沈英伦、责任编辑宋星为本书的顺利出版做了大量的工作，衷心感谢他们为本书付梓而做出的倾情付出和勤勉辛劳。在追求幸福的路上，我们勇往直前！

目　录

1 绪论 ……………………………………………………………………… 1

  1.1 幸福感的理论 ……………………………………………………… 2

  1.2 幸福指数指标体系建构的思路、方法与原则 ………………… 15

  1.3 幸福指数指标体系建构的意义 ………………………………… 22

2 中国人幸福指数指标体系的理论建构 ………………………… 30

  2.1 幸福指数的界定及其研究取向 ………………………………… 30

  2.2 幸福指数指标体系的建构 ……………………………………… 34

  2.3 中国人幸福指数指标体系的建构 ……………………………… 42

3 中国人幸福指数指标体系的建立 ……………………………… 49

  3.1 幸福感的测量 …………………………………………………… 50

  3.2 幸福指数指标体系的建构 ……………………………………… 60

  3.3 幸福指数指标体系中各指标意蕴 …………………………… 66

4 中国人幸福指数指标体系的修订 ……………………………… 77

    4.1 幸福指数指标体系修订的依据 ……………………………… 77

    4.2 幸福指数指标体系修订的过程 ……………………………… 81

    4.3 中国人幸福指数指标体系的确立 ………………………… 91

5 中国人幸福指数指标体系的适用性及国情调查——长江以南地区 …
……………………………………………………………………… 99

    5.1 长江以南地区的特征 ……………………………………… 100

    5.2 长江以南地区国民幸福感的相关研究 ………………… 103

    5.3 幸福指数指标体系在长江以南地区的适用性及国情调查………… 104

    5.4 我国长江以南地区居民幸福感的影响因素……………… 124

    5.5 结语 ………………………………………………………… 138

6 中国人幸福指数指标体系的适用性及国情调查——长江以北地区 …
……………………………………………………………………… 140

    6.1 长江以北地区的特征 ……………………………………… 140

    6.2 区域与幸福感的关系研究 ……………………………… 144

    6.3 幸福指数指标体系在长江以北地区的适用性及国情调查………… 145

    6.4 我国长江以北地区居民幸福感的影响因素……………… 161

    6.5 长江以南、长江以北地区居民的幸福感比较……………… 173

    6.6 结语 ………………………………………………………… 176

7 中国人幸福指数指标体系的国情调查——少数民族地区 ………… 179

    7.1 少数民族群体的界定 ……………………………………… 180

7.2　民族与幸福感的关系研究 ………………………………………… 181

7.3　幸福指数指标体系在少数民族地区的适用性及国情调查 ………… 185

7.4　居住在相同地区的少数民族和汉族居民的幸福感比较——以彝族

　　　为例 …………………………………………………………………… 198

7.5　彝族居民幸福感影响因素——彝族家支 …………………………… 200

7.6　少数民族地区居民的幸福感国情分析 ……………………………… 210

7.7　结语 …………………………………………………………………… 216

8　经济状况与幸福指数 ……………………………………………………… 217

8.1　经济状况 ……………………………………………………………… 217

8.2　经济状况与幸福感的关系研究 ……………………………………… 221

8.3　经济状况对我国国民幸福指数的预测作用 ………………………… 224

8.4　经济状况预测幸福的机制 …………………………………………… 227

8.5　提升经济幸福感的措施 ……………………………………………… 244

8.6　结语 …………………………………………………………………… 247

9　婚姻状况与幸福指数 ……………………………………………………… 249

9.1　婚姻状况 ……………………………………………………………… 250

9.2　婚姻与幸福感的关系研究 …………………………………………… 258

9.3　婚姻状况对我国国民幸福指数的预测作用 ………………………… 274

9.4　提升我国国民婚姻幸福感的建议与措施 …………………………… 277

9.5　结语 …………………………………………………………………… 279

10　健康与幸福指数 …………………………………………………………… 281

10.1　健康的内涵 ………………………………………………………… 281

10.2　健康与幸福感的关系研究 ……………………………………… 287

10.3　健康对我国国民幸福指数的预测作用 ………………………… 302

10.4　结语 …………………………………………………………… 305

11　情绪敏感性与幸福指数 …………………………………………… 308

11.1　情绪敏感性 …………………………………………………… 308

11.2　情绪敏感性的测量范式 ……………………………………… 318

11.3　情绪敏感性与幸福感的关系研究 …………………………… 326

11.4　情绪敏感性与我国国民幸福指数的关系 …………………… 332

11.5　结语 …………………………………………………………… 337

12　幸福感的提升：理论、策略与应用 …………………………… 339

12.1　幸福感提升的发展历程及理论基础 ………………………… 339

12.2　幸福感提升的策略 …………………………………………… 345

12.3　应用理论与策略，提升国民幸福感 ………………………… 359

12.4　结语 …………………………………………………………… 367

参考文献 ……………………………………………………………… 368

1

绪 论

　　幸福是一种精神状态和主观情感体验，是生命力的表现之一，也是人的本质的体现，是人类追求的永恒主题。幸福感作为一种心理体验，既是对生活的客观条件和所处状态进行的一种价值判断，又是对生活的主观意义和满足程度进行的价值判断（苗元江，2009）。从宏观的角度对幸福感进行量化，衡量人们幸福程度的数值就是幸福指数（黄希庭，李继波，刘杰，2012）。它可以反映人们的生活质量和变化趋势，具有监控社会运行态势和人们生活状态的功能。有研究者指出，作为一种重要的非经济指标，幸福指数是了解人们情绪波动和变化的"晴雨表"、检测社会运转状况的"预警器"，也是反映人们生活状态和民心向背的"风向标"（Diener，2000；曾鸿，赵明龙，2012）。幸福感是人们对客观现实生活满意程度的主观反映和心理体验，幸福指数则是量化的幸福感，两者是同一概念的不同表现形式。合理有效的幸福指数测量体系能充分衡量幸福感（郝乐，张启望，2020）。在 21 世纪的第一个十年，我国进入全面追求幸福的新阶段，幸福指数与社会发展逐渐成为我国学者关注的热点领域，来自心理学、社会学、经济学、管理学等不同学科领域的研究者共同推动幸福指数的研究走向深入。那么，幸福到底是什么？幸福指数指标体系的建构方法有哪些？建构幸福指数指标体系的意义是什么？

这些是本章将要回答的问题。

1.1 幸福感的理论

一直以来，幸福感都是哲学、伦理学、经济学、社会学研究的核心问题之一，但最早对幸福感进行科学研究的是心理学家。自1967年威尔逊(Wanner Wilson)撰写《自称幸福感的相关因素》以来，心理学对幸福感的科学研究历史已有半个多世纪。幸福感的研究之所以会兴起并得到广泛而持续的关注，主要有四个方面的原因：一是积极心理学的产生与发展；二是第二次世界大战后人本主义的兴起；三是社会指标运动的兴起；四是生活质量运动的兴起(苗元江，2009)。随着时代的变迁与进步，人们对幸福感的认识也在不断变化。在现代心理科学中，有关幸福感的研究主要涉及主观幸福感(subjective well-being)、心理幸福感(psychological well-being)和社会幸福感(social well-being)三种，它们从不同的视角丰富了人们对幸福感的理解，由这些视角互补、交融、统合而成的有机体构成了幸福感的总体框架(黄希庭，李继波，刘杰，2012)。

1.1.1 主观幸福感理论

以迪纳(Diener)为代表的研究者提出的主观幸福感可以追溯到享乐主义哲学观，即人的本性就是追求快乐、逃避痛苦，快乐是幸福生活的起点和终点。在快乐论研究者看来，喜欢幸福生活是天生的善，人们的一切取舍都从快乐出发，最终目标是得到快乐。快乐论研究者强调广义的生理、心理愉悦，认为幸福感主要由主观的快乐构成，重视个体对积极或消极生活事件的判断和由此产生的愉悦或不愉悦的情绪体验(Andrews & Withey，1976；Veenhoven，1984)。在此基础上，研究者提出了主观幸福感这一概念，并将其定义为个人根据自定的标准对自己的生活质量进行整体性评估而产生的体验(Diener et al.，1999)。主观幸福感主要由情感和认知两种基本成分构成，其中情感成分包括积极情感和消极情感两个相对独立的维度，两者的影响因素并不相同，个人在积极情感上的得分不一定能预示其在消极情感上的得分，反之亦然；认知成分则指个体对自己生活满意程度的评价，即生活满意度(Diener，2000)。其中生活满意度是主观幸福感的关键性指标，作为认知因素，它是更有效的肯定性衡量标准(Diener，1984)。

积极情感、消极情感和生活满意度这三个维度存在共同变化的趋势，但并不完全一致，因此针对每个维度进行相应的研究是非常必要的(吴明霞，2000)。对此，迪纳(2000)建立了系统的主观幸福感多层次结构模型，在该模型中，主观幸福感被分为"三个层次、四个领域"，其中位于最高层次即第一层次的是主观幸福感，反映了人们对生活的整体评价；第二层次包括积极情感、消极情感、一般生活满意度以及具体领域生活满意度四个方面，这一层次是模型的核心部分；第三层次则是第二层次中的四个方面更为详细的可操作成分，以第二层次中的积极情感为例，其在第三层次中的可操作成分由喜悦、满足、快乐和爱等组成。在此基础上，研究者进一步指出，主观幸福感具有三个特点：①主观性，指对它的评价主要依赖评价者内定的标准而非他人的标准；②相对稳定性，指它主要测量长期而非短期的情感反应和生活满意度，是一个相对稳定的值；③整体性，指它是一种综合评价，包括对情感反应的评估和认知判断(Diener，1984)。

主观幸福感的评定多采用自我报告法，主要从生活质量意义上的主观幸福感和心理健康意义上的主观幸福感两种取向进行测量。前者一般将主观幸福感定义为人们对自身生活满意度的认知评价，选取的维度主要包括总体生活满意度和具体领域生活满意度。研究者在这一思路的引导下设计编制了一系列自陈量表，如生活满意度量表(Diener，1984；Neugarten，Havighurst，& Tobin，1961)。后者则与积极心理学和健康心理学有着密切联系。曾有人提出一个重要假设：一个幸福的人首先需要拥有心理上的健康。因此，一些用于诊断精神疾病的量表也曾被广泛应用于测量主观幸福感。也有研究者从这一假设出发设计编制了一些量表，如费城老年医学中心积极情感与消极情感量表、纽芬兰纪念大学幸福度量表(Kozma & Stones，1980)等。我国对于主观幸福感的测量基本沿用了国外学者的思路和方法，从两个层面开展调查与研究(段建华，1996；林南，卢汉龙，1989；刘仁刚，龚耀先，1999；邢占军，张友谊，唐正风，2001)。随着研究的不断深入，对主观幸福感的测量也呈现出两种指标相结合的发展趋势(Diener et al.，1999)。

目前，应用较广的主观幸福感量表有：①幸福感指数量表，包括总体情感指数和生活满意度两个分量表(Campbell，Converse，& Rodgers，1976)，主要用于测量个体所体验到的幸福程度。前者由八个项目组成，从不同的角度描述了情感的内涵，后者只有一个项目，对两者的得分进行加权求和即整体幸福感指数。②整体幸福感量表，包括健康、活力、积极幸福感、抑郁心境、自我控制和焦虑六个因子(Dupuy，1984)。该量表通过评价个体对幸福的陈述以确定其整体幸福感水平，个体的得分越高，其整体幸福感水平越高。③牛津主观幸福感量表，基于贝克抑郁量表编制，包括29个项目，主要测量整体幸福感。④情感量表，主要测查一般人群的心理满意度。该量表由正向情感分量表和负向情感分量表组成，各包括五个项目，此外还包括情感平衡分量表，其得分为前两个量表的得分相减。⑤生活满意度量表，由迪纳(1994)编制，适用于不同年龄段的群体。该量表包括五个项目，其信效度良好，应用十分广泛。

大量研究结果表明，自陈量表具有较好的测量学特性。但是有学者提出，量表的得分会随着项目的排列顺序、时间坐标、个体当时的心境、情境因素等的改变而发生变化（Schwarz & Strack，1991），因此出现了其他的测量方法，如经验样本测量法。这种方法收集个体在日常生活中随机出现的心境、情感以及其他感受的样本，以此评估个体的主观幸福感，能够减少记忆偏差对经验报告的影响，因而能够提供比自陈量表更精准的测量结果。除此之外，对生活状况的定性描述评分、对生活事件回忆的记录、对微笑率的测量以及一些生理反应测量的方法等，也被应用于评估个体的主观幸福感（Diener，2000）。

主观幸福感受到一系列因素的影响，主要包括以下几个方面。第一，遗传因素（包括气质）。气质与主观幸福感存在很强的相关性，有一种概念模型认为，人具有快乐或不快乐的基因，这是由神经系统先天的个体差异造成的。气质差异使得不同的人倾向于体验不同水平的主观幸福感，最有力的证据就是特勒根等人（Tellegen et al.，1988）实施的双生子研究。其结果显示，相比于在同一个家庭中长大的异卵双生子，在不同的家庭中长大的同卵双生子的主观幸福感水平要接近得多。第二，人格因素。迪纳（1984）认为，人格因素即使不能作为主观幸福感最好的预测指标，至少也是最值得信任的预测指标之一。第三，人格与环境的交互作用。迪纳等人（1999）提出三个相互作用模型，阐释了影响主观幸福感的路径，包括：①加法模型，认为非独立变量的变异源于个人、情境和两者的交互作用；②动力模型，认为人格和情境是两个既相互独立又相互依赖、互为因果关系的变量；③交互作用模型，认为人格能够影响情境，从而对其主观幸福感产生一定的影响。

1.1.2　心理幸福感理论

心理幸福感理论以亚里士多德（Aristotle，公元前384—前322）

的实现论为背景，强调个人潜能的实现，认为幸福不等同于快乐，而是"努力表现完美的真实潜能"，即幸福就是通过发挥自身潜能而达到的完美体验。实现论认为，从人类行为中获得的最有价值的东西是通过长期的自我发展而产生的幸福感。基于实现论的研究者将心理幸福感界定为个体心理机能的良好状态，是不以个体的主观意志为转移的自我完善、自我实现（Ryff & Keyes，1995）。沃特曼（Waterman，1993）认为快乐代表享乐主义，幸福感则涉及人们与真实的自我协调一致，当人们从事与个人价值观匹配的活动时，幸福感便产生了，这是一种全身心的投入。个体以真实自我为起点，认真生活，实现自身的多种潜能，即自我实现。他认为幸福感是指个体全心全意地投入活动中时意识到自我潜能得以充分发挥、自我得以表现，进而有助于自我实现的体验，是实现自我的愉悦。心理幸福感体现了自我实现、人格成熟以及成人心理社会发展阶段的各项任务等。从心理幸福感的视角来看，幸福感不仅能使人获得快乐，而且包含通过充分发挥自身潜能实现完美人生的体验。

　　传统的主观幸福感研究遵循自下而上、数据驱动的模式，导致其缺乏明确的理论概念架构。这种研究最为直接的后果就是主观幸福感研究者大多倾向于忽略临床心理学家在幸福感理论建构方面的成果，最终导致幸福的内涵被简单地概括为快乐。心理幸福感研究者则认为，只有将理论研究与实证研究的成果结合起来，幸福感的研究才能具备更为扎实的理论根基（Ryff & Keyes，1995）。通过总结各种心理学理论，里夫和凯斯（Ryff & Keyes，1995）提出了心理幸福感的六维度模型，包括自我接受、机能自主、生活目的、人格成长、积极关系、环境控制，每一个维度都表明了个体在发展过程中面临的挑战，是个体努力发挥潜能和实现才能的过程。①自我接受，是指个体对自我抱有正面的态度，认可并接纳多方面的自我，能积极地面对生活；②机能自主，是指个体具有自主性和独立性，能够对抗来自社会中的压力，具有一定的自我调控能力，对自我有一套独立的个人要求而不仅仅依靠外在的标准；③生活目的，是指个体有自己的生活目标，确定自己努力的方向，了解自己生活的意义；④人格成长，是指个体能够感受到自己在不断进步与成熟，敢于尝试新鲜的事物，感受到自己的才能得到展示；⑤积极关系，是指个体能够与他人建立充满温暖和信任的友情，对他人表示关怀，有很强的同情心，能够看到他人的优点，明白人际关系中赠予与收获是相辅相成的；⑥环境控制，是指个体感知到自己能够处理复杂环境中发生的事件，可以选择并创造适合自己的环境。心理幸福感的这六个维度表明了一个人认识到自己的资质并努力做出改变时将会遇到的挑战，囊括了很广泛的幸福感，包括对个体及其以往生活的正向评价、个体的成长与发展、个人生活的目标与意义、个体的人际关系、个体处理生活中发生的事件的能力（严标宾，郑雪，邱林，2004）。

　　此外，瑞安和德西（Ryan & Deci，2000）提出了一个以实现论作为幸福感中心概念的理论模型——自我决定理论，认为人是积极的有机体，具有先天的心理成长和发展的潜能。自我决定是一种关于经验选择的潜能，是个体在对个人需要和环境信息有足够了解的基础上自主地选择自己的行为的倾向。该理论认为人有三种基本的心理需要，分别是自主需要（need for autonomy）、胜任需要（need for competence）和关系需要（need for relatedness）。①自主需要，是指个体能够感知到自己的所作所为是出于自己的意志、不受他人影响的，即个体的行为是自主决定且能够进行自我调适的；②胜任需要，是指个体在与社会环境的相互作用中认识到自己的能力，并争取可能的机会加以锻炼和表现；③关系需要，是指个体能够感受到他人的关怀，对某一团体产生归属感和安全感，与他人建立安全和愉快的人际关系。社会环境可以通过这三种心理需要的满足来巩固个体的内部动机，然后促进外部动机的内化。这既是推动个人的成长必不可少的，又是促进社会发展和个人幸福的必要条件。只有心理需要得到满足，人们才能体验到持续的整合感和幸福感。

心理幸福感的测量结果与主观幸福感不同，不会随着情境的变化而发生显著变化，因此目前主要采用自陈量表进行测量。研究者依据各自的理论模型编制了不同的量表。例如，沃特曼（1993）编制了个人表现行为问卷，包括人格展现的评价和享乐的评价两个部分。该量表在实证研究中得到了广泛应用，显示出良好的信效度，对快乐与个人表现之间的关系进行了验证。里夫等人（1996）依据其建立的心理幸福感的六维度模型编制了六个维度的心理幸福感量表（简称六维量表），分别为自主性、环境掌握、个人成长、与他人的积极关系、生活目的以及自我接受，每一个分量表都包括 14 个项目，均为六级评分。在我国，用于测量心理幸福感的工具主要是以六维量表为基础进行修订形成的（邢占军，黄立清，2004；崔春华，李春晖，王欣，等，2005）。

心理幸福感的影响因素主要来自以下几个方面。第一，能力因素。里夫等人（1995）归纳的心理幸福感的影响因素就包括指向能力的因素，如环境控制、机能自主和积极关系，也有实证研究对此提供了相应的支持，社会问题解决能力对于心理幸福感有着显著的预测作用（胡夏娟，2009）。第二，目标。有研究发现，内源目标与幸福感之间存在正相关，而外源目标与幸福感之间存在负相关（周会娜，2011）。第三，人格因素。大五人格特质和心理幸福感的六个纬度的相关研究表明，神经质、外倾性和尽责性是心理幸福感最为有力和持久的预测因素（孙龙，2013）。第四，社会支持。有研究表明，社会支持可以显著正向预测心理幸福感，解释的变异量为 24％（崔春华，李春晖，杨海荣，等，2005）。第五，压力。一项在中年群体中的研究表明，压力知觉与心理幸福感的六个维度呈显著负相关。

1.1.3 社会幸福感理论

与心理幸福感集中关注个人生活中面临的挑战不同，社会幸福感对个体的社会生活方面给予了更多的关注，主要集中于个体在所处的社会团体中的社会关系和任务，为现代幸福感的研究提供了新的视角（苗元江，2009）。社会幸福感的研究源于对古典社会学中社会道德沦丧与社会疏远问题的研究，直接来源是社会学理论中个体和社会的统一思想，关注个人在社会领域面临的种种挑战（Mirowsky & Ross，1989）。社会幸福感研究的视角超越了个人的体验和自我实现，将幸福放置于处于历史变动中的社会实践里。在过去的几十年中，传统临床心理学倾向于对抑郁、压力、焦虑或物质滥用等进行研究，因此幸福感最基本的定义就是不存在消极的状态或情感，对于社会中发生的一些负面事件能适时地做出一定的调整。主观幸福感是积极情感超越消极情感，心理幸福感即心理满意（Andrews & Withey，1976）。在此之前，已有的幸福感模型重点关注幸福感的个人特征，但归根结底，个体并不是独立存在的，而是属于一个社会集体的，还会碰到无数的社会任务和社会挑战。所以说，要想了解个体最佳的心理机能和心理健康，必须对其社会特征开展进一步的调查（苗元江等，2008）。

在研究取向上，社会幸福感理论坚持认为幸福的真正实现在于个人机能的实现能够对他人或社会产生意义或价值。由此，麦克道尔（McDowell，2006）将社会幸福感定义为个体对自己与他人相处的质量以及自己与社会组织联结程度的评估，并将社会幸福感划分为两个维度，即社会适应和社会支持。其中，社会适应包括三个方面：社会关系的满意度，社会角色的扮演（包括社会参与、社会行为），环境的调节与适应。社会关系的满意度以主观感受为根据进行评估；社会角色的扮演基于客观的角度，主要对个体特定的社会角色及社会行为进行评估；环境的调节与适应主要评估个体能否很好地适应周围环境。社会支持指的是个体在社会中所获得的他人的支持，也就是个体在社会中与哪些人在一起感觉安全与舒适、认为哪些人是值得依靠与信任的，这主要包括两个方面：社会关系网中与他人联结的数量和对联结的满意程度。沃恩和皮尔斯（Wann & Pierce，2005）认为社会幸福感是个体对社会生活的满意程度，并认为可以用社会生活满意度量表对其进行评价。

凯斯（Keyes，2014）从个体社会机能的层面出发，较全面地概括了社会幸福感的含义。他认为社会幸福感是个体对自己与他人、集体、社会之间的关系质量以及对其生活环境和社会功能的评估，并提出了社会幸福感五维度理论，认为社会幸福感包括五个维度：社会整合、社会认同、社会贡献、社会实现、社会和谐。①社会整合是指个体对自己与集体、社会之间关系的评估。一个健康的个体能够感受到自己对社会团体的归属感，与团体中的其他成员能够友好交往，团体能够给予个体一定的安慰与支撑，个体相信自己身处的社会环境。②社会认同是指个体对社会性质、社会组织和社会合作的评估。具备社会认同的个体相信人的本性是善良的，对他人给予充分的信任，认为他人是努力向上的，同时对生活有着积极的态度，承认人与人之间存在不同之处。社会认同实质上是对个体自我认同的社会模拟。研究者（Fey，1955；Ryff，1989）认为人格良好的个体能够接受自身所有的优点和缺点，同时可以提高自己的心理健康水平。③社会贡献是指对个人社会价值的评估。在这方面评估较高的个体总能了解到自己在日常生活中是有用的，会持有自己能为社会创造价值的信念。这表明个体相信自己的所作所为是被社会认可且接受的，同时对社会来说是有一定作用的，个体渴望成为对社会有贡献的人。④社会实现是指对社会潜能和社会发展轨迹的评估。这是对社会进化的信任，相信自身所处的社会具有发展潜力。⑤社会和谐是指对社会生活质量、社会组织及其运作的感知。在这方面评估较高的个体对社会和社会生活感兴趣，能够发现生活的意义，不仅关心自己所处的环境，而且能够理解周围发生的事情。从心理学的角度出发，具有社会和谐的个体会觉得自己的生活是充满意义且与社会环境协调一致的（Ryff，1989）。

依据社会幸福感五维度理论，凯斯设计并编制了包括 14 个项目的社会幸福感量表，并于量表设计完成后在美国成人中进行了随机抽样调查，结果显示有关社会幸福感的这一理论模型具有良好的信度，同时表明研究中所假设的社会幸福感五维度理论模型是较为适宜的模型（Keyes，1998）。对社会幸福感的测量注意到了人的体验与社会背景的关联，把人的素质和行为纳入整个社会生态系统来考察。良好的社会、积极的社区和组织对人的心理发展具有重要影响。社会幸福感在认识论上实现了幸福感的概念从个人层面到社会层面的重要转折（苗元江，2009）。

对于影响社会幸福感的各种因素，心理学家进行了广泛的研究，对年龄、性别、婚姻状况、公民契约和亲社会行为等因素与社会幸福感的关系进行了探讨，得出了以下研究结果。第一，年龄是预测社会幸福感的一个强有力的因素。研究发现，在控制了社会活动和年龄等因素的作用后，成年人的社会幸福感水平更高（Ryff & Keyes，1995）。第二，性别是社会幸福感的影响因素之一，但是在对影响社会幸福感的其他因素做分析时，对于不同性别，各因素对幸福感的预测效果并不一致。收入分配公平感对于男性社会幸福感的影响远远大于女性。从构成收入分配公平感的三个指标看，对于男性来说，"就业机会公平"的影响最大，"分配政策"次之；对于女性来说，"就业机会公平"的影响最大，"住房分配公平"次之。社会保障公平感对于女性社会幸福感的影响尤其突出，在社会保障公平感相同的水平上，女性的社会幸福感水平显著高于男性（Keyes &

Shapiro，2004；孙凤，2007)。第三，婚姻状况对社会幸福感的影响虽然相对较小，但是也不容忽视，它所产生的影响在各个维度上是不一致的。马克斯和兰伯特(Marks & Lambert，1998)的研究发现，未婚成年人的自主性与个人成长优于已婚成年人，而已婚成年人在社会和谐方面明显优于未婚成年人，但就总体而言，已婚者比未婚者和离婚者有更高的社会幸福感水平。第四，公民契约和亲社会行为与社会幸福感有着强相关，即融入集体并与集体成员共同解决问题的人的社会幸福感水平显著高于那些融入集体时间短且从未参与过集体活动的人(Ryff & Singer，1998)。

1.1.4　幸福感理论的整合

综上可知，心理学中的幸福感研究主要是在快乐论和实现论这两种哲学理论下展开的。快乐论主要关注人们的积极、愉快情感的量及其经历时间的最大化，以及消极、不愉快情感的量及其经历时间的最小化，这种理论主要反映在主观幸福感的研究中；实现论主要关注个体与生俱来的潜能和才华的实现与发展，及其如何使个体的功能更加健全，这种理论主要反映在心理幸福感和社会幸福感的研究中(陈浩彬，苗元江，2012；Ryff，Singer，& Love，2004)。主观幸福感、心理幸福感和社会幸福感这三种幸福感所关注的幸福的内涵不同：主观幸福感包含更多个体对情感和生活质量的整体评价，心理幸福感注重个体的主体感觉，社会幸福感关注个体对社会和他人的贡献与融合。因此可以说，主观幸福感、心理幸福感和社会幸福感三者之间在概念上是相互独立的，在个体的心理体验上是相互分离的(Ryff，Singer，& Love，2004)。

大量研究(Dierendonck，2004；苗元江，2003；Ryff & Keyes，1995；Waterman et al.，2010)表明，尽管主观幸福感、心理幸福感和社会幸福感三者之间在概念上是相互独立的，在个体的心理体验上是相互分离的，但它们在结构上是相互关联的。例如，陈浩彬和苗元江(2012)的研究表明，主观幸福感、心理幸福感和社会幸福感三者之间存在显著正相关，这表明它们在结构上表现出一种整合的趋势；在三种幸福感的各个维度上，主观幸福感的生活满意度和正性情感维度与心理幸福感的各个维度都存在显著正相关，这表明个体的生活满意度和正性情感纬度与个体的心理健康状况存在重要关联；心理幸福感的友好关系与利他行为和社会幸福感的社会实现、社会贡献、社会认同以及社会和谐维度均存在显著正相关，这表明个体朝向社会或他人的公共利益的活动和行为与个体的社会幸福感的提升存在重要关联。因此总体上可以认为，这三种幸福感之间存在紧密的内在联系。为了进一步阐明这三种幸福感之间的关系，研究者(陈浩彬，苗元江，2012)又通过结构方程模型的方法建构了一个关系模型，尝试通过拟合数据来提供更多的实证依据，结果表明主观幸福感、心理幸福感和社会幸福感三者既相互关联又相互独立，也就是说，三者高度相关，但每种幸福感又作为整合幸福感的一个因素而独立存在。这样的结果无论是在数据拟合指数还是在理论构想与解释上都达到了最优化的程度，这也进一步证明了幸福感是一个包括主观幸福感、心理幸福感和社会幸福感在内的多层次、多维度的结构。

凯斯(2005；2007)也对主观幸福感、心理幸福感和社会幸福感进行了结构整合，将整合后的理论模型命名为积极心理健康。在积极心理学的启示下，他提出现代心理健康模型应该是双因素模型，即心理健康和心理疾病属于两种潜在的连续体，心理疾病的消除并不意味着心理健康的存在，疾病模式或健康模式都不能单独描述人群的心理健康状况，两者是一种整合的评估系统。积极心理健康是一种完全的研究状态，是一种完满的状态(complete state)。在这种状态下，个体没有心理疾病并且能够获得全面的主观幸福感、心理幸福感和社会幸福感。凯斯建立的积极心理健康模型主要包括：

①积极情绪(主观幸福感),表现为满意度和积极情感。满意度即大部分时间较满意,感觉到自己对生活是可控的;积极情感即性格开朗、对生活感兴趣、精神状态良好等。②积极心理机能(心理幸福感),表现为自我接受、机能自主、生活目的、人格成长、积极关系和环境控制。③积极社会功能(社会幸福感),表现为社会整合、社会认同、社会贡献、社会实现和社会和谐。

从发展的角度出发,能更清晰地发现这三种幸福感的整合趋势。首先,情绪幸福感与认知幸福感的融合形成了经典的主观幸福感模型。幸福感评估的情绪取向模式和认知取向模式表现在对幸福感操作性定义的理解与掌握方式上。情绪取向模式将幸福感理解为人们关于生活整体或多个不同侧面的情感状态,认知取向模式将幸福感理解为人们对生活整体或多个不同侧面的满意度。迪纳(1984)提出,主观幸福感应当是这两者的结合,这样有助于更好地理解与掌握幸福感的本质。

其次,主观幸福感与心理幸福感的融合形成了积极心理学测量的潮流。在此之前,心理学知识体系中存在明显的缝隙,消极心理学模式(病理心理学)也存在种种弊端与困境。在这样的背景下,以幸福感研究为主体的积极心理学体系对现代心理学体系做出了补充与完善。凯斯等人(2002)认为,主观幸福感与心理幸福感是积极心理机能截然不同却紧密联系的两个方面,两者之间尽管存在诸多不同之处,但是已经出现了相互融合的趋势。因此,他们通过对主观幸福感与心理幸福感的结构进行拟合,得出了一个理想的模型,并且提出了只有将两者整合起来才能更好地对幸福感的内涵进行全面理解,这也是幸福感研究未来的大致发展趋势。如果说幸福感研究的第一次整合实现了主观与客观指标的融合,第二次整合实现了快乐与意义指标的融合,那么第三次整合的目标则是建构一个个体与社会指标的统一体系。

最后，主观幸福感、心理幸福感与社会幸福感三者的融合促进了积极心理健康模型的发展。凯斯（2007）认为积极的心理健康存在一定的标准，心理疾病的症状是焦虑，而心理健康的标志则是幸福感。幸福感是积极的心理状态，包括正性情绪状态、积极的心理机能和社会安宁或社会幸福感三个方面。研究者分别提出了幸福感的五因素模型和六因素模型，并在美国成年人中进行了一项具备代表性的幸福项目调查，对主观幸福感、心理幸福感和社会幸福感进行了全面的实证研究，为目前和将来对幸福感的研究提供了广泛的原始资料，同时形成了幸福感研究的标准理论模型。经历了三次整合，幸福感的内涵慢慢变得丰富与具体，有关幸福感研究的方向与框架也在逐步清晰与强化，越来越多的人开始了解"幸福是什么"。

总之，从心理学的角度来看，这三种幸福感的概念包括主观与客观、快乐与意义、享受与发展、个人与社会等因素，三者在结构上相互依存、相互补充，共同构成了心理学领域中的实现幸福的理论框架（陈浩彬，苗元江，2012；黄希庭，李继波，刘杰，2012）。

1.2　幸福指数指标体系建构的思路、方法与原则

指标体系的建构是一个复杂的问题。一般来说，指标范围越广，指标内容越全面，指标数量越多，反映出的评价对象差异越明显，越有利于判断和评价。但是，指标大类和指标的重要程度越难确定，指标处理和建构评价模型的过程也越复杂，歪曲评价对象本质特征的可能性也就越大（保宏翔等，2007）。因此，指标体系要全面、客观、科学、合理地反映评价对象的各项要求，并为有关部门和人员所接受。制定指标体系，需要在系统分析的基础上拟订指标体系草案，经过广泛征求专家意见、反复交换信息、统计处理和综合归纳、综合运用定量和定性分析方法，最后才能确定指标体系（邵立周，白

春杰，2008）。具体来说，幸福指数指标体系建构的思路、方法与原则如下。

1.2.1　幸福指数指标体系建构的思路

指标体系的建构是一个"具体—抽象—具体"的逻辑思维过程，是人们对评价对象本质特征的认识逐步深化、逐步精细、逐步完善、逐步系统化的过程，可分为以下几个环节（刘仁，卞树檀，于强，2013）。

第一，理论的准备。指标体系的设计者必须对评价对象和评价目的有清楚的认识，并且对相关的基础理论的了解有一定的深度和广度。以建构中国人幸福指数指标体系为例，研究者必须对幸福感的相关理论有深刻的了解，即在学术定义上，幸福感的概念是什么，幸福感可以分为哪几类，幸福指数的概念如何界定，国内外关于幸福感的研究进展如何，已有的幸福指数评价指标有哪些，这些都是必不可少的准备内容。只有在概念清晰的基础上，才能建构出与评价对象相符的指标体系。

第二，指标体系的初建。设计者可以采用系统分析的方法来构造指标体系框架，这是一个认识进一步深化的过程，也是一个由粗到细、由细到精的思考过程。在设计指标体系时，要注意选取能切实反映评价对象本质特征的具有代表性的指标。当评价对象有多种属性时，要从多角度出发选取评价指标（李响等，2012）。指标的选取方法有定性和定量两种：定性的方法主要由设计者和决策者主观确定指标；定量的方法，如主成分分析法，可以通过降维处理找出具有代表性的指标。一般来说，可以先用定性的方法主观地选取评价指标尽可能充足的全集，再用定量的方法选出有代表性的主要指标。

第三，指标的筛选。初选的指标集不一定都是最合理或最必要的，可能有重叠和冗余的指标或者关联度很高的指标，因此需要对初选的指标集进行筛选，得到最简洁明了且能反映评价对象特征的指标体系。

第四，指标体系结构的优化。从整体上对指标体系的结构进行分析，将指标聚合成不同的大类，反映指标体系不同方面的特性，然后不同方面的特性再聚合成整个指标体系的总体特性（何志强，2016）。结构合理的指标体系可以通过评价反映评价对象不同方面的状况，便于系统的优化。

第五，指标体系的应用。通过实际应用指标体系，分析评价结果的合理性，寻找导致评价结果不合理的原因，修正指标体系。

指标体系的建构有多种顺序，既可以自上而下（由总目标细化到基础指标），也可以自下而上（由基础指标聚合成总目标），还可以从两个方向同时进行。建构一个综合指标体系，就是构造一个系统。这个系统的构造既包括系统元素的选择，也包括整体结构的安排（李远远，2009）。具体选择哪一种顺序，要根据研究对象的性质和研究过程中的实际情况来决定。要着重指出的是，在建构幸福指数指标体系时，还需要注意指标的评价标准。科学的指标有两个评价标准：一是指标的信度，即测量结果的可靠性、一致性和稳定性，亦即测量结果是否反映了被测者稳定的、一贯性的真实特征；二是指标的效度，即指标的有效性，描述的是指标概念是否反映了它应该反映的事物，亦即指标概念与所反映内容的一致性（毕重增，2016）。信度是效度的前提条件，并且指标的有效性问题主要出现在指标的建构过程中，高度有效的指标的提出往往需要经过较长时期的研究和论证。在初步建构出中国人幸福指数指标体系后，要对这一指标的信度和效度进行检验，检验结果要符合统计标准，否则就要对指标进行修改和完善。

1.2.2 幸福指数指标体系建构的方法

建构幸福指数指标体系时应尽量考虑到评估目的的各个方面，

并允许指标之间的部分重复和指标的难操作性或不可操作性，但不允许存在与评估目的无关的指标或内涵不明确的指标。以下是几种常见的研究方法。

1. 文献分析法

文献分析法是指通过搜集、鉴别、整理某一研究主题的相关文献，并以系统、客观、量化的分析来获取信息，进而形成科学认识的一种研究方法。由于文献特别是期刊文献本质上是研究活动的载体，因此可以通过对某技术领域一段时间内所载文献的分析来间接反映该领域的发展状况。文献分析法主要以文献计量、内容分析理论与方法为基础（黄李辉，阮永平，2017）。文献分析法的一般过程包括确定对象、文献搜集、统计分析、得出结论四个步骤。第一步，确定对象。只有确定了分析对象，才能去搜索并筛选目标文献。第二步，文献搜集。对于选定的对象，在确定搜集来源、筛选标准后进行文献搜集，最后得到一系列的相关文献作为分析材料。第三步，统计分析，即分析样本文献。一般来说，分析要从不同的角度进行，如研究方法、研究主题、学科背景等，也可以采用不同的方法，如统计分析、词频分析、引文分析等。此外，分析最好分区间进行，如前 10 年和后 10 年，这样有利于对比，从而得出结论。第四步，得出结论。通过对文献进行广泛搜集和统计分析，结合研究目的得出相关结论，最后形成一份有特定研究主题的文献报告。

2. 专家评价法

专家评价法是出现较早且应用较广的一种研究方法，专家结合实践经验，在评价过程中对研究提供的指标进行筛选、赋权，使指标体系中的每个指标更具有代表性（黄媛等，2012），从而使最终的评分更加科学、指标所包含的内容更加丰富和全面。专家评价法是在定量和定性分析的基础上以打分等方式做出定量评价，其结果具有数理统计特性。专家评价法主要分为个人判断法、专家会议法、头脑风暴法和德尔菲法(肖婷等，2016)。专家评价法的主要步骤是：首先研究者根据评价对象的具体情况选定评价指标，对每个指标进行打分并定出评价等级，每个等级的标准用分值表示；其次以此为基准，由专家对评价对象进行分析和评价，确定各个指标的分值，采用加法评分法、乘法评分法或加乘评分法求出评价对象的总分值，从而得到评价结果。

3. 项目分析法

编制一份高质量量表的前期工作主要包括编拟预试问卷、预试、整理量表与编号、项目分析、效度分析和信度分析六项。项目分析是编制高质量量表的关键步骤，包括对反向题重新计分，计算出量表总分，按照总分高低排序、分组和用独立样本 t 检验分析高低分组在题项上的差异这几个阶段。实质上，项目分析的重点是进行难度分析和区分度分析。在难度分析中，只要知道正确回答该题项的人数与参加测验的总人数，就可以求得难度系数。难度分析比较简单，因此项目分析主要是进行区分度的计算。区分度分析的基本原理就是求出量表中每个题目的 CR 值(critical ratio)，删除或修改 CR 值未达到显著水平的题目(杨承根，杨琴，2010)。具体方法为：分别求出每个被试的量表所得总分，接着按上下 27% 划为高分组和低分组，然后通过对每个题目进行独立样本 t 检验来检测每个题目得分的组间(高分组和低分组)差异情况。如果题目的 CR 值达到显著水平，表明该题目项可以鉴别出不同被试的反应程度，应该被保留；反之，则应该考虑删除或修改该题目，提高量表的质量。

4. 因素分析法

因素分析法是心理学中常用的统计分析方法，其基本思想是寻找公共因子以达到降维的目的。因素分析包括探索性因素分析和验证性因素分析两种。进行探索性因素分析主要是为了找出影响观测变量的因子个数以及各个因子和各个观测变量之间的相关程度，进行验证性因素分析主要是为了检验事前定义因子的模型拟合实际数据的能力（张婷婷，范晓玲，吴志勇，2008）。探索性因素分析是指通过研究众多变量之间的内部依赖关系，探求观测数据中的基本结构，并且用少数几个潜在变量来表示基本的数据结构。其目的在于用尽量少的因子概括和解释尽量多的观测事实，从而建构最简洁、最基本的概念系统，揭示事物之间的本质联系。探索性因素分析包括七个步骤：收集观测变量、获得相关系数矩阵、确定因子个数、提取因子、因子旋转、解释因子结构、计算因子得分。验证性因素分析是基于一定的理论前提对数据进行分析的统计技术。进行验证性因素分析要求事先假设因子结构，研究者要做的是检验它与观测数据是否一致。验证性因素分析包括六个步骤：定义因子模型、收集观测值、获得相关系数矩阵、根据数据拟合模型、评价模型是否恰当、与其他模型比较。

1.2.3　幸福指数指标体系建构的原则

对于幸福指数指标体系的建构，不同的研究者从不同的角度出发，会得到不一样的结果（王然，2016）。要准确地评价中国人的幸福感水平，前提和关键是建构科学合理、可量化的指标体系。幸福指数指标体系的建构应遵循科学性与客观性、可操作性与简洁性、可比性与典型性的原则。

1. 科学性与客观性

幸福指数指标体系从单个指标的确定、选择和分析到基本指标体系的初步建构，都应该建立在对幸福理论和已有的幸福指数指标有广泛了解和深刻认识的基础上。对于整个幸福指数指标体系中的统计指标，应该做到既不重复也不遗漏。重复会加大统计的工作量，模糊各指标的独立意义，严重时还可能导致评价信息的失真；遗漏会导致反映的内容不全面，造成认识上的偏差，所建构的指标不能真正测量到想要测量的东西。因此，幸福指数指标体系的建构要尽可能做到内容全面且各指标相互独立（黄静，2007），以此确保幸福指数指标体系的科学性。科学性在一定程度上保障了客观性，幸福指数指标体系的建构不能仅仅依靠主观判断，要尽可能依托客观的实际情况，结合人们真实的幸福感受，选用客观、合理的方法。客观性原则要求尽可能量化设置的指标，这样既考虑到了数据的可得性，又有利于对所得数据进行统计分析。

2. 可操作性与简洁性

可操作性是心理学最重要的概念之一（黄希庭，2007）。指标体系中的指标对于研究者来说应当易于测量与计算，同时要保证这些指标能够客观地反映总体特征、不带有主观性，这样建构的指标体系才是最实用和有效的（张维群，2006）。简洁性可以让指标体系的可操作性更加容易实现。主观幸福感包括的内容有很多，其涉及的内容也是方方面面的。指标过多、操作过于频繁不仅使操作困难，而且会导致主次不分，掩盖主要矛盾，忽视测量幸福感的本来意义。简洁性原则要求指标体系的建构从研究目的出发，把握问题的主要方面，在众多指标中提炼出最具有代表性的指标。

3. 可比性与典型性

在建构幸福指数指标体系时，要考虑到可比性的问题。我国的地域极其辽阔，不同地区居民的幸福感必然存在差异。虽然现在不同地区都在致力于建构本地区的幸福指数指标体系且研究成果颇丰，但是如果没有统一的、标准化的幸福指数指标体系，就难以进行横向对比，这对于比较研究来说是非常大的阻碍。在建构幸福指数指标体系时，所选择的指标应该能够反映国家制定的公共政策对人民生活质量水平的影响，最终确定的指标要具有典型性，因为建构幸福指数指标体系的一个重要目标就是为国家制定改善人民生活的政策提供参考意见（黄静，2007）。

1.3 幸福指数指标体系建构的意义

幸福指数是衡量人们幸福程度的指标数值(刘杰，李继波，黄希庭，2012)，是衡量人们对自身生存和发展状况的感受和体验的一种指数，是从宏观的角度对幸福感进行量化的一次新实践(Pratt，Mccabe，& Movono，2016)。在半个多世纪的幸福指数研究中，指标体系的建构一直都是研究的重中之重。幸福指数指标体系是测量幸福感的一系列相互联系的统计指标所构成的有机整体(Diener，2000)。作为公共政策的决策工具，幸福指数指标体系的建构可以为国家及时地调整政策取向提供数据支持，以使国家采取适当的政策更好地促进社会的有效运转和良性发展；作为心理科学研究的主题，幸福指数指标体系的建构可以促进中国积极心理学的发展，促进幸福感研究的本土化，发挥心理学的指引作用。具体来说，幸福指数指标体系的建构具有以下意义。

1.3.1 公共政策决策价值

传统观点认为，幸福是他人眼中所看到的情况；幸福是个人选择的不同生活方式；幸福是个人的具体追求，而不是国家层面的有关政策。的确，幸福的主观性和模糊性让它难以成为一个国家的目标准则。然而，心理学、经济学、社会学等一系列科学研究表明，幸福虽然是一种主观体验，但是可以客观地衡量和评估；幸福不仅与大脑的功能有联系，而且受到不同个体和社会特征的影响。新兴的幸福科学研究理念认为，无论是个体做出的选择还是整个社会和国民的生活满意度报告，都会提供关于社会的重要信息，公众的低幸福感水平是社会存在危机或问题的信号。危机和问题的存在表明社会需要做出改变，而公共政策的设计方式是可识别的、可变的。换言之，推行政策以提高公众的幸福感是可行的、必要的(Csikszentmihalyi & Hunter，2014)。幸福指数在公共管理决策中起到如下作用。

1. 幸福指数的监测作用

幸福指数作为一项衡量社会和谐发展的重要指标，可以成为监测社会运行和民众生活状况的理想窗口。自改革开放以来，反映国民经济总体运行和社会发展状况的国内生产总值(gross domestic product，GDP)受到了极大重视。在改革开放初期国民生活水平极其低下的情况下，我国充分重视 GDP 的重要作用，这对于促进我国经济的发展具有积极的意义。随后几十年，我国经济的快速发展使得国民生活水平发生了翻天覆地的变化，但也带来了一系列负面问题，如交通拥堵、人际关系冷漠、公共资源分配不平衡等(施文辉，2014)，并导致了"伊斯特林悖论"，即金钱对幸福感产生的影响随着经济的增长越来越小的现象的出现(王岩，2013)。也就是说，GDP 的增长并不一定能够提升人们的幸福感(Easterlin，1974)。这表明，将 GDP 作为衡量一个国家或地区的经济发展和社会进步的主要指标虽然有积极的意义，但是也存在缺陷：它是一个侧重物质方面的量化指标，人们的健康状态、福利状况等无法体现在该指标中，不能衡量社会成本、经济增长的方式、经济增长的代价、国民的实际财富、资源配置的效率以及贫富差距(Brockmann，2009)。

鉴于此，国际社会提出了采用国民幸福指数(gross national happiness，GNH)作为衡量社会发展的指标。目前，GNH 被认为是衡量一个国家或地区经济、社会、文化、政治、环境、资源等方面协调发展以及社会经济发展与人类身心和谐发展的综合指标体系。不丹已经采用了 GNH 而不是 GDP 来衡量国家的发展水平。中国科学院院士程国栋(2007)也指出，中国应推出幸福指数，以适应各方面对中国经济社会协调发展、人的全面发展以及民生、人文的需求。幸福指数是一个人性化的指标，可以在一定程度上弥补 GDP 的缺陷，从而使衡量社会发展进步的指标更加全面、科学、完善。国家可以利用幸福指数指标体系了解人们生活的幸福感水平，也可以获得人们对国家政策和方针的评价（徐昕，2008）。根据幸福指数的时间序列，幸福指数指标体系可以动态地帮助有关部门及时掌握公众舆论的基本趋势、及时发现问题和解决问题，还可以为社会的稳定性提供预警机制。

2. 幸福指数的政策导向作用

进入 21 世纪以来，党和政府始终坚定不移地推进"幸福中国"的建设。自 2003 年党的十六届三中全会确定"坚持以人为本，树立全面、协调、可持续的发展观"之后，"幸福指数"这一概念进入人们的视野。2006 年胡锦涛访问耶鲁大学时，曾提到要"关注人的生活质量、发展潜能和幸福指数"。党的十七大报告强调"全心全意为人民服务是党的根本宗旨，党的一切奋斗和工作都是为了造福人民"。党的十八届三中全会通过的《中共中央关于全面深化改革若干重大问题的决定》强调"以促进社会公平正义、增进人民福祉为出发点和落脚点"。习近平指出"人民对美好生活的向往，就是我们的奋斗目标""中国梦归根到底是人民的梦，必须紧紧依靠人民来实现，必须不断为人民造福"。

中国人幸福指数指标体系的建构充分体现了以人为本的执政理念，体现了对中国梦的追求。随着经济的飞速发展、城市基础设施建设的日新月异，幸福指数不仅能很好地反映发展惠及居民生活的情况，而且能反映居民心理健康、心理发展和心理预期的情况。在现代社会，物质生活水平的提高已经不能有效地满足人们的需求，尤其是精神层面的需求。人们在追求更高水平的生活质量的同时，对精神文化产品的需求也在不断增大，然而传统的经济指标不能反映这些情况。构建社会主义和谐社会是通向幸福的一个重要方面，在实际工作中，幸福指数这个核心指标可以对构建社会主义和谐社会的进度和情况进行监督，反映其当前存在的问题。

3. 幸福指数的诊断和检验作用

幸福指数既是诊断社会运行状况的指标，又是检验地方政府和中央政府改善民生政策成效的依据之一。作为检测社会是否良性运转的指标，幸福指数可以发挥诊断功能。如果在社会经济快速发展的同时，人民群众的幸福指数出现了持续下滑，就要对这个社会发展的整体走向进行系统而深入的反思。在社会转型的情况下，经济增长带来了社会进步，也带来了一些危害社会和谐的因素，如收入差距过大、城乡发展不平衡、社会保障制度不完善等。这些问题如果不能及时得到纠正，很可能会造成整个社会的巨大危机（李军，2013）。因此，当幸福指数出现下滑时，各级政府必须探究原因，以确保国家的经济发展处于良性轨道之上，从而实现经济和社会的共同发展。

研究表明，在两项被认为最能够有效提高公众幸福感的政府措施中，"为老百姓办实事"占78.1%，"增加民生投入"占52.3%（黄华锋，2011）。可见，对民生问题的改善已成为提高公众幸福感的重要因素。因此，地方政府和中央政府改善民生的政策是否有效可以通过幸福指数来检验。例如，有研究者以江门市为例，发现一些改善民生的政策能够切实地提高公众的幸福感（黄华锋，2011）。此外，当前各级政府制定了各种政策来缓解社会的贫富差距、城乡差距、地区差距等现实问题，建立了失业、养老、医疗等社会保障体系，实施了公共安全网建设等保障国民权利和安全的措施，通过制定公共政策和立法对生态环境予以更多的保护，通过各种措施促进教育公平与就业水平，改善工作环境，减小职业压力，通过各种措施促进民主和完善法治，确保司法公正，降低犯罪率，提高国民的安全感。当前我国正处在社会转型期，一方面原有的社会构架在拆除，另一方面新的社会构架尚未完全形成。因此，观测国民的主观判断成为政策制定的重要决策变量。政府应该对社会主要群体的幸福感予以重视，通过数据的累积、对比把握公众的幸福感的变化，从而检验政策的有效性并切实解决公众的民生问题。

总之，幸福指数指标体系的建构有助于促进社会公共管理工作。构建社会主义和谐社会、实现全面建成小康社会的目标需要关注民众生活的幸福程度。政府应该从关注国民的情感反应和制定积极的公共政策两个层面来提高国民的幸福感（刘翔平，2010）。要从这两个层面出发进行下一步的工作，就必须建构标准化的中国人幸福指数指标体系，通过测量人们的幸福指数为政策制定和评估提供量化指标。幸福指数的测评和追踪可以有效地帮助政府适时了解社会公众所关注的热点问题，寻求问题解决的途径及进程，从而为社会管理提供科学参照。

1.3.2　心理学学科发展价值

幸福指数是衡量人们幸福程度的主观指标，是人们根据自己的价值标准和主观偏好对自身生活状态所做出的满意度方面的评价，是反映居民生活质量的核心指标（应焕红，2011）。从心理学学科的角度出发，建构中国人幸福指数指标体系具有以下重要意义。

1. 促进中国积极心理学的发展

1998 年，美国心理学家塞里格曼组织了一场积极心理学运动，将心理学研究的焦点从消极转向积极，为传统心理学带来了一场积极的变革。积极心理学以一种新的视角诠释心理学，将心理学研究的关注点放在心理健康和良好的心理状态方面，是一门旨在促进个人、群体和整个社会发展完善和自我实现的科学。目前，积极心理学主要围绕"一个中心三个支撑点"（以幸福感为中心，以积极体验、积极人格、积极社会制度为支撑点）来开展相关的研究，并且已经基本形成了完整的理论体系。关于幸福感的研究在积极心理学研究中占有重要地位，是目前积极心理学研究成果最为丰富的主题之一，也是积极心理学的核心命题。

自积极心理学诞生以来，关于幸福感的研究受到了心理学家、社会学家和经济学家的极大关注。国外关于幸福感的研究成果颇多，有成熟的理论框架体系。国内关于幸福感的研究起源于西方科学心理学，是对美国积极心理学的引进和借鉴，大多数研究成果都参考了西方幸福感研究的理论和方法。就测量工具来说，国内大部分研究者使用的是国外的量表，但这些量表是否适合中国人是一个值得探讨的问题。

幸福是建立在人生意义之上的一种快乐的心理状态，源自个人的生存、发展需要达到某种程度的满足。幸福是一个动态系统，是由许多成分构成的组织（黄希庭，李继波，刘杰，2012）。随着社会的发展，中国居民的幸福感水平是动态变化的。因此，要研究中国居民的幸福感水平，就必须建构中国人幸福指数指标体系，以动态、连续地测查中国居民的幸福指数。因为幸福感本身的定义与结构在学术上仍然存在争议，幸福感的测量工具和研究方法也存在一定的缺陷，所以国内关于幸福感的研究还没有建立起系统性的理论。建构中国人幸福指数指标体系是对国内幸福感测量工具的完善，有利于促进中国积极心理学的发展，为中国积极心理学理论框架体系的形成做出贡献。

2. 促进幸福感研究的本土化

不同的文化对于幸福感的理解是不同的，幸福感本身具有自己独特的文化属性。西方以个人主义文化为导向，而中国则以集体主义文化为导向。西方更加注重个体的发展与完善，人们更加关注自我，看重生活的意义对幸福的影响；中国则更加注重集体和家庭的稳定与发展，人们往往选择从个人道德修养和自我约束出发来体验幸福（蒲德祥，2010）。这些文化上的差异很有可能会导致人们对幸福感的理解不同。

　　因此，编制符合我国国情的研究问卷，建立我国民众幸福感的常模，形成一套系统、有效的研究模式，是国内幸福感研究的发展方向。在这种研究背景下，促进幸福感研究的本土化、建设有中国特色的幸福感研究既是研究方向的内在需求，也是促进研究发展的必要条件。

　　3. 发挥心理学的指引作用

　　随着经济的大幅度发展和社会的进步，人们认为西方发达国家的社会幸福感水平也会随之有较大的进步，然而社会学家提供的研究数据并不支持这一结论。一个国家或社会的收入增长的同时，居民的幸福感水平并不会随之增长（Easterlin et al.，2010）。西方社会取得经济的巨大发展后，其民众的幸福感并没有得到显著提升，这一幸福感的困局引起了西方心理学家和社会学家的思考。

　　中国社会和西方社会存在类似的情况、改革开放后，国内经济高速增长，居民的收入水平有了极大提高，但是居民的幸福感并没有得到同步提升，甚至还出现了下降趋势。有调查显示，从1990年到2000年，中国居民的生活满意度从7.3下降至6.5(1～10标度)，自认为"非常幸福"的居民比例从28%下降至12%，而且无论是根据城乡、性别、年龄、婚姻状态还是收入水平进行分组，各组居民的平均幸福感水平都呈现下降趋势（朱翠英，凌宇，银小兰，2011）。盖洛普的调查也发现，从1994年到2005年，感觉生活满意的中国居民的比例在下降，而感觉生活不满意的比例在上升。国内一些科研机构的调查结果也显示，中国居民幸福感的变化与经济发展并不同步（戴廉，2006；倪鹏飞，2011）。

　　目前，在全球经济面临危机的状况下，中国每年仍能保持可观的经济增长速度，这确实令人惊叹。但从基本国情出发，中国正处在一个传统文化和现代文化相互碰撞的特殊历史时期，城乡差距和区域差距明显，国内居民的幸福感体验和追求有显著的分化趋势。

在这个社会转型期，中国心理学解释幸福感、引领人们的幸福感的走向，是幸福感研究的重要社会现实意义所在。

没有一个统一的、标准化的幸福指数指标体系，民众对自身幸福的认知评价就是模糊且不统一的。使用中国人幸福指数指标体系，可以帮助了解现阶段不同类别中国居民幸福感的具体状况，分析中国居民幸福感差异存在的原因，探讨提高中国居民幸福感的方法，为改善或提高中国居民幸福感提供数据支撑。追求幸福却不能找到努力的方向和结果，这势必会让个体花费更多的时间和精力，走更多的弯路。研究幸福的落脚点，是促进、实现大众的幸福。研究中国居民幸福感的最终目的是将幸福感的研究成果运用于实践中，即为提高中国居民幸福感提供理论依据，从而引导中国人走上自己的幸福之路。

2

中国人幸福指数指标
体系的理论建构

英国哲学家休谟说过，"一切人类努力的伟大目标都在于获得幸福"。但将幸福作为衡量标准纳入国家的发展规划之中，却只有半个世纪的历史。1972年，不丹国王率先提出国民幸福指数的概念，以此作为反映国民生活质量和幸福程度的指标，并推行全民幸福计划，其中包括政治善治、经济增长、文化发展和环境保护四个方面。在这一计划的引导下，经过几十年的治理，不丹取得了令人瞩目的成就（Burns，2011）。因为幸福指数及其指标体系建构的最终目标是促进人类的生存与发展，它关注国民的精神追求和心理感受，强调社会经济的可持续与均衡发展，所以"不丹模式"引起了世界各国的关注，并很快在世界范围内掀起了建构幸福指数指标体系、测算国内幸福指数的热潮（苗元江，2009）。那么，幸福指数指标体系究竟是什么？如何建构幸福指数指标体系？中国人幸福指数指标体系的理论建构状况是怎样的？这些都是本章要着重回答的问题。

2.1 幸福指数的界定及其研究取向

2008年2月，诺贝尔经济学奖获得者斯蒂格利茨等人向法国政府提交了一份研究报告。该报告指出，尽管 GDP 作为衡量一个国家或地区经济发展和社会进步的主要指标有其积极意义，但是它也存在重大缺陷，并呼吁全世界关注对居民幸福感的测量。由此，作为社会发展的基本理念和价值目标，幸福指数开始受到世界媒体的关注和热评(罗建文，赵嫦娥，2012)。

2.1.1 幸福指数的界定

幸福指数是衡量人们幸福程度的主观指标。自 20 世纪中期以来，伴随着社会物质财富的迅速积累和人类主体精神的回归，生活质量和人类个体的存在价值受到了空前的关注，由此直接推动了对主观幸福感的研究和测量。而后，由于社会学家和经济学家的加入，人类幸福感的内涵和表现形式又得到了更多的揭示。自工业革命开始，人类社会经历了快速的经济增长。面对财富的急剧增加，人们产生了一种很微妙的感觉——虽然经济持续增长，拥有的财富增多，但是内心的幸福感并没有因此而上升，甚至有所下降。于是，人们开始反思 GDP 这一衡量经济增长的指标是否能够真实地反映社会的全貌。幸福指数具有时代意义和社会发展的导向作用，因此其一经提出便在世界范围内引起了不少国家的关注(王靓，2012)。幸福指数的研究就是通过一套测量体系对人们的幸福感受进行数字化的比较和分析，得出结果，为决策者提供决策依据。使用幸福指数一方面可以监控社会经济运行态势，另一方面有助于反映民众的生活满意度。

幸福指数的意义在于从关注人们的物质需要和经济条件转移到关注人们的精神追求和心理感受，以新的视角去审视人们的物质需要、经济条件、生活质量、生存环境和社会环境，其核心和基础是以人为本(苗元江，2009)。幸福感是一种心理体验，既是人们对生活的客观条件和所处状态的事实判断，又是人们对生活的主观意义和满足程度的价值判断。它是人们在生活满意度的基础上产生的一种积极的心理体验，而幸福指数则是衡量这种感受的具体程度的主观指标(沈杰，2006)。幸福指数即幸福感的评价或测量指数，是衡量人们对自身生存和发展状况的感受和体验的一种指数，是从宏观的角度对幸福进行量化的一次新实践(Pratt，2016)。建构中国人幸福指数指标体系、研究国民幸福感状况、分析国民幸福感的影响因素、实现提升国民幸福感水平的目标，已成为新时代研究的焦点。

2.1.2　幸福指数的研究取向

以往的研究对幸福指数的评价涉及不同的学科。有研究者从经济学的角度分析，认为幸福等同于最大效用，"理性经济人"的幸福感水平最高，并从个人的实际效用、实际收入、亲情及相关特性等角度建构了幸福指数模型；有研究者从心理学的角度分析，譬如里夫和埃塞克斯(Ryff & Essex，1992)将主观幸福感的不同维度作为评价幸福指数的标准，并将幸福指数分为自我接纳、与他人的积极关系、自主性、环境可控性、生活目标及个人成长六个方面；有研究者从社会学的角度分析，认为每个个体都是以群体为中心的"社会人"，幸福指数应通过个人对自身生活质量的主观评价来计量，更加关注对客观生活的主观认识(郑方辉，2011)。

不同的学科对于幸福指数的界定有不同的侧重点，幸福指数的研究取向主要表现为以下三个层面。

1. 宏观层面的幸福指数

伴随着时代的进步与社会的发展，人们的价值观也在发生着变化，从最初仅看重经济的增长到关注经济的真正提升，再到关注人类的发展，直到现在关注人类的幸福生活。世界各国结合自身的经济发展、社会环境、传统文化等具体因素及其治国理念，学习并内化国民幸福理论，并提出了各自的独特见解。对幸福指数的宏观分析呈现多样性的特点，英格哈特指导的世界价值观调查公布的指数体系具有较广泛的认同性(刘伟，蔡志洲，2005)。这一体系针对个

体对象，采用幸福感与满意度两维问题让被试直接做出回答。之后
学术界从需求层次的角度出发，提出了三类指标：A 类指标针对认
知范畴的生活满意度，包括生存状况满意度（如就业、收入、社会保
障等）和生活质量满意度（如居住状况、医疗状况、教育状况等）；B
类指标针对情感范畴的心态和情绪愉悦程度；C 类指标针对人际关
系以及个体与社会的和谐程度。这三类指标均将幸福指数定义为主
观范畴。国内有关幸福感、幸福指数的研究起步较晚，也有零零散
散的相关研究，宏观上基于核算的角度，实际上将国民幸福指数及
作为发展目标、考评手段的幸福指数评价体系界定为广义的幸福指
数。程国栋和王根绪（2006）曾建议，从国家层面建构由经济机会、
社会机会、安全保障、文化价值与环境保护等要素组成的宏观层面
的中国人幸福指数指标体系。

2. 中观层面的幸福指数

各地区在其管理范围内进行调查与研究，提出了相应的指标体
系。周四军等人（2008）研究的湖南省的国民幸福指数包括经济、环
境、人口和社会因素。李朝霞（2011）从总体幸福指数和居住、交通、
就业、医疗、社保、人际关系等分项幸福指数的角度对温州城市居
民的幸福指数现状进行了调查与研究。叶南客等人（2008）研究的南
京居民幸福感指标体系包括三个层次，由两大类七个因素 19 个指标
构成。第一个层次为社会生活和个人生活；第二个层次由社会生活
中的经济、政治、社会、文化建设四个因素和个人生活中的经济、
人际关系、个人状态三个因素共七个因素组成；第三个层次由 19 个
具体的有关社会和个人生活的指标组成，其中每个二级因素分别有
2～4 个指标，涉及社会生活中与老百姓利益关系密切的内容及个人
生活中与其幸福感密切相关的主要方面。

3. 微观层面的幸福指数

心理学家以已有的心理学模型理论为基础，提出了有关幸福指

数指标体系的不同观点。例如，苗元江（2009）以整合心理幸福感和主观幸福感的理论框架与测评指标为出发点，编制了综合幸福问卷，对幸福指数进行测算。邢占军（2006）从我国的文化背景和当前的社会实际出发，在大量实证研究的基础上，提出了由 10 个次级指标构成的民众幸福指数指标体系。

2.2　幸福指数指标体系的建构

　　一些研究者和相关的研究机构在幸福指数研究和提升民众福祉的决策实践中，在国际、国家和地区层面形成了不同的指标体系（邢占军，刘珍，吕林，2015）。对居民幸福感进行科学研究需要一个可量化的指标，也就是幸福指数。2006 年，反映主观感受的"幸福感"首次被列入我国和谐社会评价体系。这种基于增进社会福祉和改善民生的幸福指数建设的终极目标是人民幸福的最大化，而实现这个目标的先决条件是建构一个全面、科学地测量幸福感的幸福指数指标体系，并有效地发挥其监测、诊断及导向的功能。这种功能的现实操作性体现在：如果基于指标体系测算的综合数值反映出社会经济发展指标与人民群众的幸福指数呈现背道而驰的趋势，那就必须对这个社会发展的整体走向进行系统而深入的反思，并提出有建设性的持续改进乃至根本解决的系统性方案。因此，建构合理、科学、有效的国民幸福指数指标体系被提上了日程（林添福，2017）。根据以往文献综述和系统论的指导，幸福指数指标体系可以分为主观指标体系、客观指标体系、主客观相结合的指标体系三类。

2.2.1　主观指标体系

　　对幸福指数进行主观视角的研究，是当前研究的主流。持这一观点的学者认为幸福是一种主观感受、一种积极的心理状态。对自己是否幸福的评价主要依赖个体内定的标准，而不是他人或外界的准则（黄希庭，李继波，刘杰，2012）。最常见的主观幸福感测量方法包括体验式和评价式两种（Dolan，Layard，& Metcalfe，2011），幸福指数的主观指标体系的建构就是基于这两种测量方法展开的。

1. 体验式的主观指标体系的建构

体验式的方法测量个体纯粹的情绪状态，要求个体重构某段时间（如昨天）所发生的具体事件，从而唤醒当时的情绪体验。最初，研究者采用的是经验取样法，指在自然环境中实时收集个人体验的信息（Csikszentmihalyi，1990；Stone & Shiffman，1994）。这种方法的目的在于解决满意度研究中固有的问题，即对不完美回忆的召回和对持续时间的忽略。因此就当下而言，这种方法被视为度量幸福感的黄金标准。经验取样法通过向被试提供电子日记来进行，在一天中的任一时间都可能发出提示音，要求被试记录此时自己正在做什么、有怎样的感受，还要求被试阐明这种感受的强度。将收集到的数据加以平均，即可反映被试的实际日常体验。经验取样法对个体的直接经验加以整合，在一定程度上满足了主观幸福感测量的要求。但不可否认的是，它依然存在以下几个方面的问题：①大范围取样是不切实际的；②某些测量提示无法得到被试的回应，可能会严重影响测量结果；③某些发生频率较低的活动很难作为样本被抽取到。

基于经验取样法的不足，研究者开发了另外一种度量方法——日重现法（Kahneman et al.，2004），其收集数据的方法与经验取样法基本一致，但实施过程更为方便，因此成为后来较常使用的方法。日重现法的主要思路是根据所设定的一定的问题框架（其中包括：①事件开始和结束的时间；②他们当时正在做什么；③他们当时身处何地；④他们当时正与谁在一起）引导被试再现并回忆一天中有关快乐与幸福的状态，并对被试的状态进行评估和测评，然后将积极情绪平均分减去消极情绪平均分的结果作为幸福感的衡量指标（Kahneman et al., 2004)。值得注意的是，在日重现法中，被试在对状态进行评估时共用一个自然的零点——"根本不是"，这对被试来说可能具有一定的稳定意义。日重现法本质上是一个关于情绪状态的回顾性报告，旨在通过指导被试从记忆中检索特定事件来实现准确的回忆，其成功之处在于复制了个人情绪在正面状态、负面状态和疲劳状态下发生昼夜变化的复杂模式，收集的数据可用于表征人们在特定情境下感知的平均情感体验。

除此之外，研究者还发现了一种更为简易的收集相同类型的信息的方法——事件召回法，即在测试过程中尝试询问被试对特定事件的相关感受。与日重现法相比，该方法具有更易于管理的优点，但也存在一定的缺陷——当所选取的被试之间存在较大差异时，结果可能受到影响。

总体来说，体验式的方法可以从整个国家所有居民的角度对生活的满足感和幸福感进行全面调查，并获取真实可靠的数据，但是成本非常高，而且对偶发事件和发生时间短的事件提供的信息不足。为了弥补体验式的方法的不足，研究者更多地采用评价式的方法。

2. 评价式的主观指标体系的建构

当人们被要求对其生活的总体或某一方面，如个体的整体生活、健康或工作等的满意度进行评估时，可以使用评价式的方法。评价式的方法是通过自陈量表测量被试对其生活的总体或某一方面概括性的满意或幸福程度(Dolan, Layard, & Metcalfe, 2011)。与体验式的方法相比，评价式的方法具有较为明显的优势：一方面，可操作性强，简单易行，解释也较为容易；另一方面，可采用标准化测试的形式，其结果更具科学性与准确性。依据量表所包含的条目数量，自陈量表还可以分为单条目自陈量表和多条目自陈量表。单条目自陈量表就是要求被试依据整体印象回答，再根据被试的回答选择适当的值。例如，世界价值观调查项目公布的幸福指数具有较广泛的认同性。

调查用到的量表针对个体对象，采用幸福感与满意度两个维度的问题，让被试直接做出回答。其问题只有一个：把所有的事情加在一起，你认为你非常幸福、比较幸福、不怎么幸福还是一点也不幸福。通过对被试的答案进行统计处理，计算出幸福指数。可见，通过单条目自陈量表得出的幸福指数是单一结构的。这种方法操作简单、方便，在早期得到了很好的发展，但是容易受到被试的心情、环境等因素的影响。

为了克服单条目自陈量表的缺点，研究者编制了多条目自陈量表。其中，一些幸福指数是基于幸福的认知成分建构的。例如，帕沃和迪纳（Pavot & Diener，2008）建构了由三个维度组成的幸福指数体系：①他人评定的生活满意度，由他人评定的生活满意度评定量表测得。该量表包括 5 个子量表，即热情与冷漠、决心与不屈服、愿望与实现目标间的吻合程度、自我评价、心境状态，均为 5 点评分。②自我评定的生活满意度指数 A，由自我评定的生活满意度指数 A 量表测得。该量表包括 20 个题目，回答包括同意、不同意和无法确定三种。③自我评定的生活满意度指数 B，由自我评定的生活满意度指数 B 量表测得。该量表包括 12 个题目。还有一些幸福指数是基于幸福感的情感成分建构的。例如，坎贝尔等人（Cambell et al.，1976）建构的幸福指数主要测量被试当前的幸福程度，由总体情感指数和生活满意度两个指标构成。前者包括 8 个项目，权重为 1；后者包括 1 个项目，权重为 1.1。两者的得分进行加权相加，即得到总体幸福感指数。又如，坎曼和弗莱特（Kamman & Flett，1983）编制的情感量表包括积极情感和消极情感两个指标。此外，还有一些研究者将视线投向了个体潜能的发挥与价值实现，他们将个体的自我实现程度作为衡量人们幸福感的核心内容，来建构幸福指数指标体系。然而得到大多数研究者认同的是迪纳等人（2000）以主观幸福感理论为基础建构的包括生活满意度、积极情感、消极情感三个方面的幸福指数指标体系。

2.2.2　客观指标体系

"幸福"和"指数"分别属于不同的概念领域，因此对幸福进行度量时可以从不同的角度切入。经济学家和社会学家常常从客观的视角对幸福指数进行研究，关注促进幸福的客观条件，用硬性的经济指标和社会指标（如人均 GDP、失业率、平均寿命等）来界定幸福。下面介绍几个目前较有代表性的幸福指数客观指标体系。

1990 年，联合国开发计划署创立人类发展指数，以人均寿命、受教育程度和人均 GDP 三个客观指标为基础变量，分别反映寿命水平、知识水平和生活水平，按照一定的计算方法得出一个综合指标，将其作为衡量国经济社会发展水平的指标。在之后的每一年，联合国开发计划署都会发布各国的人类发展指数，并在人类发展报告中使用它来衡量各国的人类发展水平。人类发展指数反映了人类发展的动态状况，为各国尤其是发展中国家制定发展政策提供了一定的依据，从而有助于挖掘各国经济发展的潜力。分析人类发展指数可以帮助人们发现社会发展中存在的薄弱环节，对经济社会的发展起到预警的作用。

英国新经济学基金会提出的国内发展指标（measure of domestic progress，MDP）不仅关注 GDP，而且对诸如犯罪率、能源消耗、污染等方面予以重视，考虑了经济增长带来的社会和环境成本，较为全面地反映了国家的发展状况、可持续发展的目标以及人民的生活质量。与 GDP 相比，MDP 可以向人们提供一个反映可持续发展状况的更有力的指标，使人们能够对可持续发展方面取得的进步进行系统评估，并检验政府关于经济增长、社会进步、环境保护和自然资源的政策的实施效果。研究结果显示，过去 50 年来，英国的 GDP 与 MDP 之间的差距日益增大，MDP 平均增长率的上升幅度不到 GDP 的 50%。从环境的角度来看，英国自 20 世纪 70 年代开始实施的环境政策对减少向大气与河流排放污染物发挥了关键作用，但是这一重要成绩被经济发展带来的隐藏代价埋没。从社会进步的角度来看，英国的经济增长使人们的平均生活水平有所提高、寿命有所延长、失业率有所下降，但也导致犯罪、不平等状况和家庭解体案例大大增多。MDP 本身不能直接提供解决方案，但会引起政府决策人员对社会发展与环境质量的关注，促使他们制定保护家庭稳定和社会平等、促进社会进步的政策（潘双庆，2006）。

卡明斯等人（Cummins et al.，2003）提出的国际幸福指数被分为个人幸福指数和国家幸福指数，前者要求人们对自己的生活水平、健康状况、在生活中所取得的成就、人际关系、安全状况、社会参与、未来保障等方面进行评价，后者要求人们对当前的国家经济形势、自然环境状况、社会状况、政府、商业形势、国家安全状况等方面进行评价。

经济合作与发展组织于 2011 年发布的名为"幸福指数"的在线测试在国际上具有一定的影响力。该测试通过让各国居民对自己的收入、就业、住房、教育、环境、健康、社交、公众参与、安全、工作与生活的平衡以及对生活的整体满意度 11 个方面共 20 项指标的表现进行评分，衡量居民的幸福感。其中，将收入、就业、住房方面的指标用于衡量生活的物质条件，将教育、环境、健康、社交、公众参与、安全、工作与生活的平衡以及对生活的整体满意度方面的指标用于衡量生活的质量水平。

2.2.3 主客观相结合的指标体系

一个国家的发展不仅是经济效益的增长，而且是社会效益、生态效益、文化效益、精神效益和健康效益等的增长，对于国民幸福指数的测量也应结合各方面的内容。基于此，一些研究者提出采用主客观相结合的方法来研究幸福指数，认为幸福指数应包括引起人们幸福感的客观因素和人们对这些因素的主观感受两个方面。下面介绍几个比较典型的主客观相结合的指标体系。

2006 年 7 月，英国新经济学基金会公布了与英国"地球之友"组织共同提出的幸福星球指数。幸福星球指数由三个部分构成：生活满意度、预期寿命及生态足迹。计算公式为：幸福星球指数＝（生活满意度×预期寿命）/生态足迹。幸福星球指数将主客观因素相结合，以展现幸福感与物质生活水平的关系，反映了国家以自然资源换取人民的健康与快乐的能力，是世界上第一个将人类活动对环境的影响同幸福感与预期寿命综合衡量的指数。值得注意的是，这一指数本质上并不是真正意义上的幸福指数，而是幸福的资源效率指数，是关于幸福收益和幸福成本的效率指数。英国新经济学基金会主导研究的 MDP 更加关注社会发展指标，从更贴近经济的角度考虑影响人类幸福感的因素。

2012 年，美国哥伦比亚大学地球研究所与联合国共同发布全球幸福指数报告。此报告的调查范围涉及 156 个国家和地区，调查时间范围为 2005 年到 2011 年，报告的标准包括教育、健康、环境、管理、时间、文化多样性和包容性、社区活力、内心幸福感、生活水平九大领域，衡量标准是各地居民的预期寿命、生活满意度及各地人均消耗资源量等。报告显示，最不幸福的国家集中在受贫穷困扰和受战火侵袭的非洲地区，而较幸福的国家一般较为富裕。但是，经济收入与幸福之间并不存在必然的联系，与经济收入相比，政治自由度、社交网络、杜绝贪腐等因素更为重要。在个人层面上，良好的精神及身体健康、稳定的家庭和婚姻、工作保障等对幸福非常重要。在 2018 年年初，联合国发布了世界幸福国家报告。这份报告综合分析了全球各个国家的幸福指数，基于 2015—2017 年的多项调查数据，根据对人均 GDP、健康寿命、自由、慷慨、社会支援、政府或商业是否贪腐等多个因素的评分，量化每个国家国民的主观幸福感。同时，这份报告首次评估了每个国家的移民幸福指数，分析了国际移民在各个国家的幸福程度。在评估移民幸福指数时，主要以该国人民对移民的接纳程度以及本地人与移民在生活各方面的差别的大小为重要指标。由此可见，目前对全球幸福指数的调查呈现出与时俱进的发展态势，更加关心全球居民生活的方方面面。

2010 年，不丹的国民幸福指数已由最初的四个客观指标（政治善治、经济增长、文化发展、环境保护）扩展到包括主客观指标的九个区域（心理健康、社区活力、文化、时间使用、政府管理、生态、生活标准、身体健康和教育），每个区域都有各自相应的指数标准。心理健康领域包括满意度、社会支持、压力、信仰、精神健康五个关键指标，如"在过去两周时间里生气多少次、感到愤怒多少次"等。社区活力的衡量涉及以下几个方面：人们面临危机、事故、死亡或感情问题时是否能从社区中得到帮助和支持，对社区的信任程度，在社区中的归属感。文化不易被阐释和量化，所以数据收集基于不丹文化习俗及传统价值观念等，通过一些基本文化元素如语言、认同感、核心价值观的变化，对信仰、规范、习俗以及各种相关文化活动等的调查来衡量文化的多样性。对时间使用的调查包括所有经济类和非经济类的活动，根据不同的行业分为农业相关活动、畜牧业相关活动、林业和园艺、食品加工、建设和修缮等 18 项活动。政府管理领域涉及四个基本维度：政府管理成效、民主性的文化、对政府和领导人的信任和廉政。生态领域通过对土地使用类型、河流污染、空气污染等方面的调查来衡量不丹的生态变化情况。生活标准领域的调查问卷包括六个部分：家庭收入、对不平等或相对收入的看法、经济保障、食品安全、房屋、资产所有权。对身体健康领域的调查从人们的健康状况、健康知识和健康行为三个方面进行。在教育领域中，教育部原有的指标仅仅衡量一些硬件设施的输入，没有衡量输出的情况；而国民幸福指数则基本上用教育输出来衡量教育现状，根据不丹人掌握的 7 种知识类型的情况进行调查和研究。

不丹的国民幸福指数系统综合考察了社会、心理、经济以及文化等多方面因素，只有这些因素交互在一起，幸福才会自然产生（王靓，2012）。

在东南亚地区，泰国政府一直关注社会和人类的发展，推出绿色幸福指数。该指标是基于自足经济的理念、以人为本的发展以及绿色发展和幸福社会而产生的对国家发展和国民幸福的评估，由六大部分组成，即健康、温暖与充满爱的家庭、社区权利、经济实力与公平、环境与生态系统、民主社会与政府管制。其主要目标在于促使公众参与、成为引导社会发展的主要工具、推动以幸福为主导的发展、成为收集基本数据和建立数据中心以及发展其他指数的指导方针，其主旨在于实现泰国人民的幸福与良好的生活质量、身体、精神和智力之间的平衡，实现经济、社会和环境之间的良好集成，建设和谐社会，在人、自然和环境之间取得平衡（Barameechai，2007）。

2013年的盖洛普全球幸福指数调查是全球范围内首个以不同国家民众幸福感的比较为主题的调查，这说明有关国民幸福指数的研究的影响正在持续扩大。这一调查包括国民生活目的、社会关系、财务状况、居住地区和健康五个维度，被试对每个维度进行评分。该调查在135个国家采集具有代表性的样本，以此来估算各国人民的幸福指数。

2.3　中国人幸福指数指标体系的建构

不同国家的国民幸福离不开特定的社会环境、精神世界、伦理传统和宏观治国理念，因此相对于西方发达国家来说，我国国民幸福指数指标体系有其独特性（苗元江，2009）。国民幸福指数就是衡量人的幸福的标准，国富是为了民乐和创造幸福生活。

民生幸福是多种影响因素共同作用的结果，在时间和社会环境一定的情况下，已有许多较为成熟的衡量民生幸福的指标。①经济发展指数，能够说明一个时期社会经济发达的程度。经济是基础，只有经济水平提高了，人们才有足够的物质基础。经济发展指数用人均 GDP、城市化水平、城市失业率等指标表示。但是经济增长并不必然带来幸福，随之而来的收入分配不公、环境污染、社会矛盾等反而会降低人们的幸福感。因此，这项指标对民生幸福的影响比重不能赋值过高。②社会发展指数，能够反映社会服务发展的程度，其中有反映教育发展水平的入学率、反映卫生服务水平的卫生服务体系健全率、反映社会保障水平的社会保障覆盖率、反映社会治安状况的人民群众对社会治安的满意度等指标。这项指标对民生幸福的影响较大，是考察民生幸福的重点指标。③生态环境指数，能够反映经济发展中的环境状况，主要指标有城市绿化覆盖率、森林覆盖率、环境质量综合指数。环境的好坏直接影响人体的健康状况，对居民的幸福生活具有直接影响，不可小觑。④身体健康程度，能够反映个体的健康状况，主要指标有心理健康指数、身体健康指数、锻炼或运动指数。⑤政治参与指数，能够反映人们的政治权利和管理权利受重视和实现的程度。对于重视个人权利的个体来说，政治参与度对其幸福指数具有重要影响。⑥自我价值实现指数，能够反映人们的自我发展需要满足的程度。该指标包括三个方面：财务自由实现指数、自我发展指数和受别人尊重指数。

当前，我国处于转型期，传统的生活方式、价值观念与现代文化碰撞、冲突，在不同区域间形成了经济断层、文化断层甚至是心理断层，这也造成中国人幸福指数指标体系异于西方人。幸福指数指标体系的建构与测量是现代幸福感研究的热点和难点，指标的科学性和可比性分别受幸福指数指标的多样化内涵和不同体系的影响。传统的幸福感评价体系将统计学理论放在了过于重要的位置，容易忽视评价所依据的心理学理论的关键作用。幸福指数指标体系的建构多是对国外研究成果的引用，缺少本土化研究结果的整合（刘力，2015）。尽管如此，我国研究者在建构中国人幸福指数指标体系时仍然遵循与国外研究基本一致的思路，即客观的物质条件作为人们的生活基础，是形成和评价幸福指数的前提。考虑到人们的主观满意度，我国研究者已建构的中国人幸福指数指标体系主要分为主观指标体系、客观指标体系以及主客观相结合的指标体系三类。

2.3.1　主观指标体系

邢占军（2006）从我国的文化背景和当前的社会实际出发，在大量实证研究的基础上，提出了由 10 个次级指标构成的民众幸福指数指标体系：①知足充裕体验指数，反映了人们对自身所拥有的客观物质条件的心理体验；②心理健康体验指数，反映了人们在社会适应方面的心理体验；③成长发展体验指数，反映了人们在自身进步方面的心理体验；④社会信心体验指数，反映了人们对社会发展态势的心理体验；⑤目标价值体验指数，反映了人们对人生目标和发展方向的心理体验；⑥自我接受体验指数，反映了人们在自我接纳方面的心理体验；⑦人际适应体验指数，反映了人们在人际适应方面的心理体验；⑧身体健康体验指数，反映了人们在身体适应方面的心理体验；⑨心态平衡体验指数，反映了人们在心态调适方面的心理体验；⑩家庭氛围体验指数，反映了人们在家庭生活方面的心理体验。陆洛（1997）所建构的中国人幸福指数指标体系包括自尊的满足、家庭与朋友等人际关系的和谐、对金钱的追求、工作上的成就、对生活的乐天知命、活得比旁人好、自我的控制和理想的实现、短暂的快乐、对健康的需求 9 个指标。苗元江（2009）从整合主观幸福感和心理幸福感的理论框架与测评指标的角度出发，编制了综合幸福问卷，建构了由 1 个指数（幸福指数）、2 个模块（主观幸福感和心理幸福感)、9 个维度组成的中国人幸福指数指标体系。9
个维度分别是生活满意、正性情感、负性情感、生命活力、健康
关注、利他行为、自我价值、友好关系、人格成长。

2.3.2 客观指标体系

周四军等人(2008)依据经济发展水平、人口与就业结构、人民
生活水平和生活环境水平四个方面建构了国民幸福指数评价指标体
系,运用变异系数法和距离综合评价法对我国 1998—2006 年国民幸
福指数进行了测度和评价,具体包括人均 GDP、城镇与农村居民人
均可支配收入、人均教育经费、森林覆盖率、生活垃圾无害化处理
率、单位 GDP 能源消耗等客观指标。2005 年,深圳市社会科学院开
始对幸福指数进行测量研究,所测量的幸福指数包括人均 GDP、人
均可支配收入、恩格尔系数、人均住房使用面积、人均道路面积、
每万人拥有公交车辆数等客观指标(乐正,乌兰察夫,2006)。俞灵
燕和王岚(2010)根据已有的文献资料,与有关部门反复讨论,在幸
福指数指标体系中设置了一级、二级指标共 16 项,其中一级指标包
括收入分配、就业与社会保障、教育医疗等环境,二级指标包括城
镇居民可支配收入、农村居民人均纯收入、城镇登记失业率等。

2.3.3 主客观相结合的指标体系

在主客观相结合的指标体系中,具有代表性的是程国栋(2007)
提出的从国家层面建构的由经济机会、社会机会、安全保障、文化
价值与环境保护等要素组成的国民幸福指数指标体系。吴启富等人
(2007)和杨作毅等人(2008)从身心健康、物质条件、家庭生活、社
会关系和自我价值实现等角度出发,利用路径分析的方法分析影响
北京市居民幸福程度的主要因素。李杏(2008)从物质和精神两个层
面建构了包括生存状况满意度、生活质量满意度、身心愉悦程度、
幸福感比较、人际及个体与社会的和谐程度 5 个方面共 59 个二级指
标的指标体系。庄连平和李晶(2008)将影响人类幸福的主观因素与

客观因素综合起来，从财富、心理、人格、文化、社会、家庭等角度出发，借助已有的一些权威性的综合数据或微观数据，通过相关性分析建构了一套广义的幸福指数指标体系，从多维度更全面地反映国民的幸福程度。曾鸿和赵明龙（2012）通过分析影响中国城市居民幸福感的关键因素，提出了城市居民幸福指数综合评价方法，提炼出"生存状况"和"生活质量"两大方面，同时突出收入和大件消费的指标。主观评价体系测评时着重考察城市居民的主观幸福满意度，包括生存状况满意度、生活质量满意度、情感认知满意度、人际及个人与城市的和谐四个方面的指标，较好地反映出马斯洛的需要层次理论。研究者还指出，幸福指数体系的研究需要注意我国城市的大小、地域的南北分布以及经济发展程度的不同等。黎昕等人（2011）提出，建构幸福指数指标体系是一项复杂的系统工程，政策性强，涉及面广。整个体系不仅要反映物质生活方面的情况，而且要涵盖社会建设、政治建设、文化建设和生态建设等多个领域。因此，他们以推进社会科学发展为根本目的与出发点，将人民群众的经济状况、健康状况、家庭状况、职业状况、社会状况以及环境条件等44个指标作为幸福指数指标体系的核心内容。2011年5月，中国社会科学院发布了《2011年中国城市竞争力蓝皮书：中国城市竞争力报告》。该报告首次尝试对294个城市进行幸福感调查，调查指标包括对未来生活和社会发展的信心、居住状况、环境卫生状况、交通状况、社会医疗保健条件、就业状况、家庭和睦状况等方面。这是当时国内对幸福指数最为全面、系统的测量。

由以上分析可以看出，不同的幸福指数指标体系的维度有共同的因素，如身心健康、物质条件、人际关系、家庭状况等。但不同的体系由于出发点存在差异，又各有其不同的内涵与侧重点：有的强调个人的幸福体验、自我价值的实现等主观指标，有的强调住房条件、交通、工作状况等客观指标，还有的强调主客观相结合的指标。在此，本研究所考察的幸福指数只涉及主观指标，从宏观上讲，这里的幸福指数是人们对整个社会主观评价的幸福感的平均值。之所以没有采用主客观相结合的指标，是因为所有的客观因素如基尼系数、恩格尔系数、失业率等指数已经通过认知影响到人们的主观幸福感，人们对自身的主观幸福评价已经包含了这些客观指标的作用。有研究表明，经济因素的确是影响和决定幸福指数的重要因素（徐昕，2008），但是如果将客观的经济指数如 GDP、基尼系数、恩格尔系数等以某种比例加入对幸福感水平的衡量中，就会影响幸福度测量的准确性。幸福指数应该是人们在了解经济运行状况的基础之上对这些因素的主观判断。因此，在以调查问卷的形式测量人们的主观幸福感时，可以运用主观测度的提问方式，如"对自己的收入是否感到满意"等。

　　幸福指数是体现主观生活质量的核心指标，反映了居民幸福感在一个时期内的数值和其在作为比较标准的另一个时期内的数值之比。近年来，研究者建议将幸福指数纳入国民统计指标体系。社会发展是经济、社会、人口、环境等多方面协调进步的综合成效，国民幸福指数正是诸多因素共同作用的结果（周四军等，2008；康君，2006）。我国研究幸福指数的时间不长，对幸福指数的理解和认识尚处于起步阶段。从技术层面来说，幸福指数是衡量幸福感的指标值，而幸福又具有主观性的特征，不同的研究者对主观感受的测量一般难以达成共识，从而影响研究的深入；从操作层面来说，一般研究者难以承受大样本量的公众调查所需的巨大资源投入。因此，尽管国内已有大量研究者试图开展幸福指数的实证研究，也公布了很多测量结果，但从总体上看，这些结果是零散的、非连续的，甚至测量内涵也不一致。再者，以往的国内外研究在幸福指数维度的建构上不系统，也不精简，有很多维度可以合并为更高一级的指标。例如，可以将工作状况和住房状况合并为与经济生活有关的维度，将心理健康、身体健康、心态平衡合并为健康状态维度等。其实，幸福是一个动态的系统，具有多维度性、等级结构性、动态性和环境适应性的特点。

因此，本研究从宏观的视角对中国人幸福指数指标体系的建构主要有以下四个方面的价值：①能够从系统的、开放的和动态的综合研究视角建构科学的中国人幸福指数指标体系。通过建构这一体系关注人民的生活质量，是人类追求幸福、实现自由而全面发展的价值追求和最终目标在现阶段的最好体现。②能够建构基于主体认知的幸福理论，整合并丰富现有的幸福理论。实现社会公共利益最大化和人民幸福最大化是人类共同的政治理想，是否承认和保障国民追求幸福的权利成为评价一种政治制度优劣的重要标准。建构幸福指数指标体系有利于提升个体的社会幸福感。③能够开发合乎国情的幸福指数指标体系，并将其作为公共政策工具，在决策实践中发挥重要作用。进一步改善民生、提升居民幸福感，是构建社会主义和谐社会的必然选择。④能够揭示当前我国居民的幸福感水平及影响因素，为政府有针对性地制定公共政策提供数据支持和科学依据。

幸福指数研究可以为政府制定公共政策提供参考，分析其中影响居民幸福感的因素，使社会管理有的放矢。有些城市经济落后，影响居民幸福感的主要因素在物质方面，这就需要大力发展经济，提高居民的物质生活水平；有些城市的居民物质生活充裕，他们在精神层面有更多需求，政府的政策就应偏向加强文化建设，从精神层面提高他们的幸福感。因此，要提高我国城市居民的幸福指数，除了实现经济的快速发展，还要重视精神层面的因素对幸福的影响（曾鸿，赵明龙，2012）。

3

中国人幸福指数指标
体系的建立

　　国内外学者主要从主观、客观和主客观相结合的视角来研究幸福指数。主观视角主要是让个体报告对幸福的主观评价和体验，如"你对自己的生活感到满意吗?"客观视角主要是通过对客观指标如人均寿命、受教育程度、人均 GDP 等的考察对个体的幸福感做出判断。主客观相结合的视角则是将主观指标和客观指标结合起来考察个体的幸福程度。这三种研究视角各有其优缺点，尽管学界对幸福感的界定至今未达成一致，但是研究者普遍认为幸福是个体的一种主观评价，只有个体自己才能判断自己是否幸福，而客观指标只有在个体的主观体验下才具有意义。因此，本研究将从主观视角对居民的幸福指数进行建构。关于幸福感的构成成分，众多研究者已经得出了一致结论，即幸福感包含个体对自身的认知与情绪评价，涉及较多的快乐、较少的负性情绪以及较高的生活满意度。在梳理已有的幸福感测量文献的基础上，本章将整理现有的幸福感测量工具，并尝试建立中国国民幸福感的理论框架，进而建构适用于中国人的幸福指数指标体系。

3.1　幸福感的测量

幸福感是一种心理体验，是一种正向的心理感受，也是一种积极的发展状态。已有的幸福感测量主要分为单一维度的幸福感测量和多维度的幸福感测量。

3.1.1　单一维度的幸福感测量

1. 生活满意度量表

对幸福感的测量需要考虑领域问题，个体对于不同的领域会给予不同的权重，也会有不同的判断标准。因此，测量个体对自己生活整体的判断比测量特定领域的幸福感更加可靠，生活满意度量表也是根据这个观点进行设计的。

迪纳等人（Diener et al.，1985）编制的生活满意度量表是目前研究者使用最广泛的工具之一，自 1985 年公开发表以来已被翻译成多种语言。该量表包括 5 个题目，主要从整体认知的角度对个体的生活满意度进行评价（积极或消极情绪的测量）；采用 7 点评分，1 代表完全不同意，7 代表完全同意。该量表的 5 个题目分别为：①我的生活大致符合我的理想；②我的生活状况非常圆满；③我对自己的生活感到满意；④直至现在，我都能够得到我在生活上希望拥有的重要东西；⑤如果我能够重新选择，我基本没有东西想要改变。量表的总分越高，代表幸福感水平越高。探索性因素分析的结果显示，5 个题目的因子载荷为 0.61～0.84，每个题目与量表总分的相关系数为 0.57～0.75。效标效度分析的结果显示，生活满意度量表的测量结果与正性负性情绪量表中的正性情绪分量表呈显著正相关（$r = 0.44$），与负性情绪分量表呈显著负相关（$r = -0.48$）。

熊承清和许远理（2009）考察了生活满意度量表中文版在一般民众中使用的信度和效度。对测量数据进行项目分析后发现，生活满意度量表的题目有较好的一致性；验证性因素分析的结果显示，模型与数据拟合良好，表明生活满意度量表有较好的结构效度；进行效标相关分析后发现，生活满意度量表与积极情感分量表、消极情感分量表以及总体幸福感量表达到极其显著的相关，这说明生活满意度量表有较好的效标效度。因此，可以说生活满意度量表是测量一般民众生活满意度的有效而可靠的工具。但需要注意的是，生活满意度量表不能测量主观幸福感的所有方面，它是一个范围狭窄的测量工具，测量的是主观幸福感的认知方面，而不是情感方面。虽然主观幸福感的认知方面和情感方面是有联系的，但是不能用生活满意度量表测量情感。测量主观幸福感的情感方面的问卷需要通过收集更多的数据去设计。

2. 主观幸福感量表

主观幸福感量表是由柳博米尔斯基和莱珀(Lyubomirsky & Lepper，1999)编制的，现已被翻译成日语、西班牙语、德语等多种语言，被广泛应用于评估人们的整体主观幸福感。该量表包括 4 个题目，采用 7 点评分。量表题目的描述如下。①整体而言，我认为自己：1 代表是一个非常不幸福的人，7 代表是一个非常幸福的人。②与我的大多数同龄人比，我认为自己：1 代表比较不幸福，7 代表比较幸福。③有些人通常很幸福，不管发生了什么事情他们都能享受生活。这种特征在多大程度上能够用于形容你：1 代表根本不能，7 代表完全可以。④有些人通常很不幸福，尽管他们并没有感到抑郁，但是他们也没有表现出他们应有的幸福。这种特征在多大程度上能够用于形容你：1 代表根本不能，7 代表完全可以。前两个题目是关于目前的生活状态的，后两个题目是关于个体幸福感的特质的。研究结果显示，主观幸福感量表在多个跨年龄、跨文化的样本中表现出稳定的内部一致性，相关系数为 0.79～0.94。同时，主观幸福感量表还表现出良好的重测信度，间隔在 3 个月到 1 年之间的多次重测信度显示，相关系数为 0.55～0.90。与其他已经发表的量表的相关系数为 0.52～0.72，聚合效度为 0.36～0.60。

主观幸福感量表易于操作且施测简单、精准，能够节省成本、减轻被试的负担。同时，从使用该量表与一些人格特质做相关的研究的结果来看，该量表有很大的临床价值（Lyubomirsky & Lepper，1999）。

3. 世界卫生组织幸福感指数

世界卫生组织幸福感指数由世界卫生组织于 1998 年编制，是被广泛应用的幸福感评估工具之一。该量表简称 WHO-5，是从 WHO-10 中分离出来的。WHO-10 包含一些反映个体痛苦症状的消极问题，而世界卫生组织认为积极的幸福感是心理健康的一个方面，因此 WHO-5 只保留了积极的题目。

该量表被翻译为多种语言，在全球范围内被使用。它要求被试根据自己最近半个月以来的实际情况进行 5 点评分，1 代表完全没有，5 代表总是。该量表包括 5 个题目：①我感到高兴并拥有良好的精神状态；②我感到平静与放松；③我感到有活力与精力充沛；④每当醒来时，我都会感到空气新鲜，并且休息得好；⑤我的日常生活充满了让我感兴趣的事情。量表的总分越高，代表幸福感水平越高。该量表多用于评估不同种类疾病患者的主观幸福感，还可以作为抑郁症的初步筛查工具。在描述水平上，WHO-5 是与症状相关量表和副作用量表相平行的临床结果量表。它也可以测量个体跨时间的主观幸福感的情况，以及用于比较两个群体的主观幸福感的差异（Topp et al.，2015）。

4. 丰盛人生量表

丰盛人生量表的理论依据是心理幸福感理论，包括早期的人类心理学理论，即人类的几种基本心理需求，如竞争、联系以及自我接受的需求。除了早期的人类心理学理论，丰盛人生量表也吸收了其他一些观点和研究的结果。根据社会资本是社会幸福的基础这个观点，契克森米哈赖（Csikszentmihalyi，1990）提出流动、兴趣和参与是人类幸福的基础，它们共同组成了幸福资本。之后的研究表明，目标、事件的意义性、人际关系以及乐观主义都对幸福感起着关键作用。在此基础上，迪纳等人（Diener et al.，2010）编制了丰盛人生量表，以探索幸福感的关键理论成分。

丰盛人生量表就是一种测量心理丰富度的量表，测量个体在一些重要领域如人际关系、自尊、目标和乐观主义等方面自我感知成功的程度，为研究者提供心理幸福感的分数，与其他幸福感量表也有很强的联系。该量表常用于测量人们的整体心理幸福感，采用 7 点评分，1 代表完全不同意，7 代表完全同意。该量表包括 8 个题目：①我的生活有目标和意义；②我的社交关系富有支持性，能让我有收获；③我对日常活动既投入又感兴趣；④我积极为其他人的快乐和幸福做出贡献；⑤我能胜任对我来说十分重要的事情；⑥我是一个好人，并过着好的生活；⑦我对我的未来感到乐观；⑧他人对我很尊重。所有的题目都是积极方向的，高分数代表作答者对自己持积极态度。

该量表只能借助总分来测量心理幸福感，不能测量社会心理幸福感的各个组成部分。只聚焦于积极情绪，没有涉及消极情绪的测量，这是该量表的一个缺陷。之后，有其他量表弥补了这一缺陷。

3.1.2 多维度的幸福感测量

单一维度的幸福感量表的题目少，方便测试大样本人群，但会导致得到的结论有些笼统。不少学者编制了多维度的幸福感测量工具，从多角度和多层面对幸福感进行测量。

1. 心理幸福感量表（修订版）

心理幸福感量表（修订版）是被广泛使用的心理幸福感的测量工具。里夫和凯斯（Ryff & Keyes，1955）提出了心理幸福感的多重测量维度，并编制了心理幸福感量表。该量表从发展心理学的角度借鉴埃里克森的社会心理发展阶段理论、比勒的基本生活趋势理论，从临床的角度借鉴马斯洛的自我实现理论、罗杰斯对完整功能人的描述、荣格的个人账户等理论对心理功能积极作用的描述，加上心理健康的概念，聚合这些积极功能框架作为理论基础，建立了一个多维度的幸福感模型，包括6个独立的积极心理功能维度：①自我接纳，是关于自己和自己的过往生活的积极评价；②环境控制，是有效地管理自己的生活和周围世界的能力；③积极关系，是与他人交往的质量；④人生意义，是对自己的人生有目标、有意义的信念；⑤个人成长，是对自己作为个体继续成长和发展的感知；⑥自主性，是自我决定的感知。每个维度各有3个题目，共18个题目。有研究表明，自我接纳和环境控制这两个维度有极强的相关性，因而应合并为5个维度。但是也有研究表明，随着年龄的增长，个体在这两个维度上的变化是不一致的，这个问题需要进一步施测和验证。该量表具有良好的信效度，这与其他测量生活满意感、幸福感的量表有很强的相关性。

邢占军和黄立清（2004）对心理幸福感量表在我国城市居民中的试用情况进行了研究，对该量表的测量学特性进行了检验，并且探讨了在此基础上生成一套适用于我国城市居民的心理幸福感量表的可能性。研究结果显示，将该量表运用于我国城市居民这一群体时，没有取得预想的效果，尤其是其构想效度较差。这可能与研究的取样有关，但更大的可能性在于受到文化价值等方面的差异的影响。

2. 幸福指数量表

幸福指数量表是由澳大利亚学者卡明斯等人（Cummins et al.，2003）编制的。根据主观幸福感稳态理论，主观幸福感由一组在人格控制下发挥作用的心理装置主动控制和维持，强调幸福感是一种综合性的体验，但容易出现积极偏向，即认为自己的幸福感水平高于平均幸福感水平。因此，量表的内容要体现幸福感从抽象到具体这个维度，还有自我距离（由近到远）这个维度。根据这两个维度，该量表形成了个人幸福指数和国家幸福指数两个分量表。个人幸福指数分量表包括 7 个维度，即个体对自己的生活标准、健康、成就、人际关系、安全、社区联系、未来保障的评价；国家幸福指数分量表包括 3 个维度，即人们对国家经济形势、环境状况、社会条件方面的评价。每个题目的评分范围为 0～10，0 代表非常不满意，10 代表非常满意。总分越高，代表个体的幸福感水平越高。许多研究结果表明，幸福指数量表具有良好的信效度（Nielsen，Smyth，& Zhai，2010；Xing & Huang，2014；Nielsen & Zhai，2010）。

黄立清和邢占军（2005）对幸福指数量表在我国内地城市居民中的初步试用进行了研究，对该量表的跨文化适用性进行了检验。研究结果表明，幸福指数量表运用于我国内地城市居民时具有良好的信度，个人幸福指数分量表和国家幸福指数分量表的内部一致性系数分别为 0.77 和 0.82。因素分析结果表明，其构想效度比较理想。同时他们指出，该量表应用于我国内地城市居民取得了良好的测量学特性，所得出的结论可信，可以作为研究我国居民主观生活质量的工具。

3. 彭伯顿幸福指数量表

彭伯顿幸福指数量表是由西班牙心理学家海尔瓦西和巴斯克斯（Hervás & Vázquez，2013）编制的，包括 A 部分（11 个回溯式的题目）和 B 部分（10 个直接体验的题目，被试需要报告昨天经历的积极体验和消极体验），这是对之前的量表的一个改进。大部分可用的量表的测量方式都集中于测量"回忆性的幸福感"，个体通过回溯的方式完成评定。但是由于不同的文化、人格、回忆和评定环境容易出现评定偏差。还有一种测量方式是集中于测量"感受性的幸福感"，也就是测量即刻的情感状态和当前的感受，可以探寻跨文化的不同之处。彭伯顿幸福指数量表就是这两种测量方式的结合。

　　A 部分的 11 个题目是：①我对自己的生活非常满意；②我能够精力充沛地完成每天的任务；③我认为自己的生活是有用的、有价值的；④我对自己十分满意；⑤我的生活中充满了让我成长的学习和挑战经历；⑥我感到自己和周围的人有紧密的联系；⑦我感到自己能够解决生活中的绝大多数问题；⑧我认为我能够在重要的事情上保持自我；⑨我很享受每天发生的众多小事情；⑩我每天的生活中有很多不好的时候（反向计分）；⑪我认为我生活的社会能够让我充分实现自己的潜能。题目 1、2 代表整体幸福感，题目 3~8 代表成就幸福感，题目 9、10 代表快乐幸福感，题目 11 代表社会幸福感。

　　B 部分的 10 个题目中，积极的和消极的各 5 个，用"是"和"否"标记昨天的经历：①我做了一些让自己感到自豪的事情；②我多次感到自己受打击；③我和某人做了一些开心的事情；④多数时间我很无聊；⑤我做了一些令自己十分享受的事情；⑥有些事情让我担心；⑦我学习了有趣的事情；⑧我给了自己一次奖励；⑨发生了让我十分气愤的事情；⑩我感到有人对我不敬。

　　该量表的另一个改进是在结构内容上。很多研究者强调两个概念：享乐主义和幸福主义。享乐主义的幸福感强调生活满意感和情感的部分；幸福主义的幸福感则聚焦于最佳的心理功能，这取决于自我的完满，并包括个人的成长、生活的目的以及自主性的实现。享乐主义的幸福感侧重的是一种快乐的体验，不能代表个体就是一个幸福的人。因此，测量幸福感的量表不能只简单地测量享乐主义的幸福感，而是要将两种幸福感结合。还有研究表明，对一个人的境况和社会功能的评价也是幸福的综合模型的必要组成部分。因此，彭伯顿幸福指数量表包括一般幸福感（生活满意度）、享乐主义的幸福感（积极和消极情感）、幸福主义的幸福感（最佳的心理功能）以及

社会幸福感四个部分。该量表已在多个国家得到使用，内部一致性
系数为 0.82～0.92。

4. 牛津主观幸福感量表与牛津主观幸福感问卷

牛津主观幸福感量表是在主观幸福感的结构基础上编制的，将
情感和认知的部分相结合，具体分为以下几个维度：社会承诺、控
制感、身体素质、功效以及自尊。该量表被广泛应用于个人幸福感
的测量中，已经有研究表明该量表可以用于西班牙、美国等地，还
可以用于跨文化研究中，它也是中国主观幸福感量表的基础。该量
表起初主要用于 20 世纪 80 年代牛津大学的实验心理学研究项目，
其 α 系数为 0.84～0.90(Stewart et al.，2010)，而且有很高的外部
信度以及较强的跨时间的稳定性。通过比较个体自我评定和朋友他
人评定的结果可知，该量表也具有良好的效度(Hills & Argyle，
2002)。

牛津主观幸福感量表的基础是贝克抑郁量表，贝克抑郁量表包
括 20 个有关主观幸福感的题目，主要应用于临床，目的是诊断躁狂
和抑郁状态。因为在非临床人群中很少有躁狂或抑郁症患者，所以
牛津主观幸福感量表中极端的选项很少有人选，这就导致有些选项
的选择过于集中。为了让作答者在题目上的选择更分散，研究者对
该量表进行了修改，形成了牛津主观幸福感问卷，评分标准由原来
的 4 点评分变成了 6 点评分(1＝极其不同意，6＝极其同意)。牛津
主观幸福感问卷的维度主要包括积极认知、社会承诺、积极情感、
控制感、身体健康、自我满意感、心理警觉。有研究者认为，牛津
主观幸福感问卷的题目不仅包括主观幸福感的认知成分，而且包括
个体的社会兴趣、善意以及幽默感和生活质量(如身体的吸引力和对
生活目标的觉知)。这样的内容没有区分主观幸福感和个体的其他几
种能力的概念和测量方法，会使问卷混有幸福感之外的概念结构，
导致问卷的效度降低(Kashdan，2004)。

3.1.3　中国国民幸福感的结构与测量

1. 中国城市居民主观幸福感量表(修订版)

在中国城市居民主观幸福感量表的基础上,邢占军(2003)编制了适用于大规模调查研究的中国城市居民主观幸福感量表简本。研究者在山东省范围内随机取样,采用鉴别力分析、因素分析与逻辑分析相结合的方法进行项目分析,形成新量表,并对新量表的测量学特性进行检验。最后证实该量表具有良好的同质信度、效标效度和构想效度,可以作为研究中国城市居民主观幸福感的一种工具。

之后,邢占军和刘相(2008)再次对中国城市居民主观幸福感量表进行修订,修订后的量表包括 10 个分量表,共 40 个题目。分量表的内容包括:①知足充裕体验;②心理健康体验;③社会信心体验;④成长发展体验;⑤目标价值体验;⑥自我接受体验;⑦身体健康体验;⑧心态平衡体验;⑨人际适应体验;⑩家庭氛围体验。该量表的内部一致性系数为 0.90,分量表的内部一致性系数为 0.65～0.81。

2. 综合幸福问卷

当代幸福感研究主要有两种研究取向,即主观幸福感和心理幸福感。为了分析不同的幸福感测量模型、建构出更加完整的幸福感整合模型、探索出更加有效的幸福感测量工具,苗元江(2009)编制了综合幸福问卷,提出了主观幸福感和心理幸福感概念的整合框架。该问卷包括 1 个指数、2 个模块、9 个维度,还包括自评幸福指数,共 51 个题目。其中 9 个维度采用 7 点评分,幸福指数采用 9 点评分。该问卷可以比较全面地评价个体的幸福感状况,并且在大学生人群中进行初步测试后取得了比较满意的信度和效度,随后在军人、中学生、研究生等群体中得到了广泛应用(陈咏媛,2006;苗元江,郑霞,罗佳,2010;韩向前,翁维玲,2005)。苗元江将综合幸福问卷与情感量表、纽芬兰纪念大学幸福度量表、自尊量表、世界卫生组织生活质量量表、流调中心用抑郁量表、一般心理健康量表、精神症状自评量表等进行了比较，发现综合幸福问卷具有较好的效标效度，各维度的 α 系数为 0.67～0.91，分半信度系数为 0.66～0.88，信度较好。

3. 社会幸福感问卷

自 2008 年以来，苗元江开始将社会幸福感纳入自己的研究范畴。他详细论述了社会幸福感的概念、结构维度以及影响因素（苗元江，陈浩彬，白苏妤，2008），并且开始编制社会幸福感的测量问卷。陈浩彬（2008）参考了基斯（Keys）用于美国中年人社会幸福感调查的问卷，并考虑了中国传统文化和语言习惯，对原量表进行了初步修订，并在大学生群体中进行了预测。修订后的社会幸福感问卷分为 5 个维度，包括社会认同、社会贡献、社会和谐、社会实现和社会整合，共 10 个题目，采用 7 点评分。之后，王青华（2011）进一步完善和丰富了社会幸福感问卷，该问卷仍包括以上 5 个维度，但是题目由原来的 10 个增添至 20 个。题目扩充之后，问卷的信度较之前有明显提高。苗元江又将综合幸福问卷和中国城市居民主观幸福感量表简本当作效标，利用相关分析和回归分析来探索社会幸福感问卷与两者的关系。研究结果表明，社会幸福感与主观幸福感、心理幸福感存在显著相关，具有良好的效标效度。至此，社会幸福感问卷基本成熟。

4. 实现幸福感问卷

从 2011 年开始，苗元江又将实现幸福感纳入自己的研究中，详细论述了它的起源、理论基础、内涵和要素（苗元江，胡亚琳，周堃，2011）。在对实现幸福感的理论进行梳理之后，又修订了沃特曼等人编制的实现幸福感问卷，并在大学生及研究生群体中进行施测。经过统计分析，最后提取了 5 个维度，共 20 个题目。该问卷的内部一致性信度较好，具有良好的内容效度、结构效度和效标效度。

综上所述，在过去几十年中，研究者编制了多个有关主观幸福感的自陈式量表。这些量表可以分为两类：一类是将主观幸福感当作一个整体，而忽略了领域幸福感；另一类是从多个维度测量主观幸福感，其侧重点是领域幸福感，而忽略了整体幸福感。此外，大量研究表明，中国人的幸福感与西方人的幸福感既存在共性也存在差异性。例如，中国人对生活满意度的评价不仅包括对自身的评价，而且包括对外界环境的满意度评价；中国的传统价值观强调个体不仅肩负着自身发展的任务，而且肩负着家庭延续的使命。因此，西方的幸福感量表在评价中国人的幸福指数时存在明显的局限性，有必要建构中国人自己的幸福指数指标体系。

3.2　幸福指数指标体系的建构

目前，国内有研究者建构了不同城市或农村居民的幸福指数指标体系。例如，朱金鹤和王军香（2016）依据数据的可得性、科学性等原则，在考虑新疆地区客观社会资源共享的基础上，主要从经济包容幸福度、生活与消费幸福度、公共服务幸福度、公共安全幸福度和生存环境幸福度5个维度建构了幸福指数测评的综合体系。陶敏和易丽（2015）对四川农村居民幸福指数指标体系进行了建构，认为从社会状况、环境条件、家庭状况、经济状况、健康状况、职业状况6个方面能够全面科学地反映四川农村居民的幸福感。林添福（2017）建构了着眼于经济、社会、民生的全方位的福州市幸福指数指标体系，由客观幸福指数指标体系和主观幸福指数指标体系构成。客观幸福指数指标由经济状况、政治状况、社会状况、健康状况、环境条件、文化状况6个方面构成；主观幸福指数指标由20个方面构成，包括对收入、职业、事业、住房的满意度等。

通过回顾已有的文献，我们可以发现对于幸福指数维度的建构，不同的研究有着共同的因素，但也存在诸多不同的因素：有的更强调个人的幸福体验，强调自我价值的实现；而有的更强调住房条件、交通、工作状况等指标。本研究认为，幸福是一个动态的系统，具有多维度、等级结构性、动态性和环境适应性的特点。因此，中国人幸福指数指标体系的建构主要从中国人的主观感受出发，其维度主要包括整体幸福指数和领域幸福指数两个部分（见图 3.1）。

指标 1：整体幸福指数。个体根据自身感受整体地评价自己的幸福程度，包括总体生活满意度、横向比较的满意度和纵向比较的满意度。

领域幸福指数反映的是个体对幸福生活的主要关注点，包括政治生活满意度、经济生活满意度、人际关系满意度、文化生活满意度、健康状态满意度和环境生活满意度 6 个维度，具体涉及以下方面。

指标 2：政治生活满意度，反映了个体对自己行使政治权利的满意程度、对政府执政活动的信任度和满意程度。

指标 3：经济生活满意度，反映了个体对家庭收入、住房情况、工作状况和未来经济情况的满意程度。

指标 4：人际关系满意度，反映了个体对家庭、亲戚、朋友、同事和邻里关系的满意程度。

指标 5：文化生活满意度，反映了个体对所居住的城市的认同程度和对业余文化生活的满意程度。

指标 6：健康状态满意度，反映了个体对自己身体和心理状况的满意程度。

指标 7：环境生活满意度，反映了个体对自己所处的自然生态环境和社会生活环境的满意程度。

基于以上分析，我们设计了包括以上维度的量表，采用 5 点评分，1 代表完全不符合，5 代表完全符合。得分越高，代表幸福感水平越高。

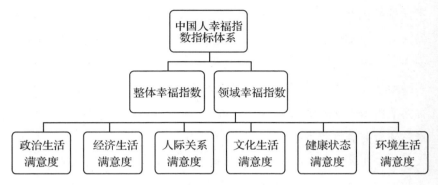

图 3.1 中国人幸福指数指标体系

3.2.1 研究对象和方法

  本研究采用方便取样的方法，在全国范围内对 18 周岁及以上的城市常住居民进行问卷调查，共发放问卷 1800 份，收回问卷 1200 份，有效问卷 894 份，回收率为 66.7％，有效率为 74.5％。男性被试占 52％，女性被试占 48％；被试分布于北京、上海、内蒙古、河南、河北、湖北、陕西、四川、云南、广东等省区市，其中四川的被试最多。

  本研究将数据随机分成两份：一份用于探索性因素分析（$n=456$）；另一份用于验证性因素分析（$n=438$）。

3.2.2 项目分析

  将各个题目的得分相加，算出每个被试的总分。之后将总分最高和最低的被试（各占 27％）分为两组，对每个题目的得分进行独立样本 t 检验。结果表明，所编制的题目在高、低组之间存在显著差异，各个题目与总分的相关均大于 0.2，故可以保留下来做进一步分析。

3.2.3 探索性因素分析

  由于研究主要考察领域幸福感的构成情况，因此下面的统计分析不包括整体幸福感的题目。

  对领域幸福感的探索性因素分析结果表明，问卷取样适当性检验结果为 $KMO=0.89$，Bartlett 球形检验值为 3297.02，$p<0.001$，

说明题目间有共同的因素存在，该样本适合进行因素分析。然后运用主成分分析法及正交旋转法对问卷进行多次探索，发现特征值大于 1 的因素有 6 个，能解释总变异的 52.01%。依据碎石图以及各因子的题目数不低于 3 个、因素负荷大于 0.3 等标准，最终确定了 6 个因子，分别为政治生活满意度、人际关系满意度、经济生活满意度、环境生活满意度、健康状态满意度、文化生活满意度。各题目均在相应因素上具有较大的载荷，处于 0.31～0.78，六因子旋转成分矩阵如表 3.1 所示。

表 3.1　六因子旋转成分矩阵 ($n=456$)

政治生活满意度	人际关系满意度	经济生活满意度	环境生活满意度	健康状态满意度	文化生活满意度	量表题目
0.78						我相信我们这里的政府在执政活动中是为民着想的
0.72						我对我们这里的政务公开（或村务公开）程度感到满意
0.70						我觉得我们这里的政府对犯罪分子的打击是动了真格的
0.69						遇到法律纠纷，我相信我们这里的司法部门会做出公正的裁决
0.62						我对我们这里的社会保障体系感到满意

续表

政治生活 满意度	人际关系 满意度	经济生活 满意度	环境生活 满意度	健康状态 满意度	文化生活 满意度	量表题目
0.57						我对自己的基本政治权利（如选举权和被选举权、监督权、言论自由等）的行使能够得到保障感到满意
	0.76					我和家人的关系融洽
	0.72					我和街坊邻居的关系融洽
	0.68					我和同事相处得很好
	0.61					我至少有一个好朋友
	0.50					我的婚姻关系（恋爱关系）很好
		0.68				我对我们家庭的收入感到满意
		0.68				我不担心自己将来的经济状况
		0.68				我对自己的住房感到满意
		0.48				我对自己的工作感到满意
			0.67			我对我们这里的水和空气质量感到满意
			0.64			我家周围的环境挺好

续表

政治生活满意度	人际关系满意度	经济生活满意度	环境生活满意度	健康状态满意度	文化生活满意度	量表题目
			0.60			我们这里的人情味比较浓
			0.39			在我们这里，即使晚上单独走路回家也是安全的
			0.30			我对我们这里的食品和药品是放心的
				0.71		我的睡眠充足
				0.62		我常常感到精力充足
				0.52		在工作或生活中，我觉得压力不是很大
				0.47		我经常锻炼身体
					0.56	我对我们这个地方的人的文明程度感到满意
					0.53	我喜欢在这里生活
					0.51	与其他地方相比，我更喜欢我们这个地方的文化
					0.47	空闲的时候，我能够找到一些有趣的事情做

3.2.4 验证性因素分析

运用 Amos18.0 软件对理论模型进行验证，模型的各项拟合指数见表 3.2。从表 3.2 可以看出，在城市领域幸福指数六因子结构模型拟合的各项指标中，*GFI* 和 *RMSEA* 达到了模型拟合标准，而 *IFI*、*CFI*、*NFI*、*TLI* 也很接近拟合标准。这表明探索性因素分析得出的城市领域幸福指数六因子结构模型是比较理想的。

表 3.2   城市领域幸福指数六因子结构模型的拟合指数表 ($n=438$)

X^2/df	GFI	IFI	RMSEA	CFI	NFI	TLI
2.09	0.90	0.89	0.05	0.88	0.80	0.87

3.2.5 信度

最终形成的问卷的克隆巴赫 α 系数为 0.89，其中各因子系数分别为 0.81、0.69、0.73、0.64、0.67、0.62，表明问卷的总体信度良好，并且各分问卷的信度达到了心理测量学的要求。

3.3 幸福指数指标体系中各指标意蕴

要想提高幸福感水平，就必须知道人们对幸福的理解和真实感受，也就是说必须明确最能代表国民幸福的指标是什么。因此，编制能够全面测量国民幸福感的量表就显得尤为重要。本量表是在对以往国内外的研究和开放式问卷调查结果的系统分析的基础上编制而成的，根据探索性因素分析和验证性因素分析的结果，最终建立了中国人幸福指数指标体系。该体系包括整体幸福指数和领域幸福指数两个部分。

3.3.1 整体幸福指数

黄希庭、李继波和刘杰（2012）提出的整体幸福指数是个体根据自身感受整体地评价自己的幸福程度，包括总体生活满意度、横向比较的满意度和纵向比较的满意度。在 20 世纪 60 年代晚期到 80 年代中期，对于国民幸福指数的测量成为心理学的一个热点研究领域，心理学家对于幸福指数的探讨更多在生活质量、心理健康和社会老年学三个学科领域展开。由于社会学家和经济学家加入了幸福感研究的行列，幸福感的丰富内涵和表现形式得到了更多的揭示。应该说，作为社会心理体系的组成部分，幸福感受到许多复杂因素的影响，主要包括：经济因素，如就业状况、收入水平等；社会因素，如教育程度、婚姻质量等；人口因素，如性别、年龄等；文化因素，如价值观念、传统习惯等；心理因素，如民族性格、自尊程度、生活态度、个性特征、成就动机等；政治因素，如民主权利、参与机会等。

每个人对幸福的界定都是不同的。有一碗热粥、一件御寒的棉袄、一间遮风避雨的土房，一个年收入很少的人也会觉得很满足、很幸福，一般人对此可能会觉得不可思议。其实，他之所以觉得幸福，是因为比较的对象不同。与比他差的人相比，他就会觉得很幸福；在过去的年代，人们吃不饱、穿不暖，现在可以吃饱穿暖了，他就会觉得很幸福；畅想未来，随着政策越来越好，各方面的条件都在改善，日子会越来越好，人们的幸福感也会油然而生。当然，也有的人各方面的条件都不错，却并不感到幸福，这可能是由于他选择了与比自己强的人进行比较。仅凭总体生活满意度的题目，并不能真实反映个体的幸福感水平，也不能反映幸福感的动态发展状况，国内对此进行探讨的学者还比较少（姚本先，石升起，方双虎，2011）。因此，本量表的整体幸福指数的题目既涉及总体生活满意度，又涉及横向比较的满意度和纵向比较的满意度，能更加全面地反映城市居民的幸福感概貌。

3.3.2 领域幸福指数

领域幸福指数的六因子反映了城市居民对幸福生活的主要关注点。

1. 政治生活满意度

政治生活满意度反映了个体对自己行使政治权利的满意程度、对政府执政活动的信任度和满意程度。在罗斯托的理论中，生活质量与经济增长相联系，从某种意义上讲，是经济增长过程的必然产物。政治生活即便影响人们的生活质量，也仅仅是附属于社会的一个很小的部分。但是，随着经济的发展、政治民主化的不断提高，研究者开始关注与居民生活息息相关的政治生活质量，考察居民的政治生活满意度（邢占军，高红，王吉刚，2014；Schlenker，Chambers，& Le，2012）。研究表明，一个社会的政治运作情况、政府的力量是居民幸福感不可或缺的影响因素，政治与个人主观幸福感密切相关（Bok，2013；Álvarez-Díaz et al.，2010）。政治生活中另一个为大众所关注的方面就是政府的清廉（或腐败）程度。所谓腐败，宽泛的定义为利用公共职位谋取私人利益的行为。腐败行为对于资源的不公平攫取往往导致少数掌权者获益，绝大多数居民都是腐败行为的受害者。这不仅仅是因为普通民众在利益分配的过程中完全被排除在外，不能享有应有的平等获利的机会，更是因为腐败行为损害了国家公共政策的落实，不仅违反了维护公共福祉的基本原则，而且使得社会各方面的运作效率低下，直接危害公众的生活品质（Richard & Edward，2000）。民众对于腐败的认知直接关系到其对生活整体满意度的评估和对未来的预期。一个相对清廉的政府能够提升民众的生活质量和主观幸福度，而一个相对腐败的政府则会影响民众的福祉和对整体生活状态的评价。研究表明，腐败会降低城市地区居民的幸福感水平（史莹莹，彭代彦，2017）。腐败通过显著降低民生支出的比例降低居民的幸福感水平，其与居民幸福感水平的差距呈倒 U 形曲线。随着腐败程度的降低，居民幸福感水平的差距先扩大后缩小（张国林，任文晨，2015）。

政治生活是人民生活中不可或缺的重要部分，最好的政治是能够为大多数人创造最大幸福的政治，一个民主、公平、法制健全的政治环境对居民幸福具有重要作用。正是对社会不公平的感知影响了人们的归因认知，从而导致了国民幸福感水平的下降（李静，郭永玉，2011；Smyth & Qian，2009）。因此，个人的基本政治权利能否被尊重，司法部门能否公平、公正地审理案件，对犯罪分子的打击力度大不大，在执政活动中能否体现一切为了人民等，都是影响老百姓幸福的重大问题。对政治生活满意，会让人民有真正当家做主的感觉，会提高人民的幸福感。因此，将政治生活满意度纳入中国人幸福指数指标体系中是非常必要的。

2. 经济生活满意度

经济生活满意度反映了个体对家庭收入、住房情况、工作状况和未来经济情况的满意程度。经济因素与幸福感之间的关系一直备受关注，著名的"伊斯特林悖论"发现国民收入的增长与国民幸福感的提高并不一致。值得注意的是，它是根据纵向的时间序列的数据分析得出的，但在固定的某一时间点上，收入与幸福一般呈正相关关系（李静，郭永玉，2011）。张爱莲和黄希庭（2010）通过对大多数研究的分析发现经济状况对幸福感有显著影响。研究还表明，个体收入与幸福感可能存在倒 U 形曲线关系：在低收入水平下，收入的增加会导致幸福感水平的显著提升，但当收入达到能够满足人们基本需要的水平之后，它对幸福的积极效应就会被社会比较、适应和欲望等心理因素削弱。因此，个体的家庭收入、未来的经济状况是影响居民幸福感的重要因素。邢占军（2011）通过对我国 6 个省会城市的调查发现，现阶段城市居民的个人收入与其幸福感之间具有一定的正相关关系，高收入群体的幸福感水平明显高于低收入群体。伊斯特林等人的研究也表明，虽然从长期（10 年以上）来看，居民的幸福感不随国家财富的增加而提高，但从短期来看，幸福感水平与收入水平呈正相关（Easterlin et al.，2010）。田国强和杨立岩（2006）

建构了一个规范的幸福最大化模型，发现如果考虑攀比效应，那么收入与幸福感水平之间呈倒 U 形曲线。

住房问题一直都是老百姓非常关注的问题，现有的关于住房与居民幸福感关系的研究主要从是否拥有住房、住房面积、住房位置及社区环境等视角展开。研究发现，以上几个因素对低收入群体的主观幸福感具有显著影响（William & Michael，1999）。迪茨、豪林总结回顾了几十年来学术界关于是否拥有住房对发达国家居民行为影响的众多研究，发现社区住房自有率的增加有助于提高社区居民的健康水平和主观幸福感（Dietz & Haurin，2003）。茨姆布罗根据1992—2009 年的德国社会经济调查数据分析了住房与居民幸福感的关系，发现拥有住房对居民幸福感有小幅度的积极影响，而住房面积以及所居住的社区环境等因素对居民幸福感有显著且重要的影响（Zumbro，2014）。大多数中国人都渴望拥有自己的一套房子。有了一套房子，就如同有了根、有了保障、有了幸福感。因此，个体对家庭收入、住房情况、工作状况和未来经济情况的满意程度，共同构成了经济生活满意度的指标。研究表明，家庭拥有住房能够显著提高居民的幸福感，家庭拥有更多数量的住房也有相同的作用（李涛，史宇鹏，陈斌开，2011）。

3. 文化生活满意度

文化生活满意度反映了个体对所居住的城市的认同程度和对业余文化生活的满意程度。文化不仅包括文艺表演、文化娱乐活动等有形的层面，而且包括信念、价值观等无形的层面。我国拥有灿烂的文化，爱国、尊老爱幼、诚实守信等传统文化观念至今仍是人们的行为准则。文化对决定一个人是否幸福具有重要作用。在 2012 年1 月 16 日举行的"心理科学与文化建设"研讨会上，就有学者强调了文化建设与居民幸福感的关系（史占彪，祝卓宏，闫洪丰，2012）。以往对文化与幸福的关系的研究主要集中于个人主义文化与集体主义文化背景下幸福感的比较上（Diener et al.，1999；Diener et al.，1995），但是文化对幸福的影响绝不仅仅存在于个人主义文化和集体主义文化的区别上。在集体主义文化背景下，不同城市的文化差异、人们对当地文化的认同程度对居民幸福感的影响也是不容忽视的。一般而言，生活在文明程度比较高的城市的居民的幸福感水平要高于生活在文明程度比较低的城市的居民。

幸福感也受价值观的影响。当一件事情发生之后，你用怎样的态度去面对它，也会影响你对幸福的感受。积极向上的人会更容易感受到幸福，而悲观厌世的人则很难感受到幸福。一个人的期待也会影响幸福感：如果对一个事物有太高的期待，总是试图去得到它，就难以感受到幸福；放下对事物的高要求，内心就会得到满足，就可以感受到更多的幸福。早在 20 世纪末，心理学家大石茂弘等人在研究人格因素与主观幸福感的关系时就发现，在这一关系中，价值观扮演了重要的角色，即价值观缓和了具体领域生活满意度与总生活满意度的关系（Oishi et al.，2009）。金盛华和田丽丽（2003）通过对中学生的价值观、自我概念与生活满意度的关系进行研究发现，除了从众和爱情两个因子外，价值观的其他因子均与生活满意度各因子呈显著相关。吴丹伟和刘红艳（2005）以黄希庭等人编制的自我价值感量表为工具，发现大学生的自我价值感的个人取向、社会取向均与主观幸福感呈显著正相关。王媛媛（2010）研究了贫困大学生的价值观、自尊和主观幸福感的关系，结论是大学生的价值观与主观幸福感的某些因子呈显著相关。对价值观与主观幸福感的相关关系的解释也可以放到中国传统文化的大背景之下进行。在价值观的所有因子中，除了金钱权力和声望成就两个因子外，自律、守法、务实等因子都与中国传统文化的追求相通。当个体的价值观与中国传统文化一脉相承时，就会与个体的思想产生共鸣，进而激发个体积极向上的心理状态，使个体体验到快乐和幸福。

随着经济的发展和人们的精神文化水平的提高，人们开始认识到休闲活动对生活的必要性与重要性，休闲成为人们关注的话题。根据活动理论的观点，参加的活动越多，人的主观幸福感水平越高（Rodríguez，Látková，& Sun，2008）。在生活满意度维度上，以往的研究表明，休闲活动与生活满意度呈显著正相关。沃尔、布彻和罗伯特森（Warr，Butcher，& Robertson，2004）发现，家庭活动与其他活动相比更有利于提高主观幸福感中的生活满意度。有研究把社交休闲活动分成非正式的社交休闲活动（如打电话、探亲）和正式的社交休闲活动（如参加俱乐部），以生活满意度为衡量主观幸福感的指标，结果表明经常参加社交休闲活动的人具有高的生活满意度，即社交休闲活动有助于提升生活满意度（宋瑞，2014）。蒋奖等人（2011）的研究表明，运动休闲、艺术休闲、社交休闲对生活满意度有显著的正向预测作用。对于个人而言，休闲能够改善健康状况、缓解精神压力、提供社会支持，进而带来幸福感。对太极拳运动的研究发现，其具有沉思效应，可改善参与者的情绪和心理健康，包括增强认知能力和自信心，相信自己具有控制生活、控制情绪和保持健康的能力。积极的休闲活动主要影响个人的主观认知、生活态度和情绪，同时群体休闲活动具有一定的正外部性，为参与者提供社会支持；休闲带来的益处能同时延伸到个人的家庭、工作和日常交往中，从而提升个人的幸福感。从个人潜能发展的角度来看，休闲可以给个人带来身体或情绪上的积极改变，帮助个人提高认知潜能，从而提高幸福感。

在设计城市幸福指数的维度时，要将文化生活满意度包括在内，该纬度不仅要包括个体层面的题目，而且要包括对所居住城市的认同程度等涉及主观层面的题目。良好的文化氛围对于提高人们的幸福感有着积极的推动作用。如今，人们在解决温饱问题后更加注重精神层次的追求。好的文化环境将会给人们带来极大的精神享受，提高其幸福感。现在网络发达，人们的相互交流更加频繁，价值追求也更加复杂化。在这种情况下，抓紧文化建设、创造良好的文化氛围，对于引导人们树立正确的价值观、丰富精神生活、提高幸福感有重要意义。

4. 人际关系满意度

人际关系满意度反映了个体对家庭、亲戚、朋友、同事和邻里关系的满意程度。人际关系是社会关系的表现形式，产生于群体的人际交往中，受整个社会关系的制约。关系是幸福的一个重要决定因素（彭凯平，窦东徽，刘肖岑，2011）。中国人注重人际关系，崇尚以和为贵。中国传统伦理文化把人与人之间的关系概括为"人伦"，具体包括个人、家庭以及社会关系。儒家所强调的"明人伦"，实际上就是要正确地划分和处理家庭以及社会中的各种人际关系。人际关系的协调发展是幸福的重要前提，人际关系与主观幸福感呈显著正相关（王登峰，崔红，2008）。一个人如果每天花一些时间和他人进行深入交流，能够有效地提高幸福感（Mehl et al.，2010）。有研究表明人际关系是幸福指数的重要组成部分，与本研究的结果一致（李朝霞，2011）。

社会心理学将人际关系定义为人与人之间通过直接交往形成的情感联系，而满意度是人们自己对其人际关系的质量做出的主观评价。罗奇、弗雷泽和鲍登（Roach，Frazier，& Bowden，1981）提出，人际关系满意度是指人们在某一个特定的时间点对自己的人际关系或多或少的喜欢态度；满意度同其他任何认知一样，会随着时间的变化而发生变化。法恩（Fine，1998）认为，人际关系满意度是个体对其关系取向、情境愉悦度在满意与不满意两个维度方面的判断。关于人际关系满意度的研究早就从两两之间或小群体范围扩展到了个体与群体或群体与群体之间。目前，对人际关系满意度的理解通常是个体根据自己选择的标准对其与他人之间关系的总体评价（赵菊，2006）。人际关系满意度已成为衡量人们生活质量好坏的一个重要指标，关系越亲密，人际关系满意度越高。

人际关系满意度不同，会导致个体的主观幸福感水平产生明显差异。自古以来，我们的祖先就崇尚以和为贵。在构建社会主义和谐社会的时代背景下，人际关系的作用显得更加重要。按照马斯洛的需要层次理论，每个人都有归属与爱的需要，都希望得到他人的接纳和认同，而人们的愿望和现实的差异会影响个体的幸福感。更确切地说，对社会关系满意的个体往往会更加幸福，这是因为良好的人际关系是社会性支持的重要基础，能够有效地缓冲压力事件对个体的总体满意度的不利影响。相反，对社会关系不满意的个体有可能产生消极的自我概念，怀疑自己的人际吸引能力，进而引发个体的负性情绪，降低其自我效能感，使得个体在人际交往中变得胆小畏缩，从而影响其主观幸福感。因此，营造积极、健康的人际环境，在学习与生活中培养良好的人际关系，有利于人们主观幸福感的提升。

5. 健康状态满意度

健康状态满意度反映了个体对自己身体和心理状况的满意程度。俗话说，身体是革命的本钱，健康的身体是一切活动的基础，是幸福的保障（郭永玉，2010）。大量研究表明，身体健康状况是幸福感的重要影响因素之一，其对幸福感的影响甚至比收入还要大（Graham，2008）。世界卫生组织对于健康的定义是身体上、精神上和社会适应上的完好状态，而不仅仅是没有疾病或者不虚弱。精力充沛，才有能力处理日常事务；心情舒畅，没有压力，才能在遇到困难时从容面对；经常锻炼身体，才能对疾病有抵抗力。以往的研究也表明，身心健康是幸福指数的重要维度（邢占军，2008；俞灵燕，2011；Veenhoven，2008）。

有研究者通过对一些纵向研究结果进行分析发现，随着时间的推移，身体健康状况的改变并没有带来幸福感的显著变化，反而是幸福感能够影响健康个体的寿命和身体健康状况，从而认为对于身体健康状况和幸福感，后者为因，前者为果（Veenhoven，2008；Diener，& Chan，2010）。但这里存在的一个问题是，由于纵向研究历时较长，身体健康状况对幸福感的影响可能由于个体已适应病痛或试图做出调节等其他变量的干扰而不再显著。因此，身体健康状况对幸福感的因果作用很可能被低估。无论身体健康状况与幸福感之间的因果关系更偏向于何种方向，都很难否认的一点是，幸福感对身体健康状况的影响更可能是持久的，而身体健康状况对幸福感的影响更可能是突发的、立竿见影的。

6. 环境生活满意度

环境生活满意度反映了个体对自己所处的自然生态环境和社会生活环境的满意程度。水和空气质量、食品安全等重要的自然、社会环境指标与群众生活息息相关，关系着社会的和谐稳定。国家在2012年修订的《环境空气质量标准》中增加了对 $PM_{2.5}$ 的监测，以切实满足人们对优美的自然生态环境的需要，提高人们对所处自然生态环境的满意度。除了优美的自然生态环境，人们还需要良好的社会治安、安全的食品等社会环境。个体对所处的环境有安全和美的需要，舒适的生态环境、安全的食品等社会环境是个体幸福感的重要来源。因此，环境生活满意度是构成居民幸福指数的主要维度（张启良，沈江铃，2015）。

积极心理学指出，人们的幸福生活可通过生态环境的一些改变策略来实现，如定期住在风景优美的地方、享受宜人的气候等。研究发现，良好的生态环境对人类的积极影响包括精神疲劳的短期恢复、从疾病中更快地康复以及健康和幸福感的长期全面提高（赵欢，吴建平，2010）。相反，不良的生态环境会降低人们的幸福感水平。韦尔施（Welsch，2006）通过分析欧洲10个国家的调查数据发现，空气污染与幸福感呈显著负相关。还有一项研究发现，在西班牙，空气质量和气候是影响居民幸福感的重要因素（Cuñado & Gracia，2013）。幸福感作为一种内在的心理体验，与心理健康有着密切的关系，心理越健康，幸福感越强（苗元江，赵姗，2009；陈姝娟，周爱保，2003）。良好的生态环境在促进人们的心理健康的同时，也提高了人们的幸福感。

幸福是一个动态的系统，随着社会经济的不断发展、人们生活水平的不断提高，人们对幸福的要求也会有所不同。我们所编制的问卷也要不断地加以修正，才能反映城市居民的真实幸福感水平。在对以往文献进行综述并对开放式问卷调查结果进行系统分析的基础上，本研究初步编制了中国人幸福指数指标体系。根据探索性因素分析和验证性因素分析的结果，幸福指数问卷包括整体幸福指数和领域幸福指数两个部分。整体幸福指数包括总体生活满意度、横向比较的满意度和纵向比较的满意度，领域幸福指数包括政治生活满意度、经济生活满意度、文化生活满意度、人际关系满意度、健康状态满意度、环境生活满意度 6 个维度。通过对问卷信度的检验，最终形成的问卷的内部一致性系数为 0.89，但只有一个因子的内部一致性系数达到了 0.80 以上。可见，该问卷的总体信度和各个分问卷的信度还不理想。由于被试大部分为城市居民，并多集中于川渝地区，因此，在后续研究中，需要进一步扩大被试的取样范围，以提高该幸福指数的适用性。因此，我们对问卷进行了修订。

中国人幸福指数指标
体系的修订

中国人幸福指数指标体系一方面致力于将起源于西方的幸福感测量工具本土化，另一方面兼顾整体幸福感与领域幸福感，对幸福感的复杂性进行全面测量。初步编制的指标体系与心理测量学指标的要求还存在一定的差距，主要有以下几个问题：第一，领域幸福指数维度的内部一致性系数不够理想，除政治生活满意度、人际关系满意度外，其余几个领域幸福指数维度的信度系数均在 0.7 以下；第二，文化生活满意度有两个题目的载荷值小于 0.4；第三，取样以四川的被试为主，较少涉及其他地区的居民；第四，聚合效度与区分效度有待进一步检验。因此，本研究进一步在全国更广泛的范围内进行大样本取样，对已建立的幸福指数指标体系进行修订，完善其心理测量学指标。

4.1　幸福指数指标体系修订的依据

自改革开放以来，我国的社会发展取得了重大成果，但在快速发展的同时也出现了一个突出的问题，即社会正面临着日益紧张的人与物之间的关系，导致中国人的幸福指数增长缓慢。党的十八大报告开头就把"增进人民福祉"与"继续推动科学发展、促进社会和谐"等相提并论，并将"创造中国人民和中华民族更加幸福美好的未来"作为结束语。习近平也提出，我们要"不断增强人民的获得感、幸福感、安全感，不断推进全体人民共同富裕"。

研究幸福感的关键任务是建立幸福指数指标体系，幸福指数指标体系主要是从主观指标、客观指标以及主客观相结合的指标这三类指标入手来建立的。黄希庭、李继波和刘杰（2012）的研究指出，幸福指数是衡量人们幸福程度的主观指标数值。幸福指数的意义从关注人们的物质需要和经济条件转移到关注人们的精神追求和心理感受，以新的视角去审视人们的物质需要、经济条件、生活质量、生存环境和社会环境，其核心和基础是以人为本（Diener，Lucas，& Oishi，2002；Busseri & Sadava，2011）。评定幸福感最准确的方法要依靠个人的标准，本研究也将幸福指数看作一种主观数值。因此，对中国人幸福指数指标体系的修订坚持用一个整体幸福指数来反映个体对于自身幸福程度的整体感受，包括总体生活满意度、横向比较的满意度和纵向比较的满意度；领域幸福指数包括政治生活满意度、经济生活满意度、文化生活满意度、人际关系满意度、健康状态满意度和环境生活满意度6个维度。这样的幸福指数指标体系是综合了从理论到实践的各个量表中的幸福指数得到的。

整体幸福指数是从幸福感的主流研究取向之一——主观幸福感的观点出发获得的（Lin，Cheng，& Wang，2014；Lu，2008；Nan，Ni，& Lee，2013；Tang et al.，2016；Xiong & Yu，2009）。根据维恩霍文等人（Veenhoven et al.，1993）的观点，生活满意度在理论上至少应包括认知和情感两个部分。本研究根据此观点，用生活满意度代表主观幸福感，既包括认知方面的满意度，也涉及情感方面的幸福感。整体幸福指数还涉及横向比较的满意度和纵向比较的满意度。横向比较吸取了主观幸福感量表中的题目，要想反映个体的总体生活状态，需要与周围的人进行横向的比较。

还需要设置纵向的比较，将自己现在的幸福感与过去进行对比，这里借鉴了彭伯顿幸福指数量表中涉及的理论基础，其指出对幸福感的测量应该包括一种回忆性的幸福感，要求个体通过回溯的方式完成评定。因此，我们在对整体幸福感的测量中引入了横向和纵向两个角度，对整体幸福感的设置也依据主观幸福感量表中强调的总体的主观幸福感的衡量标准，即对一个人是幸福的还是不幸福的一种普遍性的主观评价。大部分个体都能够报告自己是否幸福，并且这个判断是他们最近的情感水平和生活满意度的总和。因此，本量表通过结合整体幸福感、横向幸福感、纵向幸福感等多角度的题目，使得整体幸福感能够得到一个全面的评价。

幸福指数指标体系除了包括总体评价指标之外，还选取了 6 个领域幸福指数的维度。幸福感被看作一个动态开放的系统，对幸福感的分析包括以下方面：多维度分析、等级结构分析、动态性分析以及环境适应性分析。

根据前人普遍选取的维度，比较典型的方式是从不同的生活领域维度对它进行分析（黄希庭，李继波，刘杰，2012）。根据个体生活的不同领域，可以把幸福指数划分为以下 6 个维度：政治生活满意度、经济生活满意度、文化生活满意度、人际关系满意度、健康状态满意度、环境生活满意度。这 6 个独立的维度之间具有紧密的联系，如对经济生活满意的个体更可能对自己的健康状况感到满意。这 6 个子系统联系起来组成一个有机的整体，共同衡量幸福指数的高低，单独研究一个子系统只能提供关于幸福的片面知识。因此，应将其看作一个整体的系统进行多维度的综合研究。

从纵向来看，幸福感是具有等级结构的。所以，除了可以将幸福感划分为 6 个维度（子系统）之外，各个维度下也可以继续进行划分（Hervás & Vázquez，2013）。例如，经济生活满意度可以进一步划分为家庭收入、住房情况和工作状况三个方面；健康状态满意度可以进一步划分为身体健康和心理健康两个方面，身体健康次级子系统又包括睡眠、饮食、精力等成分；环境生活满意度可以进一步划分为自然生态环境和社会生活环境两个方面。在系统内部，一方面，各个子系统、次级子系统和成分之间存在纵向的联系，低层次系统共同服务于高层次系统，高层次系统对低层次系统进行统合；另一方面，各个子系统、次级子系统和成分之间又存在横向的联系。总之，幸福是一个多层次的组织结构，系统内部这些纵向和横向的联系使幸福成为一个有机的整体。

幸福是动态变化的，因此也要进行动态的分析。从外部因素来看，随着个体的成长、外部的环境变化，不同的环境因素也会对个体幸福感产生不同的影响。幸福感是一种主观体验，是随着个体主观评价标准的变化而变化的，这就会受到主观因素的影响。如果个体在评价时选取了不同的参考框架，那他做出的幸福感评定也会发生改变。同时，个体在评价时所选取的参考框架也会随着时间的变化而变化。

从社会幸福感取向的研究可以看出，研究者将幸福感与社会和外部环境的交互作用看得尤为重要。这也提示我们，在研究幸福感的时候，要进行环境适应性分析（黄立清，邢占军，2005）。由于主体与外部环境之间也存在交互作用，需要将幸福感作为一个开放系统。开放系统是会与其他系统发生交换关系的系统，因此，我们不能将幸福感系统看作一个脱离其他系统而孤立存在的封闭系统。一方面，幸福感系统与外部的环境系统发生交互作用，自然生态环境和社会生活环境都会对个人的幸福感产生不同程度的影响，如生态环境的恶劣、物质的匮乏、人际关系的不融洽、社会分配的不公等都会影响个人的幸福感。幸福感也会对周围环境产生反作用，一个人的幸福感可能会影响周围的人际关系，促使他更积极地参与工作，对社会做出更大的贡献。另一方面，幸福感系统也与内部的人格系统和价值观系统发生交互作用。人格系统与幸福感之间有着密切的关系，外倾性与个体的幸福感呈显著正相关，而神经质则与个体的幸福感呈显著负相关。人的价值观系统会影响幸福感：看重精神追求的人可能有较高的幸福感水平，而看重物质追求的人可能有较低的幸福感水平。价值观也作为外部的环境系统与幸福感系统的关系的调节变量来影响个体的幸福感。另外，幸福感系统与人的神经系统、基因系统以及社会文化历史系统等也发生交互作用（林洪，孙求华，2013）。因此，在对幸福感进行研究时，要将幸福感看作一个与其他系统发生交换关系的开放系统，不仅要研究幸福感系统内部各个变量之间的关系，也要研究幸福感系统之外的其他系统与幸福感的交互作用。

本研究在对幸福指数指标体系的修订中，考虑到了上述研究成果的方方面面，选取 1 个整体幸福指数和 6 个领域幸福指数，将幸福感看作与外界环境存在交互作用的多维度、多层次的动态变化系统。本次修订针对初步编制的中国人幸福指数指标体系的不足来进行，首先进一步扩大被试的取样范围，以提高该指数的适用性，其次对信度偏低的题目进行修改。

4.2　幸福指数指标体系修订的过程

4.2.1　研究方法

1. 研究对象

本研究采用随机分层整群取样的方法，在中国的 14 个城市（长春、吉林、郑州、商丘、太原、大同、西安、杭州、重庆、成都、内江、贵阳、桂林和广州）选取居民共 2509 名。使用均值填补缺失值（不包括人口学数据），删除存在规律性填答的问卷，最终得到有效问卷 2155 份。其中男性 919 人，女性 1236 人，年龄为 18～80

岁，平均年龄为 38.90 岁($SD=8.93$)。有 91.51% 的被试是汉族人，其余被试属于少数民族。表 4.1 显示了被试的人口学变量分布情况，按照初始编号的奇偶将收集的数据随机分成两个样本：样本 1($n=$ 1078)用于探索性因素分析，以探索初步修订的量表的项目质量及测量有效性；样本 2($n=1077$)用于验证性因素分析，以验证问卷的结构效度。

表 4.1　被试的人口学变量

变量	组别	人数
性别	男	919
	女	1236
受教育程度	小学及以下	70
	初中	366
	高中	505
	大学及以上	1214
婚姻状况	已婚/同居	1855
	单身	188
	离婚	90
	丧偶	22
职业状况	在职	1217
	退休	154
	学生	784
身体健康状况 （自我报告）	良好	1118
	一般	934
	较差	103

2. 测量工具

初步编制的中国人幸福指数问卷、生活满意度量表和丰盛人生量表具体介绍见第 3 章。

罗森伯格自尊量表(杨烨，王登峰，2007)作为区分效度测量工具，包括 10 个题目：①我相信自己在生活中能获得成功；②我经常感觉情绪低落；③失败时，我感觉自己很没用；④我能成功地完成各项任务；⑤我觉得自己对工作(学习)没有把握；⑥总的来说，我对自己满意；⑦我怀疑自己的能力；⑧我觉得自己对事业上的成功没有把握；⑨我有能力处理自己的大多数问题；⑩很多事情我都觉得很糟糕、没有希望。

此量表分为自我肯定和自我否定两个维度，其中 5 个是正向记分，5 个是反向记分。采用 4 点评分，总分范围为 4～40，得分越高，代表个体的自尊水平越高。随着对幸福感研究的深入，人们已不再将幸福感看作完全由环境事件决定的情感状态，而着手从个体的人格特质的角度加以解释，这就形成了幸福感影响因素研究的另一条思路。例如，有的研究者报告了决定幸福感的人格特质，包括自尊、个人控制、乐观、慷慨。因此，本研究将自尊量表作为测量区分效度的工具。

因整体幸福指数分问卷、领域幸福指数中的政治生活满意度维度具有良好的信度系数(克隆巴赫 α 系数＞0.80)，故此部分未进行修订，保留其原有题目。对内部一致性系数偏低的其他几个维度进行了相应的修订，最终得到中国人幸福指数量表(修订版)(Chinese Citizen Happiness Index Scale-Revised，CHI-V)。

4.2.2 CHI-V 的项目分析

本研究根据中国人幸福指数量表在较大范围内试用的结果，采用鉴别力分析的方法对该量表进行项目分析，排除鉴别力低的项目，形成了适用于全国范围的中国人幸福指数量表。

本研究采用项目得分与量表总分以及维度均分之间的积差相关系数作为项目鉴别力的具体指标，剔除量表项目的标准如下(吴明隆，2010)：①项目得分与量表总分的相关不显著；②项目得分与所

在维度的均分相关不显著；③项目得分与所在维度的相关系数低于
0.4。由此得出项目得分与量表总分的相关系数（见表4.2）。经项目
分析形成了由30个题目构成的中国人领域幸福指数量表（整体幸福
指数项目保留原有题目，未修订）。

表4.2　项目得分与量表总分及所属维度均分的相关系数（n＝2155）

量表题目	与总分的相关系数	与所属维度均分的相关系数						是否排除
		政治生活满意度	人际关系满意度	环境生活满意度	健康状态满意度	经济生活满意度	文化生活满意度	
ZZ1	0.55	0.73						
ZZ2	0.61	0.79						
ZZ3	0.62	0.82						
ZZ4	0.68	0.76						
ZZ5	0.56	0.73						
ZZ6	0.66	0.79						
RJ1	0.40		0.44					
RJ2	0.44		0.64					
RJ3	0.41		0.69					
RJ4	0.42		0.65					
RJ5	0.51		0.70					
RJ6	0.58		0.76					
HJ1	0.46			0.76				
HJ2	0.42			0.51				
HJ3	0.56			0.78				
HJ4	0.54			0.40				是
HJ5	0.55			0.39				是
HJ6	0.67			0.47				
HJ7	0.13			0.17				是
JK1	0.53				0.68			

续表

量表题目	与总分的相关系数	与所属维度均分的相关系数						是否排除
		政治生活满意度	人际关系满意度	环境生活满意度	健康状态满意度	经济生活满意度	文化生活满意度	
JK2	0.43				0.40			
JK3	0.46				0.68			
JK4	0.47				0.72			
JK5	0.30				0.28			是
JK6	0.44				0.40			
JK7	0.51				0.39			是
JJ1	0.54					0.65		
JJ2	0.60					0.80		
JJ3	0.40					0.36		是
JJ4	0.57					0.73		
JJ5	0.62					0.80		
WH1	0.60						0.48	
WH2	0.53						0.66	
WH3	0.57						0.47	
WH4	0.46						0.41	
WH5	0.52						0.59	

4.2.3　CHI-V 领域幸福指数指标体系的探索性因素分析

先对样本 1 的 1078 名被试的数据进行因素分析的可行性检验。经 KMO 检验和 Bartlett's 球形检验，KMO 的值为 0.90，表明变量间的共同因素足够多；Bartlett's 球形检验 $\chi^2/\mathrm{d}f = 33.96$，$p < 0.0001$，说明母群体的相关矩阵间有共同的因素存在，适合进行因素分析。

采用主成分分析法，经正交旋转法对问卷进行多次探索，发现 5 个特征值大于 1 的因素，5 个因素累计方差解释率为 57.44%。依据碎石图（见图 4.1）以及各因子的题目数不低于 3 个、因素负荷大于 0.4 等标准，最终确定了 5 个因子。各项目均在相应因素上具有较大的载荷，处于 0.57～0.80，旋转成分矩阵如表 4.3 所示。从因素构成来看，领域幸福指数的 6 个维度中，政治生活满意度、人际关系满意度、环境生活满意度、经济生活满意度、健康状态满意度得到保留；因为文化生活满意度维度的 1 个题目负荷低于 0.4、2 个题目双负荷、2 个题目负荷在其他维度上，所以该维度不成立。去掉文化生活满意度的 5 个题目后，再次进行探索性因素分析，得到领域幸福指数的正式问卷共 25 个题目。

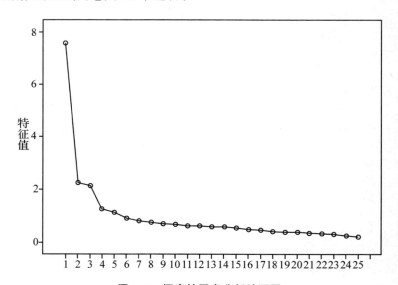

图 4.1 探索性因素分析碎石图

表 4.3 领域幸福指数量表的探索性因素分析结果（$n=1078$）

编号	政治生活满意度	人际关系满意度	健康状态满意度	环境生活满意度	经济生活满意度	量表题目
ZZ1	0.78					遇到法律纠纷，我相信我们这里的司法部门会做出公正的裁决

续表

编号	政治生活满意度	人际关系满意度	健康状态满意度	环境生活满意度	经济生活满意度	量表题目
ZZ2	0.75					我相信我们这里的政府在执政活动中是为民着想的
ZZ3	0.71					我觉得我们这里的政府对犯罪分子的打击是动了真格的
ZZ4	0.70					我对自己的基本政治权利（如选举权和被选举权、监督权、言论自由等）的行使能够得到保障感到满意
ZZ5	0.69					我对我们这里的社会保障体系感到满意
ZZ6	0.66					我对我们这里的政务公开（或村务公开）程度感到满意
RJ1		0.78				我和街坊邻居的关系融洽
RJ2		0.78				我和同事相处得很好
RJ3		0.71				我和家人的关系融洽
RJ4		0.64				总的来说，我对自己的人际关系感到满意

续表

编号	政治生活满意度	人际关系满意度	健康状态满意度	环境生活满意度	经济生活满意度	量表题目
RJ5		0.61				我感到与周围的人很亲近
RJ6		0.57				我的婚姻关系（恋爱关系）很好
JK1			0.73			我对自己的健康状况感到满意
JK2			0.72			我的身体很棒
JK3			0.65			我经常锻炼身体
JK4			0.63			我常常感到精力充足
JK6			0.58			我的睡眠充足
HJ1				0.69		我们这里的环境让我感到满意
HJ2				0.68		我们这里的治安环境好，让我感到很安全
HJ3				0.66		我家周围的环境挺好
HJ6				0.62		在我们这里，即使晚上单独走路回家也是安全的
JJ1					0.80	我对我们家庭的收入感到满意
JJ2					0.67	我对自己的收入感到满意
JJ4					0.58	我对自己的住房感到满意
JJ5					0.58	我对自己的工作感到满意

1. 领域幸福指数分问卷的信度检验

分问卷总的内部一致性系数为 0.90，5 个维度的内部一致性系数为 0.75～0.86(见表 4.4)，修订后的问卷信度良好。

表 4.4　CHI-V 与修订前的信度系数比较($n=1078$)

	政治生活满意度	人际关系满意度	环境生活满意度	健康状态满意度	经济生活满意度	总体
修订前的内部一致性系数	0.81	0.69	0.64	0.67	0.73	0.82
CHI-V 的内部一致性系数	0.86	0.81	0.78	0.76	0.75	0.81

2. 领域幸福指数分问卷各维度之间的相关

本研究通过皮尔逊积差相关计算了总样本的各维度分数之间以及各维度分数与问卷总分之间的相关系数(见表 4.5)。结果发现，各维度分数之间的相关系数为 0.33～0.61，各维度分数与问卷总分之间的相关系数为 0.63～0.80。

表 4.5　CHI-V 各维度与总分之间的关系($n=2155$)

	政治生活满意度	人际关系满意度	环境生活满意度	健康状态满意度	经济生活满意度	总体
人际关系满意度	0.37**					
环境生活满意度	0.61**	0.40**				
健康状态满意度	0.43**	0.43**	0.57**			
经济生活满意度	0.43**	0.34**	0.48**	0.52**		
总体	0.33**	0.59**	0.35**	0.47**	0.56**	
领域总分	0.77**	0.64**	0.80**	0.77**	0.74**	0.63**

注：** 代表 $p < 0.01$。

4.2.4　CHI-V 领域幸福指数指标体系的验证性因素分析

采用 Amos18.0 软件对模型进行验证性因素分析。采用极大似然估计法检验量表维度的拟合度。由表 4.6 可见，GFI 和 RMSEA 达到了模型拟合标准的要求，$\chi^2/\mathrm{d}f$、IFI、CFI、NFI、TLI 的值都很接近拟合标准，表明探索性因素分析得出的居民幸福感五因子结构模型是比较理想的。验证性因素分析的结果进一步表明，幸福感的五因子结构模型在样本 2 中得到了验证。

此外，采用样本 2 的数据，我们对领域幸福指数分问卷六因子模型（初版）进行了验证，结果见表 4.6。很明显，修订后的领域幸福指数量表（去掉了文化生活满意度维度的相关题目）的各项拟合指标更优。

表 4.6   领域幸福指数量表初版与修订版模型验证指标的对比（$n=1077$）

	$\chi^2/\mathrm{d}f$	p	GFI	CFI	RMSEA
六因子结构模型（初版）	5.27	0	0.78	0.79	0.07
五因子结构模型（修订版）	4.82	0	0.93	0.99	0.06

1. 聚合效度

本研究通过计算与生活满意度量表总分和丰盛人生量表总分的积差相关系数来检验 CHI-V 的聚合效度。结果表明，CHI-V 总分分别与生活满意度量表总分（$r=0.461$）和丰盛人生量表总分（$r=0.520$）呈显著正相关。

2. 区分效度

本研究通过计算与罗森伯格自尊量表总分的积差相关系数来检验 CHI-V 的区分效度。结果表明，CHI-V 总分与罗森伯格自尊量表总分（$r=0.24$）呈显著正相关。

4.2.5   信度

总问卷的克隆巴赫 α 系数为 0.923，整体幸福指数的克隆巴赫 α 系数为 0.811，领域幸福指数各维度的克隆巴赫 α 系数为 0.86～0.72。

综上所述，我们得到了 CHI-V，共包含 6 个维度，分别是 1 个整体幸福指数维度和 5 个领域幸福指数维度，其中政治生活满意度有 6 个题目，人际关系满意度有 6 个题目，经济生活满意度有 5 个题目，环境生活满意度有 4 个题目，健康状态满意度有 5 个题目。相较于中国人幸福指数量表初版，修订版得到了更满意的心理测量学指标，可作为评估幸福感的有效工具。我国现在处于快速发展的时期，在经济、政治、环境等方面都面临着巨大的变化，本研究编制的适合中国人的幸福指数量表包括幸福感的各个维度，也能间接反映影响幸福感的客观因素。因为幸福感研究的一条思路是探讨影响幸福感的客观因素，主要包括生活质量和各种人口统计学变量两类，如考察收入、住房、年龄、性别、受教育水平等因素，所以在用该幸福指数体系去探究幸福感时，可以重点探讨每个因素对领域幸福指数的影响是否有差别，从而丰富幸福感的研究。

4.3　中国人幸福指数指标体系的确立

本研究在已有研究的基础上提出了假设的理论模型，并采用探索性因素分析和验证性因素分析对得出的幸福指数指标体系进行了检验，最终确立了中国人幸福指数指标体系。

4.3.1　指标体系的构成

研究采用了不同的被试，先后进行了两次探索性因素分析。第一次预测的探索结果与前期的理论构想基本吻合，但由于第一次测试中存在被试取样代表性欠佳（主要集中分布在四川，且以城市居民为主）、某些维度信度数值不理想的缺陷，我们对初版量表进行了修订，并选取了更具代表性的样本群体，再次进行了探索性因素分析。结果显示，其中有 5 个维度与最初的理论构想是一致的，只有文化生活满意度的信效度始终欠佳，并在探索性因素分析中存在严重的双向载荷问题，因此予以删除。最终，修订的中国人幸福指数指标体系包含整体幸福

感和领域幸福感。其中，整体幸福感包括 1 个维度；领域幸福感包括
5 个维度，分别为政治生活满意度、人际关系满意度、经济生活满意
度、环境生活满意度和健康状态满意度。

　　基于第二次探索性因素分析的结果，我们在样本 2 的被试中采
用验证性因素分析对模型进行了验证，结果显示，修订后的中国
人领域幸福感分量表拥有良好的心理学测量学特性。基于上述探
索性因素分析和验证性因素分析的结果，我们对原有理论模型进
行了相应的修正（见图 4.2）。修订后的中国人领域幸福感分量表的
信度较初版量表有所提升。在编制初版量表时，我们并未对聚合
效度和区分效度进行检验，而在本次修订中，我们对这两种效度
进行了检验，结果显示，修订后的量表具有良好的聚合效度和区
分效度。

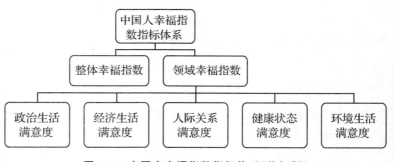

图 4.2　中国人幸福指数指标体系(修订版)

　　上述模型得到了部分研究的支持。本研究涉及的某些领域幸福感
维度与其他一些研究中的维度相同或类似。例如，邢占军（2008）的中
国城市居民主观幸福感量表、国际幸福感指数问卷（Blanchflower &
Oswald，2011）、幸福指数量表（Cummins et al.，2003）等的研究结
果均表明，幸福感包括人际关系满意度、健康状态满意度、环境生
活满意度及经济生活满意度等维度。

4.3.2 指标体系的优势

中国人幸福指数这一指标体系在已有研究的基础上做出了改进。第一，已有研究通常从总体幸福感（Bech，Gudex，& Johansen，1996；Diener et al.，1985；Diener et al.，2009；Diener et al.，1999）或领域幸福感（黄立清，邢占军，2005）方面对幸福感进行测量，却没有对上述两个方面同时进行测量。第二，政治生活满意度是已有研究鲜有提及的维度，但已有研究（Blanchflower & Oswald，2011）表明，政治生活满意度是影响中国人幸福感不可或缺的因素之一。因此，本研究把政治生活满意度作为理论构想的维度之一。第三，修订后的中国人幸福指数指标体系较初版少了一个维度，即文化生活满意度。已有研究表明，虽然文化生活满意度是影响人们幸福感的因素之一，但是就初版与修订版两个版本的数据而言，文化生活满意度的条目总是出现双向载荷、信效度不高等问题。究其原因，可能是多方面的。例如，文化生活满意度作为一个内涵丰富的概念，对于不同地区、不同阶层、不同职业、不同受教育程度等的群体有着不同的意义，而本次修订过程中涉及的被试群体较为广泛。

与西方的经典量表相比，本量表存在很多不同的地方。首先，本量表的维度中包括 1 个整体幸福感指标和 5 个领域幸福感指标，这与西方早期应用广泛的量表有很大不同（Lu & Shih，1997a；1997b）。例如，西方的生活满意度量表只包括 5 个题目：①我的生活大致符合我的理想；②我的生活状况非常圆满；③我对自己的生活感到满意；④直至现在，我都能够得到我在生活上希望拥有的重要东西；⑤如果我能够重新选择，我基本没有东西想要改变。从中可以看出，它只包括一种对幸福感的总体评价，并不包括领域幸福感的测量，却仍然得到了广泛的应用。这可能有以下几点原因：首先，早期的社会生活并没有如今这么复杂，政治、经济、环境等领域的结构也相对简单，因此整体幸福感就能代表幸福感的主体部分。

其次，虽然迪纳最初编制这个量表的时候也考虑到主观幸福感的测量还有一个问题即领域问题，但是他认为个体在不同的领域会给予不同的权重，也会有不同的判断标准，因此测量个体对自己生活整体的判断比测量特定领域的幸福感更有必要。这个观点对于我们编制量表也有一定的启发，因为在涉及各个领域的时候，个体设置的满意标准是不同的，所以在未来的量表改进中，看待个体在领域幸福感上的最终得分时可以考虑加入权重的因素。

在量表中加入领域幸福感是十分必要的，这既符合社会圈层理论，也适应中国的社会文化环境。社会圈层理论认为人是具有社会性的，该理论的内容也分层次地体现着个体的自然属性和社会属性。首先要将一个人看作一个个体，其本身具有各方面的特性，如健康状况、教育程度、经济收入、社会地位等，这些会对自身的幸福感产生直接影响。个体间组建家庭，通过血缘关系建立第一层社会环境——亲人社会。接着拓展到通过亲密感与近距离维系的熟人社会，如单位、社区、社团等，通常体现为包容、适度、稳定的非契约化人际关系和公共空间。再进一步深化和发展，就会进入生人社会。在生人社会中，人与人之间沟通的方式是广义的契约化交易，道德水平与交往规则如公平、正义等都会对个体幸福感产生重要影响。总之，社会圈层理论共包括 5 个圈层，从个体感受的不同亲疏程度来看，最内侧是个人，向外依次为亲人社会、熟人社会以及生人社会，最外侧是自然环境。这 5 个圈层都有各自的特征，圈层之间相互联系，由点及面层层推进，建构了一套完整的理论体系。该理论与现实情况紧密契合，也与已有的研究结果高度一致。刘向东等人的研究表明，以往研究中的幸福感维度都可以被纳入这个体系中，各种维度在这个圈层结构中形成了有序的内在联系。该理论为幸福感的度量、建立幸福感指标体系提供了理论基础。本研究涉及政治、人际、经济、环境、健康 5 个领域的幸福感，每个领域的题目均涉及这 5 个圈层，可以说涵盖了幸福感的方方面面。

　　已有量表也有涉及领域幸福感的研究，如由澳大利亚学者卡明斯等人(Cummins et al.，2003)编制的幸福指数量表。该量表包括个人幸福指数和国家幸福指数两个分量表。个人幸福指数分量表包括 7 个维度，即个体对自己的生活标准、健康、成就、人际关系、安全、社区联系、未来保障的评价。国家幸福指数分量表包括 3 个维度，即个体对国家的经济形势、环境状况、社会条件的评价。依据自我距离的远近，该量表对领域进行了一个方向上的层次区分。本研究的幸福感指数体系最终确定的 5 个领域的幸福感包括政治生活满意度、人际关系满意度、经济生活满意度、环境生活满意度、健康状态满意度，虽然没有依据自我距离的远近进行层次区分，但是和幸福指数量表中涉及的领域几乎一致，而且每一个领域本身也有一个自我距离的远近的维度。我们可以看出，在幸福指数量表中，经济和环境方面的题目对个人幸福感和国家幸福感都有涉及。而在本研究中，这两个领域的题目偏向自我距离近的方向：经济方面主要是对个人收入、住房以及工作的满意度，环境方面则主要是对自身周围近距离环境的满意度。在未来的研究中，可以尝试在这两个领域增加宏观角度的题目。从国家层面设置对国家经济和大环境的满意度的题目，可以增强研究结果对国家政策的参考价值。

　　在总的领域中，本研究又分几个层面来考察个体对现在的生活感到满意的情况。根据维恩霍温(Veenhoven，2008)的观点，整体幸福感还涉及有关未来幸福感的测量，要求被试对自己的未来生活是否幸福做出预测。横向比较的满意度包括个体处在不同的社会阶层的相对幸福感，纵向比较的满意度包括在不同的时间维度(过去、现在和未来)上的整体幸福感。这样就可以在调查过程中对不同的文化、人格、回忆和评定环境造成的幸福感偏差进行比较，这也是一种相对幸福感的体现。在今后丰富幸福指数指标体系的量表时，是否需要在各个领域幸福感中也涉及这种总的表述、横向与纵向的相对幸福感，值得进一步探究。

在各个领域幸福感中，比起其他领域幸福感，政治生活满意度是一个鲜有研究的指标。我们在中国幸福指数指标体系的建立过程中抽取出了此维度，证明政治生活满意度是中国人幸福感中的一个重要组成部分，这也是本研究的贡献之一。在以往的生活质量指标体系建构中，与生活质量密切相关的政治生活领域会被当作其他领域里的一个子成分，或者分到各个领域中去，这是与其在生活质量中的关键组成部分的地位不符的。究其缘由，是因为各国的政治实践与发展历程不同，对政治生活的重视程度也不尽相同，所以各国的学术研究与实践都有各自所侧重的方面，如政治参与、民主、法治、公共安全等，也都有各自的见解（邢占军，高红，王吉刚，2014）。通过本研究的结果能够看出，政治生活满意度在幸福感领域中是可以作为一个独立维度的。

从系统的角度科学地确定政治生活满意度维度下的题目范围也十分必要。宫春子（2006）提出的幸福指数指标体系包括生活幸福指数体系与工作幸福指数体系两个部分，并将政治生活的部分内容置于幸福指数的研究范围内，其中涉及民主法制方面的居民民主权利满意度、社会安全指数以及基层选举投票率等指标。黎昕（2011）在幸福指数体系方面的研究涉及政治生活的指标，包括每万人口刑事案件立案数与民事纠纷调解成功率，这是将客观指标作为衡量政治生活满意度的标准。王国新于 2009 年提出的政治生活指标体系覆盖两个领域，即民主参与和法制环境。民主参与方面的测量主体包括政府、社区居民与党派、社会团体，政府层面主要测评政务公开的透明度，社区层面主要是指自治程度与自治率，此外还包括民主党派与工商联提交议案采纳率。法制环境方面主要采用的是统计指标，以客观数据为主,包括每万人公检法司财政支出、每万人拥有人民调解员数、每万人拥有律师数三项指标。本研究的政治生活满意度量表中所涉及的题目中,"遇到法律纠纷,我相信我们这里的司法部门会做出公正的裁决""我对我们这里的社会保障体系感到满意"反映了人们对法制环境的满意度,而"我相信我们这里的政府在执政活动中是为民着想的""我觉得我们这里的政府对犯罪分子的打击是动了真格的""我对自己的基本政治权利(如选举权和被选举权、监督权、言论自由等)的行使能够得到保障感到满意""我对我们这里的政务公开(或村务公开)程度感到满意"涉及民主参与的层面,符合我国提出的政治生活指标体系。本研究对政治生活满意度的测量采用主观报告的方式,与之前采用客观指标的衡量相互补充,也完善了中国人幸福指数指标体系。

本次修订的结果与第 3 章所介绍的初步建构的中国人幸福指数指标体系的结果还有一处不同,就是没有得到文化生活满意度维度。之前的研究中,将文化生活满意度界定为个体对所居住城市的认同度以及对业余文化生活的满意度。文化生活满意度这个维度中的题目包括人际、环境、经济等多方面的因素,也有研究表明文化幸福本身就包括物质幸福、人际幸福和精神幸福三种类型(王艺,2012)。因此,在抽取因子的时候,文化生活满意度的题目可能与其他领域满意度的题目相关较高,无法抽取出来。在今后的体系完善中,研究者要考虑文化生活满意度与其他领域满意度的关系。

本研究从内部一致性信度和分半信度两个角度考察了量表的信度。总量表的内部一致性系数为 0.92,分半信为 0.90。丰盛人生量表的内部一致性系数为 0.87,彭伯顿幸福指数量表的内部一致性信度系数为 0.82~0.92,可以看出本研究建立的幸福感量表有非常好的信度。本研究考察了量表的效标效度,均达到良好水平。修订后的中国人幸福指数量表得分与生活满意度量表得分($r = 0.461$)、修订后的中国人幸福指数量表得分与丰盛人生量表得分($r=0.520$)均呈中等强度的正相关($ps<0.01$)，这样的效标效度是可以接受的。此外，量表项目分析和各维度的内部一致性系数都达到了心理测量学标准。总之，修订后的中国人幸福指数量表适用于对中国人的幸福感进行测试，具有良好的心理测量学特性。在后续章节中，我们将在更广泛的人群中对该工具的适用性进行检验。

中国人幸福指数指标体系的适用性及国情调查——长江以南地区

本研究首先就中国特定社会环境下学界对幸福指数的理论认识进行探讨，根据其基本理论建立了幸福指数指标体系，并对指标体系的有效性进行了统计学分析。接下来，我们需要测试这一指标体系在全国各地区居民以及特定群体中的适用性，并根据此体系对中国人的幸福感进行国情调查与分析。

居民的幸福感受到物理因素和非物理因素的影响，物理因素如所处的地理位置、环境和社区设施等，非物理因素如政治、经济和文化等。因为地域会影响该地区的经济发展、文化传播和政治制度，进而影响人们的幸福感，所以我们选择分区域地研究中国人幸福感的状况，以长江为界限，划分为长江以南和长江以北两个地区，从整体幸福感和领域幸福感两个方面进行全面深入的考察。

长江南北地区的人们存在性格特征、经济、健康、人际、环境等方面的差异，这些差异影响人们的整体幸福感与领域幸福感，也影响不同因素对当地居民幸福感的影响程度，形成不同的影响模式。

5.1　长江以南地区的特征

从地理状况来看，长江以南地区的降水非常丰富，河流众多；从地貌来看，长江以南地区虽然有江汉平原、两湖平原、长江中下游平原，但是相对来说面积较小，多山地、丘陵，而且山清水秀、植被茂盛、环境优美；从气候来看，长江以南地区温暖、潮湿。一方水土养一方人，这样的自然环境塑造了长江以南地区的人们温婉细腻、感情浪漫而含蓄、精打细算、有较强主体意识的特征。

5.1.1　长江以南地区的经济特征

自改革开放以来，我国长江以南、长江以北地区的经济相对差异呈现缩小的趋势，绝对差异则稍有扩大。总体而言，改革开放后，我国的经济重心显然出现了南移(李二玲，覃成林，2002)。

从经济增长速度来看，长江以南地区快于长江以北地区。改革开放前，长江以北地区的工业化水平高一些；改革开放后，长江以南地区的工业化进程加快。目前，长江以南、长江以北地区的工业化程度虽然差不多，但是真正影响经济发展速度的是工业结构，也就是轻重工业所占的比例。长江以南地区轻工业在工业中所占的比例大于长江以北地区，工业总的增长速度相比于长江以北地区更快。工业增长是中国经济增长的主要因素，由于轻重工业比例的差别，长江以南地区的经济发展速度比长江以北地区要快。除此之外，长江以南、长江以北地区工业的所有制结构也有差别，长江以南地区的国有及国有控股企业的产值和从业人员的比例都低于长江以北地区，但工业总产值却高于长江以北地区。工业的增长主要靠非国有企业，其对全国工业产值增长的贡献份额占总额的一大半。总之，由于轻重工业所占比例以及工业的所有制结构的差别，长江以南、长江以北地区经济发展呈现南快北慢的特点，而且这种差异在短期内会持续下去（吴殿廷，2001）。

5.1.2 长江以南地区的就业率特征

从以往的研究来看，长江以南地区的就业情况要好于长江以北地区，尤其是在东北地区出现较严重的失业的情况下。从市场供需角度看，劳动力供大于求造成了失业。其实，全国的经济增长主要依靠的并不是劳动力的增加，事实上劳动力市场已经超饱和。但长江以南地区略好于长江以北地区，存在的隐性失业风险相对较小（张国英，2012）。

就业情况取决于地区所提供的就业机会。从 20 世纪 90 年代中期以来，虽然长江以南地区大型企业的数量少于长江以北地区，在地区内部的企业数量和规模总量结构上弱于长江以北地区，但在企业规模上明显大于长江以北地区。这表明长江以南地区的工业在企业规模经济方面已优于长江以北地区。在三大产业从业人员结构中，长江以南地区的第一产业劳动力的比重高于长江以北地区，第二产业劳动力的比重低于长江以北地区，第三产业劳动力的比重高于长江以北地区。这表明在总就业规模大于长江以北地区的前提下，长江以南地区在流通领域的发展更为活跃。这样，长江以南地区就为居民提供了更多的就业机会，也会有更高的就业率。长江以南地区的经济发展总体优于长江以北地区，国有企业所占比重小，并且居民的就业观更加开放，因而隐性失业率较低（赵建安，1998）。

5.1.3 长江以南地区居民的健康状况

英国医学杂志《柳叶刀》刊文指出，中国人的平均寿命存在地区差异（Zhou et al.，2016），其中长江以北地区心血管病高发。《中国心血管病报告 2013》的说法与此相契合，其数据显示，长江以北地区高血压患病率高于长江以南地区，达 30％以上。

5.1.4　长江以南地区居民的人际关系状况

　　研究表明，长江以南、长江以北地区存在集体主义差异，长江以南地区在关系性方面的集体主义水平较长江以北地区更高。这其中存在文化动力因素的影响，即中国历史上以儒家文化为代表的中原文化体系的重心不断南移，可能会造成长江以南地区人们更为强烈的集体主义倾向（马欣然，任孝鹏，徐江，2016）。在"大米理论"中，研究者提出在山东南部和江苏北部之间存在一条"小麦—水稻"的种植分界线，其两侧的县市虽相距不远，但水稻种植面积差异甚大，进而集体主义水平也不同。位于种植分界线以南的江苏属于水稻种植区，集体主义水平更高（Tolhelm et al.，2014）。

5.1.5　长江以南地区的环境状况

　　在前人研究的基础上，李雪铭和晋培育（2012）建构了中国地级及以上城市人居环境综合评价指标体系。该综合评价指标体系由四个部分构成，分别是社会经济环境、居住环境、基础设施和公共服务环境以及生态环境。已有研究根据这样的指标体系进行了区域性调查，发现居住环境呈现出长江以南城市优于长江以北城市的空间特征。城市居住环境受多种因素的影响，如受地理位置、气候、水土环境等自然因素的影响；城市环境质量受产业结构的影响，当污染型产业转移到欠发达地区时，因缺乏治污技术和治污资金，导致欠发达地区的城市环境质量恶化，相反，发达地区的城市环境质量受产业结构的负面影响较小。基础设施和公共服务环境不仅受经济因素的影响，还受制度性因素如基本公共服务的均等化水平的影响（李陈，2017）。

本研究依据经济、人际、环境、健康这几个方面，将研究对象划分为长江以南地区和长江以北地区，来考察中国人幸福指数指标体系在全国各地区居民以及特定群体中的适用性，并根据此体系对中国人的幸福感进行国情调查与分析。

5.2 长江以南地区国民幸福感的相关研究

在以往对于长江以南地区居民幸福指数的研究中，大部分都是选择特定的城市来考察其居民幸福指数的情况。例如，郭永玉（2009）承担的"武汉人幸福感调查"项目对武汉市居民生活质量与幸福感的关系进行了探索；樊胜岳和王曲元（2009）通过对云南省居民的生活质量和幸福感进行研究，建构了少数民族地区生活质量评价指标体系和幸福感评价指标体系；曾忠禄和张冬梅（2010）使用单条目自陈量表对澳门居民进行调查，探索了影响澳门居民幸福感的因素；李朝霞（2011）对温州市幸福指数的调查发现温州市居民总体保持在中上等指数范围，并且幸福指数与经济收入并不呈正比。

当然，也有学者进行地域之间的比较研究。例如，王友华（2005）在对西安和上海居民的幸福观研究中发现，在某些幸福目标的认知上，两个城市存在显著差异。对西安居民幸福感影响最大的是经济收入，由此可见，经济水平对幸福感的发展有很大影响。对上海居民幸福感影响较大的是婚姻，其中已婚有较大的积极影响。上海属于发达地区，经济的快速发展已经不能完全满足人们对幸福的追求，因此精神层次的需要成为影响居民幸福感的重要因素。

在综合以往研究的基础上，本研究将不再研究单个城市的幸福指数及其影响因素，而是将区域划分为长江以南和长江以北两个地区来研究其国民幸福指数的情况以及两个区域的差异，并且将更全面地考察各因素（如性别、年龄、居住地、婚姻状况、文化程度、经济水平、住房类型、职业和身心健康）对两个地区国民幸福指数的影响模式。这有助于了解我国各地区居民幸福指数的基本情况，为国家政策的制定提供参考。

5.3　幸福指数指标体系在长江以南地区的适用性及国情调查

5.3.1　研究方法

1. 研究对象

本研究采用随机分层整群取样的方法，选取四川、贵州、云南等长江以南地区的居民共 1664 人。使用均值填补缺失值（不包括人口学数据），删除存在规律性填答的问卷，最终获得有效问卷 1660份。其中男性 848 人，女性 812 人，年龄为 10～82 岁，平均年龄为37.65 岁。74.2％的被试已婚，64.2％的被试是城市居民。在职人员最多，占 48.3％。职业类型为农业劳动者、工人、营销人员、服务行业服务人员、自由职业者、灵活就业者（打零工等）的被试占总样本的 47.0％。在文化程度方面，近半数的被试具有初中及以上学历。在收入方面，被试的整体收入偏低，绝大多数被试的个人月收入为1500～2999 元。身体健康一般的被试占 47.6％，超过半数的被试报告自己会有一些生活压力（48.4％）或很大的生活压力（31.3％），具体分布见表 5.1。

表 5.1　长江以南地区居民的整体幸福感和领域幸福感的描述性统计（M±SD）和组间差异

变量	组别	人数	百分比	整体幸福感	政治生活满意度	人际关系满意度	环境生活满意度	经济生活满意度	健康状态满意度
性别	男	848	51.1%	3.60±0.76	3.14±0.90	3.93±0.63	3.30±0.89	3.15±0.94	3.32±0.80
	女	812	48.9%	3.62±0.73	3.13±0.80	3.88±0.62	3.23±0.85	3.16±0.88	3.23±0.80
	t			1.404	0.16	2.78	2.25	0.06	5.35*
	p			0.16	0.69	0.10	0.13	0.81	0.02
年龄	20 岁以下	32	1.9%	3.60±0.60	3.19±0.67	3.80±0.63	3.32±0.85	3.10±0.80	3.45±0.62
	20~29 岁	598	36.0%	3.56±0.75	2.99±0.85	3.84±0.64	3.21±0.87	3.05±0.88	3.19±0.75
	30~39 岁	466	28.1%	3.60±0.77	3.15±0.86	3.95±0.61	3.28±0.85	3.22±0.94	3.31±0.82
	40~49 岁	421	25.4%	3.60±0.77	3.25±0.86	3.93±0.64	3.29±0.91	3.16±0.92	3.28±0.83
	50~59 岁	84	5.1%	3.77±0.69	3.27±0.80	4.01±0.60	3.35±0.88	3.35±0.95	3.52±0.79
	60 岁及以上	59	3.6%	3.91±0.77	3.49±0.76	3.98±0.60	3.50±0.83	3.42±0.87	3.51±0.88
	F			3.18**	7.72**	2.86**	1.58	3.82**	4.41**
	p			<0.01	<0.01	<0.01	0.16	<0.01	<0.01
居住地	城市	1035	64.2%	3.66±0.74	3.15±0.86	3.90±0.61	3.20±0.87	3.20±0.9	3.29±0.78
	乡镇	274	17.0%	3.52±0.77	3.09±0.84	3.89±0.70	3.29±0.85	3.10±0.92	3.20±0.82
	农村	304	18.8%	3.52±0.72	3.10±0.86	3.93±0.64	3.50±0.85	3.07±0.93	3.30±0.83
	F			4.76***	0.74	0.29	14.49***	2.91	1.64
	p			<0.01	0.48	0.75	<0.001	0.06	0.19

续表

变量	组别	人数	百分比	整体幸福感	政治生活满意度	人际关系满意度	环境生活满意度	经济生活满意度	健康状态满意度
职业状态	在职	721	48.3%	3.65±0.69	3.26±0.83	3.92±0.59	3.37±0.80	3.30±0.83	3.31±0.74
	离退休	356	23.8%	3.66±0.77	2.89±0.94	3.95±0.64	3.11±0.95	3.06±0.94	3.28±0.82
	其他	417	27.9%	3.54±0.78	3.17±0.77	3.87±0.66	3.27±0.88	3.06±0.95	3.20±0.86
	F			2.67**	23.34***	1.67	10.25***	13.24***	2.71
	p			<0.01	<0.001	0.19	<0.001	<0.001	0.07
职业类型	职业1	317	20.5%	3.79±0.73	3.15±0.93	4.03±0.62	3.33±0.88	3.37±0.91	3.38±0.81
	职业2	320	20.6%	3.67±0.73	3.14±0.83	3.91±0.64	3.21±0.87	3.26±0.88	3.32±0.78
	职业3	728	47.0%	3.54±0.73	3.14±0.82	3.87±0.64	3.24±0.88	3.06±0.91	3.23±0.80
	职业4	185	11.9%	3.49±0.81	3.17±0.89	3.82±0.62	3.31±0.87	3.01±0.95	3.23±0.83
	F			8.10**	0.06	6.00***	1.29	11.11***	3.14*
	p			<0.01	0.98	<0.001	0.28	<0.001	0.02
婚姻状况	已婚	1217	74.2%	3.65±0.74	3.18±0.85	3.96±0.63	3.30±0.86	3.22±0.91	3.29±0.82
	离婚及丧偶	96	5.9%	3.52±0.89	3.27±0.84	3.69±0.69	3.24±0.99	2.99±0.97	3.13±0.84
	单身及其他	328	20.0%	3.52±0.72	3.26±0.87	3.72±0.67	3.23±0.99	3.00±1.01	3.11±0.86
	F			4.94**	11.43***	15.28***	3.24*	12.82***	1.95
	p			<0.01	<0.001	<0.001	0.04	<0.001	0.14

续表

变量	组别	人数	百分比	整体幸福感	政治生活满意度	人际关系满意度	环境生活满意度	经济生活满意度	健康状态满意度
文化程度	小学及以下	260	16.1%	3.52±0.79	3.29±0.85	3.83±0.71	3.36±0.88	3.04±1.00	3.19±0.86
	初中	450	27.9%	3.56±0.75	3.21±0.75	3.93±0.61	3.26±0.85	3.17±0.92	3.26±0.84
	高中	287	17.8%	3.66±0.73	3.19±0.89	3.89±0.68	3.25±0.91	3.20±0.92	3.34±0.76
	大专	191	11.8%	3.56±0.72	2.91±0.88	3.91±0.62	3.10±0.91	2.96±0.87	3.22±0.73
	本科	321	19.9%	3.72±0.74	3.04±0.90	3.91±0.59	3.27±0.86	3.24±0.85	3.34±0.78
	硕士及以上	106	6.6%	3.71±0.69	3.00±0.79	3.99±0.50	3.32±0.75	3.30±0.79	3.30±0.72
	F			2.98**	6.63***	1.50	2.52*	3.81**	1.57
	p			<0.01	<0.001	0.19	0.02	0.002	0.17
个人月收入	1500元以下	230	14.1%	3.44±0.76	3.03±0.85	3.83±0.7	3.22±0.93	2.79±0.95	3.14±0.86
	1500~2999元	660	40.3%	3.55±0.72	3.07±0.83	3.90±0.59	3.21±0.86	3.03±0.86	3.22±0.77
	3000~4999元	498	30.4%	3.70±0.72	3.26±0.83	3.91±0.64	3.32±0.85	3.37±0.84	3.33±0.78
	5000元及以上	249	15.2%	3.64±0.70	3.13±0.95	3.98±0.63	3.34±0.92	3.39±1.00	3.44±0.82
	F			7.96**	5.64***	2.23	2.41	32.74***	7.76***
	p			<0.01	<0.001	0.08	0.07	<0.001	<0.001

续表

变量	组别	人数	百分比	整体幸福感	政治生活满意度	人际关系满意度	环境生活满意度	经济生活满意度	健康状态满意度
家庭年收入	2万元以下	415	26.0%	3.49±0.77	3.01±0.84	3.87±0.63	3.24±0.89	2.86±0.94	3.25±0.83
	2万~3.99万元	407	25.5%	3.53±0.76	3.15±0.89	3.91±0.64	3.28±0.89	3.08±0.87	3.17±0.81
	4万~5.99万元	237	14.8%	3.64±0.66	3.16±0.81	3.87±0.54	3.20±0.82	3.17±0.82	3.20±0.77
	6万~7.99万元	147	9.2%	3.75±0.74	3.32±0.83	3.94±0.72	3.38±0.83	3.46±0.84	3.41±0.79
	8万~9.99万元	157	9.8%	3.82±0.76	3.26±0.88	4.00±0.67	3.33±0.94	3.49±0.94	3.46±0.81
	10万元及以上	235	14.7%	3.76±0.72	3.09±0.86	3.97±0.60	3.25±0.83	3.34±0.92	3.40±0.73
	F			8.04**	4.02	1.60	0.97	16.89***	4.76***
	p			<0.01	0.001	0.16	0.44	<0.001	<0.001
住房类型	公租廉租房	95	6.3%	3.38±0.88	3.16±0.87	3.76±0.77	3.01±1.05	2.79±1.01	3.08±0.92
	社会租房	168	11.1%	3.64±0.69	3.05±0.88	3.92±0.60	3.15±0.90	2.97±0.89	3.25±0.77
	贷款买房	402	26.7%	3.64±0.73	3.09±0.84	3.87±0.61	3.23±0.80	3.21±0.86	3.25±0.78
	单位住房	71	4.7%	3.58±0.74	2.98±0.95	3.87±0.57	3.11±0.97	2.86±0.95	3.25±0.75
	全款买房	365	24.2%	3.73±0.74	3.29±0.85	3.95±0.60	3.33±0.80	3.43±0.86	3.39±0.79
	自建房	407	27.0%	3.54±0.72	3.15±0.81	3.93±0.64	3.41±0.88	3.10±0.89	3.25±0.79
	F			3.32**	3.47**	1.76	5.52**	13.87**	2.84*
	p			<0.01	<0.01	0.12	<0.01	<0.01	0.02

续表

变量	组别	人数	百分比	整体幸福感	政治生活满意度	人际关系满意度	环境生活满意度	经济生活满意度	健康状态满意度
身体健康	较好	521	32.3%	3.79±0.71	3.43±0.82	4.06±0.62	3.53±0.83	3.45±0.88	3.66±0.71
	一般	767	47.6%	3.55±0.73	3.10±0.81	3.83±0.63	3.22±0.83	3.10±0.88	3.17±0.75
	差	323	20.0%	3.53±0.73	2.81±0.85	3.86±0.57	3.00±0.92	2.86±0.90	3.00±0.78
	F			21.55**	60.07***	22.53***	40.97***	47.25***	99.56***
	p			<0.01	<0.001	<0.001	<0.001	<0.001	<0.001
生活压力	完全没有	91	5.6%	4.06±0.79	3.75±0.89	4.15±0.70	3.74±0.89	3.78±0.95	3.82±0.79
	很小	238	14.7%	3.89±0.66	3.46±0.75	4.00±0.64	3.51±0.80	3.66±0.79	3.61±0.73
	有一些	784	48.4%	3.68±0.66	3.15±0.80	3.94±0.58	3.29±0.80	3.25±0.81	3.32±0.72
	很大	507	31.3%	3.29±0.78	2.83±0.86	3.76±0.66	3.04±0.93	2.67±0.87	2.97±0.83
	F			62.55**	53.85***	16.88***	28.76***	104.86***	58.40***
	p			<0.01	<0.001	<0.001	<0.001	<0.001	<0.001

注：* 代表 $p<0.05$，** 代表 $p<0.01$，*** 代表 $p<0.001$，后同。职业 1：党政机关负责人，企事业单位负责人，私营企业主，专业人员（教师）、医生、律师等；职业 2：行政办事人员，个体工商户业主，专业技术人员（护士、厨师、工程技术人员等）；职业 3：农业劳动者，工人，营销人员，服务行业服务人员，自由职业者（打零工等）；职业 4：其他。使用均值填补缺失值，但不包括空缺的人口学数据，因此在分析不同水平的人口学变量差异时，相应的人口变量空缺的被试将不被纳入分析。其中，居住地变量缺失 47 人，职业状态变量缺失 166 人，职业类型变量缺失 110 人，婚姻状况变量缺失 19 人，文化程度变量缺失 45 人，个人收入变量缺失 23 人，家庭年收入变量缺失 62 人，住房类型变量缺失 152 人，身体健康变量缺失 49 人，生活压力变量缺失 40 人。

2. 研究工具

中国人幸福指数量表(修订版)由整体幸福指数和领域幸福指数两个分量表构成。整体幸福指数分量表由 6 个题目组成；领域幸福指数分量表由 25 个题目组成，包括政治生活满意度、人际关系满意度、经济生活满意度、环境生活满意度、健康状态满意度 5 个子维度。问卷共 31 个题目，采用 5 点评分。对于单个量表内的计分，将该量表所有项目得分相加后取平均数作为该问卷的得分。

3. 数据处理

对于回收的问卷，使用 SPSS18.0 软件进行数据处理，剔除问题作答不完整的问卷和人口统计学问题填写不足 4 道的问卷。对于缺失值，采用序列均值法进行替换。按照初始编号的奇偶，将所收集的数据分成两个样本：样本 1($n=860$)用于探索性因素分析，以探索修订的量表的项目质量及测量的有效性；样本 2($n=800$)用于验证性因素分析，以验证量表的结构效度。

5.3.2　幸福指数指标体系在调查群体中的适用性分析

1. 探索性因素分析

为考察幸福指数指标体系在该群体中的适用性，对样本 1 的数据进行探索性因素分析，采用主成分分析法，经正交旋转法发现 5 个特征根大于 1 的因素，5 个因素的累计方差解释率为 53.20%。依据碎石图以及各因素的题目数不低于 3 个、因素负荷大于 0.4 等标准，得到符合心理测量学标准的 5 个因子。各项目均在相应因素上具有较大的载荷，处于 0.48~0.79。五因子旋转成分矩阵如表 5.2 所示。

表 5.2　五因子旋转成分矩阵($n=860$)

量表题目	政治生活满意度	人际关系满意度	环境生活满意度	经济生活满意度	健康状态满意度
我相信我们这里的政府在执政活动中是为民着想的	0.73				

续表

量表题目	政治生活满意度	人际关系满意度	环境生活满意度	经济生活满意度	健康状态满意度
我觉得我们这里的政府对犯罪分子的打击是动了真格的	0.65				
遇到法律纠纷,我相信我们这里的司法部门会做出公正的裁决	0.72				
我对自己的基本政治权利(如选举权和被选举权、监督权、言论自由等)的行使能够得到保障感到满意	0.71				
我对我们这里的政务公开(或村务公开)程度感到满意	0.64				
我对我们这里的社会保障体系感到满意	0.52				
我和街坊邻居的关系融洽		0.72			
我和同事相处得很好		0.66			
我和家人的关系融洽		0.65			
我感到与周围的人很亲近		0.64			
总的来说,我对自己的人际关系感到满意		0.61			
我的婚姻关系(恋爱关系)很好		0.49			
我家周围的环境挺好			0.64		
我们这里的治安环境好,让我感到很安全			0.66		
我们这里的环境让我感到满意			0.68		
在我们这里,即使晚上单独走路回家也是安全的			0.64		

续表

量表题目	政治生活满意度	人际关系满意度	环境生活满意度	经济生活满意度	健康状态满意度
我对我们家庭的收入感到满意				0.72	
我对自己的收入感到满意				0.65	
我对自己的住房感到满意				0.61	
我对自己的工作感到满意				0.56	
我的身体很棒					0.76
我对自己的健康状况感到满意					0.74
我的睡眠充足					0.51
我经常锻炼身体					0.50
我常常感到精力充足					0.48

对整体幸福指数分量表进行因素分析，结果发现：KMO 值为 0.80＞0.5，表明变量间的共同因素足够多；Bartlett 球形检验值为 1196.25（$\mathrm{d}f=15$，$p<0.0001$），说明母群体的相关矩阵间有共同的因素存在，适合进行因素分析。采用主成分分析法，经正交旋转法对分量表进行探索，抽取一个因素，其累计方差解释率为 47.54%。各项目在相应因素上具有较大的载荷，处于 0.36～0.57。

2. 信度分析

该量表总体的内部一致性系数为 0.90。整体幸福指数分量表的内部一致性系数为 0.78，领域幸福指数分量表的内部一致性系数分别为：政治生活满意度 0.83，人际关系满意度 0.75，环境生活满意度 0.75，经济生活满意度 0.74，健康状态满意度 0.71。

3. 验证性因素分析

采用样本 2 对理论模型进行验证性因素分析，进一步考察量表的结构效度，以各分量表分数为潜变量，以各项目分数为观测变量，使用 Amos18.0 软件对模型进行验证性因素分析。

采用极大似然估计法检验量表维度的拟合度。由表 5.3 可见，$\chi^2/\mathrm{d}f = 2.97 < 3$，$GFI$、$AGFI$、$IFI$、$TLI$、$CFI$ 等指标均大于 0.90，$RMSEA = 0.05 < 0.08$，达到了模型拟合标准的要求，均接近拟合标准，表明探索性因素分析得出的居民幸福感五因素结构模型是比较合理的。

表 5.3　幸福指数量表的拟合指数（$n = 800$）

$\chi^2/\mathrm{d}f$	SRMR	GFI	IFI	RMSEA	CFI	AGFI	TLI
2.97	0.05	0.93	0.93	0.05	0.93	0.91	0.92

5.3.3　长江以南地区居民的幸福感调查和分析

1. 长江以南地区居民整体幸福感的组群差异

整体而言，长江以南地区居民的幸福感水平较高（$M = 3.37$，$SD = 0.61$），整体幸福感指标的平均值为 3.61（$SD = 0.75$）。居民的整体幸福感在不同性别、年龄、居住地、职业状态、婚姻状况、文化程度上的差异见表 5.1。

考察人口统计学变量差异发现，整体幸福感不存在性别差异。男性的整体幸福感平均分为 3.60（$SD = 0.76$），女性的整体幸福感平均分为 3.62（$SD = 0.73$）。不同年龄被试的整体幸福感水平差异显著，$r = 0.09$，$p < 0.001$。从总体趋势来看（见图 5.1），年龄越大，幸福感水平越高，50 岁似乎是一个转折点，在此之后幸福感水平呈上升趋势。将年龄按 20 岁以下、20～29 岁、30～39 岁、40～49 岁、50～59 岁、60 岁及以上进行分组，进行单因素方差分析，结果发现不同年龄阶段居民的整体幸福感水平差异显著。进行组间两两比较发现，20～29 岁居民的整体幸福感水平最低，与 50～59 岁居民的整体幸福感水平差异显著（$p = 0.017$），与 60 岁及以上居民的整体幸福感水平也差异显著（$p = 0.001$），即 50～59 岁居民、60 岁及以上居民的整体幸福感水平均显著高于 20～29 岁居民。60 岁及以上居民的

整体幸福感水平也显著高于 30～39 岁居民和 40～49 岁居民。

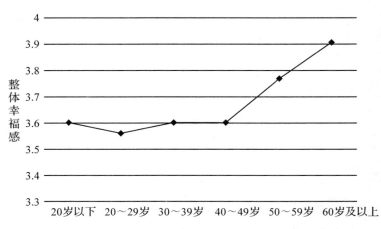

图 5.1　不同年龄阶段的居民的整体幸福感得分

社会环境对幸福感存在影响。从居住环境来看，不同居住地（城市、乡镇和农村）的居民的整体幸福感差异显著，$F(2, 1610) = 4.76$，$p = 0.003$，城市居民的幸福感水平最高，农村居民的幸福感水平最低。不同职业状态（在职、离退休和其他）的居民的整体幸福感存在显著差异，$F(2, 1491) = 2.67$，$p = 0.014$，离退休居民的整体幸福感水平最高，在职人员其次。这与整体幸福感发展的年龄趋势一致——离退休居民的年龄大于在职和其他（学生等）居民，因此其感受到更多的幸福感。不同职业类型的居民的整体幸福感也存在显著差异，$F(3, 1546) = 8.10$，$p < 0.001$。党政机关负责人、企事业单位负责人、私营企业业主、专业人员的整体幸福感水平较高，农业劳动者、工人、营销人员、服务行业服务人员、自由职业者、灵活就业者的整体幸福感水平较低。主要从事体力劳动的从业者（农业劳动者、工人、服务行业服务人员）的劳动强度较大，而收入等经济水平较低，所承受的生活压力也更大，导致其整体幸福感水平最低。不同婚姻状况的居民的整体幸福感也差异显著，$F(2, 1638) =$

3.16，$p=0.007$，已婚者的整体幸福感水平最高。

文化程度以及经济条件等因素也会影响幸福感。不同文化程度的居民的整体幸福感存在显著差异，$F(5，1609)=2.98$，$p=0.007$，文化程度越高，居民的整体幸福感水平越高。总体而言，经济条件越好，居民的整体幸福感水平越高，不同经济条件的居民的整体幸福感差异显著。经济条件包括以下三个方面：个人月收入、家庭年收入以及住房类型。不同个人月收入的居民的整体幸福感差异显著，$F(3，1633)=7.96$，$p<0.001$，收入越高，个体的幸福感水平越高，个人月收入为 3000 元及以上的居民的幸福感得分显著高于个人月收入为 3000 元以下的居民。不同家庭年收入的居民的整体幸福感也存在显著差异，$F(5，1592)=8.04$，$p<0.001$，来自年收入更高的家庭的个体的幸福感水平更高（见图 5.2）；家庭年收入在 6 万元及以上的居民的幸福感水平显著高于家庭年收入在 6 万元以下的居民；家庭年收入在 6 万元以下的 3 组居民的幸福感不存在差异，家庭年收入在 6 万元及以上的 3 组居民的幸福感也不存在差异。不同住房类型的居民的整体幸福感也差异显著，$F(5，1502)=3.32$，$p=0.002$，一次性付清买房款的个体的幸福感水平要比通过其他方式解决住房问题（如公租廉租房、社会租房等）的个体的幸福感水平更高。

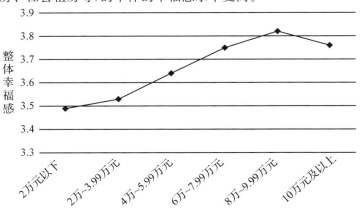

图 5.2　不同经济水平（家庭年收入）的居民的整体幸福感得分

生理因素和心理因素对幸福感均有影响。不同身体健康状况的居民的幸福感差异显著，$F(2, 1608) = 21.55$，$p < 0.001$，认为自己身体更为健康的个体也认为自己更为幸福。不同生活压力水平的居民的幸福感也差异显著，$F(3, 1616) = 62.55$，$p < 0.001$，个体感受到的生活压力越大，其幸福感得分越低。

  2. 长江以南地区居民领域幸福感的组群差异

  五个领域幸福感的平均分分别为 3.14（政治生活满意度）、3.91（人际关系满意度）、3.27（环境生活满意度）、3.16（经济生活满意度）、3.30（健康状态满意度）。不同维度幸福感的得分差异显著，$F(4, 1655) = 473.01$，$p < 0.001$。通过两两比较发现，人际关系满意度的得分最高，与其他四个方面的满意度都存在显著差异（政治生活满意度：$t = 37.00$，$p < 0.001$；环境生活满意度：$t = 30.99$，$p < 0.001$；经济生活满意度：$t = 35.20$，$p < 0.001$；健康状态满意度：$t = 33.78$，$p < 0.001$）。其次是健康状态满意度，显著高于政治生活满意度（$t = 6.69$，$p < 0.001$）和经济生活满意度（$t = 5.79$，$p < 0.001$）。随后是环境生活满意度，显著高于政治生活满意度（$t = 6.55$，$p < 0.001$）和经济生活满意度（$t = 5.79$，$p < 0.001$）。政治生活满意度和经济生活满意度没有显著差异，环境生活满意度与健康状态满意度也没有显著差异。各个维度的幸福感趋势如图5.3所示。

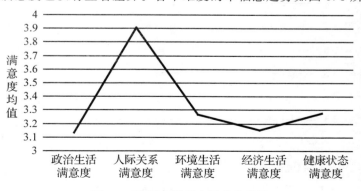

图 5.3 各维度满意度得分的差异

　　分别对五个维度的得分进行组间比较（见表 5.1），结果显示，健康状态满意度在性别上存在差异，$t(1, 1658) = 5.35$，$p = 0.02$。不同年龄阶段的被试在政治生活满意度、人际关系满意度、经济生活满意度和健康状态满意度这四个维度上都存在显著差异。整体而言，这四个维度的满意度得分都是随着年龄的增长而增加的；而不同年龄阶段的被试在环境生活满意度上的得分没有显著差异。60 岁及以上的居民对生活各个方面的满意度均最高，20 岁以下的居民的人际关系满意度最低，而政治生活满意度、经济生活满意度、环境生活满意度和健康状态满意度则是 20～29 岁的居民最低（见图 5.4）。

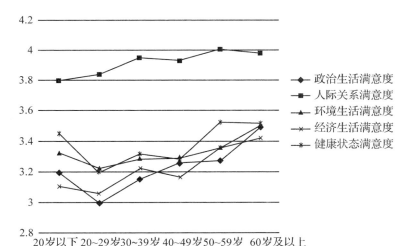

图 5.4　不同年龄阶段的居民的分维度满意度得分

　　通过对不同居住地的居民的各个维度生活满意度的进一步分析发现，在环境生活满意度上，不同居住地的居民的得分存在显著差异。其中，农村居民的环境生活满意度高于城市居民和乡镇居民，而城市居民和乡镇居民对环境的幸福感得分没有差异。在政治生活满意度、人际关系满意度、经济生活满意度和健康状态满意度上，不同居住地的居民的幸福感得分均没有显著差异。

　　不同职业状态的居民在政治生活满意度、环境生活满意度和经济生活满意度上的幸福感得分差异显著。离退休居民的政治生活满意度得分显著低于在职居民和其他职业状态的居民。在环境生活满意度上也出现了类似的结果，离退休居民的得分显著低于在职居民和其他职业状态的居民。在经济生活满意度上，在职居民的得分显著高于离退休居民和其他职业状态的居民。对不同职业状态的居民的个人月收入、家庭年收入、身体健康和生活压力进行分析发现，在这些方面都存在显著差异。在职居民的经济水平显著高于离退休居民和其他职业状态的居民，但在职居民的身体健康最差，生活压力也最大，因此其经济生活满意度高于其他居民，而健康状态满意度则显著低于其他职业类型的居民。

　　不同职业类型的居民在人际关系满意度、经济生活满意度和健康状态满意度上的幸福感得分差异显著。在人际关系满意度上，党政机关负责人、企事业单位负责人、私营企业业主、专业人员（教师、医生、律师等）等（职业 1）的得分最高，显著高于其他职业类型的居民。在经济生活满意度上，农业劳动者、工人、营销人员、服务行业服务人员、自由职业者、灵活就业者（打零工等）等（职业 3）的得分最低，显著低于从事职业 1 和职业 2（行政办事人员、个体工商户业主、专业技术人员）的居民。在健康状态满意度上，从事职业 3 的居民的得分也最低，显著低于从事职业 1 的居民。不同职业类型的居民的个人月收入、生活压力也存在显著差异，从事职业 3 的居民的经济水平显著低于其他职业类型的居民，其感受到的生活压力也是最大的。

　　不同婚姻状况的居民在政治生活满意度、人际关系满意度、环境生活满意度和经济生活满意度上的得分均存在显著差异。已婚居民的政治生活满意度显著低于其他婚姻状况的居民；在环境生活满意度、人际关系满意度和经济生活满意度上，已婚居民的得分显著高于其他婚姻状况的居民。

　　不同文化程度的居民在政治生活满意度、环境生活满意度和经济生活满意度上的得分均存在显著差异(见图5.5)。在政治生活满意度上，大专文化程度的居民的幸福感得分最低，显著低于高中以下文化程度的居民；本科文化程度的居民的幸福感得分也显著低于小学及以下、初中和高中文化程度的居民。在环境生活满意度上，大专文化程度的居民的幸福感得分显著低于其他文化程度的居民。在经济生活满意度上，大专文化程度的居民的幸福感得分显著低于除小学及以下之外的其他文化程度的居民。

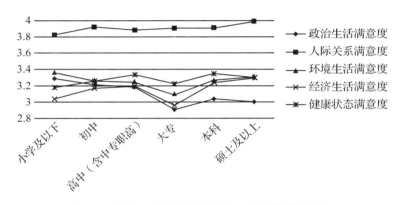

图5.5 不同文化程度的居民的分维度满意度得分

经济水平不同的居民在幸福指数各个维度的满意度上也存在差异。不同个人月收入的居民在政治生活满意度、经济生活满意度和健康状态满意度的得分上差异显著。在这三种生活满意度上，收入在3000～4999元的居民的幸福感得分最高，显著高于收入在3000元以下的居民，但与收入在5000元及以上的居民差异不显著。不同家庭年收入的居民在政治生活满意度、经济生活满意度和健康状态满意度的得分上均存在差异。在政治生活满意度上，总体呈现倒U形曲线，其中收入在6万～7.99万元的居民幸福感水平最高。总体而言，家庭年收入越高的居民政治生活满意度越高，经济生活满意度随着家庭年收入的增长显著升高，家庭年收入在6万元及以上的居民在健康状态满意度上的得分显著高于家庭年收入在6万元以下的居民。

不同身体健康的居民在各个分维度上的幸福感得分均存在显著差异，且都随着身体健康的转差而减少。不同生活压力的居民在各个分维度上的幸福感得分均存在显著差异，且都随着生活压力的增大而减少。

3. 幸福感的预测因素

使用同时回归的方式，检验不同变量对整体幸福感的预测力。将所有变量同时放入回归方程（见表 5.4），结果显示，年龄、文化程度、家庭年收入、身体健康和生活压力是幸福感较为有效的预测因素。另外，领域幸福指数中有 4 个维度对我国居民的整体幸福指数具有显著的预测作用，依次为人际关系满意度（$\beta = 0.41$，$p < 0.001$）、经济生活满意度（$\beta = 0.26$，$p < 0.001$）、健康状态满意度（$\beta = 0.14$，$p < 0.001$）、政治生活满意度（$\beta = 0.06$，$p < 0.01$）。由此可以推断，以上 4 个方面是当前我国国民幸福感的主要来源。其中，人际关系满意度对整体幸福指数的影响最大。

表 5.4　不同变量对整体幸福感的同时回归

预测变量	B	SE	β	t
性别	0.053	0.033	0.038	1.58
年龄	0.008	0.002	0.112	4.17**
居住地	0.001	0.007	0.003	0.13
职业状态	−0.015	0.011	−0.034	−1.36
职业类型	−0.010	0.010	−0.026	−1.04
婚姻状况	−0.030	0.017	−0.045	−1.73
文化程度	0.041	0.011	0.100	3.77**
个人月收入	0.031	0.016	0.050	1.94
家庭年收入	0.020	0.009	0.056	2.21*
住房类型	0.010	0.009	0.027	1.11
身体健康	−0.049	0.019	−0.068	−2.58**
生活压力	−0.099	0.016	−0.162	−6.29**

　　进一步考察不同人口统计学变量对领域幸福感得分的预测作用，探讨何种因素影响人们的领域幸福感（见表5.5）。

　　对于政治生活满意度，年龄、居住地、职业状态、文化程度、身体健康和生活压力具有预测作用。对于人际关系满意度，年龄、婚姻状况、文化程度、住房类型、身体健康和生活压力具有预测作用。对于环境生活满意度，年龄、住房类型、身体健康和生活压力具有预测作用。对于经济生活满意度，年龄、职业状态、文化程度、个人月收入、家庭年收入、住房类型、身体健康和生活压力具有预测作用。对于健康状态满意度，年龄、文化程度、住房类型、身体健康和生活压力具有预测作用。

表 5.5　不同变量对各生活满意度的回归

因变量	预测变量	B	SE	β	t
政治生活满意度	性别	0.02	0.04	0.02	0.64
	年龄	0.01	0.00	0.15	5.61**
	居住地	0.02	0.01	0.05	1.99*
	职业状态	−0.03	0.01	−0.05	−2.06*
	职业类型	0.01	0.01	0.02	0.75
	婚姻状况	0.02	0.02	0.03	0.97
	文化程度	−0.03	0.01	−0.07	−2.68**
	个人月收入	0.04	0.02	0.05	1.92
	家庭年收入	0.02	0.01	0.04	1.51
	住房类型	0.00	0.01	0.01	0.37
	身体健康	−0.12	0.02	−0.14	−5.48**
	生活压力	−0.07	0.02	−0.10	−4.04**

续表

因变量	预测变量	B	SE	β	t
人际关系满意度	性别	−0.02	0.03	−0.02	−0.74
	年龄	0.00	0.00	0.07	2.72**
	居住地	0.00	0.01	0.02	0.64
	职业状态	−0.01	0.01	−0.03	−1.05
	职业类型	−0.00	0.01	−0.00	−0.12
	婚姻状况	−0.07	0.02	−0.12	−4.42**
	文化程度	0.04	0.01	0.11	4.04**
	个人月收入	0.01	0.01	0.02	0.63
	家庭年收入	−0.01	0.01	−0.02	−0.62
	住房类型	0.02	0.01	0.07	2.68**
	身体健康	−0.05	0.02	−0.09	−3.23**
	生活压力	−0.03	0.01	−0.06	−2.10*
环境生活满意度	性别	−0.02	0.04	−0.01	−0.51
	年龄	0.01	0.00	0.10	3.79***
	居住地	−0.01	0.01	−0.02	−0.91
	职业状态	−0.02	0.01	−0.03	−1.18
	职业类型	0.02	0.01	0.05	1.85
	婚姻状况	0.00	0.02	0.00	0.04
	文化程度	0.02	0.01	0.04	1.53
	个人月收入	0.03	0.02	0.04	1.41
	家庭年收入	−0.01	0.01	−0.02	−0.62
	住房类型	0.04	0.01	0.09	3.47***
	身体健康	−0.12	0.02	−0.14	−5.29***
	生活压力	−0.08	0.02	−0.11	−4.17**

续表

因变量	预测变量	B	SE	β	t
经济生活满意度	性别	0.04	0.04	0.03	1.10
	年龄	0.01	0.00	0.12	4.48***
	居住地	0.00	0.01	−0.01	−0.33
	职业状态	−0.04	0.01	−0.07	−2.96***
	职业类型	−0.02	0.01	−0.03	−1.25
	婚姻状况	−0.03	0.02	−0.04	−1.53
	文化程度	0.03	0.01	0.06	2.13*
	个人月收入	0.07	0.02	0.08	3.42***
	家庭年收入	0.06	0.01	0.14	5.62***
	住房类型	0.03	0.01	0.07	3.07***
	身体健康	−0.07	0.02	−0.08	−3.04***
	生活压力	−0.16	0.01	−0.21	−8.38**
健康状态满意度	性别	−0.04	0.04	−0.02	−1.00
	年龄	0.01	0.00	0.11	4.05***
	居住地	0.01	0.01	0.02	0.93
	职业状态	0.01	0.01	0.03	1.11
	职业类型	0.00	0.01	−0.01	−0.25
	婚姻状况	0.03	0.02	0.04	1.71
	文化程度	0.04	0.01	0.08	3.13***
	个人月收入	0.03	0.02	0.04	1.58
	家庭年收入	0.01	0.01	0.03	1.21
	住房类型	0.03	0.01	0.07	2.92***
	身体健康	−0.16	0.02	−0.21	−8.10***
	生活压力	−0.09	0.02	−0.14	−5.31**

5.4　我国长江以南地区居民幸福感的影响因素

从整体上看，当前我国长江以南地区居民的整体幸福指数处于中等偏上水平。在领域幸福指数中，人际关系满意度的得分最高，而且其对整体幸福指数的影响最大。人们对幸福的定义更多地涉及与社会交往有关的层面，包括与家人和朋友共度的快乐时光、乐于助人的体验、被人接纳的满足感等（Ford et al.，2015）。政治生活满意度的得分相对较低，这在一定程度上说明，树立国民对政府执政的信心、增加国民与政府间的互动尤其是重视保障国民政治权利的行使十分重要。

5.4.1　生理和心理因素对幸福感的影响

本研究发现，在长江以南地区的城市，无论是整体幸福感还是领域幸福感，男女之间都没有差异。在以往的研究中，性别是影响主观幸福感的一个主要因素。有研究发现女性倾向于报告比男性水平更高的幸福感，这可能是男性和女性之间情绪特征的差异造成的。一般来说，女性更容易动感情，因而更倾向于报告自己更幸福，这在我国学者的研究中也得到了验证。调查发现，男性的主观幸福感水平普遍低于女性，这可能与他们的社会角色有关。在家庭中，男性总是承担着更大的社会与家庭责任，被寄予更高的期望，而这种责任与期望对于男性来说往往也是一种压力，从而影响其主观幸福感（罗竖元，2014）。本章中没有发现幸福感的性别差异，这样的结果可能说明在长江以南地区，男女所具有的社会地位和要承担的社会责任的大小是相同的，因而并不会影响其幸福感。

1. 随年龄增长的幸福指数

我们发现，随着年龄的增长，所体验到的总体幸福感水平呈现上升趋势。除环境生活满意度之外，长江以南地区居民在政治生活满意度、人际关系满意度、经济生活满意度和健康状态满意度这 4 个维度上的得分整体上都随年龄的增长而增高。尽管不同的研究对于年龄与幸福感之间的关系得出了不同的结果，但是大多数研究发现中年时期是幸福感变化的转折点。有的研究明确指出个体 30～50 岁时的主观幸福感水平最低，这取决于研究环境。还有研究发现，加拿大居民在青少年到中年这一年龄阶段中的幸福感水平呈上升趋势（Galambos et al.，2015）。也有研究表明，当不控制其他因素时，随着年龄的增长，主观幸福感水平下降；当控制了地域和社会经济学上的特征因素后，主观幸福感水平在 55 岁之前是下降的，之后保持不变；而当控制了主观健康状态后，中间年龄段的主观幸福感水平最低，并且出现了 U 形曲线的趋势（Sun et al.，2016）。这和我国其他的研究类似。本研究发现，在 20 岁以下、20～29 岁、30～39 岁、40～49 岁、50～59 岁和 60 岁及以上这 6 个年龄阶段中，20～29 岁居民的整体幸福感水平和各个维度的满意度都最低。

随着年龄的增长，个体会获得更多的人生智慧，对世事的理解和看法更加通透和淡然，趋向一种豁达平和的心态，对生活的各个方面更满意，体验到更多的幸福感。另外，在短短几十年间，我国的经济在曲折中不断摸索前进，有了飞速的发展。老一辈亲身经历了这一发展过程，见证了历史的变迁，更加珍惜今天来之不易的幸福生活。

20～29 岁居民大多刚刚离开学校进入社会，迎来人生中的一个重大转折。他们在适应新的生活环境、社会身份的过程中面临巨大的挑战和压力，可能是所有年龄阶段中处境最不稳定的人群（沈峥嵘等，2004；许清鹏等，2005）。因此，他们体验到的幸福感水平相比于其他年龄阶段的人群更低，对各个方面的满意度也较低。虽然他们体验到的幸福感水平低于其他年龄阶段的人群，但总体来看仍处于中等偏上水平。

通过前人的研究和本研究可以发现，大部分研究寻找到的年龄和幸福感之间的关系是呈 U 形曲线，而不是呈直线。不同的研究对于幸福感水平最低的时间段似乎还没有完全达成一致，这有可能是以下几个原因造成的：第一，研究控制的变量不同，有的研究控制了其他因素，单独考虑年龄对幸福感的作用，也有的研究没有控制其他因素；第二，选取被试的群体可能处在不同的文化背景中，在各自所处的文化背景下，同一年龄层的不同群体因为文化背景的不同，可能面临不同的社会责任和义务，压力源的大小和多少就会不同，因此他们的幸福感出现低谷的时间段也会不同。

有研究表明，达到一定的年龄后，幸福感的变化就会相对较小。这有可能是由于到了高年龄后，个体的活动范围因为年龄和身体等原因变小，接触新环境的机会变少，每天输入的信息和刺激都相对固定，所以个体的压力源相对固定，且比起中年时期大大减少，最终个体的幸福感得以保持恒定。但本研究发现，高年龄的个体的幸福感水平仍在不断升高。从毕生发展观的角度来看，这可能是因为个体的认知和情感等功能会随着年龄的增长而不断丰富和完善，所以个体能够处理生活中的各种事情，从而更加从容地对待生活，也就有更高的生活满意度。

2. 健康状况是幸福的影响因素

本研究将健康状况和生活压力作为身心健康的指标，是幸福指数各个方面的预测因素。健康状况越好、生活压力越小的居民，其幸福感水平越高；反之，健康状况越差、生活压力越大的居民，其幸福感水平越低。

身体健康与心理健康具有密切的联系。身体健康的人更能保持良好的情绪和健康的心态，与人相处较为融洽，对自己的满意度也相对较高，并且这种心理上的满意感会带来愉悦的感受，从而形成良性循环（王雁等，2006）。有研究发现，在控制了年龄、性别、地域和社会经济学特点之后，健康状况和幸福感仍然保持着正向的关系，这与之前的研究结果相似。还有研究调查了健康的各个维度与主观幸福感之间的关系，结果发现焦虑/抑郁维度与主观幸福感的相关最强。综合考虑健康的各个方面，心理健康维度对主观幸福感的影响比身体健康维度更大。对此有一种可能的解释：适应能力需要的身体健康维度和心理健康维度的支持比重是不同的，心理健康维度对适应能力的影响更大，而只有有了足够的适应能力，才可能有更高水平的幸福感(Sun et al.，2016)。

　　总体来看，身体健康不仅是人的全面发展的基础，而且关系着国民的幸福。因此，在提高国民自身健康意识的基础上，重点推进医疗保障、医疗服务、公共卫生、药品供应和监管体制综合改革，不仅能够改善城乡居民的健康状况、提高国民健康生活质量、缩小不同地区健康状况的差距，而且能够增加国民的幸福体验。我国要加快完善心理咨询体系，将心理学的基础与应用研究用于预防、控制心理疾病，并且可以通过各种渠道来宣传心理健康知识，让更多的人对自己的心理状况有更清晰的认识，建立从科普到专业的心理咨询的心理健康保障体系，使得全国人民的幸福感水平能有一个质的飞跃。

5.4.2　收入水平对幸福感的影响

　　是否收入越高越幸福？研究发现，经济收入与居民幸福指数呈倒 U 形曲线关系，经济收入处于中等偏上水平的居民的整体幸福感得分最高，而经济收入较高的居民的整体幸福感得分则稍稍下降。与以往的研究(严标宾，郑雪，邱林，2002)一致，经济收入只在满足人们先天需要的范围内对幸福感起作用(Veenhoven & Ehrhardt，1995；Veenhoven，2015)，当达到平均水平之后，经济收入的再增长并不会继续带来相应的生活满意度以及幸福感的提高。伊斯特林(Easterlin，1974)提出的社会比较理论认为，人们常从社会比较的

角度去衡量生活满意度，这种比较包括向上比较和向下比较。经济
收入较高的居民接触到的社会环境更丰富多彩，容易产生向上的社
会比较。另外，他们更注重精神文化方面的需求。

居住地、职业状态、婚姻状况、文化程度等因素都会对居民的
经济收入造成影响，进而影响居民的生活满意度。我国局部地区的
发展不均衡，城市和农村发展有较大差异。这种差异主要体现在经
济收入和基础建设上，城市居民的整体经济收入高于农村居民和乡
镇居民。但是如果把地域和经济收入两个因素同时纳入考虑范围，
经济收入对主观幸福感的影响就会发生改变，也就是说地域会调节
两者之间的关系。虽然农村居民和城市居民的经济水平有很大的不
同，但是研究发现，在中国的东部和中部，城市居民并没有比农村
居民水平更高的幸福感。在控制了社会经济特征因素后，这种幸福
感的地域差异模式没有改变；在控制了健康状况后，中国东部和中
部的农村居民的主观幸福感水平依然更高。这里有几种可能的解释：
首先，家庭和社区的支持在农村比在城市更多，并且农村给人的安
全感也比城市多(Davey，Chen，& Lau，2007)；其次，在经济快速
发展的进程中，城市居民会被一些固定的问题影响，如公有制单位
的制度支持、失业的风险与收入差距扩大；最后，通过比较当前与
过去的情况或比较自己与当地社区的其他个人的情况获得的相对状
态的感知，对于当前的主观幸福感来说可能是重要的。在农村地区，
由于信息有限和参考群体狭窄，居民可能有较低的期望。同时，收
入、生活和健康状况随着时间的推移有所改善。因此，农村居民对
于自己的相对地位有一个积极的感知。与此形成对比的是，城市居
民可能有更多的信息和更多的参考群体(省或者国家水平)，从而有
更高的期待，并且社会地位有一定的差距。这样，城市居民会出现
一种相对地位的缺失，从而感到不开心和不满足于自己的现状(Sun
et al.，2016)。

5.4.3　教育水平对幸福感的影响

总体来看，文化程度越高，幸福感水平越高。教育可以通过传播知识促进个体的身心发展，进而增强个体的幸福体验（邢占军，刘相，2008）。文化程度较高的居民在整体幸福指数、政治生活满意度、人际关系满意度、经济生活满意度和健康状态满意度上的得分较高。教育能促进个体成长，帮助个体获得更多机会，同时改变个体的认识水平，进而提高其对幸福的标准。教育的核心是文化知识，个体通过掌握和运用文化知识并逐渐将其转化为自身智慧而获得一种内在的幸福感。但是，文化程度为大专水平的居民的整体幸福感低于其他文化水平的居民。在我国高校本科教育持续扩招的背景下，企业对于专业技术型人才的需求增大，大专生逐渐成为本科生之外另一个重要的高等教育群体。大专生在毕业后更多地流向生产加工的第一线，从事生产、销售等工作。他们相对于中小学毕业生更加成熟，但相对于本科毕业生又缺乏系统的知识培训、文化熏陶。该群体的幸福感水平较低的现状提醒社会需要更多地关注该群体，提升大专教育的师资投入，改善教学条件。

教育还可能影响个体的经济地位，增加个体获得社会支持的机会。但是，教育对幸福感的影响到底有多大？有的研究者认为，这取决于怎样定义教育、影响以及幸福感。前人的研究发现，如果将教育界定为较高水平的正规教育，同时幸福感指的是单指标体系或者多指标体系，那么教育对幸福感的影响是很小的。但是，如果教育包括具体领域的正规教育和非正规教育，还有一些从与工作相关的培训学习、社会交互和常规生活以外的生活经验中所得到的非正式教育，将幸福感看成亚里士多德式幸福感或者整体幸福感，将影响看成是间接的，并且把教育的各个成分看成是相互联系的，那么，教育会对幸福感有很大的影响（Michalos，2017）。

本研究对教育水平的划分主要以正规教育的等级为指标，并且对幸福感的测量是多维度的，结果发现教育水平依然对幸福感有比较大的影响。这与前人的研究观点不符，但这可能是符合我国国情的。在我国的教育体系中，正规教育是一种主要的形式，个体通过接受正规教育获得的经济上、精神上的收获可能是最多的，也就更有利于个体幸福感的发展。

教育对幸福感的影响机制一直都是幸福感研究的一个重要问题，针对它们之间重要的中介机制，研究者有不同的见解。前期的研究者认为这个中介因素是个人月收入，但是教育哲学家布里格豪斯（Brighouse，2006）认为学校教育主要能够促进个体的自主性，在充实个人生活方面有很大的作用。虽然我们不能将生活的充实看成幸福，但是生活的充实和幸福有很大的关系。因此，教育之所以能够促进幸福，是因为能够自主做出决定的人更有可能生活幸福并活得充实。

在一个跨文化视角下的幸福感研究中，莱正德（Layard，2005）列举了几个影响幸福感的关键因素，包括家庭关系、工作、社区和朋友，这些概念有共同之处——都是个体与世界进行联系的方式。个体与这几个因素产生紧密的联系，可以增强个体的幸福感，也就是说，这种与外界联系的感觉可以让个体有很好的感受。这些研究和教育哲学家的观点相结合，得出的解释就很明确了：个体接受更多的教育会拓宽自己的视野，能够更好地通过家庭关系、在社会分工中的正确定位以及与朋友的关系建立起更好的与更广泛的社会联系。通过各种渠道与外界联系能够给人带来积极的情绪，教育可能是通过提高我们与外界联系的能力来提高幸福感的。也就是说，这些非金钱的因素在解释教育和幸福感的关系中所占的比重可能更大（Chen，2012）。

我们还需要认识到，正是因为国民有更高的要求，国家才能看到努力的方向，不断改善国民生活质量，实现国家的发展和社会的进步。

5.4.4　职业对幸福感的影响

　　从职业状态来看，研究发现，在职人员的政治生活满意度最高，离退休人员的政治生活满意度最低。很多人在退休之后的一段时间很难适应新环境，因为他们在脱离有组织、有规律的生活之后，没有了正常的生活秩序和常规常态的习惯模式。大部分的离退休人员对国家和工作单位有着不可割舍的感情，依旧时刻关注着党和国家发生的重大事件。然而，相比于在职人员，离退休人员的被关注度降低，可能导致其缺乏自我认同感、经济安全感和集体归属感（郭永玉，李静，2009）。关注和被关注的不平衡可能造成他们的政治生活满意度降低。因此，对于离退休人员，针对影响其幸福体验的适应困难、自我效能感降低以及社会支持缺乏等方面的问题，社会和家庭需要充分认识到该群体为推动社会发展进步所做的重要贡献以及所积累的宝贵经验，在给予其尊重和支持的同时，关注其高层次需要的满足，提供发挥其主动性和潜力的机会，营造老有所为的社会氛围，进而增强该群体的幸福体验（杨学军，洪炜，1996）。

　　离退休人员的整体幸福感水平最高，在职人员次之，其他职业状态的人员最低，与以往研究一致。这是因为退休是一个稳定和可预期的状态（Strandh，2000），退休人员可以轻而易举地做出规划，并且可能参与到一些比较有挑战性的工作中，如当志愿者或者照料家庭成员。在中国，很多退休人员参与广场舞等活动，这样也有非物质性的好处。从有偿就业到退休的转变在某些情况下可能会出现问题，但是退休人员依然有很好的机会来弥补损失。退休人员的非物质性获益要比其他类型的非失业者多，也就会有更高的幸福感水平。就业人员也面临不同的困境，就业并不总是能让人满意，比如说工作不安全或者是时间太久、没有符合个体的预期，也不利于个体幸福感的发展。相比之下，退休人员所处的环境安全，并且没有这些应激源，所以在所有职业状态的群体中的整体幸福感水平最高，这与整体幸福感的年龄趋势一致。不同职业状态的群体内部的整体幸福感和领域幸福感也存在差异，这说明不同职业状态对整体幸福感和领域幸福感的影响机制是不同的，也从侧面说明整体幸福感和领域幸福感反映了不同的幸福感维度。整体幸福感并不是各领域幸福感的总和，在测量幸福感的时候要将其作为一个独立的维度。

大量研究表明，失业对幸福感有不利的影响，并且当再次就业之后，这种影响还会有持久的效应，这与本研究的结果是一致的。就业状况与主观幸福感之间的关系主要是由个人资源的差异来解释的，然而，社会关于个人应该如何对待就业的规范可能也是一个重要因素。在具有较强社会规范的社会中，失业者的社会认可度和接受度低于就业者，这可能会降低他们的幸福感水平（Stam et al.，2016）。社会规范对就业状况和主观幸福感之间的关系的影响主要通过两条途径，第一条途径是"污名化假说"（Kalmijn & Uunk，2007）。脱离现有社会规范的个体会受到非正式的社会制裁（如社会排斥、流言蜚语等），产生羞耻感和自卑感，从而降低幸福感水平；遵守社会规范的个体则会获得他人的支持和接受，从而有更高的幸福感水平。第二条途径认为社会规范通过个体不断内化，成为塑造个体倾向性（如偏好）的重要因素。不遵守内化规范的个体会产生内疚和自我制裁，降低幸福感水平；相反，遵守内化规范会导致个体内在的自我肯定（Etzioni，2000）。这两种机制都预测失业个体的主观幸福感水平低于就业者，他们因为不遵守社会规范（不进行工作）而受到了内部或外部的制裁。由此可以看出，没有工作的个体在有很强的社会规范的国家受到的制裁会比在社会规范较弱的国家更多。对于工作的社会规范越强，失业者和就业者之间的差距就越大。我国是拥有较强的社会规范的国家，对于工作的社会规范也更加严格，因而就业人员的幸福感水平高于未就业的个体。

当然，也有研究从在职能够带来的物质以及非物质优势这一角度来分析在职人员和其他职业状态的人员的幸福感差异的原因。有工资支付的就业对于个体的幸福感有很大的作用，这是因为它能够提高收入并且满足各种心理需求。在失业的情况下，个体失去了物质以及非物质优势，从而导致幸福感水平下降。从物质优势的缺失的角度来看，没有收入限制了失业者展望和计划未来的能力，从而导致幸福感水平下降。更重要的是，它会导致相对贫穷，对个体的心理造成伤害——个体可能由于无法参与到社会中而感受到社会排斥。从非物质优势的缺失的角度来看，个体失业后，各种心理需求得不到满足，从而导致幸福感水平下降。非物质性获益主要包括以下五种：时间结构、与核心家庭之外的人的联系、对社会价值的体验、个人地位和身份以及有规律的活动（Jahoda，1981）。这些因素都会对人们的生活水平和质量产生一定的影响，从而降低失业者的幸福感水平。

有研究显示，当失业成为一种普遍现象或失业者周围的人都遭受同一命运的时候，失业对人们主观幸福感的影响会相对较小（罗竖元，2014）。本研究发现，失业在长江以南地区对幸福感的影响比较大，这可能是因为失业在长江以南地区并没有成为一种普遍现象。在失业群体作为小众群体的情况下，失业者会面临各方的压力，从而影响其幸福感。一般家庭对就业所提供的经济来源的依赖程度较大，失业势必影响其生活水平和保障。并且，失业对个体的影响绝不止经济收入，更重要的是失业者可能缺乏社会融合，引发其心理失衡、焦虑，甚至丧失信心和生活的希望，这都会影响其幸福体验（邱美珠，2006）。因此，为改善失业群体的现状，国家在大力增加就业岗位、拓宽就业渠道、实行灵活就业的同时，还需要重点关注该群体的社会保障和心理保障，向他们提供主动发挥自身价值的机会，为提升其幸福感提供条件。

　　在职状态下的个体幸福感在三类工作状态中处于中间水平，从以上分析能看出，在职状态对幸福感既有保护作用也有损害作用。以往研究（罗竖元，2014）发现工作和幸福感存在三种关系，即外溢模型、分割模型和补偿模型。外溢模型认为，一个人的工作状况与其生活的其他方面相互影响。分割模型的观点与外溢模型是相反的，认为一个人的工作和生活是两个毫无关联的领域，彼此不会影响。补偿模型则认为一个人的工作和生活是两个互补的领域，个体对工作不满意时可以通过追求令人满意的生活来进行有效的弥补。个体对生活不满意时可以通过追求令人满意的工作来进行有效的补偿。基于我国国情的大部分研究都支持了外溢模型，即工作满意度对主观幸福感有显著的正面效应，但如果根据年龄对群体进行划分，工作满意度对主观幸福感的外溢效应将随着年龄的不同而具有不同的强度。具体而言，在年龄更大的群体中，工作满意度对主观幸福感的外溢效应更弱（黎蓉，金江，2011）。这一结论说明，有关研究如果在分析过程中忽略其他因素的影响，就可能难以揭示两者的真实关系。

　　巴克和德默罗蒂（Bakker & Demerouti，2013）对外溢模型进行了补充，提出了外溢—交叉模型，认为工作体验首先外溢到家庭领域，然后通过社会互动传递给家庭伴侣。根据工作要求—资源理论，工作要求产生的工作压力和倦怠外溢到家庭领域，产生工作—家庭冲突。工作—家庭冲突对员工与家庭伴侣的互动产生消极影响，并进一步影响伴侣的幸福感。相反，工作资源带来工作投入，充分的工作资源将带来工作—家庭增益。工作—家庭增益有利于家庭伴侣之间形成积极互动，进而积极影响伴侣的幸福感。员工的消极和积极体验对家庭伴侣的幸福感不但产生直接交叉影响，也通过家庭人际互动产生间接交叉影响。交叉传递的中介是人际交换，即社会阻抑和社会支持。这些行为传递介质会直接影响家庭伴侣的幸福感，或通过家庭要求和资源间接影响伴侣的幸福感。在外溢—交叉模型中，外溢效应发生在个体内部，交叉效应发生在个体之间；外溢效应发生在前，交叉效应产生于后。在长江以南地区，在职人员的幸福感水平较离退休人员更低。通过外溢—交叉模型来看，如果个体在工作中产生压力和出现倦怠，这些压力和倦怠就会溢到家庭中，产生家庭冲突，最后降低个体的幸福感水平。这提示各企业要加强员工援助计划，让在职人员能够产生积极的工作体验，增强员工的幸福感。

5.4.5　婚姻对幸福感的影响

婚姻状况是人际关系满意度的重要预测因素，已婚居民的人际关系满意度最高。婚姻家庭生活是人类基本的社会生活形式，美好和谐的婚姻生活是事业成功的基石和人生幸福的源泉，良好的婚姻关系是个体人际交往的重要部分，能给人带来家庭的温暖和支撑（颜伟佳，胡维芳，2014）。良好的婚姻关系对幸福感有明显的促进作用，已婚居民的整体幸福感水平显著高于单身等其他居民。以往的研究发现，婚姻质量与生活意义、生活满意度呈正相关，与个体的心理症状、中年危机症状呈负相关（贾黎斋，王宇中，赵山明，2010）。婚姻代表着一种社会契约，可以为个体提供持久的归属感和稳定的亲密关系，并且伴侣之间的日常互动也有助于个体缓解心理压力，在一定程度上减少负性情绪，增加幸福体验（Ross，1995）。

理解婚姻为什么能够保护以及如何保护人们的心理健康，有助于制定相应的幸福感干预方案。以往的研究发现婚姻状况、心理幸福感和社会支持之间存在两两相关关系，还发现社会支持在幸福感状态和心理健康关系中的中介作用。以病人为被试的研究显示，婚姻状况通过社会支持对心理健康产生间接影响。一项纵向研究发现，社会支持会调节丧偶或者离婚个体的心理健康程度（Hewitt，Turrell，& Giskes，2012）。社会支持可以被描述为社交网络成员之间交换的情感、工具或有形的援助。研究证明，社会支持与心理健康有关，两者通过两种途径联系在一起。一种途径指的是社会支持提供了一个缓冲区域，并且可以减弱个体在面对压力事件时所形成的消极影响。这一观点认为高压力、高社会支持的个体的幸福感水平比高压力、低社会支持的个体更高，并得到了实证研究的证实。针对丧偶丧亲群体的研究表明，社会支持影响着该群体的应对过程，缓冲了压力源对心理健康的负面影响（Walker，MacBride，& Vachon，1977）。另一种途径指的是社会支持可能直接影响心理健康，独立于任何外部压力源。即无论压力水平如何，那些高社会支持个体的心理健康状况都较好，低社会支持个体的心理健康状况则都较差。婚姻状况与社会支持的获得有关，麦克拉夫里、霍维茨和怀特（McLaughlin，Horwitz，& White，2002）发现，伴侣之间相互支持的状态要比单纯的婚姻状态更能预测个体的幸福感。也有研究显示，感知到的社会支持是婚姻状况和幸福感的关系中的一个非常明显的中介因素（Soulsby & Bennett，2015）。

　　当然，关于婚姻状况和幸福感的关系还有很多其他解释。大多数研究者认为两者的关系是选择效应的结果（Stutzer & Fry，2006），受到保护效应和因果效应的影响。保护效应认为婚姻状况是通过影响资源的获取来影响幸福感的，婚姻中存在的各方面的支持有助于个体的心理健康，强调了社会支持这一中介因素；因果效应则认为正是较低的社会支持导致个体在以前的婚姻中产生了较低水平的幸福感，从而失去了婚姻。

　　从这样的研究结果可以看出，对于提升幸福感来说，更为关键的是获取社会支持，从而让个体拥有更多的心理资源。现代的年轻人出现了晚婚现象，由于社会的进步，人们更多地追求在事业上有所发展，丰富自己的精神世界，社会责任也在增强，再加上婚姻本身会带来其他压力，很多人不能在适婚年龄结婚，这样就会减少他们获得社会支持的途径。政府在制定政策时可以对在适婚年龄未婚的年轻人给予一些其他途径的社会支持，如住房、交通等方面的补贴。个体也可以从婚姻关系以外的其他关系中寻求社会支持。

5.4.6 居住环境对幸福感的影响

住房问题已经成为当前社会各界最为关注的民生问题之一，解决居民的住房困难、实现住有所居的目标成为政府保民生促和谐的重要途径。然而，各方在普遍认同解决住房问题具有民生意义的同时却一直存在解决手段的分歧，即关于居民是否需要拥有住房的争议。针对这一争议的相关研究非常缺乏，这不仅造成解决住房问题具有民生意义这一共识缺乏科学依据，而且导致人们对于解决手段无法进行恰当的评判，最终可能影响政府对住房政策的制定和完善。

本研究认为，居住环境不仅影响国计民生，而且关乎国民幸福。本研究发现，住房类型对人际关系满意度、环境生活满意度、经济生活满意度和健康状态满意度都存在影响。居住在公租廉租房的居民的各方面生活满意度较低。公租房指政府投资或政府提供政策支持的其他投资主体，通过限定户型面积、供应对象和租金标准面向无房的大学毕业生、引进人才和其他住房困难群体出租的住房；廉租房指政府以租金补贴或实物配租的方式向符合城镇居民最低生活保障标准且住房困难的家庭提供的社会保障性质的住房。这两类住房都是政府向经济困难的居民提供的，租金低于正常标准。租住这两类住房的居民的经济条件较差，一般居住条件也较差，造成了此类居民对环境生活不满意。

住房不仅是人类的一项基本需要，而且在国民心中具有超越满足居住需要的特殊意义。第一，土地情结是中国传统社会思想价值观念的重要内容。对住房的独特情感正是国民的土地情结的一种间接表达方式。因此，住房投资不仅是经济投资，而且寄托着国民的情感需求。在"居者有其屋"观念的影响下，国民明显偏好自有住房的居住方式，认为自有住房是具有归属感的象征，而租房只是经济实力不足的无奈之举。第二，"面子观"是中国人社会行为的重要逻辑基础，人们十分看重面子，面子背后关乎个人身份地位的象征意义和符号资源（赵卓嘉，2012），住房就是其中之一。住房作为家庭财产的重要组成部分，明显具有个人财富、权力、地位的象征意义，其质量常常成为人们进行社会地位评价和认定的重要依据（戚海峰，2009）。由此可见，自有住房有助于个体获得对自身有利的外界评价，进而满足其对面子的需求，而租房可能会被外界认为是个人能力有待发展、事业尚未成功等不利于自身面子的状况的象征。

针对目前的情况，我国已初步建立起以经济适用房、廉租房和住房公积金为主要内容的住房保障制度，但住房的环境仍存在许多尚待完善之处。相关研究者在提出政策建议如针对不同收入家庭的承受能力建立住房供应体系、扩大农村住房保障范围的同时，还突出强调倡导国民理性对待住房问题的重要性。国民的理性消费可以对房价过快上涨起到抑制作用，更重要的是引导国民不为住房的附加意义所累，逐渐认识到"人人有房住，不必人人有房产"，改善居民对租房的认知偏差，减轻居民的心理压力，为提高居民幸福感提供条件。

5.5　结语

综上，通过对我国长江以南地区居民幸福感现状的分析得到以下结果：

第一，我国长江以南地区居民的总体幸福指数处于中等偏上水平，在领域幸福指数各维度中，人际关系满意度最高，政治生活满意度最低。

第二，领域幸福指数中有 4 个维度对我国长江以南地区居民的整体幸福指数具有显著的预测作用，按作用的大小依次为人际关系满意度、经济生活满意度、健康状态满意度和政治生活满意度。

第三，我国长江以南地区居民的整体幸福感受年龄、文化程度、经济条件、婚姻状况和身心健康等因素的影响。

第四，我国长江以南地区居民的各领域幸福感均受年龄和身心健康的影响。除此之外，政治生活满意度还受职业和文化程度的影响，人际关系满意度还受文化程度和住房类型的影响，环境生活满意度还受住房类型的影响，经济生活满意度还受职业类型、文化程度、个人月收入的影响，健康状态满意度还受文化程度和住房类型的影响。

中国人幸福指数指标
体系的适用性及国情
调查——长江以北地区

由于文化背景、宗教信仰、社会体制以及经济发展等方面存在的差异,公民幸福指数不仅存在国际差异,而且存在地区差异。不同的风土人情、民族、地方语言、宗教信仰、历史背景、生活习惯以及经济发展模式,都可能会造成不同区域间居民幸福感的差异。中国地域辽阔,是一个多元化和具有包容性的国家,影响中国人幸福状况的因素也是错综复杂的。在已有研究中,影响幸福感的因素主要涉及个体及家庭因素(Clark,2003;Helliwell,2003;Blanchflower & Oswald,2008),如年龄、性别、学历、个人月收入、家庭结构、婚姻状况、健康状况等。近年来,越来越多的学者开始关注区域或国家层面的地理因素对个体幸福感的影响,如所处的地理位置、环境、社区设施、政治、经济和文化等(Morrison,2007;Brereton,Clinch,& Ferreira,2008;Oswald & Wu,2009;Ballas & Tranmer,2012)。

6.1 长江以北地区的特征

从地理上看,以秦岭—淮河为界,长江以南、长江以北地区的地理状况有显著的区别。长江以北地区是暖温带和中温带,长江以南地区是亚热带。长江以北地区的降水较少，河流也少；长江以南地区的降水则非常丰富，河流丰沛，其中长江中下游一带更是河汊纵横。从地貌上看，长江以北地区的地理环境呈广阔的块状分布：莽莽苍苍的黄土地、宽广无垠的平原、浩瀚广阔的沙漠、郁郁葱葱的原始森林。正是这种固有的地理环境锻造着北方民族的灵魂。人们在壮丽的自然景观中领会其古老、雄浑、劲健的气魄，进而发展出北方人深沉、粗犷的性格与直率真诚、爱憎分明、群体意识较强、善力勇猛的特点(孔维民，1992)。

6.1.1 长江以北地区的经济特征

改革开放以前，长江以北地区的经济发展相对好于长江以南地区，尤其是东北地区，为中国经济发展做出了巨大贡献。在计划经济时代，由于资源丰富、铁路货运发达，加上苏联的扶持，东北建成了当时全国最发达、最完善、最先进的工业基地，同时带动了山东、河北等北方省份重工业、国有企业的快速发展，使得长江以北地区成为中国的经济发展重心，工业化水平、城市化水平都高于长江以南地区，其 GDP 总量一度占全国的近一半。改革开放以后，由于长江以南地区在地理上得天独厚的优势，其沿海地区成为我国优先吸收外资的主要阵地。21 世纪初，随着中国成功加入世界贸易组织，广东、浙江、江苏等省份通过扩大开放吸引了内陆省份大量的劳动力，促进了对外贸易的繁荣，带动了当地经济，辐射了周边省份经济的发展。有些学者研究的兴趣转向南北区域的经济发展差异。他们认为南北区域的经济发展之间已经出现明显的差距，主要表现为南快北慢(赵建安，1998；吴殿廷，2001；李二玲，覃成林，2002)。

6.1.2 长江以北地区的就业率特征

与长江以南地区相比，长江以北地区有更多的未就业群体。国外研究者认为，失业会显著降低个体的幸福感水平，因其会给个体带来经济损失，也会给个体带来失落感、挫败感，从而造成心理上的负面影响（Clark，Oswald，& Warr，1996）。就业机会的多少主要由三个因素决定：当地的企业状况、当地的经济发展状况、当地的经济发展速度。长江以北地区的企业多以早年的大型机械工业以及传统能源产业（煤矿油）为主，长江以南地区的企业则多以小型制造业、金融业、轻工业为主。从企业主体来看，长江以北地区的企业其实多处在瓶颈期或者衰竭期，若不改革，效益就很难提升，体制会僵化，新进入的就业人员在企业中的发展机会也不多。简单来说，长江以北地区的企业背的包袱大而且难以卸下，拖慢了自己的前进速度；而长江以南地区的企业背的包袱小，效益相对较高，而且其中中小型企业有很多，给就业人员提供了更多的就业机会。这些企业往往都处在上升期，就业人员也更容易发展。此外，长江以北地区的经济整体水平落后于长江以南地区，后者的经济整体环境好，就业机会当然多，工资水平相对也高。长江以北地区的发展不平衡，很多资源集中在省会城市；长江以南地区的情况相对好一些，以广东为例，很多县、镇的发展程度和主要城市的差别很小，经济的整体循环优势必然带来更多的就业机会。

6.1.3　长江以北地区居民的人际关系状况

弗利特等人（Vliert et al.，2013）发现，气候不舒适且经济欠发达的地区的人们的集体主义倾向更强。托尔汉姆等人（Tolhelm et al.，2014）发现，种植水稻的地区的人们的集体主义倾向较强。马欣然、任孝鹏和徐江（2016）发现长江以南、以北地区的人们在集体主义等文化价值观上存在差异。

2017年的数据显示，有6个省份出现了常住人口负增长的情况，其中长江以北的吉林、黑龙江、辽宁、山东、河南、内蒙古等省份也出现了人口净流出，而广东和浙江则是人口流入最多的两个省份。我们可以看出，长江以北地区的人口流动量要明显少于长江以南地区。同时，国内学术界发现了人口流动与犯罪率的正向关系(陈刚，李树，陈屹立，2009)。人口流动对地区犯罪率的预测作用是正向的，说明人口流动确实带来了一定的社会冲击，加上户籍壁垒导致的社会融合不足，可能造成外来人口在生存机会、社会资本、文化适应等方面的系统性劣势，增大了社会摩擦程度和社会管理难度。

6.1.4 长江以北地区的环境状况

长江以北地区冬季时间长，气候较寒冷，空气污染较严重。其大多属于温带大陆性季风气候，常年干燥少雨，风沙较大且持续时间长，空气得不到净化，城市周边地区的生态环境脆弱，影响城市的空气质量。

长江以北地区的空气污染确实甚于长江以南地区，这种现象主要缘于水污染、大气污染和土壤污染等方面。在大气污染方面，北方植被少，土壤表面缺乏稳固，容易沙化，进而造成扬沙、扬尘，这些对 $PM_{2.5}$ 浓度的影响非常大。同时，长江以北地区干燥少雨的气候不利于污染物沉降，加剧了大气污染的问题。大气污染会有多严重是由空气污染源决定的，在这方面，长江以北地区和长江以南地区的差距主要集中在燃煤和土壤尘埃上。燃煤主要用于供暖和火力发电，长江以北地区主要是火力发电，而长江以南地区火力发电则较少(以水力、核能发电为主)。土壤尘埃包括沙尘和本地扬尘，两者的问题根源在于长江以北地区气候干燥少雨，地表植被覆盖率较低，水土固定率过低。内蒙古沙化草原、西北大漠和黄土高坡是沙尘暴的中心点，沙尘暴携带的细小颗粒物可以在高空中滞留很久，成为长江以北地区春季雾霾的元凶。扬尘在长江以南地区也是重点防治对象，但是因为长江以南地区湿润多雨，所以空气污染程度远不及长江以北地区。

在长江以北地区，严重的水污染和水匮乏并存。水污染对有限的水资源构成严重破坏。长江以北地区地表径流水量较小，河流对污染物的稀释能力和自净能力差，因此水体污染程度大于长江以南地区。由于地表水缺乏或被污染，人们只能抽取大量地下水支撑生产和生活，造成地表大面积塌陷。由于废弃物堆积，不少地方的地下水被污染。更为严重的后果是，地下水的大量抽取可能会使公众产生麻痹心理，认为水用完后总是可以找到的。这可能会扭曲人们的节能意识，加剧对水资源的破坏(陈毅春，2012)。

6.2　区域与幸福感的关系研究

我国幅员辽阔，包含平原、丘陵和高原等多种地形。地域的不同会影响地区的经济发展、文化传播等，最终影响居民的幸福感。因此我们选择分区域研究中国人的幸福感状况，将全国划分为长江以南和长江以北两个地区，从整体幸福感和领域幸福感两个方面进行全面深入的考察。

通过对文献进行分析可知，关于我国长江以北地区国民幸福感及其影响因素的研究还比较少。现有的少数研究主要是以城市为单位展开的，并且研究结论不一致。例如，以北京居民为被试的一项研究发现，身心健康、物质条件、社会幸福感、个人价值实现和家庭生活是预测幸福感的有效指标(杨作毅，2008)。同样以北京居民为被试的另一项研究选取个人属性、家庭属性、住房情况、工作情况、生活稳定性、主观感受六大方面，对北京居民的主观幸福感及其影响因素进行研究。研究结果表明，年龄、经济水平是影响北京居民幸福感的主要因素，具体表现为：高龄人群比低龄人群更幸福，学历越高、经济水平越高的个体感觉更幸福(党云晓等，2014)。以河北城市居民为被试的研究发现，身心健康、经济状况、家庭亲情、就业状态、社会保障、教育娱乐、社会环境是预测幸福感的有效指标(张荣山，南振梅，2011)。有研究对吉林省(以长春市、吉林市和四平市为例)城市居民幸福感的整体情况进行考察，分析了吉林省城市居民幸福感的现状及其影响因素，结果发现吉林省城市居民的整体幸福感和领域幸福感均表现为中等偏高水平。研究表明，在婚姻状况维度上，单身和已婚群体的整体幸福感和经济生活满意度均高于离异及丧偶群体；在受教育程度上，不同受教育程度的个体在整体幸福感上没有显著差异，经济生活满意度则明显表现出随受教育程度的提升而上升的趋势，而人际关系满意度却表现出随受教育程度的提升而下降的趋势；在整体幸福感和领域幸福感中的健康状态满意度方面，月收入在 1000 元以下、1000～2999 元、3000～4999 元的三组居民的幸福感明显表现出随收入的提升而上升的趋势，但是月收入 3000～4999 元组和月收入 5000 元及以上组之间的差异不显著(张晓明，纪红艳，2016)。

针对该领域现有研究的不足，本章拟采用修订后的中国人幸福指数指标体系对我国长江以北地区的群体进行施测，以考察该指标体系在我国北方地区的适用性以及影响北方地区居民幸福感水平的重要因素。同时，本章还将结合我国的具体国情，探讨长江以北与长江以南的居民幸福感水平的差异及可能的原因。

6.3　幸福指数指标体系在长江以北地区的适用性及国情调查

本研究拟使用中国人幸福指数量表，选取长江以北的 4 个省份——山东、山西、河南和吉林，对省内居民进行幸福指数调查。因为这 4 个省份的经济发展和人口规模的差异具有代表性，所以我们的研究选取了这 4 个省份，以期了解长江以北居民的整体幸福感和领域幸福感。

6.3.1　研究方法

1. 研究对象

采用随机分层整群取样的方法，选取山东、山西、河南和吉林等的居民共 1070 人，使用均值填补缺失值（不包括人口学数据），其中年龄最小的 10 岁，最大的 82 岁（$M=39.49$，$SD=10.31$），30～39 岁这个年龄段的被试所占比例最大。被试来自 5 个民族：汉族、朝鲜族、回族、满族和蒙古族。其中汉族被试最多，占到了总样本的 96.1％。84.7％的被试已婚，76.0％的被试来自城市。大多数被试在当前居住地居住了超过 3 年。在本研究中，学生和在职人员的数量最多，共占到了总样本的 62.4％。绝大多数被试具有初中及以上学历，超过半数被试具有大专及以上学历。被试的收入总体偏低，绝大多数被试的个人月收入在 1500～4999 元（见表 6.1）。

2. 研究工具

本研究采用中国人幸福指数量表（修订版），具体介绍见第 5 章。

3. 数据处理

使用 SPSS18.0 软件与 Amos18.0 软件对数据进行分析。按照初始编号的奇偶，将所收集的数据分成两个样本：样本 1（$n=550$）用于探索性因素分析，以探索修订的量表的项目质量及测量的有效性；样本 2（$n=520$）用于验证性因素分析，以验证量表的结构效度。剔除问题作答不完整的问卷和人口统计学问题填写不足 4 个题目的问卷。对于缺失值采用序列均值法进行替换。

表 6.1 长江以北地区居民的整体幸福感和领域幸福感的描述性统计（M±SD）和组间差异

变量	组别	人数	百分比	整体幸福感	政治生活满意度	人际关系满意度	环境生活满意度	经济生活满意度	健康状态满意度
性别	男	471	44.6%	3.62±0.77	2.88±0.96	4.12±0.56	2.24±0.55	2.13±0.64	2.84±0.67
	女	586	55.4%	3.81±0.72	2.95±0.89	4.11±0.63	2.18±0.58	2.21±0.64	2.78±0.67
	t			8.16**	0.63	0.31	1.80	2.44	1.24
	p			<0.01	0.53	0.74	0.17	0.09	0.29
年龄	20~29岁	198	18.8%	3.63±0.67	2.70±0.91	4.06±0.52	2.18±0.57	1.94±0.59	2.77±0.61
	30~39岁	429	40.7%	3.76±0.76	2.96±0.94	4.10±0.58	2.15±0.57	2.20±0.64	2.72±0.67
	40~49岁	299	28.3%	3.71±0.77	2.89±0.91	4.14±0.67	2.24±0.58	2.19±0.66	2.84±0.68
	50~59岁	75	7.1%	3.73±0.65	3.02±0.90	4.16±0.60	2.31±0.49	2.34±0.56	3.11±0.58
	60岁及以上	54	5.1%	3.95±0.80	3.36±0.79	4.31±0.54	2.44±0.56	2.44±0.61	3.15±0.72
	F			1.98	5.20**	1.79	3.38**	8.54**	8.03**
	p			0.08	<0.01	0.11	<0.01	<0.01	<0.01
居住省份	山东	87	8.1%	3.47±0.79	2.77±1.21	4.11±0.60	2.37±0.61	2.01±0.65	2.84±0.71
	河南	228	21.3%	3.70±0.73	2.82±0.83	4.18±0.52	2.19±0.55	2.04±0.66	2.92±0.60
	吉林	467	43.6%	3.82±0.74	3.12±0.87	4.14±0.60	2.24±0.58	2.23±0.64	2.75±0.71
	山西	288	26.9%	3.69±0.74	2.71±0.90	4.03±0.64	2.10±0.53	2.23±0.61	2.81±0.64
	F			6.15**	14.71**	3.18*	6.51**	7.28**	3.48*
	p			<0.01	<0.01	<0.05	<0.01	<0.01	0.05

续表

变量	组别	人数	百分比	整体幸福感	政治生活满意度	人际关系满意度	环境生活满意度	经济生活满意度	健康状态满意度
居住地	城市	793	76.0%	3.78±0.75	2.94±0.89	4.14±0.59	2.20±0.57	2.20±0.64	2.79±0.67
	乡镇	110	10.5%	3.45±0.66	2.80±0.90	3.85±0.61	2.00±0.53	2.07±0.59	2.76±0.62
	农村	141	13.5%	3.68±0.75	2.95±1.08	4.18±0.59	2.41±0.41	2.14±0.67	2.95±0.71
	F			5.02**	2.01	6.52**	8.93**	1.37	2.50*
	p			<0.01	0.09	<0.01	<0.01	0.24	<0.05
居住时间	半年到一年（不含一年）	55	5.3%	3.62±0.77	3.04±0.76	3.94±0.62	2.18±0.59	2.02±0.60	2.77±0.68
	一年到三年（不含三年）	71	6.9%	3.61±0.69	2.66±0.97	3.94±0.60	2.09±0.53	1.90±0.57	2.62±0.57
	三年到十年（不含十年）	466	45.2%	3.80±0.73	3.03±0.91	4.14±0.58	2.23±0.58	2.23±0.65	2.76±0.70
	十年及以上	438	42.5%	3.70±0.77	2.83±0.94	4.15±0.60	2.21±0.56	2.19±0.62	2.90±0.64
	F			2.03	4.80**	3.60**	1.16	5.47**	3.52**
	p			0.07	<0.01	<0.01	0.33	<0.01	<0.01
职业	学生	288	27.9%	3.88±0.71	3.09±0.88	4.16±0.58	2.23±0.59	2.29±0.61	2.74±0.71
	在职	356	34.5%	3.67±0.78	2.71±0.93	4.10±0.60	2.13±0.56	2.12±0.66	2.79±0.62
	离退休人员	177	17.2%	3.80±0.71	3.21±0.84	4.17±0.60	2.32±0.55	2.23±0.65	2.91±0.70
	下岗失业者	39	3.8%	3.41±0.59	2.65±0.74	3.80±0.71	2.14±0.39	1.98±0.49	2.97±0.42
	自由职业者	101	9.8%	3.55±0.73	2.81±1.00	4.08±0.56	2.09±0.62	2.01±0.64	2.80±0.64
	其他	70	6.8%	3.74±0.80	2.99±0.64	4.14±0.61	2.41±0.54	2.21±0.66	2.88±0.75

续表

变量	组别	人数	百分比	整体幸福感	政治生活满意度	人际关系满意度	环境生活满意度	经济生活满意度	健康状态满意度
	F			4.88**	9.50**	2.56*	4.76**	4.04**	1.75
	p			<0.01	<0.01	<0.05	<0.01	<0.01	0.11
学历	小学及以下	65	6.2%	3.68±0.62	3.15±0.81	4.10±0.61	2.39±0.53	2.09±0.63	2.78±0.54
	初中	175	16.6%	3.59±0.79	2.98±0.90	4.02±0.64	2.17±0.60	2.10±0.68	2.80±0.70
	高中/中专	223	21.2%	3.70±0.78	3.05±0.98	4.12±0.68	2.23±0.59	2.16±0.64	2.81±0.73
	大专	199	18.9%	3.71±0.75	2.79±0.92	4.15±0.57	2.08±0.58	2.11±0.65	2.78±0.69
	本科	326	31.0%	3.83±0.70	2.82±0.90	4.15±0.51	2.24±0.54	2.23±0.63	2.82±0.64
	硕士	42	4.0%	3.67±0.78	2.95±0.99	4.10±0.44	2.19±0.54	2.19±0.55	2.72±0.57
	博士	22	2.1%	4.22±0.56	3.17±0.70	4.38±0.45	2.45±0.42	2.68±0.40	3.09±0.59
	F			3.28**	3.04**	2.55**	3.35**	3.19**	0.89
	p			<0.01	<0.01	<0.01	<0.01	<0.01	0.52
个人月收入	1500元以下	222	20.7%	3.53±0.75	2.77±0.97	4.07±0.63	2.15±0.59	1.91±0.68	2.72±0.66
	1500~2999元	472	44.1%	3.64±0.73	2.93±0.92	4.05±0.60	2.16±0.57	2.09±0.61	2.77±0.68
	3000~4999元	266	24.9%	3.90±0.71	3.01±0.88	4.24±0.56	2.27±0.55	2.34±0.57	2.90±0.68
	5000元及以上	110	10.3%	4.12±0.63	2.96±0.88	4.21±0.54	2.37±0.52	2.62±0.51	2.93±0.60
	F			23.99**	2.85*	7.03**	5.94**	43.47**	4.45**
	p			<0.01	<0.05	<0.01	<0.01	<0.01	<0.01

注：使用均值填补缺失值，但不包括空缺的人口学数据，因此在分析不同水平的人口学变量差异时，相应的人口学变量空缺的被试将不被纳入分析。其中，性别变量缺失13人，年龄变量缺失15人，居住地变量缺失26人，居住时间变量缺失40人，职业变量缺失39人，学历变量缺失18人。

6.3.2　幸福指数指标体系在调查群体中的适用性分析

1. 探索性因素分析

为考察幸福指数指标体系在该群体中的适用性，对样本 1 的数据进行探索性因素分析，采用主成分分析法，经正交旋转法发现 5 个特征根大于 1 的因素，5 个因素的累计方差解释率为 58.54%。依据碎石图以及各因素的题目数不低于 3 个、因素负荷大于 0.4 等标准，最终确定了 5 个因子。各项目均在相应因素上具有较大的载荷，处于 0.547～0.836。五因子旋转成分矩阵如表 6.2 所示。

表 6.2　五因子旋转成分矩阵 ($n=550$)

量表题目	政治生活满意度	人际关系满意度	环境生活满意度	经济生活满意度	健康状态满意度
我相信我们这里的政府在执政活动中是为民着想的	0.84				
我觉得我们这里的政府对犯罪分子的打击是动了真格的	0.81				
遇到法律纠纷，我相信我们这里的司法部门会做出公正的裁决	0.78				
我对自己的基本政治权利（如选举权和被选举权、监督权、言论自由等）的行使能够得到保障感到满意	0.70				
我对我们这里的政务公开（或村务公开）程度感到满意	0.67				
我对我们这里的社会保障体系感到满意	0.55				

量表题目	政治生活满意度	人际关系满意度	环境生活满意度	经济生活满意度	健康状态满意度
我和街坊邻居的关系融洽		0.70			
我和同事相处得很好		0.77			
我和家人的关系融洽		0.76			
我感到与周围的人很亲近		0.56			
总的来说，我对自己的人际关系感到满意		0.56			
我的婚姻关系（恋爱关系）很好		0.64			
我家周围的环境挺好			0.72		
我们这里的治安环境好，让我感到很安全			0.63		
我们这里的环境让我感到满意			0.62		
在我们这里，即使晚上单独走路回家也是安全的			0.61		
我对我们家庭的收入感到满意				0.79	
我对自己的收入感到满意				0.73	
我对自己的住房感到满意				0.65	
我对自己的工作感到满意				0.59	
我的身体很棒					0.79
我对自己的健康状况感到满意					0.72
我的睡眠充足					0.58
我经常锻炼身体					0.62
我常常感到精力充足					0.67

对整体幸福指数分量表进行因素分析，结果发现：KMO 值为 $0.829 > 0.5$，表明变量间的共同因素足够多；Bartlett 球形检验值为 $931.24(\mathrm{d}f = 15，p < 0.0001)$，说明母群体的相关矩阵间有共同的

因素存在，适合进行因素分析。采用主成分分析法，经正交旋转法对分量表进行探索，抽取一个因素，其累计方差解释率为 50.87%。各项目在相应因素上具有较大的载荷，处于 0.65～0.75。

2. 信度分析

整体幸福指数分量表的内部一致性系数为 0.80，领域幸福指数分量表的内部一致性系数分别为：政治生活满意度 0.87，人际关系满意度 0.76，环境生活满意度 0.72，经济生活满意度 0.77，健康状态满意度 0.71。

3. 验证性因素分析

采用样本 2 对理论模型进行验证性因素分析，进一步考察量表的结构效度，以各分量表分数为潜变量，以各项目分数为观测变量，使用 Amos18.0 软件对模型进行验证性因素分析。

采用极大似然估计法检验量表维度的拟合度。由表 6.3 可见，$\chi^2/\mathrm{d}f = 2.734 < 3$，$GFI$、$IFI$、$TLI$、$CFI$ 均大于或等于 0.90，$RMSEA = 0.058 < 0.08$，达到了模型拟合标准的要求，$AGFI$ 的值也很接近拟合标准，表明探索性因素分析得出的居民幸福感五因素结构模型是比较合理的。

表 6.3   幸福指数量表的拟合指数（$n = 520$）

$\chi^2/\mathrm{d}f$	$SRMR$	GFI	IFI	$RMSEA$	CFI	$AGFI$	TLI
2.734	0.068	0.903	0.916	0.058	0.915	0.877	0.900

6.3.3   长江以北地区居民的幸福感调查和分析

1. 整体幸福感

在整体幸福感方面，性别的组间差异显著，女性居民的总体幸福感水平显著高于男性居民。年龄的组间差异不显著。民族和婚姻状况这两个变量由于部分分组人数过少，在得分比较中被删除了。居住省份的组间差异显著，吉林的被试幸福感水平最高，随后是河南、山西和山东(见图6.1)。城市居民的整体幸福感水平显著高于农村居民和乡镇居民(见图6.2)。居住时间的组间差异不显著。职业的组间差异显著,其中下岗失业者的幸福感水平最低,学生的幸福感水平最高。幸福感在学历这一社会经济变量上的组间差异显著,初中学历的居民幸福感水平最低,而博士学历的居民幸福感水平最高。在经济方面,个人月收入水平和幸福感水平呈正比,收入越高的被试幸福感水平越高(见图6.3)。

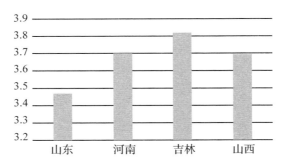

图6.1　四省居民的整体幸福感得分

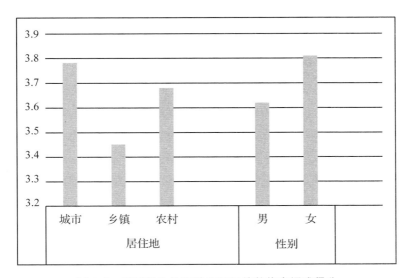

图6.2　不同居住地和性别居民的整体幸福感得分

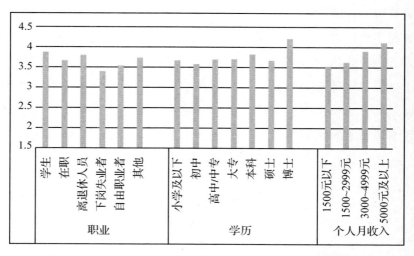

图 6.3　不同职业、学历和个人月收入居民的整体幸福感得分

2. 领域幸福感

　　我们对领域幸福感的得分进行了组间比较，结果显示，不同性别的居民在所有领域的生活满意度上均不存在显著差异。各年龄段居民在政治生活满意度、环境生活满意度、经济生活满意度和健康状态满意度上均存在显著差异（见图 6.4）。整体而言，青年组的居民（20～29 岁组）和中年组的居民（30～39 岁组）的生活满意度比其他年龄段的居民低，老年组的居民（60 岁及以上）的生活满意度最高。各省份的居民在所有领域上均存在显著的组间差异，其中，吉林居民的政治生活满意度最高，河南居民的人际关系满意度最高，山东居民的环境生活满意度最高，吉林和山西居民的经济生活满意度高于其他两个省的居民，河南居民的健康状态满意度最高（见图 6.5）。

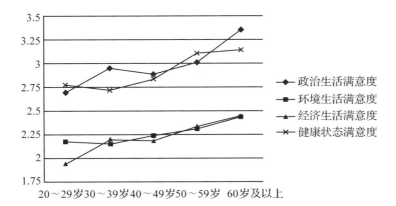

图 6.4 不同年龄段居民在政治、环境、经济生活满意度和健康状态满意度上的得分

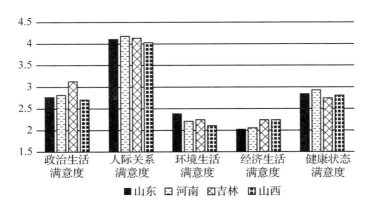

图 6.5 四省居民的领域幸福感得分

城市、乡镇和农村的居民在人际关系满意度、环境生活满意度和健康状态满意度上存在显著差异。与城市和乡镇居民相比，农村居民对自己的人际关系、环境生活和健康状态更为满意。不同居住时间的被试在政治生活满意度、人际关系满意度、经济生活满意度和健康状态满意度上存在显著的组间差异。其中，在人际关系上，居民的满意度随居住时间的增加而逐渐提升；在经济生活上，居住时间在三年到十年的居民满意度最高；在健康状态上，居住时间在十年及以上的居民满意度最高。

　　不同职业的被试在 5 个领域的满意度均存在显著差异。综合来看，离退休人员在政治生活和人际关系方面的满意度高于其他组。在环境生活满意度上，将自己的职业状态列入"其他"的被试得分最高，其次是离退休人员和学生。相比于其他组，学生对自己的经济生活最满意。在健康状态满意度上，下岗失业者的得分最高。

　　不同学历和收入的被试在多个领域均存在显著的组间差异。在政治生活满意度、人际关系满意度、环境生活满意度和经济生活满意度这 4 个方面，不同学历的被试均存在显著差异。在政治生活满意度上，具有博士学历的被试得分最高，具有大专学历的被试得分最低。在其他领域，具有博士学历的被试得分均高于其他组的被试。不同个人月收入的被试在全部领域均存在显著的组间差异，中等收入（3000～4999 元）的被试的政治生活满意度和人际关系满意度高于其他组的被试。

　　3. 整体幸福感的预测因素

　　使用同时回归的方式，检验不同变量对整体幸福感的预测力。将所有变量同时放入回归方程，结果显示，性别、年龄、居住省份和个人月收入是整体幸福感较为有效的预测因素（见表 6.4）。

表 6.4　不同变量对整体幸福感的同时回归

预测变量	B	SE	β	t
性别	0.20	0.05	0.16	3.79**
年龄	0.01	0.00	0.17	3.54**
居住省份	0.09	0.05	0.08	1.96*
居住地	−0.04	0.02	−0.07	−1.57
居住时间	0.04	0.03	0.06	1.34
职业	0.00	0.02	0.01	0.14

续表

预测变量	B	SE	β	t
学历	0.04	0.02	0.08	1.64
个人月收入	0.00	0.00	0.12	2.97**

进一步使用不同的人口统计学变量来预测分量表得分，以此探究何种变量可以影响人们对生活各方面的满意度。研究使用到的人口统计学变量有性别、年龄、居住省份、居住地、居住时间、职业、学历、个人月收入，采用的方法为同时回归(见表6.5)。

在政治生活满意度方面，年龄和学历具有显著预测力。在人际关系满意度方面，年龄、居住省份和居住省份具有显著预测力。年龄和个人月收入能预测环境生活满意度。性别、年龄、居住省份和个人月收入是经济生活满意度的预测因素。年龄能预测健康状态满意度。

表 6.5　不同变量对各生活满意度的回归

预测变量	B	SE	β	t
政治生活满意度				
性别	0.04	0.07	0.03	0.64
年龄	0.02	0.00	0.20	4.02**
居住省份	−0.05	0.06	−0.04	−0.88
居住地	−0.02	0.03	−0.04	−0.84
居住时间	−0.04	0.04	−0.04	−0.96
职业	−0.01	0.03	−0.01	−0.22
学历	−0.07	0.03	−0.13	−2.58**
个人月收入	0.00	0.00	0.03	0.82
人际关系满意度				
性别	0.08	0.04	0.08	1.91
年龄	0.01	0.00	0.21	4.22**

预测变量	B	SE	β	t
居住省份	−0.14	0.04	−0.16	−3.91**
居住地	−0.02	0.02	−0.05	−1.20
居住时间	0.03	0.02	0.05	1.26
职业	0.00	0.02	−0.01	−0.26
学历	0.03	0.02	0.09	1.81
个人月收入	0.00	0.00	0.08	1.86
环境生活满意度				
性别	0.02	0.04	0.02	0.49
年龄	0.01	0.00	0.21	4.26**
居住省份	−0.14	0.04	−0.17	−4.07**
居住地	−0.02	0.02	−0.04	−1.03
居住时间	0.01	0.02	0.01	0.24
职业	0.01	0.02	0.03	0.71
学历	−0.01	0.02	−0.02	−0.48
个人月收入	0.00	0.00	0.10	2.35*
经济生活满意度				
性别	0.12	0.04	0.11	2.74**
年龄	0.02	0.00	0.31	6.59**
居住省份	0.11	0.04	0.12	2.92**
居住地	−0.03	0.02	−0.06	−1.51
居住时间	0.02	0.03	0.04	0.95
职业	0.00	0.02	0.01	0.16
学历	0.04	0.02	0.09	1.90
个人月收入	0.00	0.00	0.17	4.27**
健康状态满意度				
性别	0.00	0.04	0.00	0.00

续表

预测变量	B	SE	β	t
年龄	0.02	0.00	0.30	6.23**
居住省份	−0.04	0.04	−0.04	−1.04
居住地	−0.01	0.02	−0.02	−0.55
居住时间	0.00	0.03	−0.01	−0.13
职业	0.00	0.02	0.00	0.03
学历	0.02	0.02	0.04	0.78
个人月收入	0.00	0.00	0.05	1.18

4. 长江以南、长江以北地区居民的幸福感比较

将长江以南、长江以北地区居民的两个样本加以比较，以考察长江南北地区居民幸福感是否存在差异。长江以北四个省份的被试共计1070人，占总数的39.21%；长江以南四个省市的被试共计1659人，占总数的60.79%。使用独立样本 t 检验，结果显示，长江以北地区居民的整体幸福感水平显著高于长江以南地区居民(见表6.6和图6.6)。

表6.6 长江以南、以北地区居民整体幸福感得分均值、标准差和差异检验

区域	人数	百分比	$M \pm SD$	F	p
长江以南	1659	60.79%	3.61±0.75	16.54**	0.01
长江以北	1070	39.21%	3.73±0.75		

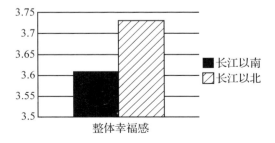

图6.6 长江以南、长江以北地区居民的整体幸福感得分

在不同领域的幸福感中，长江以南、长江以北地区居民的得分均存在显著差异。长江以南地区居民的政治生活满意度、环境生活满意度、经济生活满意度和健康状态满意度更高，长江以北地区居民的人际关系满意度更高（见表6.7和图6.7）。

表6.7　长江以南、长江以北地区居民的领域幸福感得分均值、标准差和差异检验

区域	政治生活满意度	人际关系满意度	环境生活满意度	经济生活满意度	健康状态满意度
长江以南	3.13±0.86	3.91±0.63	3.27±0.87	3.15±0.91	3.28±0.80
长江以北	2.92±0.92	4.12±0.60	2.21±0.57	2.17±0.64	2.81±0.67
t	6.20***	−8.66***	38.40***	32.98***	16.50***

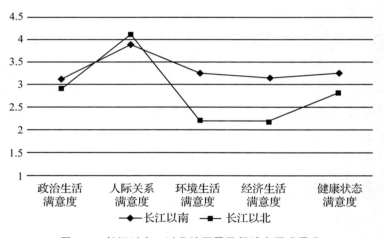

图6.7　长江以南、以北地区居民领域幸福感得分

在幸福感得分上，长江以北地区居民的整体幸福感和人际关系满意度显著高于长江以南地区居民，但是长江以南地区居民在政治、环境、经济生活和健康状态方面的满意度比长江以北地区居民更高。如果考虑到长江以南、以北地区的2015年GDP排名，我们的研究似乎支持了伊斯特林等人的观点，即经济发展并不一定伴随着幸福感的提升。

6.4 我国长江以北地区居民幸福感的影响因素

针对上述结果，我们首先探讨影响长江以北地区居民整体幸福感的主要因素，其次对影响领域幸福感的因素进行讨论，最后围绕长江南北地区居民幸福感的差异展开进一步讨论，以更为全面地了解我国幸福感的现状。

6.4.1 影响整体幸福感的因素

我们的研究显示，在性别、居住省份、居住地、职业、学历和个人月收入这些变量上，居民的整体幸福感存在差异，说明这些变量与整体幸福感关系密切。同时，检验不同变量对整体幸福感的预测力，结果显示，性别、年龄和个人月收入能够预测整体幸福感。综合这两个方面的数据来看，性别、年龄和经济条件是对整体幸福感影响较大的三个因素。

1. 性别对整体幸福感的影响

整体幸福感的性别差异一直都是研究者比较关注且有争议的问题。本研究结果表明，在长江以北地区，女性的整体幸福感得分显著高于男性，性别是预测整体幸福感的因素之一。这与前面我们对长江以南地区居民幸福感的性别差异研究的结果有所不同，长江以南地区居民的整体幸福感和领域幸福感在性别上都没有显著差异。这也与国内外的部分研究结果一致（Blanchflower & Oseal，2004；Karabchuk & Tatiana，2014；Di Tella，MacCulloch，& Oswald，2001）。

首先，研究表明女性使用的幸福感提升策略比男性更多（Ivanuševic，Brajšaš-Žganec，& Kaliterna-Lipovcăn，2008）。幸福感提升策略基于柳博米尔斯基、谢尔顿和斯卡德（Lyubomirsky，Sheldon，& Schkade，2005)提出的持续幸福感模型(the sustainable happiness model），该模型提出，人们通过主动采取某些行动或思维方式能够长期提高整体幸福感。理论和实证研究都表明，女性通常更愿意通过简单的、积极的意向活动如表达感激和实施友善行为，来增强自己的幸福感。

其次，男性和女性的性别角色和社会角色特征极不相同（蔡华俭等，2008）。男性会抑制自己的情绪表达，而女性的心思比较细腻，多善于以不同的方式表达情绪。并且倾向于表达积极的情绪。因此，女性的幸福感水平更高。

最后，男性所面临的社会压力比女性更大。他们在社会上需要面对更大的工作负荷，同时需要承担更多的责任，从而降低了男性的幸福感水平。

还有部分研究提出了相反的观点（Stevenson & Wolfers，2008；Argyle，2013），认为男性的幸福感水平比女性更高。产生这一差异的原因可能是男性与女性在生物学基础上存在差异，雌激素和孕激素的产生使女性面对外部环境的变化时会表现得更加脆弱。一些研究表明，女性在消极影响和主观健康方面持续的劣势导致女性比男性有更强的消极心理和更低的主观健康感水平，因此女性的幸福感水平要低于男性（Paludi，2004）。

对于男性和女性谁更幸福的问题，目前很难得出一个确切的结论，这主要是由于社会文化的差异和学者对幸福感的界定与测评方式不同。结合中国国情和长江以北地区的实际情况，社会对男性竞争能力的预期一般高于对女性竞争能力的预期，男性需要承担更大的经济责任。许多男性不满足于自己的现状，为了在学习、工作上取得更好的成绩，承受的心理压力比较大，因而整体幸福感水平较低。

性别角色是西方当代人格和社会心理学关注的一个重要内容。在中国当下多元的文化环境中，既有促进个体男性化特质发展的因素，也有促进个体女性化特质发展的因素。随着人们对性别平等观念的认识的不断深入，社会在关注女性发展的同时也要重点关注男性的心理健康和情感需求，以宽容、接纳的态度对待男性，逐渐减轻男性的社会压力和经济负担，为提升男性的幸福指数提供良好的条件和舆论支持。此外，在推崇两性关系平等的基础上，社会一方面要追求两性权利与机会的平等，另一方面要在男女平等的原则下保证女性优先发展，以弥补女性竞争力的不足。由于性别的先天因素，还应该通过促进互补合作最大限度地发挥男女各自的性别优势及潜力。

2. 年龄对整体幸福感的影响

研究表明，在长江以北地区，个体年龄与幸福感之间存在 U 形曲线关系，即青少年和老年人的整体幸福感水平较高，中年人的整体幸福感水平最低（Blanchflower & Oswald，2008）。这与针对国外的一些研究结果一致，即随着年龄的增长，幸福感水平先下降，达到最低点后又有所上升，U 形曲线的最低点在 40 岁左右（Blanchflower & Oswald，2000）。

这一曲线关系已在许多研究中被发现，但产生这种关系的原因尚不明确。首先，有研究者认为这种关系的存在是因为高幸福感水平居民的寿命更长（Landeghem，2012）。研究表明，幸福感水平高可以提升个体的人际交往能力、健康状况等，同时可以促进其收入水平的提高。其次，有研究者用适应来解释这种关系，即在青年前期，人们在理想破灭时会感到非常痛苦，之后随着年龄的增长，人们逐步适应理想的破灭（Frey & Stutzer，2010）。适应理论源于行为主义心理学，赫尔森（Helson，1959）将适应定义为：在相同刺激重复出现多次后，人们对刺激的反应会减弱，并重新产生对刺激的新认识，从而减少刺激对人们的生活的影响的过程。人们具有自我调节的能力，这使得正性事件和负性事件给人们带来的情绪不会持续很久。从进化心理学的角度来说，这也是在生物进化过程中获得的一种自我保护能力，这种适应能力很好地解释了为什么生活事件对整体幸福感的影响不大。例如，中了彩票的人当下可能非常兴奋、极度快乐，但是过后生活就可能回归平静；如果自己喜欢的球队输了球，个体表现出的情绪低落感也会随着时间的推移而烟消云散。再次，有研究者认为幸福感危机是经济困难导致的，而人们会逐渐获得更多的经济资源，从而缓解幸福感危机（Lang & Llewellyn，2011；Sun et al.，2016）。最后，还有一种解释是，随着年龄的增长，人们后悔的能力减弱了（Brassen et al.，2012）。卡尼曼和米勒（Kahneman & Miller，1986）认为，后悔是个体对之前行动与否而导致的消极结果在主客观因素的作用下产生自责、懊恼、悔恨等情绪的一种心理状态。后悔的能力减弱后，人们的生活满意度和幸福感都会相应地提高（Jokisaari，2003）。

从目前的研究结果来看，年龄与整体幸福感之间的关系是很复杂的，关于年龄对幸福感的影响缺乏一致的结论。

图 6.4 显示，20～29 岁居民的整体幸福感得分最低，主要原因是这个年龄段的多数人正处于事业的起步期，收入水平往往不高，就业竞争压力较大。在生活方面，这个年龄段的群体或正谈婚论嫁，或忙于构筑爱巢、生养子女，开始感受到物质方面的压力，因此幸福感水平较低。30～39 岁居民的整体幸福感得分显著高于 20～29 岁居民，这是由于 30～39 岁居民大多处在人生与事业的巅峰期，他们被视为社会发展的中坚力量，其收入状况处于稳定且不断上升的状态，社会地位也有一定程度的提高。60 岁及以上居民表现出较高的整体幸福感水平，这既与老年人的物质需求降低有关，也与他们拥有的豁达心态有关。对于本研究中长江以北地区居民的年龄与幸福感的 U 形曲线关系，我们认为它既受到收入的影响，也受到中国传统文化的影响。中国传统文化对于成年个体有一些社会要求，如男

性要成家立业、女性要相夫教子。随着时代的进步,大多数中国女性除家务外还需要承担一部分的家庭收入。与此同时,随着经济的发展,职场竞争压力增大,消费水平不断提升,个体都要承受更大的压力,此外还需承担抚养子女和赡养父母的义务。

相比于其他年龄段的居民,处于青中年期(20～39岁)的居民的领域幸福感水平最低。其中,20～29岁居民的政治生活满意度、人际关系满意度和经济生活满意度最低,30～39岁居民对环境生活和健康状态最为不满。随着年龄的增长,幸福感水平先降低后升高。幸福感水平先降低的可能的原因是随着年龄的增长,人们需要承担的责任和义务越来越多,承受的压力也越来越大。开始步入老年阶段后,人们积累的个人财富越来越多,承受的生活压力逐渐变小,幸福感水平逐渐上升。

大多数人都有着同样的生命历程:从青年阶段开始投入工作,到中年阶段趋于稳定,再到老年阶段退休离开工作岗位。人们在人生中所扮演的角色随着年龄的增长而不断变化,其整体幸福感水平也随之变化。生命历程理论指出,持续发生的社会和文化事件是人生过程的大背景,人们不断调整自身角色来适应社会和文化的变迁。因此,年龄所表达的是一种社会期望,不同年龄的个体会被赋予不同的社会期望。就职业生涯来说,不同的社会期望会给在职人员造成不同的压力,从而影响人们的整体幸福感。当人们刚刚步入职场时,对一切事物都抱有强烈的新鲜感和较高的期望值,其幸福感水平较高;到了中年,由于各种社会角色带来的经济压力和心理压力,人们的幸福感水平会逐步降低;到了老年,工作阶段已进入尾声,大多数人已退休,这时人们的幸福感水平又会有所提高。同时,年龄也对人们的身心健康有着重要影响,身心健康状况的好坏直接关系到人们的幸福感水平。中国传统文化强调尊敬长辈,认为长者更具有智慧,具备更多的生活经验和人生阅历,应当受到更多的尊重。

而且中国传统文化注重家的概念，强调成家立业、子孙满堂是圆满人生的标准之一，而这些必须随着年龄的增长才能逐步实现。年长者既具备了较强的经济能力，也在社会关系、事业、家庭生活中获得了一定的成就，这些都进一步促进了他们的幸福感的提升。

3. 经济条件对整体幸福感的影响

在本研究中，经济条件与整体幸福感之间的关系主要涉及经济层面的四个因素，包括两个直接变量——个人月收入和学历，以及两个间接变量——居住省份和居住地。关于经济因素与幸福感的关系是否为正相关，目前还存在争议（Diener & Biseas-Diener，2002；Stevenson & Wolfers，2008；Veenhoven & Hagerty，2006）。本研究结果支持了社会经济变量与幸福感的正相关关系，即收入越高的居民整体幸福感得分越高，并且在环境生活满意度、经济生活满意度和健康状态满意度上的得分也越高。这与国内外的研究结果有所不同（Easterlin et al.，2010；Veenhoven，2015）。

伊斯特林等人（Easterlin et al.，2010）对收入与幸福感之间的关系做了研究，结果表明短期内经济收入与幸福感的关系呈正比，但从长期（10 年以上）来看，经济收入与幸福感之间并无明显关系。还有学者进行了大范围的幸福感调查，样本包括发达国家与发展中国家的居民，这些研究都支持了伊斯特林的观点。研究发现，发达国家居民的幸福感水平普遍高于发展中国家（Diener et al.，1993），收入较高的人群幸福感水平高于收入较低的人群（Clark，Frijters，& Shields，2008；Diener，Tay，& Oishi，2013），居住在经济发达地区的居民幸福感水平比居住在不发达地区的居民更高（Wu & Tam，2014）。曹大宇（2009）利用中国综合社会调查数据总结了绝对收入与相对收入对幸福感的影响，结果表明，绝对收入的增加并不总是能提高幸福感水平，当收入水平达到某一临界值时，收入的增加可能会导致幸福感水平的下降。也就是说，经济收入的增加并不一定意味着幸福感水平的提升，这就是"伊斯特林悖论"（Easterlin et al.，2010），即收入特别低的人和收入特别高的人的幸福感水平都相对较低，而中等收入的人的幸福感水平最高。这一假定与我国传统的中庸思维也十分耦合，"比上不足，比下有余"的思维定势很容易令特定人群满足，因而中等收入者更容易获得某种幸福感便在情理之中。

我国长江以北地区经济与整体幸福感之间的关系与其他国家和我国长江以南地区有一定的差异，这主要与长江以北地区的经济发展速度较慢有关。首先，长江以南、长江以北地区的改革开放程度、经济观念等存在差别。基于以上原因，长江以北地区经济与整体幸福感之间的关系还没有达到所谓的"伊斯特林悖论"区，离拐点的阈值点还有一段距离。我们推测，当长江以北地区的经济增长到一定程度时，其经济水平与幸福感的关系会支持伊斯特林的观点。

这种经济水平与幸福感的关系的成因有可能来自两个方面。第一是适应。来自更发达地区的居民收入提高后（以及改善了居住环境或得到了更好的医疗服务后），他们的幸福感水平随之提升。但这种提升是有时效的，在个体适应了这一积极事件后，幸福感会慢慢回落（Lyubomirsky，Sheldon，& Schkade，2005）。第二是社会比较。在幸福感的影响因素中，收入和职业是最容易受到社会比较影响的两个因素（Diener & Fujita，1997）。个体不仅与过去的自己进行比较，也与身边的人进行比较，甚至与其他地区、其他国家的人进行比较（Clark et al.，2008；Eksi & Kaya，2017）。如果个体认为比较对象的生活质量比自己高，那么这种比较就会不可避免地降低个体的生活满意度。随着网络和媒体的兴起，我国居民可以接触到的信息越来越多，因此社会比较的对象也从以往的身边的人扩展到了其他地区具有相同学历、职业和经历等特点的人。越是经济发达的地区，人口数量和资金聚集越多，人们所能接触到的社会比较信息就随之增多，所受到的社会比较的影响的程度因此增强。

　　尽管经济收入不能持续地刺激幸福感的提升，但大多数研究都表明，经济因素确实与幸福感息息相关。从生存和发展的角度来看，一个区域的经济水平决定了该区域中居民的生存状况和生活质量。只有在满足温饱的基础上，人类才能追求更高层次的需求。

　　研究结果显示，学历对整体幸福感也有一定的影响，学历最高（博士学历）的居民的幸福感总分和所有领域的满意度得分都远远高于其他学历的居民，这与上一章对长江以南地区居民的受教育程度与整体幸福感的关系的研究结果是相同的。学历与整体幸福感的关系吸引了一些研究者的关注，但这些研究大多是将学历作为一个控制变量放入模型中，很少单独考察学历与整体幸福感的关系。一些研究认为学历对整体幸福感有正面影响（Blanchflower & Oswald，2004），另一些研究则认为两者之间并无关联（Flouri，2004），甚至有研究认为学历会对幸福感产生负面影响（Clark et al.，2003）。舒尔茨（Schultz，1982）指出，享受教育的过程可以给人们带来心理满足感，同时能提升人们的谋生能力和收入水平，使人们获得更高的社会认可度、容易找到工作，今后晋升的机会也更多。同时，受教育程度越高、视野越开阔，人们就能够越好地进行社会联系（Chen，2012）。布凯尼亚、加布雷梅辛和谢弗（Bukenya，Gebremedhin，& Schaeffer，2003）的研究发现，学历越高的人身体状况越好，整体幸福感水平越高。

　　在本研究中，居住省份和居住地这两个间接涉及经济层面的因素对幸福感也有影响。从居住省份的角度来看，山东居民的整体幸福感水平最低，吉林居民的整体幸福感水平最高。吉林是地处东北的老工业基地和全国粮食主产区，这里的城市居民生活节奏相对较慢，物价及房价等居民的日常消费水平处于城市居民可接受的范围，因此这里的城市居民整体幸福感处于中等偏高的水平（张晓明，纪红艳，2016）。但需要注意的是，山东的地区 GDP 水平远远高于吉林。

此外，吉林居民在政治生活满意度和经济生活满意度上的得分也都高于经济更发达的山东和河南的居民。众所周知，地区 GDP 更高的省份会提供更多的就业途径、更好的职业发展空间和更为广泛的消费选择，但是 GDP 不能反映人们生活的全部。第一，GDP 不等同于社会福利，这两者的关系就像是钱和幸福的关系，有钱不一定能买到幸福。第二，GDP 没有反映出收入分配，同样是一亿元，可以是所有人平均占有，也可以是极少部分人占有，而这两种情况对应的具体的社会状况显然是有极大区别的。第三，GDP 的高低无法准确反映人们的就业率，创造同样多的 GDP 的就业人数可以差别很大。在我国，随着 GDP 的增长，人们的物质生活条件不断得到改善，生活质量日益得到提高，于是产生了对 GDP 的"单纯崇拜"。单纯追求物质财富增长会带来许多严重的社会问题，其中最突出的是与人民的利益和生活密切相关的社会发展领域，如国民教育、就业保障、社会福利、医疗卫生、文化建设等方面被当作所谓的"经济增长的代价"牺牲掉，由此出现的一种情况是人们的幸福感与经济水平并不呈正比。GDP 的增长使客观物质生活条件大为改善，但人们的幸福感水平并没有呈现相应程度的上升(夏薇薇，2010)。

从居住地的角度来看，研究结果表明，长江以北地区的城市居民整体幸福感得分高于乡镇和农村居民，乡镇居民整体幸福感得分又高于农村居民。在领域满意度上，农村居民对自己的人际关系满意度、环境生活满意度和健康状态满意度高于城市和乡镇居民。总体而言，相比于乡镇和农村，城市能够提供更丰富的社会资源、更完善的公共建设、更健全的医疗卫生保障、更便利的生活等，因此城市居民的整体幸福感水平更高。

6.4.2　影响领域幸福感的因素

1. 政治生活满意度的影响因素

在领域幸福感方面，政治生活满意度的影响因素主要是年龄和学历。年龄与政治生活满意度的关系呈 U 形曲线，具体表现为青少年和老年人的政治生活满意度较高，而中年人的政治生活满意度则较低。对于老年人来说，他们能够享受到我国许多社会保障和养老方面的政策支持。我国出台了《中华人民共和国老年人权益保障法》，主要内容包括家庭赡养与扶养、社会保障、社会服务、社会优待、参与社会发展和法律责任等。该法集中规定了老年人享有的基本权利，包括从国家和社会获得物质帮助、享受社会服务和社会优待、参与社会发展和共享发展成果等，这些权利大都体现了老年人的特殊要求。该法还强化了老龄宣传教育，以进一步增强全社会老龄意识，营造敬老、养老、助老的良好氛围，保证年长者老有所依、老有所养。对于青少年，国家同样颁布了《中华人民共和国未成年人保护法》，将未成年人作为一个特殊群体并给予其特殊的法律保护，与成年人区别对待。该法对未成年人权益的保护包括对未成年人身心健康、合法权益的保护和对青少年违法犯罪的预防，以及对违法犯罪青少年的矫治改造。该法还确定了保护未成年人合法权益的根本立法宗旨。相比之下，中年人在自己的工作、生活、交易等方面感受到的福利较少，还需要承担起养育子女和赡养老人的责任，因此中年人的政治生活满意度低于青少年和老年人。

学历与政治生活满意度的关系接近 U 形曲线，学历偏低和偏高的人群的得分较高，其他学历人群的政治生活满意度的差异不大。对于中国人的政治生活满意度和学历的关系，尚没有学者进行解释。我们推测，这可能是源于个体所拥有的社会资源和政治权利的差异。高学历人群能够拥有更多的社会资源，并且更可能担任高层领导职位。他们更具备人们从事社会政治活动所必需的基本条件和基本品质，在政治方向、政治立场、政治观念、政治态度、政治信仰、政治技能等方面的综合表现会更好。并且，当前国家对于高新技术产业和科研工作的大力支持无疑能够为他们提供更多的资源，进而增强他们的政治生活满意度。尽管低学历人群拥有的社会资源较少，但国家政策立足保障基层人民生活，建立健全生活保障和保险机制，在一定程度上提升了他们的政治权利和生活水平。或许这就是低学历人群对自己的政治生活较为满意的原因。

2. 人际关系满意度的影响因素

年龄和居住地是影响人际关系满意度的因素。在年龄方面，首先，随着个人的成长，人们会有更多建立人际关系的机会，如婚恋和生育。其次，随着年龄和阅历的增长，人们的社会交际能力、情感支持能力、冲突控制能力都在提升，同时人们也具备更多的交往技巧，如自我表露能力（可以在短时期内拉近两个人的距离）、人际关系建立能力等。

在居住地方面，农村居民的人际关系满意度显著高于城市和乡镇居民。随着同龄群的变迁、城市高楼的增多，人情交往的面越来越窄。随着中国城市化进程的不断加快，单元式楼房逐渐替代街巷院落，邻居相邻不相识的现象越发普遍，曾经亲如一家的邻里街坊渐行渐远。相比于农村，城市里多是由陌生人组成的群体。当陌生人之间缺乏信任、了解和基本的共识，甚至存在误解与隔膜时，距离感导致"冷漠症"也就并不意外了。相比之下，农村的特点之一是村民的成分是家族式的，其居住的时间很长，一个村子是几代人发展而来的（王增文，2015；肖唐镖，2006）。村民相互之间或是亲戚关系，或是多年为邻，他们的交往也就更多。同时，城市人口的流动性大（周帅，2013）。城市居民往往要面临更多的朋友、亲人的离别，很多人沉迷于虚拟的网络世界，缺乏与家人的沟通，导致人们的孤独感增强。相关研究表明，孤独在社会支持与幸福感之间起中介作用（Stroebe et al.，1996）。即孤独感会使人们变得冷漠，不关心周围的环境，缺少社会互动，人际交往能力减弱，生活满意度较低，负性情绪比较明显。

3. 环境生活满意度的影响因素

年龄和个人月收入是影响环境生活满意度的因素。在年龄方面，环境生活满意度随着年龄的增长而逐渐上升。从社会历史的角度分析，随着年龄的增长，经历过艰苦日子的人们越来越能感受到社会进步给民众带来的福利，进而提升环境生活满意度。从个体发展的角度分析，年龄的增长常常伴随经验的增加、心智的成熟、适应能力的增强等，即年龄成熟效应。并且，随着社会阅历的增加，老年人的社会特征和个体特征逐渐整合成一个统一的整体，从而对自己所处的自然生态环境和社会生活环境有更高的满意度。在个人月收入方面，个体的环境生活满意度随经济收入的增加而提升。高收入个体的住所相对舒适，有安全的社区，这些能够满足其个人和家庭对安全的需求和对有吸引力的环境的向往，因而其环境生活满意度更高。

4. 经济生活满意度的影响因素

在经济生活满意度方面，性别、年龄、居住省份和个人月收入是预测因素。在性别维度上，女性的经济生活满意度显著高于男性。需要注意的是，在 5 个领域维度的评价中，只在经济生活满意度方面存在显著的性别差异。在其他 4 个领域维度中，女性与男性的满意度没有显著差异。这与国外的一些研究结果不一致（Nguyen，Taylor，& Bradley，2003），产生这一结果上的差异主要是由于社会文化的不同。中国人的传统观念主张"男人以事业为主，女人以家庭为主"的分工模式，女性的抱负和对自己的要求可能比男性稍低一些，承受的经济压力小，她们能更坦然地面对生活，经济生活满意度更高。同时，女性对自己的收入更满意（Vieira，Couto，& Borges-Tiago，2004）。而在许多西方国家更主张男女"AA 制"，在日常消费上会更平均一点，因而性别因素在经济生活满意度上的预测作用不显著。对于年龄与经济收入的关系，我们在前面进行了初步探讨。并且，随着年龄的增长，个体学习到了更多技能，往往会伴随着职位的升迁和经济水平的提高，从而提升经济生活满意度。在居住省份方面，尽管吉林和山西的地区 GDP 较低，但其居民的经济生活满意度高于河南和山东居民。我们在本章已探讨了对这一现象的可能解释。

5. 健康状态满意度的影响因素

在健康状态满意度方面，年龄与其呈 U 形曲线关系。中年人对自己的健康状态最不满意，而老年人对自己的健康状态最满意。这或许从另一方面表明现在中年人广泛处于亚健康状态，这很大程度上源于高强度的工作和生活压力，主要包括家庭压力、个人生活事件、经济压力和工作压力（刘敏，2011；宋林，何佳，2003）。研究表明，当生活压力事件引起的心理反应超过个体的自我调节能力时，个体可能会出现健康问题（李学信，2006）。人们用脑过度造成精力透支，身体的主要器官长期处于超负荷状态，外加过度透支消费以及理财不当等带来的经济压力，容易引起失眠、抵抗力下降，出现亚健康状态甚至疾病。相反，尽管老年人的免疫力降低，但他们在离退休后大多生活压力减小，有更多的空闲时间关注自身的健康问题、锻炼身体，能够保持积极的生活方式，所以他们的健康状态满意度更高。需要注意的是，本研究所用量表衡量的是个体对自己健康的主观评价，而不是客观表现（如疾病和生理指标等），因此个体的健康状态满意度可能会在短时间内由于客观原因而发生变化（如遭遇疾病）。

6.5 长江以南、长江以北地区居民的幸福感比较

6.5.1 整体幸福感比较

我们的研究结果表明，长江以北地区居民的整体幸福感水平显

著高于长江以南地区居民。中国历史悠久、地域辽阔，各个区域不仅地理环境、历史人文、经济发展水平、民族构成不同，在文化传统、生活方式等方面也存在差异，这些都在一定程度上影响着不同区域居民的幸福感。

首先，产生这一显著差异可能与长江以南、长江以北地区居民的性格差异有关。人的性格是由先天遗传和后天环境共同决定的，研究表明，越外向的人越容易体验到正性情绪，获得越多的幸福感（Diener，Oishi，& Lucas，2003）。

其次，长江以南、长江以北地区的经济存在明显差异。随着经济重心南移，长江以南地区流动人口增多，很多人会选择去那里谋生和创业，在当地承受着巨大的生活压力。这一移民社会的特点弱化了居民对于地方的归属感，使人们形成了较为薄弱的归属意识，在生活中遇到挫折时常常会自我逃避。这种状况不可避免地会影响人们的幸福感。归属感是影响人类的行为、情感和思想的重要人际动机，缺乏归属感会使社会成员经历强烈的心理痛苦（Sommer et al.，2001），还可能会导致严重的后果（Cacioppo，Hawkey，& Berntson，2003）。近年来，心理学家对归属感问题进行了大量研究，认为缺乏归属感的人会对自己从事的工作缺乏激情、责任感不强、社交圈子狭窄、朋友不多、业余生活单调、缺乏兴趣爱好。心理学家马斯洛提出了需要层次理论，把人类复杂多样的需求从低到高分为七大类，并把其中较低的前四层即生理的需要、安全的需要、归属与爱的需要、尊重的需要统称为基本需要（basic needs）。它们均由生理上或心理上的某些欠缺而产生，故而又称为匮乏性需要（deficiency needs）。其中，归属与爱的需要指被人接纳、爱护、关注、鼓励及支持等的需要（Pinkus，2017）。人们只有在得到归属与爱的需要的满足后，才能达到自我实现、产生幸福感。长江以南地区的社会资源更加丰富，竞争也更加激烈，资源的竞争和对新环境的适应等会给居民带来低生活满意度和低城市归属感等消极的影响。由此我们推测,低归属感和高竞争压力使得长江以南地区居民的幸福感水平低于长江以北地区居民。

最后,长江以南、以北地区的居民收入状况也存在一定的差距。南方经商者多,贫富差距大,而收入差距对居民幸福感有一定的影响。研究发现,如果在收入差距扩大的同时不能保证机会均等,必然会导致人口流动性降低,形成"贫者恒贫,富者恒富"的代际传递,从而影响人们的幸福感(潘春阳,2011)。同时,收入与个人幸福感的关系研究还存在一种分析视角——社会比较和社会规范。该视角聚焦收入不平等在个人层次上的作用,指出幸福感主要取决于参照群体的收入差距。在参照群体内部,个人的诸多心理感受往往是通过与他人的关系(相对位置)来确定的。如果他人的收入高于自己,个人的幸福感水平就会降低;如果他人的收入低于自己,个人的幸福感水平就会提高(黄嘉文,2016)。王鹏(2011)考察了收入差距对居民主观幸福感的影响,发现该影响呈倒 U 形曲线关系,即当基尼系数超过 0.4 时,居民的主观幸福感水平随收入差距的增大而下降。因此,收入差距会导致两地居民不同的幸福感水平。

6.5.2　领域幸福感比较

在领域幸福感上,我们的研究结果发现长江以南地区居民的政治生活满意度、经济生活满意度、健康状态满意度及环境生活满意度均显著高于长江以北地区的居民。具体而言,居民的政治生活满意度反映了个体对自己行使政治权利的满意度及对政府执政活动的信任度和满意度。长江以北地区居民的政治生活满意度低,一方面可能是由于部分民众感觉自己的政治权利没有得到保障,另一方面可能是由于物价上涨过快、个别干部贪污腐败以及社会上一些不合理的现象增加了人们对政府执政能力的不满、降低了政府的公信力。

在经济生活满意度上,我国不同地区之间的工资待遇差别较大。

工资待遇不仅反映了一个地区的经济发展水平，也反映了一个地区的生活水平。因此，经济收入可能是影响长江以南、长江以北地区居民幸福感的因素之一。相比于长江以北地区，长江以南地区具有更好的自然地理条件、更宜居的气候、更低的 PM 指数、更丰富的水资源，植被覆盖率也更高。这些也可能是长江以南地区居民在不同领域幸福感水平较高的原因。

值得注意的是，长江以南地区居民无论在整体幸福感还是领域幸福感上均不存在性别差异。然而在长江以北的几个省份中，我们发现女性的幸福指数总体上显著高于男性，这与前人的研究结果是一致的。国内研究者吴启富和马立平（2008）基于不同性别的调查发现，女性的幸福程度高于男性。自认为比较幸福和很幸福的女性比例达到 62.6％，明显高于男性比例（51.9％）；而自认为很不幸福和不太幸福的女性比例为 7.4％，男性比例则达到 13.5％。杨扬和郑兴山（2007）通过对 2007 年中国城市幸福调查的数据进行分析发现，性别对幸福感具有显著的主效应，女性的主观幸福感水平显著高于男性。随着现代市场经济的不断发展，中国的社会经济转型所带来的经济责任在男女两性之间的分配是不平等的（李实，马欣欣，2005）。无论在古代还是现代，男性都被赋予了养家糊口的经济责任，要有一份体面的工作，为家庭带来经济收入和社会尊重（蔡华俭等，2008）。而传统社会对女性的角色期待则较少涉及经济方面的要求，要求女性以家庭为主。由于经济的发展，长江以北地区的男性可能承担了更大的经济压力，在这种压力的影响下，男性的生活满意度可能会低于女性。

6.6 结语

幸福是人们对生活满意度的一种主观感受。所谓幸福指数，就是衡量民众的这种感受的具体程度的主观指标，是对人们通常所说的幸福感的量化，是人们根据一定的价值标准对自身生活状态所做的满意度方面的评价。幸福指数作为评价社会发展的一个重要指标，体现了人们对社会发展的满意度，为各级政府制定决策提供了重要依据。

本章通过对我国长江以北地区居民幸福感现状的分析得出以下结果。第一，我国长江以北地区居民的整体幸福感水平高于我国长江以南地区居民。在领域幸福感上，长江以北地区居民的人际关系满意度最高、经济生活满意度最低。第二，我国长江以北地区居民的整体幸福感受性别、年龄、居住省份和个人月收入等因素的影响。第三，我国长江以北地区居民的领域幸福感受年龄的影响。另外，政治生活满意度受文化程度的影响，人际关系满意度受居住省份的影响，环境生活满意度受居住省份和个人月收入的影响，经济生活满意度受性别、居住省份和个人月收入的影响。

我国对幸福指数的研究要晚于西方国家，国外常用的指标体系有国民幸福总值和国民发展指数，这些指标主要考究自然资本、环境成本和社会因素。受中国传统文化的影响，中国人的幸福感与西方人的幸福感有较大的不同（曾红，郭斯萍，2012），主要体现为两点：第一，关于幸福感的概念和结构，中西方存在差异；第二，关于题项的内容，中西方人群的理解和表达习惯有所差异。因此，开发本土化的幸福感测评工具显得十分紧迫和必要，我们不能将西方采用的国民幸福指数指标体系不加修改地用在中国国民身上。我们建立的幸福指数指标体系应该具有可比性，可以衡量和评估不同区域人民群众幸福感水平发展程度的差异。

首先，我们对我国幸福指数指标体系进行了修订，并对其聚合效度与区分效度进行了检验，结果显示修订后的量表具有良好的聚合效度与区分效度。其次，我们对我国幸福指数指标体系的有效性进行了统计学分析，以考察该体系在全国各地区的适用性，并根据该体系对中国国民的幸福感进行国情调查与分析。结果表明，该体系在长江以北地区和长江以南地区的居民中的适用性良好，具有较好的信效度，经过探索性因素分析和验证性因素分析，得到了比较理想的模型。本章还采用该体系在长江以北地区和长江以南地区具有代表性的城市进行实测，也得到了有价值的研究结果。

今后，我们应立足中国国民的经济生活、健康状态、环境生活、政治生活、人际关系，不断加强社会事业建设，推进生态环境建设，注重社会善治，应用中国人幸福指数指标体系考察人们对于物质丰裕、精神充实、社会和谐等的迫切需要，提高中国国民的幸福感和生活满意度。

中国人幸福指数指标体系的国情调查——少数民族地区

我国是一个多民族国家，除了汉族文化，各少数民族都拥有各自独特的文化。文化因素是影响主观幸福感的潜在变量（Hajdu & Hajdu，2016；Tov & Diener，2009），因此，以汉族群体为被试所建构的幸福指数指标体系是否适用于少数民族群体，需要跨文化的验证。正如心理学家皮亚杰（1966）所说的，对在我们这种特定文化、特定语言环境中形成的心理学，如果不以必要的跨文化材料加以参校，基本上就是一种猜测。因此，要想对我国整体的幸福指数指标体系有一个全面了解，就需要在少数民族地区对已建构的幸福指数指标体系进行更细化的研究，并在此基础上选取一个具有代表性的少数民族和生活在同一地区的汉族进行对比，以更全面地了解其幸福感的状况，并深入探究少数民族的自身特点对其幸福感的影响因素。幸福有时候是一个相对的概念，单纯地抽取某个地区的少数民族时，其采样结果数值的高低可能并不会完全反映该地区居民的幸福感水平。因此，在衡量某一少数民族的幸福感水平时，有必要同时考察居住在同一地区的少数民族和汉族居民的幸福感水平。在得到其幸福指数后，深入分析其影响因素，对于提高少数民族地区居民的幸福感水平有重要作用。

7.1　少数民族群体的界定

为了明确所研究的对象，本研究首先对"民族"一词的词源进行了考证。对于少数民族这一群体的界定，国外学界主要有"nationality"和"ethnic group"两类。大体上认为"nationality"是由人口、地域、语言、风俗习惯、血缘、体质等客观条件和认同感、情感、宗教意识甚至想象等主观因素相结合或捆绑而形成的复合型概念（常宝，2010），可以将其翻译为"民族"，但是应当注意它含有的"政治民族"的意思（姜德顺，2002）。而"ethnic group"一词"最早在 20 世纪 30 年代开始使用，到 20 世纪 60 年代开始被国际学界广泛接受。它在英语中表示具有语言、种族、文化和宗教特点的人们的共同体"（常宝，2010），此时它也由仅强调种族衍生到了强调历史和文化（常宝，2010）。学者马戎认为，将"民族"都翻译为"nationality"时，中华民族和 56 个民族这两个层面的概念容易被混淆。"nationality"带有政治导向，56 个民族中的"民族"应该被翻译为"ethnic group"，以强调其文化属性，或将其改为"族群"，以此对两者进行区分（马戎，2004）。叶江提出，在西方当代学术界，"ethnic group"表达的概念很广泛，学界虽然在确定它是否仅为较大社会中的小群体或次群体方面存在很大的争议，但是都基本同意它是指拥有名称的群体，具有真实或假想的共同祖先，享有共同的历史记忆和一种或数种共同文化要素，并认为"ethnic group"与我国少数民族的含义是类似的（叶江，2005）。

与此相对，另一部分学者认为，中国没有西方的移民历史与土著居民问题，少数民族和汉族长期居住在一起，互相依托而群居，因此中国的少数民族不同于西方的"族群"（朱伦，2005）。金炳镐等人认为，"族群"强调流动性、主观性和主体性要素、认同和归属、文化属性，"民族"强调稳定性、实体性和物质性要素、政治属性。

中国的"民族"概念包含法定的实体权利，有较强的政治意义，与西方的"族群"概念有较大差别。民族是集政治、经济、文化为一体的具有多重属性的共同体，既有文化特征，也有政治诉求（金炳镐，毕跃光，韩艳伟，2012）。在随后的论述中，金炳镐等人继续提出，"民族"问题是一个复杂的社会问题，其本身就具有政治性和文化性，而"族群"在西方国家的使用中往往具有一定的移民背景。相比而言，我国的少数民族都有悠久的历史，并有平等的政治地位，既不是外来移民，也不是一般的文化群体（金炳镐，孙军，肖锐，2012）。因此，中国的"民族"具有特殊性，不能单纯地看作"ethnic group"。费孝通在回顾民族识别问题时提出，在欧洲，"民族"这个概念形成于资本主义上升时期，西欧民族国家的建立是欧洲近代史的特点。东欧民族国家也存在民族集团之间发展不平衡的情况，因而在接受西欧的"民族"这个概念时不得不用另外一些名词来指称前资本主义的民族集团，如称原始社会的民族集团为"氏族""部落"、称奴隶社会及封建社会的民族集团为"部族"等。我们所用的"民族"一词不仅适用于发展水平不同的民族集团，而且适用于历史上不同时期的民族集团，这是一个含义广泛的名词（费孝通，1980）。

7.2　民族与幸福感的关系研究

通过对少数民族群体的界定，我们可以看到少数民族地区居民幸福感的研究具有其自身独特的复杂性，而这种复杂性从侧面印证了少数民族幸福感研究的必要性。

7.2.1　幸福感水平和维度上的民族差异性

在幸福感研究领域，民族（或种族）幸福感的研究起步较晚，但经过近半个世纪的发展，已建构了大量民族幸福感的跨学科评价体系（Diener，Oishi，& Lucas，2003；Krause，1998；Møller，2001；

Praag，Romanov，& Ferrer-I-Carbonell，2010；Verkuyten，1986；Spiers & Walker，2009）。在西方关于民族幸福感的研究中，研究群体基本都属于"ethnic group"，被试一般为亚裔、拉美裔、欧裔等居民，或者属于不同国家文化下的民族。许多研究证实，民族和文化是影响幸福感的重要因素（Butler，Hokanson，& Flynn，1994）。研究发现，国家与国家之间以及一个国家的不同民族之间均存在幸福感平均水平的稳定差异（Diener，Oishi，& Lucas，2003；Oishi & Diener，2001；Veenhoven，1993）。此外，不同民族和文化中的个体在诸如生活满意感、情感体验、社会取向、价值观、判断准则等方面存在差异（Sheldon & Kasser，2001）。大石和迪纳（Oishi & Diener，2009)的研究发现，在物质条件同等的情况下，欧裔美国人对生活比亚裔美国人更满意。冈崎（Okazaki，2002)发现，亚裔美国人报告了比欧裔美国人更多的沮丧和焦虑。国内研究者许淑莲等人（2003)运用心理幸福感量表的研究表明，与美国人相比，中国人的自我接受水平较低。这些研究结果表明，在不同文化下成长起来的个体对于幸福的理解和体验不同。

7.2.2 幸福结构上的民族一致性

在幸福感领域展开的跨文化比较中，尽管大量研究发现不同民族（或种族）在幸福感总体水平或不同维度水平上存在差异，但是在对不同民族的幸福感结构进行验证时，研究者发现了幸福感结构的跨文化一致性，也就是说民族和文化对幸福感结构没有显著影响。以主观幸福感为例，研究者最初提出了认知和情感两个维度的理论框架：认知维度以生活满意度为代表，表示人们对自己生活状况的整体评价；情感维度以积极情感和消极情感为代表（Larsen & Prizmic，2008；McMahan & Estes，2011）。这种结构在不同民族的样本中得到了普遍的支持，并不存在民族差异。由此说明幸福感的认知与情感构成是人类普遍的一种心理存在，不受地域、文化等因素的影响。国内研究者(李静,种媛,2015)在西北少数民族地区对汉族、回族和藏族三个民族幸福感的跨文化研究也证实了这一结论。在对主观幸福感访谈资料的语义编码与分析中,受访者(汉族、回族、藏族)的内容均涉及总体生活、教育、住房、职业、休闲娱乐等认知层面以及积极和消极情感体验的频次和强度等情感层面。虽然不同群体对不同层面的描述和评价的侧重点不同,但是整体而言,主观幸福感包括认知和情感两个因素的结构仍然得到了普遍认可。

7.2.3　我国少数民族幸福感研究

我国第一个少数民族幸福感研究(周末等,2007)发表至今仅十余年的时间,表明我国在该领域的研究处于刚刚起步的阶段。在对少数民族幸福感进行研究的过程中,根据不同的研究目的,我国研究者采取不同的指标体系对少数民族幸福感进行了测量。一些研究者(杨玲,李毅,张娟娟,2013;张鹏程,2008;周末等,2007)采用迪纳国际大学调查量表对少数民族大学生的幸福感进行了测量,其指标体系包括总体主观幸福感、生活满意度、积极情感和消极情感四个维度。冯海英(2010,2015)采用纽芬兰纪念大学幸福度量表考察了彝族老年人的幸福感,其指标体系包括正性情感、负性情感、一般正性体验、一般负性体验。罗丽萍(2010)采用总体幸福感量表对彝族大学生的幸福感进行了测量,其指标体系包括对健康的担心、精力、对生活的满足和兴趣、忧郁或愉快的心境、对情感和行为的控制以及松弛与紧张(焦虑)。赵钧(2012)采用社会幸福感量表对藏族和回族被试的幸福感进行了测量,其指标体系包括社会整合、社会认同、社会贡献、社会实现与社会和谐。余婷婷(2014)采用生活满意度量表对藏族和汉族被试的幸福感进行了测量,其指标体系包括生活满意度他评量表、生活满意度指数 A 和生活满意度指数 B。

1. 我国少数民族群体幸福感的总体水平

尽管我国少数民族幸福感的研究刚刚起步,但是研究者依然得到了一些有价值的结论。总体来看，我国少数民族幸福感处于中等水平。在少数民族幸福感的研究中，研究者常以学生为被试，但近些年也开始对少数民族居民的幸福感进行调查。对于学生的研究发现，少数民族大学生的幸福感处于中等水平(周末等，2007)、中等偏上水平(罗丽萍，2010；杨玲，李毅，张娟娟，2013；张鹏程，2008)和中等偏下水平(陈田林，2012)，少数民族中学生的幸福感与汉族中学生的差异不显著(刘显翠，2008)。除广西(曾忠胜，2013)和贵州(赵燕，张翔，韦磐石，2013)报告的当地少数民族幸福感处于中等偏下水平外，其他地区包括甘肃、四川、武汉、新疆等地报告的当地少数民族幸福感都处于中等偏上水平(李立，徐莉，2013；余婷婷，2014；赵钧，2012)。

2. 家庭收入对少数民族群体幸福感的影响

家庭对少数民族学生幸福感的影响更多地体现在经济因素上。由于少数民族聚集地区的总体发展较为缓慢，而在校园环境中，少数民族学生与汉族学生按照专业被随机分配在一起，能够产生对比效应，所以有研究发现少数民族学生的幸福感水平更低(罗丽萍，2010；张鹏程，2008)。

因为部分少数民族聚集地区的整体经济状况接近，所以经济因素对少数民族聚集地区居民幸福感的影响程度有所降低。而政府对民族地区的政策的影响较大(曾忠胜，2013)，政府的民族政策对于少数民族的幸福感提升有显著的积极效果(王垚，年猛，2016)。

3. 影响少数民族群体幸福感的其他因素

对于研究中体现的地域差异，有报告显示，来自乡镇的少数民族大学生幸福感水平低于来自城市的少数民族大学生(罗丽萍，2010；杨宝珊，2014)。少数民族大学生大多来自民族地区，城乡发展不平衡，乡镇的物质资源相较于城市有明显的差距。

对于少数民族大学生来说，文化疏离感会降低其幸福感水平(叶宝娟等，2015），而积极的应对方式可以正向预测少数民族大学生的幸福感，汉族地区少数民族大学生的应对方式对文化疏离感与幸福感间的关系起中介作用（叶宝娟，杨强，董圣鸿，2017）。压力会降低汉族地区少数民族大学生的幸福感水平，而领悟社会支持是幽默感调节压力性生活事件与幸福感关系的中介变量（叶宝娟，郑清，2014）。两项对于少数民族预科生的研究发现，心理资本对主观幸福感具有正向预测作用，而双文化认同整合和文化适应压力是影响文化智力与少数民族预科生主观幸福感之间关系的重要内因（叶宝娟等，2017）。

综上可知，由于文化差异，不同民族在幸福感总体水平和维度水平上存在显著差异，而在幸福感的总体结构（认知和情感）上并没有显著差异。我国少数民族幸福感研究刚刚起步，研究者根据各自的研究目的选取了不同的指标体系，幸福指数测量体系的不一致影响了评估的可比性。而且这些结果是零散的、非连续的，甚至测量内涵都是不一致的。故很难对所测量的少数民族幸福感进行归纳汇总，得到一个更全面的少数民族幸福感概况。我国现有的幸福指数体系测量工具大多是翻译的国外量表，存在本土化方面的不足。此外，我国现有研究取样大多局限在一个较小范围，如某学校、某乡镇、某县城等，并且部分研究的样本量较小。而我国的少数民族分布广泛，先前研究虽然取样严格，但大多存在诸多限制，后续研究仍有改善的空间。基于此，本研究以一个涵盖重庆、云南、广西、西藏等不同省区市共37个少数民族的被试的样本来探究我国少数民族幸福感的基本特征，以期对我国居民的幸福指数指标体系有一个全面的了解。

7.3 幸福指数指标体系在少数民族地区的适用性及国情调查

7.3.1 研究方法

1. 研究对象

选取来自重庆、云南、广西、西藏等西南地区的居住在城乡社区的居民和在校学生，涵盖了彝族、回族、藏族、维吾尔族、壮族、羌族、土家族、苗族、纳西族、哈萨克族和白族等共 37 个少数民族，共 1643 人。其中男性 695 人，女性 948 人。18 岁以下的共 64人，18～29 岁的共 1465 人，30～39 岁的共 63 人，40～49 岁的共48 人，50 岁以上的共 3 人。居住在城市的共 859 人，居住在乡镇的共 238 人，居住在农村的共 546 人。会说本民族语言的共 1263 人，不会说本民族语言的共 380 人；能看懂本民族文字的共 711 人，不能看懂本民族文字的共 932 人。

2. 研究工具

本研究采用中国人幸福指数量表(修订版)，具体介绍见第 5 章。

3. 数据处理

发放问卷 1700 份，对于回收的问卷，使用 SPSS18.0 软件进行数据处理。剔除问题作答不完整的问卷和人口统计学问题填写不足 4个题目的问卷 57 份，有效问卷的回收率为 96.65%。对于缺失值采用序列均值法进行替换。

7.3.2 西南地区少数民族居民的幸福感现状

1. 西南地区少数民族居民的幸福感的总体水平

整体而言，本研究所考察的西南地区少数民族居民的整体幸福感处于中等偏上水平($M=3.50$，$SD=0.53$)。整体幸福感的均值为3.79($SD=0.74$)；5 个领域幸福感的平均分依次为人际关系满意度3.92($SD=0.59$)，健康状态满意度 3.67($SD=0.83$)，环境生活满意度 3.45($SD=0.78$)，政治生活满意度 3.28($SD=0.82$)，经济生活满意度 2.90($SD=0.94$)。幸福感各维度的描述统计结果如表 7.1所示。

表 7.1　西南地区少数民族居民幸福感的描述统计结果及维度间的相关（$n=1643$）

	整体幸福感	政治生活满意度	经济生活满意度	健康状态满意度	人际关系满意度	环境生活满意度
整体幸福感	1					
政治生活满意度	0.33***	1				
经济生活满意度	0.21***	0.37***	1			
健康状态满意度	0.27***	0.33***	0.28***	1		
人际关系满意度	0.31***	0.40***	0.21***	0.47***	1	
环境生活满意度	0.20***	0.51***	0.43***	0.40***	0.45***	1
M	3.79	3.28	2.90	3.67	3.92	3.45
SD	0.74	0.82	0.94	0.83	0.59	0.78

2. 西南地区少数民族居民的幸福感的组群差异

性别差异。从总体上看，不同性别的少数民族居民的幸福感差异不显著（见表 7.2）。但是具体到领域幸福感中，在环境生活满意度上，男性与女性之间存在显著差异，$t(1,1641)=9.42$，$p<0.01$。男性的满意度得分显著高于女性，这说明男性少数民族居民对治安和人身安全方面的满意度高于女性少数民族居民，但在感受家乡周围环境好坏的满意度得分上则不存在性别差异。

表 7.2　西南地区不同性别的少数民族居民幸福感的描述统计结果（$M\pm SD$）

	n	政治生活满意度	人际关系满意度	环境生活满意度	经济生活满意度	健康状态满意度	整体幸福感
男性	695	3.30±0.80	3.89±0.65	3.51±0.77	2.92±0.93	3.71±0.79	3.76±0.73
女性	948	3.23±0.83	3.94±0.53	3.40±0.78	2.89±0.95	3.65±0.85	3.81±0.76

城乡差异。西南地区少数民族居民幸福感城乡差异的描述统计结果如表 7.3 所示。在整体幸福感上，不同居住地的少数民族居民的得分存在显著差异，$F(2,1640)=12.20$，$p<0.001$；在政治生活满意度上，不同居住地的少数民族居民的得分存在显著差异，$F(2,1640)=5.24$，$p<0.01$；在经济生活满意度上，不同居住地

的少数民族居民的得分存在显著差异，$F(2，1640)=16.06$，$p<$0.001；而在其他维度上，不同居住地的少数民族居民的得分差异不显著。

表 7.3　西南地区不同居住地的少数民族居民幸福感的描述统计结果($M\pm SD$)

	n	政治生活满意度	人际关系满意度	环境生活满意度	经济生活满意度	健康状态满意度	整体幸福感
城市	859	3.23±0.83	3.91±0.59	3.41±0.78	2.79±0.97	3.69±0.83	3.87±0.73
乡镇	238	3.41±0.68	3.90±0.53	3.51±0.74	3.16±0.83	3.65±0.78	3.69±0.71
农村	546	3.31±0.84	3.94±0.59	3.48±0.79	2.96±0.92	3.65±0.84	3.70±0.77

　　具体来说，在整体幸福感上（见图 7.1），城市少数民族居民的得分显著高于乡镇少数民族居民（$MD=0.17$，$SE=0.054$，$p<0.001$），城市少数民族居民的得分显著高于农村少数民族居民（$MD=0.18$，$SE=0.040$，$p<0.001$），乡镇少数民族居民的得分与农村少数民族居民的得分不存在显著差异（$MD=-0.005$，$SE=0.06$，$p>0.05$）。

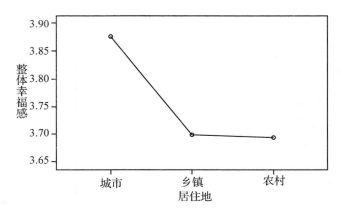

图 7.1　西南地区少数民族居民整体幸福感的城乡差异

　　在政治生活满意度上（见图 7.2），城市少数民族居民的得分显著低于乡镇少数民族居民（$MD=-0.18$，$SE=0.060$，$p<0.01$），城市少数民族居民的得分与农村少数民族居民的得分的差异边缘显著

（$MD = -0.09$，$SE = 0.045$，$p < 0.06$），乡镇少数民族居民的得分与农村少数民族居民的得分不存在显著差异（$MD = 0.09$，$SE = 0.063$，$p > 0.05$）。

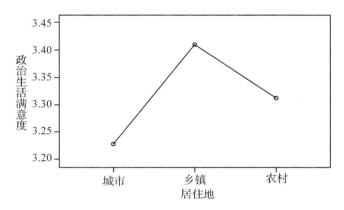

图 7.2　西南地区少数民族居民政治生活满意度的城乡差异

在经济生活满意度上（见图 7.3），城市少数民族居民的得分显著低于乡镇少数民族居民（$MD = -0.36$，$SE = 0.068$，$p < 0.001$），城市少数民族居民的得分显著低于农村少数民族居民（$MD = -0.18$，$SE = 0.051$，$p < 0.001$），乡镇少数民族居民的得分显著高于农村少数民族居民（$MD = 1.89$，$SE = 0.073$，$p < 0.01$）。

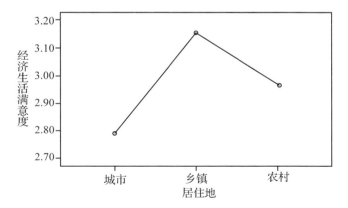

图 7.3　西南地区少数民族居民经济生活满意度的城乡差异

收入差异。西南地区不同家庭月收入(在本章中简称"收入")的少数民族居民幸福感的描述性统计结果见表 7.4。

表 7.4　西南地区不同收入的少数民族居民幸福感的描述性统计结果($M \pm SD$)

收入	n	政治生活满意度	人际关系满意度	环境生活满意度	经济生活满意度	健康状态满意度	整体幸福感
700 元以下	385	3.22±0.85	3.83±0.58	3.39±0.77	2.70±0.95	3.55±0.89	3.43±0.80
700～2000 元	376	3.12±0.79	3.86±0.59	3.31±0.78	2.71±0.88	3.59±0.82	3.71±0.76
2000～3000 元	272	3.27±0.81	3.97±0.59	3.41±0.78	3.05±0.95	3.72±0.78	3.89±0.68
3000～4000 元	192	3.45±0.77	3.97±0.56	3.56±0.76	3.01±0.96	3.72±0.81	3.95±0.63
4000～5000 元	222	3.39±0.79	3.97±0.58	3.58±0.74	3.01±0.91	3.78±0.80	4.02±0.62
5000 元及以上	196	3.45±0.83	4.01±0.58	3.60±0.78	3.22±0.90	3.81±0.81	4.10±0.59

多元方差分析结果表明,不同收入的少数民族居民在整体幸福感上存在显著差异,$F(5, 1637) = 36.57$,$p < 0.001$;在政治生活满意度、经济生活满意度、健康状态满意度、人际关系满意度和环境生活满意度上均存在显著差异。

在整体幸福感上,收入在 700 元以下的少数民族居民的得分显著低于 700～2000 元组($MD = -0.29$,$SE = 0.051$,$p < 0.001$)、2000～3000 元组($MD = -0.46$,$SE = 0.056$,$p < 0.001$)、3000～4000 元组($MD = -0.53$,$SE = 0.062$,$p < 0.001$)、4000～5000 元组($MD = -0.59$,$SE = 0.060$,$p < 0.001$)和 5000 元及以上组($MD = -0.67$,$SE = 0.062$,$p < 0.001$)。

收入在 700～2000 元的少数民族居民的得分显著低于 3000～4000 元组($MD = -0.24$,$SE = 0.063$,$p < 0.05$)、4000～5000 元组($MD = -0.30$,$SE = 0.060$,$p < 0.001$)和 5000 元及以上组($MD = -0.39$,$SE = 0.062$,$p < 0.001$),其余的组间差异均不显著($ps > 0.05$)。

如图 7.4 所示,总的来说,收入越高,个体的整体幸福感水平越高。但在收入达到 3000 元后,收入的继续增加并不能带来整体幸福感水平的明显升高。

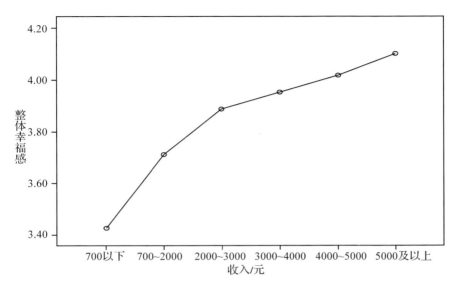

图 7.4　西南地区少数民族居民整体幸福感的收入差异

在政治生活满意度上，收入在 700 元以下的少数民族居民的得分与 5000 元及以上组的差异边缘显著（$MD = -0.23$，$SE = 0.071$，$p < 0.06$），收入在 700～2000 元的少数民族居民的得分显著低于 3000～4000 元组（$MD = -0.34$，$SE = 0.072$，$p < 0.001$）、4000～5000 元组（$MD = -0.28$，$SE = 0.068$，$p < 0.01$）和 5000 元及以上组（$MD = -0.33$，$SE = 0.071$，$p < 0.001$），其余的组间差异均不显著（$ps > 0.05$）。

如图 7.5 所示，总的来说，在政治生活满意度上，收入在 700～2000 元的少数民族居民的得分最低。随着收入的增加，政治生活满意度增加。但在收入达到 3000 元后，收入的继续增加并不能带来政治生活满意度的明显增加。值得注意的是，收入低于 700 元的少数民族居民的政治生活满意度与其他各组居民不存在显著差异。

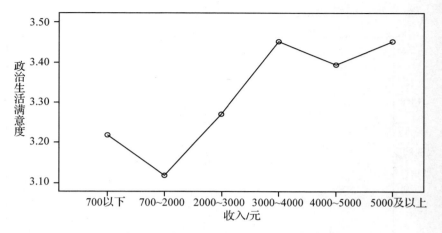

图 7.5　西南地区少数民族居民政治生活满意度的收入差异

在经济生活满意度上，收入在 700 元以下的少数民族居民的得分显著低于 2000～3000 元组（$MD=-0.35$，$SE=0.073$，$p<0.05$）、3000～4000 元组（$MD=-0.31$，$SE=0.082$，$p<0.05$）、4000～5000 元组（$MD=-0.31$，$SE=0.078$，$p<0.001$）和 5000 元及以上组（$MD=-0.52$，$SE=0.081$，$p<0.001$）。

收入在 700～2000 元的少数民族居民的得分显著低于 2000～3000 元组（$MD=-0.34$，$SE=0.074$，$p<0.001$）、3000～4000 元组（$MD=-0.30$，$SE=0.082$，$p<0.05$）、4000～5000 元组（$MD=-0.30$，$SE=0.078$，$p<0.05$）和 5000 元及以上组（$MD=-0.51$，$SE=0.081$，$p<0.001$），其余的组间差异均不显著（$ps>0.05$）。

如图 7.6 所示，总的来说，收入越高，个体的经济生活满意度越高。但在收入达到 3000 元后，收入的继续增加并不能带来经济生活满意度的明显增加。

在健康状态满意度上，收入在 700 元以下的少数民族居民的得分显著低于 5000 元及以上组（$MD=-0.27$，$SE=0.072$，$P<0.05$），其余的组间差异均不显著（$ps>0.05$）。

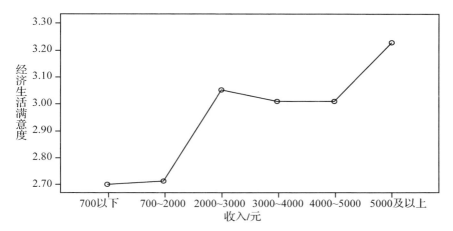

图 7.6　西南地区少数民族居民经济生活满意度的收入差异

如图 7.7 所示，在健康状态满意度上，收入最低（700 元以下）和最高（5000 元及以上）的少数民族居民之间存在显著差异，其他各个收入群体之间差异不显著。

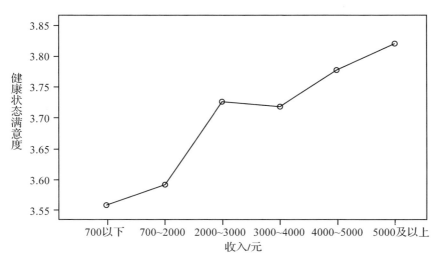

图 7.7　西南地区少数民族居民健康状态满意度的收入差异

在人际关系满意度上，收入在 700 元以下的少数民族居民的得分显著低于 2000～3000 元组（$MD = -0.13$，$SE = 0.046$，$p <$ 0.01）、3000～4000 元组（$MD = -0.14$，$SE = 0.051$，$p < 0.05$）、4000～5000 元组（$MD = -0.14$，$SE = 0.049$，$p < 0.01$）和 5000 元及以上组（$MD = -0.17$，$SE = 0.051$，$p < 0.001$）。

收入在 700～2000 元的少数民族居民的得分显著低于 2000～3000 元组（$MD = -0.11$，$SE = 0.046$，$p < 0.05$）、3000～4000 元组（$MD = -0.11$，$SE = 0.052$，$p < 0.05$）、4000～5000 元组（$MD = -0.11$，$SE = 0.049$，$p < 0.05$）和 5000 元及以上组（$MD = -0.15$，$SE = 0.051$，$p < 0.01$），其余的组间差异均不显著（$ps > 0.05$）。

如图 7.8 所示，总的来说，收入越高，个体的人际关系满意度越高。但在收入达到 3000 元后，收入对人际关系满意度的影响不再显著。

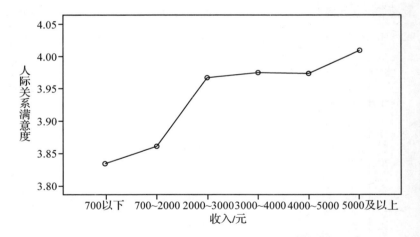

图 7.8   西南地区少数民族居民人际关系满意度的收入差异

在环境生活满意度上，收入在 700 元以下的少数民族居民的得分显著低于 3000～4000 元组（$MD = -0.16$，$SE = 0.068$，$p < 0.05$）、4000～5000 元组（$MD = -0.19$，$SE = 0.065$，$p < 0.01$）和 5000 元及以上组（$MD = -0.20$，$SE = 0.068$，$p < 0.01$）。

　　收入在 700～2000 元的少数民族居民的得分显著低于 2000～3000 元组（$MD=-0.09$，$SE=0.061$，$p>0.05$）、3000～4000 元组（$MD=-0.25$，$SE=0.068$，$p<0.001$）、4000～5000 元组（$MD=-0.27$，$SE=0.065$，$p<0.001$）和 5000 元及以上组（$MD=-0.28$，$SE=0.068$，$p<0.001$）。

　　收入在 2000～3000 元的少数民族居民的得分显著低于 3000～4000 元组（$MD=-0.15$，$SE=0.073$，$p<0.05$）、4000～5000 元组（$MD=-0.18$，$SE=0.070$，$p<0.05$）和 5000 元及以上组（$MD=-0.19$，$SE=0.072$，$p<0.01$），其余的组间差异均不显著（$ps>0.05$）。

　　如图 7.9 所示，总的来说，收入越高，个体的环境生活满意度越高。但在收入达到 3000 元后，收入对环境生活满意度的影响不再显著。

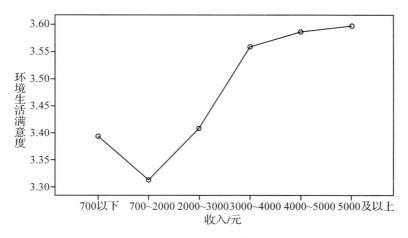

图 7.9　西南地区少数民族居民环境生活满意度的收入差异

　　对于少数民族居民对自身文化的掌握水平，本研究主要以少数民族居民是否掌握本民族语言和本民族文字为参考指标。西南地区少数民族居民幸福感在本民族文化掌握水平上的描述性统计结果见

表 7.5。

表 7.5　西南地区不同本民族文化掌握水平的少数民族居民

幸福感的描述性统计结果（$M \pm SD$）

本民族文化掌握水平		n	政治生活满意度	人际关系满意度	环境生活满意度	经济生活满意度	健康状态满意度	整体幸福感
会说本民族语言	能懂	676	3.37 ± 0.85	3.95 ± 0.59	3.42 ± 0.82	2.88 ± 0.99	3.78 ± 0.80	3.90 ± 0.72
	不懂	587	3.24 ± 0.81	3.97 ± 0.55	3.46 ± 0.76	2.85 ± 0.93	3.67 ± 0.84	3.78 ± 0.77
不会说本民族语言	能懂	35	3.27 ± 0.81	3.84 ± 0.66	3.49 ± 0.92	2.79 ± 1.09	3.57 ± 1.09	3.80 ± 0.89
	不懂	345	3.18 ± 0.75	3.78 ± 0.60	3.46 ± 0.73	3.03 ± 0.85	3.47 ± 0.79	3.59 ± 0.68

以是否会说本民族语言和能否看懂本民族文字为自变量，以政治生活满意度、人际关系满意度、环境生活满意度、经济生活满意度、健康状态满意度和整体幸福感为因变量，进行多元方差分析。结果表明，两者的交互作用不显著，$F(1, 1634) = 0.003$，$p > 0.05$；但是否会说本民族语言的主效应显著，$F(1, 1634) = 0.011$，$p < 0.01$；能否看懂本民族文字的主效应也显著，$F(1, 1634) = 0.008$，$p < 0.05$。

进一步的组间效应分析结果表明，会说本民族语言与不会说本民族语言的被试在整体幸福感[$F(1, 1639) = 4.54$，$p < 0.05$]、健康状态满意度[$F(1, 1639) = 7.28$，$p < 0.01$]和人际关系满意度[$F(1, 1639) = 7.06$，$p < 0.01$]上存在显著差异，能看懂本民族文字的被试的整体幸福感显著高于不能看懂本民族文字的被试[$F(1, 1639) = 5.74$，$p < 0.05$]。

3. 整体与领域幸福感的预测因素

使用同时回归的方式，检验不同变量对整体与领域幸福感的预测力，将所有变量同时放入回归方程（见表 7.6）。

由表 7.6 可知，在西南地区少数民族被试中，对于其政治生活满意度来说，收入、居住地和民族文字是很好的预测变量；对于其人际关系满意度来说，收入、民族语言是很好的预测变量；对于其环境生活满意度来说，收入、性别是很好的预测变量；对于其经济生活满意度来说，收入、居住地和民族语言是很好的预测变量；对于其健康状态满意度来说，收入、民族语言和民族文字是很好的预测变量；对于其整体幸福感来说，收入、居住地、民族语言和民族文字是很好的预测变量。

表 7.6　收入、性别、居住地以及对本民族文化的掌握水平对西南地区
少数民族居民幸福感的预测作用 $(n = 1643)$

	β	SE	t
政治生活满意度			
收入	0.14	0.012	5.66***
性别	-0.03	0.040	-1.00
居住地	0.05	0.022	2.08*
民族语言	-0.03	0.05	-1.22
民族文字	-0.09	0.04	-3.37***
人际关系满意度			
收入	0.11	0.008	4.54***
性别	0.038	0.029	1.57
居住地	0.02	0.016	0.87
民族语言	0.13	0.036	-4.91***
民族文字	0.001	0.031	0.036
环境生活满意度			
收入	0.12	0.011	5.00***
性别	-0.09	0.039	3.56***
居住地	0.05	0.021	1.19
民族语言	0.013	0.049	0.48
民族文字	0.01	0.042	0.39
经济生活满意度			
收入	0.18	0.013	7.52***

续表

	β	SE	t
性别	-0.037	0.046	-1.52
居住地	0.09	0.025	3.72^{***}
民族语言	0.068	0.058	2.59^{**}
民族文字	-0.22	0.05	-0.86
健康状态满意度			
收入	0.13	0.012	5.32^{***}
性别	-0.034	0.041	-1.389
居住地	-0.024	0.022	-0.98
民族语言	-0.11	0.052	-4.01^{***}
民族文字	-0.075	0.044	-2.85^{**}
整体幸福感			
收入	0.32	0.01	13.81^{***}
性别	0.03	0.035	1.43
居住地	-0.12	0.019	-5.41^{***}
民族语言	-0.11	0.04	-4.51^{***}
民族文字	-0.11	0.037	-4.48^{***}

7.4 居住在相同地区的少数民族和汉族居民的幸福感比较——以彝族为例

关于西南地区少数民族居民幸福感的研究，缺乏一个对生活在一起的少数民族和汉族居民进行比较的统一量表，即现有研究缺乏对照，单纯地对某一少数民族的居民进行测量。其中结果没有和该地域汉族居民的情况进行比较，无法看出差异，可能不会精确反映出少数民族居民幸福感水平的相对高低。彝族是为数不多的拥有自己的文字的少数民族，有着悠久的发展历史和文化传统。彝族人口众多，他们的居住地集中在我国西南地区。本研究选用彝族作为少数民族的代表，除了对彝族居民的幸福感进行测量，还增加了对相同地区的汉族居民的数据收集，采用统一量表对生活在西南地区的彝族和汉族居民进行测量，为比较不同民族居民的幸福感差异提供了更严谨的数据支撑。

7.4.1 研究方法

1. 研究对象

本研究随机抽取四川、云南等地区居住于城乡社区的居民和在校学生。问卷发放采用实地发放的方式。被试为在当地生活、工作的彝族和汉族居民。学生来自西南民族大学彝学学院、西昌学院彝语言文化学院和少数民族预科教育学院。被试招募均遵从自愿参加原则。其中，彝族样本共 1119 人，占总数的 40.27%；汉族样本共 1660 人，占总数的 59.73%。

2. 研究工具

本研究采用中国人幸福指数量表(修订版)，具体介绍见第 5 章。

3. 数据处理

对于回收的问卷，使用 SPSS18.0 软件进行数据处理。对于缺失值采用序列均值法进行替换。

7.4.2 彝族与汉族居民幸福感的差异比较

我们将来自西南地区的彝族样本与汉族样本进行比较，以考察生活在同一地区的彝族与汉族居民的幸福感是否存在差异。使用独立样本 t 检验，结果显示彝族居民的整体幸福感水平显著高于汉族居民(见表 7.7)。

表 7.7 西南地区彝族与汉族居民的整体幸福感得分均值、标准差和差异检验

民族	$M \pm SD$	t	p
彝族	3.42 ± 0.59	2.92	0.004^{***}
汉族	3.35 ± 0.62		

    在不同领域幸福感中，彝族与汉族居民的得分均存在显著差异。彝族居民的政治生活满意度、人际关系满意度和健康状态满意度显著高于汉族居民，但经济生活满意度显著低于汉族居民（见表 7.8）。

表 7.8   西南地区彝族与汉族居民领域幸福感得分的

描述性统计（$M \pm SD$）和差异检验

民族	政治生活满意度	人际关系满意度	环境生活满意度	经济生活满意度	健康状态满意度
彝族	3.22±0.82	3.97±0.62	3.22±0.89	2.77±0.96	3.91±1.23
汉族	3.14±0.86	3.91±0.63	2.27±0.87	3.15±0.91	3.28±0.80
t	2.51	2.58	1.44	−10.77	15.14
p	0.012*	0.01*	0.149	0.001**	0.001**

    综上可知，无论是整体幸福感还是领域幸福感（政治生活满意度、人际关系满意度和健康状态满意度），我国西南地区彝族居民的得分都显著高于汉族居民。该发现支持了前人（郭雪萍，冯超，张红雷，2008；熊谋林，江立华，2014）的研究结论。

7.5   彝族居民幸福感影响因素——彝族家支

    个体会自动地进行社会分类，明确自己所属的群体，并用这个群体身份来重新定义自我（Tajfel & Turner，1979）。在社会分类的基础上进行群际比较的结果是夸大群体之间的差异，并增强群体内的相似性。在群际比较中，个体通过积极区分原则产生内群体偏好和外群体歧视（史慧颖，2007）。同时，群体成员为了保护自己所属内群体的利益，会对外群体产生敌意和厌恶（Nelson，2009）。根据共同内群体身份模型，如果将对原来的两个分离群体的认知表征变成一个归属水平更高的上位群体，个体就会以共同身份的方式重新界定内外群体，使共同认同得以凸显、个体对原有外群体的偏见和不满减少、对外群体成员的信任提高（Gaertner et al.，2008）。

彝族家支是彝族特有的一种内群体结构，是以父系血缘为纽带的个体家庭的联合体，以世代相传的谱系为联系的桥梁。在彝族人的社会关系中，家支通常作为一个重要的因素影响着他们的日常生活。彝族人的家支观念普遍很强（罗布合机，1999），人们会将同一家支的人视为自己人（刘正发，2008）。对于彝族个体来说，家支是重要的首属群体；彝族作为民族，是家支的上位群体。

研究表明，对于上位群体（民族）的认同是幸福感的预测因子（Molix & Bettencourt，2010）。通过元分析发现，维持高水平的民族认同对于幸福感有积极影响（Smith & Silva，2011）。少数民族居民的民族认同对幸福感有预测作用（石晓帆，2012；张小龙，2016），两者呈显著正相关（石晓帆，2012；张爱萍，2012；杨宝珊，2014）。民族认同和社会认同之间存在紧密关联，塔杰费尔（Tajfel，1982）在定义社会认同时将民族认同定义为个体自我概念的组成部分，它涉及个体对于自己是某个社会群体（民族）的成员的身份认知以及和该身份相关联的情感和价值意义感。由于民族身份是社会身份（群体身份）的一种，我们可以认为社会认同的理论和结论也适用于民族认同（史慧颖，2007）。

彝族居民普遍拥有较强的本民族认同感和中华民族认同感（龚丽娟，2009；蒋大国，2011；杨玉，2013；邓敏，张雪峰，2014；王成顺，任玉，2014；张金洪，2016），对家支的维护是彝族居民大多数观念和实际行为的出发点，但目前还缺乏对彝族家支与幸福感关系的直接研究。根据社会认同理论，彝族居民对家支的认同也可能会产生与其他社会分类相同的作用。因此本研究假设，除民族认同外，家支认同也会对彝族居民的幸福感产生影响。本研究将家支作为一个独特的内群体概念进行考察研究，探究家支作为彝族特有的内群体结构与彝族居民幸福感的关系。

7.5.1 研究方法

1. 研究对象

采用整群抽样的方法,选取来自西南民族大学彝学学院、西昌学院的大一到大三彝族学生。被试共 705 名,其中男性 288 名,女性 417 名,平均年龄 20.7 岁($SD=1.65$)。问卷发放采用实地发放的方式,被试招募均遵从自愿参加原则。

2. 研究工具

首先我们修订了彝族家支认同问卷,由两名英语专业研究生将利奇编制的内群体认同问卷(Leach,2008)的 14 个英文题目翻译为中文,再请心理学博士研究生对中文问卷进行适当调整,从而形成问卷的中文版。问卷共 14 个题目,采用李克特 7 点评分。

共发放问卷 750 份,回收有效问卷 705 份。使用 SPSS18.0 软件与 Amos18.0 软件对数据进行分析。剔除问题不完整的问卷和人口统计学问题填写不足 4 个题目的问卷。对于缺失值采用序列均值法进行替换。

首先对数据进行信度分析,考察问卷的信度。其次按照数据原始编号的奇偶性将数据分成两个样本:样本 1($n=353$)用于探索性因素分析,以探索初步修订的问卷的项目质量及测量的有效性;样本 2($n=352$)用于验证性因素分析,以验证问卷的结构效度。

本研究首先采用临界比值法,将样本 1 按总分由高到低排序,总分最高的 27% 的被试为高分组($n=95$),总分最低的 27% 的被试为低分组($n=97$)。随后对每个项目的得分进行组间差异检验,结果均显著($ps<0.001$),故保留所有项目。其次采用同质性检验法,计算总分与每个项目的相关,结果显示相关系数为 $0.58\sim0.84$,$ps<0.001$,故保留所有项目。

使用 SPSS18.0 软件，对样本 1 的数据进行因素分析的可行性检验。经 *KMO* 检验和 Bartlett's 球形检验，*KMO* 的值为 0.918＞0.500，表明变量间的共同因素足够多；Bartlett's 球形检验中 $\chi^2 =$ 8137.795(df＝91，p＜0.001)，说明母群体的相关矩阵间有共同因素存在，适合进行因素分析。采用主成分分析法，经正交旋转法对问卷进行多次探索后，发现两个特征根大于 1 的因素，两个因素累计方差解释力为 68.497%。

英文问卷的 14 个题目被划入两个因素中，包括自我定义(self-definition)的 4 个题目和自我投入(self-investment)的 10 个题目。本研究没有指定因子数目，直接进行因素分析，采用主成分分析法提取公因子。各题项的载荷见表 7.9。从表 7.9 可以看到，自我投入由题项 4、题项 5、题项 6、题项 3、题项 7、题项 2、题项 1 构成，自我定义由题项 13、题项 12、题项 14、题项 11、题项 8 构成，题项 9 和题项 10 具有双重载荷。另外，在英文问卷中，题项 8"我经常考虑我是我的家支的一员这个事实"属于自我投入维度。但是在中文问卷中，该题项属于自我定义维度。这可能是汉语和英语的不同语境以及文化差异造成的。虽然该题项在字面上也凸显了家支群体的成员这一特质，但是在汉语的语境中，这种表述似乎更偏向于个体对自己身份的定义。

表 7.9　因子旋转成分矩阵(n＝353)

题项	问卷题目	自我投入	自我定义
4	我很高兴能成为我的家支的一员	0.85	
5	我认为我的家支有很多值得自豪的东西	0.83	
6	成为家支的一员我很愉快	0.83	
3	我感到我对我的家支有一定责任	0.77	
7	作为我的家支的一员让我感觉很好	0.75	
2	我感到我与我的家支团结一致	0.72	
1	我感到我和我的家支之间有紧密联系	0.70	

续表

题项	问卷题目	自我投入	自我定义
9	我属于我的家支的事实，是我自我认同中非常重要的一部分	0.61	0.50
10	作为家支的一员，是我自我认识中的一个重要部分	0.59	0.53
13	我的家支的人相互之间有很多共同点		0.88
12	我和我的家支的大多数人都类似		0.87
14	我的家支的人相互之间有很多相似点		0.84
11	我和我的家支的大多数人有很多共同点		0.78
8	我经常考虑我是我的家支的一员这个事实		0.52

　　鉴于此，接下来我们从因素中剔除具有双重载荷的题项9和题项10，对新问卷再次进行因素分析，采用主成分分析法提取公因子。各题项的载荷见表7.10。

表 7.10　彝族家支认同问卷的探索性因素分析结果($n=353$)

题项	问卷题目	自我投入	自我定义
4	我很高兴能成为我的家支的一员	0.86	
5	我认为我的家支有很多值得自豪的东西	0.84	
6	成为家支的一员我很愉快	0.83	
3	我感到我对我的家支有一定责任	0.79	
7	作为我的家支的一员让我感觉很好	0.75	
2	我感到我与我的家支团结一致	0.73	
1	我感到我和我的家支之间有紧密联系	0.64	
13	我的家支的人相互之间有很多共同点		0.89
12	我和我的家支的大多数人都类似		0.88
14	我的家支的人相互之间有很多相似点		0.84
11	我和我的家支的大多数人有很多共同点		0.82
8	我经常考虑我是我的家支的一员这个事实		0.57

依据碎石图(见图 7.10),我们最终确定了两个特征根大于 1 的因素,两个因素的累计方差解释力为 70.91%。各项目在相应因素上具有较大的载荷,处于 0.57~0.89。

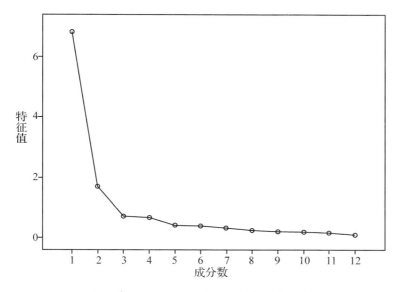

图 7.10　彝族家支认同问卷探索性因素分析碎石图

本研究采用样本 2 进行验证性因素分析,进一步考察其结构效度。以各分问卷分数为潜变量,以各个项目分数为观测变量,使用 Amos18.0 软件对模型进行验证性因素分析。

采用极大似然估计法检验问卷维度的拟合度。由表 7.11 可见,$\chi^2/\mathrm{d}f=2.97<3$,$GFI$、$AGFI$、$IFI$、$TLI$、$CFI$ 等指标均大于或接近 0.90,$RMSEA$ 为 0.079<0.08,达到了模型拟合标准的要求,表明探索性因素分析得出的家支认同问卷的二维度结构模型是比较理想的。在彝族被试中,家支认同问卷的二维度结构模型得到了验证。

表 7.11　彝族家支认同问卷的拟合指数($n=352$)

$\chi^2/\mathrm{d}f$	SRMR	GFI	IFI	RMSEA	CFI	AGFI	TLI
2.970	0	0.939	0.971	0.079	0.970	0.894	0.957

　　本研究采用内部一致性系数和分半系数对问卷的信度进行检验。家支认同问卷的内部一致性系数为 0.93，各维度的内部一致性系数为 0.88～0.93；分半信度为 0.82，各维度的分半信度为 0.82～0.88。结果说明问卷信度良好，可以作为正式问卷使用。

　　民族认同问卷（史慧颖，2007）包括本民族认同和中华民族认同两个子问卷，采用 5 点评分。分数越低，相应的认同度越低；分数越高，相应的认同度越高。其中，本民族认同问卷的信度为 0.78，中华民族认同问卷的信度为 0.77，民族认同问卷的总信度为 0.87。家支基本信息调查表采用刘正发（2007）编制的彝族家支信息调查表。

7.5.2　家支认同对彝族居民幸福感的影响

　　研究发现，彝族居民的整体幸福感处于中等偏上水平（$M=3.29$，$SD=0.55$），总体生活满意度也处于中等偏上水平（$M=3.56$，$SD=1.26$）。

　　在幸福感的具体领域中，研究发现健康状态满意度的得分最高（$M=3.80$，$SD=0.87$），经济生活满意度的得分最低（$M=2.58$，$SD=1.05$），人际关系满意度和环境生活满意度处于中等偏上水平（见表 7.12）。

表 7.12　各领域幸福感得分（$M\pm SD$）

n	政治生活满意度	人际关系满意度	环境生活满意度	经济生活满意度	健康状态满意度
705	3.22±0.81	3.63±0.61	3.20±0.87	2.58±1.05	3.80±0.87

　　研究发现，中华民族认同（$M=3.98$，$SD=0.53$）、本民族认同

（$M=4.00$，$SD=0.51$）和家支认同（$M=4.79$，$SD=1.16$）都有较高的得分，说明彝族居民具有较高的国家认同和本民族认同。同时，彝族居民对于本民族的文化认同（$M=4.30$，$SD=0.61$）和归属感（$M=4.47$，$SD=0.74$）都有较高水平（见表 7.13）。

在家支认同的具体维度上，彝族居民在关于家支的自我定义和自我投入上的得分都较高（见表 7.13）。

表 7.13　民族认同、家支认同各维度的得分（$M\pm SD$）

n	中华民族认同		本民族认同		家支认同		
	社会认同	归属感	社会认同	归属感	文化认同	自我投入	自我定义
705	3.99±0.63	3.96±0.60	3.26±0.69	4.47±0.74	4.30±0.61	5.22±1.26	4.37±1.30

从人口统计学的角度看，大部分彝族居民（99.86%）知道自己所属的家支支系，并参加过和家支有关的相关活动（81.71%）。较多的彝族居民受到过家支的帮助（79.74%），也帮助过家支的其他人（81.48%）。同时，参与过传统的家支间的打冤家活动的彝族居民则相对较少（5.20%）。但当发生自己无法解决的事情时，部分彝族居民首先想到请家支出面解决（39.3%），其人数甚至略高于首先求助于政府和公检法部门的人数（36.85%）。虽然过半彝族居民认为家支活动存在一定的危害性（56.35%），但是大部分彝族居民认为家支文化仍有价值（79.55%），且有必要传承给下一代（90.76%）。这也说明家支文化对于彝族居民至今仍然具有较大的影响力。

为了研究彝族居民家支认同、民族认同和幸福感的关系，我们对三者进行了相关分析，结果见表 7.14。

表 7.14　彝族居民家支认同、民族认同和整体幸福感的相关分析结果

	整体幸福感	家支认同	中华民族认同	本民族认同
整体幸福感	1			
家支认同	0.24***	1		

续表

	整体幸福感	家支认同	中华民族认同	本民族认同
中华民族认同	0.34***	0.23***	1	
本民族认同	0.30***	0.39***	0.68***	1

彝族居民家支认同、民族认同和整体幸福感之间存在显著相关，家支认同与彝族居民的整体幸福感和民族认同的具体维度也有显著相关。其中，家支认同与幸福指标各满意度均呈正相关，同时与本民族认同和中华民族认同也有显著的正相关（见表 7.15）。

表 7.15　彝族居民家支认同、民族认同和领域幸福感的相关分析结果

	1	2	3	4	5	6	7	8
1家支认同	1							
2政治生活满意度	0.17**	1						
3人际关系满意度	0.22**	0.26**	1					
4环境生活满意度	0.15*	0.42**	0.24**	1				
5经济生活满意度	0.10*	0.26**	0.13**	0.31**	1			
6健康状态满意度	0.17**	0.26**	0.35**	0.27**	0.18**	1		
7中华民族认同	0.23***	0.37***	0.29***	0.17**	0.03	0.32**	1	
8本民族认同	0.39***	0.27***	0.25***	0.16**	0.26**	0	0.34**	1

首先将民族认同与家支认同去中心化，其次参照穆勒、贾德和伊泽比特（Muller，Judd，& Yzerbyt，2005）的分层回归步骤对家支认同的调节作用进行检验，结果见表 7.16。本民族认同对幸福感有显著的正向预测作用；家支认同对幸福感也有显著的正向预测作用；加入交互项后，交互项对幸福感的预测为正向且显著。家支认同和民族认同的交互项对幸福感的正向预测显著，说明家支认同调节了民族认同与幸福感的关系。简单斜率检验表明，当家支认同水平较低（低于 $M-1SD$ 时），民族认同与幸福感呈显著正相关（$Bsimple = 0.19$，$SE = 0.06$，$p < 0.01$）；当家支认同水平较高（高于 $M+1SD$）时，民族认同与幸福感也呈显著正相关，但民族认同对幸福感的影

响增强了($Bsimple = 0.39$，$SE = 0.05$，$p < 0.01$；$Bsimple$ 由 0.19 增加为 0.39)(见图 7.11)。

表 7.16 家支认同对幸福感、本民族认同的分层回归分析

预测变量	结果变量	$B(\beta)$	SE	p
模型 1				
本民族认同	幸福感	0.25(0.24)	0.04	<0.01
家支认同		0.07(0.15)	0.02	<0.01
模型 2				
本民族认同	幸福感	0.29(0.27)	0.04	<0.01
家支认同		0.08(0.18)	0.02	<0.01
本民族认同×家支认同		0.09(0.13)	0.03	<0.01

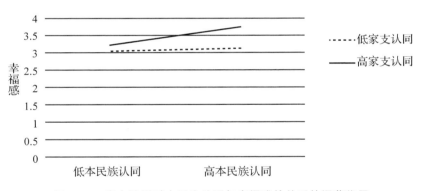

图 7.11 家支认同对本民族认同与幸福感的关系的调节作用

使用根据利奇编制的内群体认同问卷修订而成的彝族家支认同问卷，经过探索性因素分析后，得到自我定义和自我投入两个维度。验证性因素分析和信度检验结果表明问卷具有良好的结构效度和信度。施测结果发现，彝族居民具有较高的家支认同水平。虽然家支文化在中华人民共和国成立后的一段时间曾经进入"冬眠"状态(蔡富莲，2008)，但如今家支在彝族人的生活中依然具有非常重要的作用。大部分彝族居民都肯定了家支文化存在的价值(79.55%)，认为

有必要将家支文化传承给下一代(90.76%)。家支文化中的不良传统在逐渐消失,绝大部分彝族居民(94.80%)已经没有听说或参与过家支间的打冤家活动。这对于保存和集成彝族的优良传统并促进彝族居民的民族认同可能具有积极作用。

本研究发现,总体来说,彝族被试具有中等偏上水平的幸福感。在具体维度上,彝族拥有较高的健康状态满意度($M \pm SD = 3.80 \pm 0.87$)和人际关系满意度($M \pm SD = 3.63 \pm 0.61$)。传统上,在医疗方面,彝族主要是靠巫医、草药(吴桂芳,2010)等。虽然以草药、医算等为代表的彝族医药对于我国中草药(吴桂芳,2010)和文献研究(赖先荣等,2014)等领域的发展具有一定的贡献,但是在医疗技术水平上,现代医学相对于彝医无疑具有更好的效果。随着基础设施的完善,西南地区的彝族居民享有了比从前更好、更快、更完善的医疗条件,故而拥有了更高的健康状态满意度。

根据共同内群体身份模型,家支是下位群体,彝族各家支间原有的偏见和不满会因为民族(彝族)认同这种对上位群体的共同认同的存在而得到缓和,最终使人际关系得到改善。虽然在历史上发生过一些负面事件(刘正发,2008),但是,得益于中华人民共和国成立后的一系列教育和改革(罗布合机,1999),家支活动已经逐渐变成一种增强集体认同和文化认同(蔡富莲,2008)的有效方式。本研究也发现,虽然大部分彝族居民都参加过家支活动(81.71%),但是参与或听说过打冤家等负性事件的比例很小(5.2%)。这也说明,在政策的引导和彝族自身的发展中,家支传统中的一些不合乎时代的负面成分正在逐渐减少,留存下来的优良传统对提高民族内部凝聚力和居民幸福感发挥了重要作用。

7.6 少数民族地区居民的幸福感国情分析

本研究结果显示,我国西南地区少数民族居民的整体幸福指数处于中等偏上水平，这与其他研究者的结论一致（杨玲，李毅，张娟娟，2013；张鹏程，2008）。大部分西南地区少数民族居民的幸福感水平比较高，对现在的生活感到非常满意的有 27.3%，感到满意的有 44.1%，只有很少一部分人对现在的生活感到不满意。在领域幸福感中，人际关系满意度的得分最高，表明虽然西南地区少数民族可能有好斗之类的本民族文化，但是我国一直以来注重营造和维护人情氛围的文化传统对其产生了深远影响，与家人和朋友共度的快乐时光、乐于助人的体验、被人接纳的满足感等已深深影响了少数民族居民的幸福感。下面从性别、居住地、收入和是否掌握本民族文化 4 个方面来分析西南地区少数民族居民幸福感的分布特征。

7.6.1　西南地区少数民族居民幸福感的性别差异

从总体上看，我国西南地区少数民族居民幸福感的性别差异不显著，这与前人的大量研究结论是一致的。例如，有研究者（Haring，Okun，& Stock，1984）分析了 146 项关于性别与幸福感关系的研究，发现性别只能解释幸福感 1% 的变异。还有研究者（Michalos，1991）收集了来自 39 个国家共 18032 名大学生的数据，发现男性和女性对生活满意度的自我评价的分布大致相同。迪纳（Diener，2000）也报告在整体幸福感上，男性和女性不存在显著差异。尽管如此，本研究在具体分析每一个领域幸福感时发现，在环境生活满意度上，男性与女性存在显著差异。具体来说，男性对治安和人身安全方面的满意度高于女性，但在感受家乡周围环境好坏的满意度得分上与女性无差异。这一研究表明了在整体幸福感的基础上进一步建构领域幸福感的必要性：虽然在整体幸福感上不存在显著的性别差异，但是具体到环境生活满意度上，性别差异就显著了。

7.6.2　西南地区少数民族居民幸福感的城乡差异

本研究发现，城市少数民族居民的整体幸福感得分显著高于乡镇和农村少数民族居民，而乡镇和农村少数民族居民的整体幸福感得分差异不显著。然而，在政治生活满意度上，城市少数民族居民的得分显著低于乡镇和农村少数民族居民，而乡镇和农村少数民族居民的得分差异不显著。在经济生活满意度上，城市少数民族居民的得分最低，其次是农村少数民族居民，而乡镇少数民族居民的得分最高。在其他领域满意度指标上，城市、乡镇和农村少数民族居民的差异不显著。

本研究发现，西南地区城市少数民族居民的整体幸福感显著高于乡镇和农村少数民族居民，这与前人的研究结论一致。研究表明，来自乡镇的少数民族大学生的幸福感水平低于来自城市的少数民族大学生（罗丽萍，2010；杨宝珊，2014）。张雯和郑日昌（2004）的研究也表明少数民族大学生的幸福感存在城乡差异，城镇略高于农村。佟月华（2003）的研究表明来自城镇和农村的少数民族学生的主观幸福感有显著差异，城镇少数民族学生的主观幸福感水平显著高于农村少数民族学生。一般来说，城镇少数民族学生的家庭经济收入高于农村少数民族学生。虽然近年来我国农村经济有了较大的发展，但是其在总体上仍与城市存在一定的差距。经济差异可能是城乡生源幸福感差异明显的一个因素。

值得注意的是，本研究对前人的研究有一个很重要的推进，就是将居住地进一步细分为城市、乡镇和农村，而不是采用前人的城镇和农村（或者城市和乡镇）的简单分法。进一步细分之后，我们就发现在政治生活满意度和经济生活满意度上，不再是城市居民的得分最高，而是乡镇居民的得分最高。再进一步分析发现，城市居民对家庭收入、经济状况、住房和自己工作的满意度显著低于乡镇居民。尤其是在住房满意度上，城市居民的得分显著低于农村居民和乡镇居民。

本研究深刻地反映了我国西南地区少数民族地区当前房价过高，使得居民尤其是城市居民的收支不平衡、购买能力下降、生存压力加大，从而影响了他们的幸福感的现状。这就迫切要求我国各级政府采取各种措施稳定房价，早日解决西南地区少数民族地区各居住地居民的住房问题，实现社会和谐发展。与居民的收入相比，现在的房价太高。实现房价与收入的相互适应有一个过程，我们应尽量缩短这一过程，也就是说要使房价的上涨速度低于居民收入的增长速度。

7.6.3 收入对西南地区少数民族居民幸福感的影响

对于居民的收入，本研究采用的是家庭月收入这一指标，结果表明，无论是整体幸福感还是领域幸福感，不同收入水平的居民的得分之间存在显著差异。具体来说，对于健康状态满意度，家庭月收入最低组（700 元以下）和最高组（5000 元及以上）之间存在显著差异，其他收入群体之间差异不显著。在整体幸福感、政治生活满意度、经济生活满意度、人际关系满意度和环境生活满意度上，家庭月收入越高，得分越高；但当家庭月收入达到 3000 元后，收入的继续增加并不能导致整体幸福感、政治生活满意度、经济生活满意度、人际关系满意度和环境生活满意度的显著提升。

经济条件相对较差的少数民族居民的幸福感水平更低，这与以往的研究结果（李静，郭永玉，2008；严标宾，郑雪，邱林，2002；张鹏程，2008）一致。本研究发现，家庭月收入在 700 元以下的居民的幸福感水平明显低于其他收入水平的居民，但中等收入与高收入者的幸福感的差异并不明显。因此我们可以得出结论：西南地区少数民族居民的收入与其幸福感之间并非呈简单的线性关系。也就是说，并不是居民的收入越高，其幸福感水平就越高。实际情况是，当经济收入达到一定的水平（家庭月收入 3000 元左右），它对幸福感的影响就相对减弱或消失。

收入只在满足人们需要的范围内对幸福感起作用（Veenhoven et al.，1993），达到平均水平后，收入的再增长并不会继续带来相应的生活满意度以及幸福感的提高。伊斯特林（Easterlin，1974）提出的社会比较理论认为，人们常从社会比较的角度去衡量生活的满意度。这种比较包括向上比较和向下比较，经济条件较好的居民接触到的社会环境更丰富，容易产生向上的社会比较。另外，经济条件较好的居民更注重精神文化方面的需求，因此，在中国的快速发展过程中出现的经济与社会文化发展的不平衡可能是造成这类居民的整体幸福感并没有随着经济水平的提高而提高的一个不可忽视的原因。

7.6.4　掌握本民族文化对西南地区少数民族居民幸福感的提升作用

本研究发现，会说本民族语言的少数民族被试的整体幸福感水平、健康状态满意度和人际关系满意度显著高于不会说本民族语言的少数民族被试，能看懂本民族文字的少数民族被试的整体幸福感水平显著高于不能看懂本民族文字的少数民族被试。而且回归分析结果表明，会说本民族语言能显著正向预测个体的人际关系满意度、经济生活满意度、健康状态满意度和整体幸福感，能看懂本民族文字能显著正向预测个体的政治生活满意度、健康状态满意度和整体幸福感。

各民族在其历史发展过程中创造和发展出具有本民族特点的文化，语言、文字属于精神文化内容。语言是民族文化的重要组成部分，也是民族文化的表现形式。历史、文学（包括口头文学）、医药和科学技术等都是通过语言表现出来的，宗教、风俗等也都是通过语言和文字加以传承的。因此，掌握了本民族的语言和（或）文字，就相应地掌握了本民族的一整套行为模式。正如马库斯和北山（Markus & Kitayama，1998）所说的，当个体遵从文化常模做出行为时，就会产生幸福感。也就是说，在特定的文化情景下，个体如何对待这种文化是影响其幸福感的重要因素。因此，掌握本民族文化对西南地区少数民族居民的幸福感具有提升作用。

7.6.5　相同地域少数民族(彝族)和汉族居民幸福感的对比

本研究考察了生活在相同地域的少数民族(彝族)和汉族居民的幸福感。总体来看,少数民族居民的幸福感水平高于汉族居民。而国外的相关研究结果则显示,人数较多的民族的居民的幸福感水平高于人数较少的民族(Diener, Oishi, & Lucas, 2003)。这一结果说明我国的民族政策对于西南地区彝族居民的幸福感具有积极作用。中华人民共和国成立前,相比于其他地区,彝族地区还处于较为落后、封闭的状态。彝族的奴隶制度一直持续到 20 世纪 50 年代,随着中华人民共和国的成立,这种落后的社会制度才得以终结(金尚会,2005)。几十年来,政府对彝族地区的各项优惠政策和资金投入改善了当地的基础设施,提高了彝族居民的健康、文化和经济等生活水平,使得彝族居民的整体幸福感得到了提升。

具体来看,在经济生活方面,彝族居民的幸福感水平低于汉族居民。这可能是由于在改革开放的发展过程中,汉族居民对民族地区的经济起到了促进和推动的作用,各少数民族聚居区几乎都有汉族居民;在那些经济较不发达的民族地区,汉族居民又常是该地区经济的主要联系者(费孝通,1980);民族地区还涌入了大量的外来人口,包括商人、科教人员、打工者和干部等(王希恩,2015)。由于历史遗留和发展水平的因素,汉族的经济水平可能略高于少数民族,因此前者拥有相对更高的经济生活满意度。另外,自改革开放以来,民族地区的社会、经济、文化等进入了跨越式的高速发展,这也使该地区的基础建设、文化物质水平得到了较大提高。当地居民由于生活在这种跨越发展的历史进程中,经历了从无到有、从少到多的转变,因此政治生活满意度、环境生活满意度、健康状态满意度都相对较高。少数民族的经济生活满意度虽然略低于汉族,但是总体处于中等偏上水平。

7.7　结语

综上，通过对少数民族居民的幸福感现状的分析得到以下结果：

第一，我国西南地区少数民族居民的整体幸福感处于中等偏上水平。在领域幸福感各维度得分中，人际关系满意度最高，经济生活满意度最低。

第二，我国西南地区男性少数民族居民的环境生活满意度显著高于女性，其余领域满意度和整体幸福感的性别差异不显著。

第三，城市少数民族居民的整体幸福感水平显著高于乡镇和农村少数民族居民，乡镇少数民族居民的政治生活满意度显著高于城市和农村少数民族居民。乡镇少数民族居民的经济生活满意度最高，农村少数民族居民次之，城市少数民族居民最低。

第四，家庭月收入增加能显著提升我国西南地区少数民族居民的幸福感，但当经济收入达到一定的水平（家庭月收入 3000 元左右）后，它对幸福感的影响就相对减弱或消失。

第五，掌握本民族文化能显著提升我国西南地区少数民族居民的幸福感。

第六，生活在相同地域的少数民族（彝族）居民的整体幸福感水平高于汉族居民。在领域幸福感各维度中，少数民族居民的经济生活满意度最低，人际关系满意度最高。

第七，我国西南地区彝族居民的中华民族认同、本民族认同和家支认同水平较高，而且本民族认同和家支认同均能显著正向预测幸福感，家支认同能够调节民族认同对幸福感的预测作用。

8

经济状况与幸福指数

幸福是一种主观感受，不同的人有不同的幸福观。乞丐因得到一枚硬币而感到幸福无比，富翁虽然腰缠万贯却未必感到幸福。因此，对主观幸福感影响因素的深入研究是了解个人生活满意度的重要依据，也是提升幸福感的一个重要中间步骤。主观幸福感作为重要的非经济因素，却与经济状况密切相关。在幸福感的研究领域，收入与幸福的关系是人们争论不休的话题之一。譬如在现实生活中，人们常常发问："钱到底能不能买来幸福呢?"而回答往往是肯定的，即使口头上不提及，早期的经济学家也同样持有"更高的收入能够促进幸福"的观点。然而，随着研究的深入与完善，很多心理学家和经济学家认为钱对幸福并不是那么重要，人们往往会过分估计经济成分的作用。为了充分研究和分析经济状况对我国国民幸福指数的预测作用，本章将主要从宏观背景、幸福感与经济状况的关系的研究结果及其影响因素分析、跨文化比较以及应用拓展等方面展开探讨。

8.1　经济状况

居民经济状况通常是指个人、家庭劳动所得报酬或其他经济收入和生活消费支出情况。早期的研究者认为，由于各方面的原因，想要清楚得知个人或家庭的经济收入在许多情况下是十分困难的(罗菊花等，1996)。除了经济收入是个人的隐私之外，在市场经济大潮的冲击下，人们的经济收入来源多元化、收入中各部分的比重发生了重大变化也是其主要原因。因此，早期的研究者会使用个人支出、家庭消费作为评价国民经济状况的指标。经济学研究者使用各种宏观经济指标来探讨经济状况，如采用GDP作为国家发展水平的一个指标，考察其对国民主观幸福感的影响。此外，通过对文献的梳理，我们发现研究者对经济状况的考察还常常借助个人收入、绝对收入、相对收入等指标(张爱莲，黄希庭，2010)。

8.1.1　国家经济状况

从经济学研究的角度看，经济指标是体现经济状况的一种方式，主要包括GDP、通货膨胀与紧缩指标、投资指标、消费指标、金融指标和财政指标等。这些经济指标对宏观经济调控起着重要的分析和参考作用(傅红春等，2005)，也为社会学和心理学研究中对经济状况的测量提供了参考。

GDP是指一个国家或地区在某一时期(通常为一年)内所生产的所有最终产品和服务的价值总和，是衡量一个国家或地区经济运行规模的重要指标。研究者通常采用支出法来衡量GDP。所谓支出法，就是通过计算在一定时期内整个社会购买最终产品的总支出来计量GDP。

通货膨胀是指用某种价格指数衡量的物价水平的持续、普遍、明显上涨，我们通常用消费物价指数来反映通货膨胀水平。消费物价指数是反映一定时期内城乡居民所购买的生活消费品价格和服务项目价格的变动趋势和程度的相对数，一般是用当年某一时期的价格水平跟过去一年同一时期的价格水平相比较获得的。该指数用来分析消费品的零售价格和服务价格变动对城乡居民实际生活费用支出的影响程度。通货膨胀不但会影响居民的生活，还会影响个人的投资。

　　财政指标包括财政收入和财政支出，财政收支平衡是最佳状况。所谓平衡，就是收支相抵，略有结余。如果国家财政支出大于财政收入，我们就称之为财政赤字。中央政府一般通过发行公债（国债）的方式来弥补财政赤字。

　　从总体来看，GDP 是最受关注的宏观经济统计数据，是衡量国民经济发展情况的重要指标。GDP 增速越快表明经济发展越快，增速越慢表明经济发展越慢，负增长表明经济陷入衰退。除此之外，社会消费品零售总额反映国内消费的支出情况，对判断国民经济现状和前景具有重要的指导作用。社会消费品零售总额提升，表明消费支出增加，经济情况较好；社会消费品零售总额下降，表明经济景气趋缓或不佳。此外，国民收入也是反映一个国家的国民经济发展水平的综合指标，人均国民收入则是直接反映这个国家的社会生产力发展水平和人民生活水平的综合指标。作为综合指标，国民收入可以反映社会再生产及其最终结果。在不同的社会制度下，国民收入反映不同的社会经济关系。例如，资本主义制度下的国民收入所体现的积累与消费的关系，反映的是无产阶级与资产阶级经济利益对抗的关系；社会主义制度下的国民收入所体现的积累与消费的关系，反映的是劳动人民长远利益与短期利益之间的经济关系。

　　此外，经济指标还包括国际收支、投资指标和城乡居民储蓄存款余额等反映居民总体经济状况的指标。国际收支是指一个国家在一定时期从国外收进的全部货币资金和向国外支付的全部货币资金之间的对比关系，收支相等即国际收支平衡，收入大于支出即国际收支顺差，支出大于收入即国际收支逆差。一个国家保持国际收支平衡是其经济状况稳定的表现。投资指标是指固定资产投资额，是以货币表示的建造和购置固定资产的活动的工作量，它是反映一定时期内固定资产投资规模、速度、比例关系和方向的综合性指标。

按照管理渠道，全社会固定资产投资总额分为基础建设投资、更新改造投资、房地产开发投资和其他固定资产投资四个部分。社会消费品零售总额所计量的是各种经济类型的企业销售给居民的用于生活消费的商品以及销售给机关、团体、部队、学校、企业和事业单位的非生产经营性的消费品的总和，它是研究居民生活、社会消费品购买力和货币流通等问题的重要指标。城乡居民储蓄存款余额是指某一时间点城乡居民存入银行和农村信用社的储蓄金额。

8.1.2　居民经济状况

居民经济状况通常分为六类：极度贫穷、贫穷、温饱、小康、富有、极度富有。不同地区对经济状况的分类标准不同。对于经济状况的指标，国内外研究认为经济状况更常被用于从国家经济发展的层面来探讨其对国民幸福感的影响，而收入更强调从个体或家庭收入水平的角度来考察其对人们幸福感的影响。国内大部分文献都是以个人收入或家庭收入来体现个体经济状况的（张爱莲，黄希庭，2010）。由于个人收入与家庭收入对城乡居民、老人、学生等不同群体的幸福感有着不同的影响，绝对收入和在所处环境中的相对收入对幸福感的影响力也有所不同。因此，通过对新近研究的归纳整理，我们发现多数心理学取向的研究会采用家庭收入、个人收入、绝对收入和相对收入四类指标来反映人们的经济状况。

大多数研究是以问卷的形式收集被试的具体收入数据的。从中国居民收入与财富调查问卷中我们能够发现，个体的经济状况主要与就业、家庭消费、公共服务、家庭收入和家庭财富这几方面密切相关。收入作为与居民经济状况关系最为紧密的一类指标，主要包括个人工资薪金收入、经营性收入、财产性收入和转移性净收入等部分。在本章开始我们已提到，由于各方面原因，想要弄清楚个人或家庭的经济收入在许多情况下是十分困难的。因此，本课题研究主要以个人月收入、居住地等项目来作为我国居民经济状况的衡量指标，以进一步考察经济状况与主观幸福感的具体关系。

8.2 经济状况与幸福感的关系研究

从已有的横断研究来看，收入和幸福感呈正相关，即富裕国家的居民普遍比贫穷国家的居民更幸福（Easterlin & Angelescu，2007；Frey & Stutzer，2002；Veenhoven，1989），富人普遍比穷人更幸福（Easterlin，1974；Frey & Stutzer，2002；Stevenson & Wolfers，2008）。但从时间序列（通常指 10 年及以上）来看，两者并无相关关系，即在一个国家（或社会）收入增长的同时，其居民幸福感并不会随之提高（Easterlin et al.，2010）。这种横断研究和时间序列研究结论上的不一致即"幸福悖论"，又被称为"伊斯特林悖论"。伊斯特林（Easterlin，1974）提出的收入和幸福感的关系模式引起了许多国内外学者的关注与研究，推动了该领域的进一步发展，"幸福悖论"的横断研究结论和时间序列研究结论也在此基础上日渐成熟（晏小华等，2018）。现有的关于经济状况与幸福之间的关系的研究是在以下 4 个不同层面展开的：一个国家内部、各国之间、个人收入的增加和国民经济的增长。

对一个国家内部的居民经济状况与幸福感之间关系的研究发现，贫穷国家两者之间的相关高于富裕国家。对《福布斯》杂志公布的 100 位最富美国人的考察（Diener et al.，1985）发现，他们与一般美国人在幸福感上的差异远远低于在财富上的差异。68% 的受访者（包括 77% 的富人和 61% 的一般人）认为，钱可以增强也可以减弱幸福感。另一项针对美国民众的研究也表明，个体的收入与幸福感呈正相关，但相关系数不高，仅为 0.12（Veenhoven，1991；Diener et al.，1993）。杰布等人（Jebb et al.，2018）还发现，在某些地区，过高的收入反而与较低的生活评价有关。

在各国考察经济状况与幸福之间关系的研究发现，生活在富裕经济体中的人通常比生活在贫困经济体中的人更幸福（Diener et al.，1993；Veenhoven，1991）。在西欧和北美国家，80％的人描述他们对生活比较满意。关于生活满意度的跨文化研究表明，多数国家幸福感指数均值都在5.5(1～10)以上，浮动范围为5.03到8.36(Diener，2000)。这是在情理之中的，因为良好的经济状况意味着可以享受良好的服务、教育和医疗等，从而提升人们的生活水平，进而提高其幸福感。由于财政资源与福利有很大的关联，人们预期经济收入与幸福感之间有很强的正相关。研究者对多个国家的平均幸福感水平与人均 GDP 的分析显示，两者之间的相关程度的确很高(Schyns，1998)。29 个国家在 1990—1993 年的平均生活满意度与其人均收入(以购买力为指标)之间的相关为 0.62，后来在 55 个国家的调查中得到了近似的结果(Diener，2000；Diener et al.，1995)。但富裕国家与贫穷国家人民幸福感的差异不能简单归因为财富的差异，还有其他因素的作用，如平等(Diener et al.，1999)。迈尔斯(Myers，2000)在分析 1991 年人均国民收入和幸福感的关系时发现，在最贫穷的国家里，财富对幸福感的影响还是比较大的。但是，当人均国民收入超过 8000 美元时，国家财富与国民幸福感的相关就消失了，而平等等指标的影响开始明显增大。在发达国家，如美国、澳大利亚和西欧国家，经济状况与国民幸福感之间的相关相当微弱(Ahuvia & Friedman，1998；Cummins，2000；Easterlin，2001)；而在贫穷和欠发达国家，经济状况与国民幸福感之间的相关则比较紧密(Arthad-Day & Near，2005；Easterlin，1995)。也就是说，经济收入在人们比较贫穷时对幸福感有较大影响，而一旦人们的基本需要得到满足，经济收入对幸福感的影响就变小了。迪纳等人(Diener et al.，1995)发现主观幸福感在不同的国家有非常大的差异，并与这些国家的财富有显著的相关。他们的后续研究(2002)全面验证了财富、收入和主观幸福感之间的关系：①国家的财富和该国平均主观幸福感的水平之间有高相关。②在贫穷的国家，个人收入与主观幸福感之间的相关更强；在大多数经济发达的国家，个人收入的增加并不能引起主观幸福感的显著变化。③仅获得物质成就的人实际上并不快乐。那么，收入在贫穷的国家为什么能发挥更重要的作用？维恩霍文（Veenhoven，1991）的解释是：在贫穷的国家，个人收入的增加更能满足人类固有的生理需要和心理需要；在富裕的国家，收入的增加只能刺激人们购买更多的奢侈品。

个人收入的增加与幸福感的提高没有必然联系。布里克曼等人（Brickman et al.，1978）发现中彩票的人并不比一般的人更幸福，他们从一系列平凡的生活事件中得到的快乐更少。人们的家庭经济收入与他们的主观幸福感、生活满意度和消极情感都存在相关关系。但进一步的分析表明，若把经济收入分成不同的等级，不同收入等级的被试只在生活满意度上表现出差异，而在主观幸福感和消极情感上的差异并不显著。而且在达到平均水平之后，经济收入的再增长并不会带来相应的生活满意感的增加（严标宾，郑雪，邱林，2002）。个人收入的增加不再与幸福感的提高直接相关，反而会加剧收入不平等的程度，这表明国民财富增长的平均分配是提高国民幸福感水平的先决条件（Oishi & Kesebir，2015）。

国家经济的发展也并不意味着国民幸福感的提高。譬如，在过去 20 年里，中国经济以前所未有的速度增长。然而，国民的生活满意度呈现出不同的趋势，尤其是在经济快速增长的初始阶段急剧下降，之后才有所回升（Graham，Zhou，& Zhang，2017）。此外，迪纳等人（1995）的研究发现，55 个国家的人均 GDP 与国民幸福感之间并不相关。

在日常生活中，金钱的作用被我们夸大了。金钱对幸福的影响是相对的。通过相关研究的分析可以看出，收入与幸福有如下关系：

第一，中等收入是幸福的基础或必要条件。在低收入水平下，当人们的衣食住行等基本需要得不到满足时，收入与幸福感的相关较高，增加收入就会提高幸福感。当一个国家的低收入群体占比很大时，增加他们的收入会显著提升国民的整体幸福感。第二，当个体收入达到了衣食住行无忧的水平即满足了基本需要后，或当一个国家的中等以上收入群体占比很大时，收入与幸福感的相关就会降低，收入的增加对幸福感的积极效应就会由于受到其他心理因素的干扰而逐渐减弱甚至消失。杰布等人(Jebb et al.，2018)将这种幸福感在满足基本需要之后的收入水平上持续下降的重要现象称为"转折点效应"，并强调"转折点效应"是普遍存在的。

8.3　经济状况对我国国民幸福指数的预测作用

8.3.1　研究方法

1. 研究对象

本研究采用随机分层整群取样的方法，选取了山东、山西、河南和吉林作为北方地区代表，选取了重庆、贵州、云南等省市作为南方地区代表，共对 2730 名居民进行了幸福指数调查。其中来自北方的数据有 1070 个，来自南方的数据有 1660 个。性别分布相对均衡，其中女性被试有 1398 人，占总人数的 51.21%。被试年龄最小的为 10 岁，最大的为 82 岁，其中 30～39 岁年龄段的被试所占比例最大(32.8%)。来自城市的被试最多，占 68.8%，来自乡镇和农村的被试分别占 14.5% 和 16.7%。大多数被试(78.3%)为已婚状态。在本研究中，87.8% 的被试具备初中及以上学历，45.3% 的被试具有大专及以上学历。被试的收入偏低，绝大多数被试的个人月收入分布在 1500～4999 元(70%)。

2．研究工具

本研究采用中国人幸福指数量表(修订版)，具体介绍见第 5 章。

3．数据处理

对于回收的问卷，使用 SPSS18.0 软件进行数据处理。剔除问题作答不完整的问卷和人口统计学问题填写不足 4 个题目的问卷。对于缺失值采用序列均值法进行替换。以个人月收入水平、居住地为经济指标，考察其与幸福感的关系。

8.3.2　以个人月收入为经济指标考察其与幸福指数的关系

个人月收入的四个水平分别为 1000 元以下、1000～2999 元、3000～4999 元、5000 元及以上。对各收入水平的总体满意度进行单因素方差分析，得到各水平的总体满意度均值分别为 3.483($SD = 0.756$)、3.580($SD = 0.729$)、3.770($SD = 0.726$)、3.860($SD = 0.771$)。Levene 的方差同质性检验并不显著($F = 0.594$，$p = 0.667$)，这表明这四个水平样本的离散情形并无明显差别。

整体检验结果发现，处于不同收入水平的被试的整体幸福感有所不同，$F(4, 2725) = 20.024$，$p < 0.001$，人们的整体幸福感的确会因个人月收入的不同而有所差异。通过事后检验发现，收入在 1000 元以下与 1000～2999 元的被试的整体幸福感没有显著差异，收入在 3000～4999 元与 5000 元及以上的被试的整体幸福感同样没有显著差异。除此之外，其余不同收入水平的被试之间的整体幸福感差异比较均达到显著水平，表明收入的差距越大，整体幸福感的差异越显著，高收入个体的整体幸福感水平越高。

从收入指标来看，收入越高，个体幸福感也越高，这与以往横断研究的结论一致(Easterlin & Angelescu，2007；Frey & Stutzer，2002；Veenhoven，1989)。我们强调中等收入是幸福的基础或必要条件，在低收入水平下，当人的衣食住行等基本需要得不到满足时，收入与幸福感的相关较高，增加收入就会提高幸福感。研究结果还发现，收入为 1000 元以下与 1000～2999 元的居民的幸福感没有显著差异，收入为 3000～4999 元与 5000 元及以上的居民的幸福感同样没有显著差异。我们认为可用收入等级划分来解释：低收入水平包括 1000 元以下、1000～2999 元，而 3000～4999 元、5000 元及以上则代表高收入水平。结果表明，高、低收入水平的幸福感差异显著，高收入个体的幸福感显著高于低收入个体，这与前人的研究结果一致（Veenhoven，1991；Diener et al. ，1993）。

8.3.3 以居住地为经济指标考察其与幸福指数的关系

居住地的三个水平分别为农村、城市、乡镇。对各居住地的总体满意度进行单因素方差分析，得到各水平的总体满意度均值分别为 3.569（$SD = 0.731$）、3.713（$SD = 0.750$）、3.502（$SD = 0.740$）。Levene 的方差同质性检验并不显著（$F = 0.881$，$p = 0.493$），这表明这三个水平样本的离散情形并无明显差别。

整体检验结果发现，处于不同居住地的被试的整体幸福感有所不同，$F(5, 2720) = 6.826$，$p < 0.001$，人们的整体幸福感的确会因居住地的不同而有所差异。通过事后检验发现，居住在农村和乡镇的个体整体幸福感没有显著差异，其余两两之间的差异均达到显著水平。这表明城市所具备的良好经济条件导致其居民幸福感水平显著高于农村和乡镇。

从居住地指标来看，城市与农村、城市与乡镇的总体满意度差异显著，而居住在农村和乡镇的个体的幸福感没有显著差异。原因在于，生活在富裕经济环境中的人通常比生活在贫困经济环境中的人更为幸福（Diener et al. ，1993；Veenhoven，1991）。事实上，居住地的差异意味着城乡发展水平的差异，包括收入差异、教育差异、医疗差异、就业差异、消费差异和政府公共投入差异等。这些差异与人们的生活质量、受教育程度、健康状况、工作环境、消费水平以及所能享受到的公共资源与服务等方面直接相关，从而影响人们在各领域的满意度，最终影响整体幸福感。这印证了良好的经济背景意味着可以享受优良的服务、教育和医疗等，从而提升人们的生活水平，进而提高其幸福感（Diener，2000）。

总之，收入指标主要指向个体微观经济状况，而居住地指标则主要指向地区宏观经济背景。以个人月收入和居住地为指标，考察居民经济状况与幸福感的关系，我们得出以下两个结论：第一，个人月收入对幸福感具有显著影响，收入差距越大，整体幸福感的差异越显著；高收入居民的整体幸福感水平更高。第二，城市所具备的良好经济条件使其居民幸福感水平显著高于农村和乡镇。

8.4　经济状况预测幸福的机制

8.4.1　解释经济状况与幸福感关系的理论

1. 需要实现理论

需要实现理论是以马斯洛提出的人类需要层次理论为基础的，认为生理的需要和安全的需要必须在归属与爱的需要、尊重的需要和自我实现的需要之前被满足（Maslow，1970）。因此，如果收入能够提供满足人类基本需求所必需的食物、衣服、住所等物质，它就会提高个体的幸福感。但是，除了基本的生理需求之外，人类还有很多高层次的需要，如自尊、地位、刺激寻求、自我实现等。因此，除了衣食住行以外，收入若能帮助人们满足安全、地位和能力发展的需要，则同样能增进幸福感（Diener & Biswas-Diener，2002）。

这个理论可以很好地解释为什么总体上高收入群体比低收入群体更幸福，因为高收入能给人们提供更多的物质财富和更有利的机遇与选择，进而满足其更多的需要，从而提升其幸福感。然而，它不能解释为什么国民经济的大幅度增长并没有带来幸福感的相应提高。有研究者认为，收入只有在满足人类基本需求的时候才是与幸福感相关的，一旦这种需要被满足，收入与幸福感的关系就变得不确定了（Rojas，2007；Diener et al.，1999）。这是否意味着收入对幸福感的影响存在一个阈值？此外，需要实现理论的最大局限在于它很难清晰地界定和测量个体的基本需求何时得到了满足。

2. 社会比较理论

伍德（Wood，1996）把社会比较定义为思考与自己有关的一个或多个他人的信息的过程。幸福感没有绝对的衡量标准，人们常常将自身的现有情形与周围的人进行对比，在收入方面也是如此（李静，郭永玉，2008）。对于个体来说，最重要的不是他的绝对收入水平，而是他通过和别人比较而确定的相对地位。如果相对收入水平较高，个体就会体验到更高水平的幸福感。无论是国内样本还是跨国样本的研究都显示，相对收入能够有力地预测幸福感，尤其是在人们处于高收入水平的时候（McBride，2001；Sweeney & McFarlin，2004）。社会比较有两个方向——向上比较和向下比较，两者都会对幸福感产生影响。然而，这个理论的一个难点就在于确定合适的参照点，即人们选择什么样的对象进行比较、按照什么方向进行比较。例如，人们是只与比自己富裕或比自己贫穷的人相比，还是根据所有人的收入分布来定位自己？

社会比较理论能够很好地解释为什么高收入不能自动产生高水平的幸福感，这是因为高收入的人会将自己的收入与收入更高的人进行比较。另外，它还可以解释为什么增加所有人的收入并不会提高所有人的幸福感水平，这是因为与别人相比，个体的相对收入并没有提高。但是，也有研究者对幸福感的社会比较的方法提出了怀疑，认为人格特质直接影响人们采取社会比较的方法。即人们会有意识地选择某些人进行比较：人格特质决定有些人总是向下比较，而有些人总是向上比较（卢汉龙，李维，2005）。麦克法兰和米勒（McFarland & Miller，1994）的研究发现，非抑郁、乐观的个体倾向于关注比自己做得差的人，而抑郁、悲观的个体则倾向于关注比自己做得好的人。这就说明个体的人格会影响其使用社会比较信息的方式。因此，社会比较理论如果能把人格特质考虑进来，会更加完善。

1985 年，迈克洛斯（Michalos）提出了满意的多重差异理论。根据这一理论，个体把自己与多种标准进行比较，这些标准包括他人、过去的条件、抱负、满意的理想水平、需要或目标等。个体对满意度的评价就基于现状与这些标准之间的差距，向上比较使满意度降低，向下比较使满意度升高（Diener et al. , 1999）。其中，社会比较能比其他标准更有力地预测满意度（Solberg et al. , 2002）。人们倾向于与自己圈子里的其他人进行比较，向上比较和向下比较都会影响幸福感。麦克法兰和米勒预测，人们只与比自己收入低的人相比（为了感觉好）或者只与比自己收入高的人相比（为了激发自己做得更好）（McFarland & Miller, 1994）。范围—频率理论预期，人们与收入分布中的所有其他人进行比较，而不仅仅是向上比较或向下比较（Hagerty, 2000）。史密斯等人的实验研究结果显示，范围—频率理论很好地预测了社会比较对幸福感的效应（Smith, Diener, & Wedell, 1989）。哈格蒂在自然情景中进行的两个研究也有力地支持了收入对幸福感的社会比较效应，而且结果正如范围—频率理论所预期的那样（Hagerty, 2000）。他还特别指出，尽管社会比较在幸福感的评价中起了作用，但是社会比较的效应要比收入的主效应小。据此，他提出了可以提高国民幸福感的 3 条途径：①增加国民平均收入；②缩小收入分布的范围；③改变比较的参照组，如与比自己收入低的人进行比较或者与上一代人进行比较。

3. 适应理论

适应理论认为，人们对生活环境中的变化最初会做出强烈的反应，但不久后他们会逐渐习惯，适应新的生活情境，又回到原来的幸福感水平。因此，幸福与否仅仅是对环境变化的短期反应。然而，人们会继续追求幸福，因为他们错误地相信更多的幸福在下一个目标实现后、下一个社会关系获得后或下一个问题解决后就会来临，所以他们不断地为幸福奋斗，没有意识到要从长远来看。这样看来，我们就好比站在一个快乐踏水车上，刺激的新水平只能维持快乐的旧水平，而永久的幸福就成了一种海市蜃楼般的终究不可达到的目标。

适应理论的一个有力证据来自布里克曼等人的一项经典研究（Brickman，Coates，& Janoff-Bulman，1978）。他们发现，中彩票的人并不比一般的人更幸福，而且前者从一系列平凡的生活事件中得到的快乐更少。他们用对比和适应来解释这种现象。首先，与中彩票后的兴奋和高峰体验相比，许多平凡的生活事件看起来就不那么有趣了。因此，尽管中彩票得到了新的快乐，但是它也使旧的快乐减少了，新旧快乐相互抵消使得中彩票者并不像我们所期望的那样幸福。其次，中彩票带来的兴奋会随着时间逐步消退。当他们习惯了由新的财富所带来的快乐时，这些快乐体验就不再那么强烈，对总体的幸福感就不再有很大的影响。

适应理论能够很好地解释为什么收入的增长不一定带给人们幸福感水平的提高。然而有学者认为，我们不能将适应的作用推至极端，不能认为生活事件对幸福感没有任何长久的影响。事实上，有些生活事件会对幸福感有持续的负面影响，如下岗、贫困、饥饿等，人们对其适应过程较为缓慢，甚至难以适应（卢汉龙，李维，2005）。正因为如此，我们不能简单地认为人们对经济条件改善的适应已经达到了这样一种地步，以至于经济条件改善对提高幸福感水平都没能产生实际帮助，仍需要进一步研究适应的区间。而且，即使面临相同的事件，不同的个体在适应的速度和程度上也是有差异的（Diener，Lucas，& Scollon，2006）。因此，对适应的个体差异也需要进一步研究。

4. 欲望理论

根据欲望理论，个体所体验到的满意度与他已满足的欲望占他全部欲望的比例有关（Rojas，2007）。在收入与幸福感的关系中，幸福感仅仅取决于收入欲望与实际收入之间的差距，而不是实际收入水平。实际收入占收入欲望的比例越高，人们的生活满意度越高（Stutzer，2004）。如果收入欲望不变，而实际收入增加，那么人们的生活满意度就会提高。然而，收入欲望会随着个体收入的增加而增强，因此幸福感水平不一定随收入的增加而提高。

欲望理论可以很好地解释两种情况。第一，如果社会平均欲望与人均收入同比例增长，我们就能够更好地理解为什么现代化社会中的人们在近几十年里尽管有着经济财富的大幅度增长，却没有变得更幸福。第二，如果人们评价他们的幸福感是相对于欲望而不是相对于绝对收入而言的，那么，对于一部分处于客观上不利的经济状况中的人们仍报告较高的满意度，另一部分处于客观上有利的经济状况中的人们仍报告较低的满意度的现象，我们就不必感到奇怪了。欲望理论给我们的一个重要启示是：要使我们的幸福最大化，就要尽量控制自己的欲望。

5. 评价理论

由于上述四种理论都不能单独解释所有的现象，阿尔托和尼尔（Arthaud & Near，2005）在它们的基础上引入评价理论，试图提出一种关于收入与幸福感的综合理论模型。评价理论是由迪纳和卢卡斯（Diener & Lucas，2003）提出来的，其中幸福感被定义为个体在面临环境中的刺激时所产生的评价性反应的总和。他们认为，不同个体对周围环境中信息的反应存在差异，而这依赖个体的人格、价值观和情感定向。个体对刺激的知觉比实际的刺激更能预测幸福感。阿尔托和尼尔（2005）认为，如果对收入的主观评价影响收入与生活满意度之间的关系，将有助于解释为什么需要实现理论和适应理论相对缺乏数据的支持。需要实现理论往往关注收入的绝对水平，而非它被个体所感知的重要性；适应理论关注的是收入水平的变化，而非个体所感知的收入的变化。相对而言，社会比较理论涉及了个体的知觉或评价作用，因而得到了更多数据的支持。

基于此，阿尔托和尼尔(2005)建构了对收入的主观评价对收入与生活满意度的关系的调节作用模型。这个模型把五个理论整合起来，弥补了各个理论的不足，从理论上有利于我们更准确、更深入地理解经济与幸福感的关系，但是在实践上还有待进一步验证。这就需要在以后的研究中不仅要把收入的四个指标作为自变量，还要把对这些指标的评价考虑进来，将其作为一个潜在的调节变量。

6. 动态平衡理论

以往有些研究者得出结论，认为个人收入对幸福感几乎没有什么影响。而卡明斯(2000)却认为个人收入与幸福感之间有着密切的关系，并使用幸福感的动态平衡理论来阐述这一观点。该理论认为，幸福感被维持在由人格决定的狭窄范围内。不利的客观环境会对这个动态平衡系统产生影响，但是这种影响能被两个缓冲器减弱：一个是内部缓冲器，它由可控制感、自尊和乐观这三种信念组成；另一个是外部缓冲器，它包括一些资源如他人的援助、朋友的支持等。那么，收入是怎样对幸福感产生影响的呢？首先，收入能够直接影响内部缓冲器的每种信念。例如，低收入可能会降低人们对环境的控制、良好的自我感觉以及规划美好未来的可能。其次，低收入能够降低外部资源的可得性。例如，一个收入较低的老年人可能会体验到较低的社会支持，因为他不能承担维持社会联系所需的费用。所以低收入会阻碍个体对外部资源的获得，从而使幸福感的动态平衡系统更容易崩溃。综上，卡明斯认为，低收入群体之所以会体验到低水平的幸福感，是因为他们会受到贫穷的直接和间接的双重影响。直接影响来自较差的营养和医疗条件，这会增加个体患病和残疾的可能；间接影响来自缺少应对不利环境的内部和外部资源。那么，高收入群体的情况又是什么样的呢？首先，高收入能增强他们的控制感、自尊和乐观的信念，还能帮助他们获得更多的外部资源。其次，高收入能带给他们良好的营养和医疗条件，而这又意味着他们将更少遭遇疾病，即使遭受疾病的困扰，他们也有更多康复的机会。总之，高收入通过维持和优化幸福感的动态平衡系统的功能来提升人们的幸福感。

基于以上分析，卡明斯提出了两个预测：一是低收入群体会体验到比高收入群体更低水平的幸福感，二是收入与幸福感的关系对低收入群体而言更密切。他认为，如果动态平衡系统得到维持，收入与幸福感就几乎没有什么关系。因此，虽然钱很重要，但是钱更多并不一定更好，收入超过一定水平后就不再影响幸福感。只要个人资源不足以维持动态平衡系统，幸福感水平就将低于正常范围，在这种条件下，幸福感与收入呈正相关。但是，卡明斯也指出，钱不是获得资源的唯一途径。而且，低收入对幸福感的负面影响还会受到内部信念的缓冲，因此尽管收入与幸福感的关系对低收入群体而言更密切，但绝对相关系数可能并不是很大。动态平衡理论可以说是一种人格与环境的交互作用模型，能够很好地解释高收入群体比低收入群体更幸福的现象。但是，与需要实现理论相似，它的局限在于不能界定和测量动态平衡系统何时处于需要维持的状态。

7. 概念所指理论

罗贾斯（Rojas，2007）对收入与幸福感之间的关系提出了一种新的解释，这种解释基于幸福感的概念所指理论。概念所指理论的基本内容是：每个人对于幸福生活都有自己的概念所指，而这个概念在他对自己生活质量的判断和幸福的评估中起着重要作用。因此，概念所指理论是从判断过程中的认知因素而非情感因素的角度来理解幸福的，关注的是个体对于幸福生活持有的观点是什么。概念所指理论强调异质性的重要性，也就是说，每个人对于幸福生活的概念所指是不同的，人们对于幸福是什么有不同的理解。从这个意义上说，概念所指理论打破了传统理论的假设，即每个人对于幸福生活有相同的概念所指和解释因素。为了检验这种异质性，罗贾斯在回顾大量关于幸福的哲学论文的基础上建构了 8 种幸福概念，分别是：淡泊主义、美德、享乐、及时行乐、满足、理想化的、宁静、实现。

概念所指理论还存在一些问题，有待进一步研究。例如，人们为什么有不同的概念所指，它是否受到文化、教育水平、教养方式、生活经历、媒体、人格特质等的影响；个体所持的概念所指是否具有跨时间和跨情境的一致性等。

以上每个理论分别从不同的角度解释了收入与幸福感的关系。可见，正是收入与幸福感之间涉及的多种心理过程，使得它们的关系比我们想象的要复杂得多。未来研究还需从三个方面努力。

首先，各种理论模型都有待进一步验证。有研究者认为，收入与幸福感的关系之所以令人迷惑，主要是因为缺少方法的一致性。例如，很多研究用不同的方法来测量收入，导致由同样的数据库得出相互冲突的结论。而且收入与幸福感相关系数的大小依赖所采用的数据分析方法。因此，今后在验证某个理论模型的时候需要注意四点。第一，更好地测量收入。例如，把收入划分为更细的类别，以避免被试在总体报告时对某些收入没有回忆起来。另外，不能仅仅测量收入，还需要测量个体对商品和服务的占有、使用和消费等，以免夸大或低估实际的物质生活标准。第二，更好地测量幸福感。由于总体报告法存在一些缺陷，如容易受记忆偏差、被试报告时的情绪状态、问卷项目编排顺序的影响，可尝试多种方法的结合，编制更符合国情的幸福指标体系，还可结合幸福感的生理指标如皮质醇水平和眨眼反应来作为补充。另外，对幸福感的实验研究很少，有待加强。第三，增加对中介心理过程如社会比较、收入欲望、收入评价的测量。第四，采用更高级的数据统计方法。

其次，由于每种理论各有其优缺点，且不能解释所有的现象，未来研究可尝试提出收入与幸福感关系的综合理论模型，把各种理论有机地整合起来，以便更全面、准确地解释这两者之间的关系。

最后，目前有关收入与幸福感关系的研究几乎都是在西方文化背景下完成的，而国内对这一领域的研究比较欠缺，因此本土化的研究有待加强。许多城市纷纷掀起了建构幸福指数的热潮，人们对幸福感与收入的关系也越来越敏感。如果我们能够在当前的时代背景下加强此领域的实证研究，检验已有的或提出自己的理论模型，将会有非常重要的现实意义。

8.4.2 影响经济收入与幸福感关系的因素

影响幸福感的因素可分为内部因素和外部因素。有研究表明，外部因素与幸福感只有中等程度的相关，其中人口统计学变量如经济状况、受教育程度等仅能解释幸福感不足 20% 的变异（Diener et al.，1999）。内部因素比外部因素更能解释幸福感的变异。本部分我们将厘清经济收入影响幸福感的主要因素。

1. 人格

相对而言，内部因素尤其是稳定的人格因素常常被认为是幸福感最可靠、最有力的预测源之一。金钱是幸福感的外部影响因素，人格是个体幸福感的内在预测指标，它们之间是否存在某种联系？金钱对幸福感的影响是否受到人格因素的缓冲作用？关于人格和幸福感关系的一种概念模型认为，人们具有一种幸福或者不幸福的遗传素质，这可能是先天的神经系统的个体差异造成的（Diener et al.，1999）。行为遗传学的研究有力地证明了这一点。例如，泰勒根等人考察了共同抚养和分开抚养的同卵和异卵双生子，计算出基因能分别解释积极情感和消极情感变异的 40％和 55％，而共享家庭环境只能分别解释这两者变异的 22％和 2％(Tellegen et al. ，1988)。

如果这种先天的体验某种幸福感水平的稳定倾向确实存在，那么幸福感至少在一定程度上具有跨时间和跨情境的一致性。尽管情境因素可能使幸福感偏离基线水平，但是稳定的人格因素会产生长期影响。哈迪和韦尔林提出的动力平衡模型(dynamic equilibrium model)支持了这一点(Headey & Wearing，1989)。他们指出，在经历了各种好的或坏的生活事件后，人们的幸福感最终会回到基线水平。外部事件对幸福感的影响是短暂的，内在的人格特质或认知因素则会对幸福感的维持起关键的作用。根据这一模型，收入的增加或减少会在短期内提高或降低人们的幸福感，但是由于受到人格因素的调节作用，人们的幸福感最终会回到之前的基线水平。那么，究竟有哪些具体的人格因素在金钱与幸福感之间起中介作用呢？张兴贵等人采用结构方程建模技术进行研究，结果表明，经济状况变量既与幸福感有直接关系，又通过大五人格中的外倾性和神经质维度对幸福感有间接效应(张兴贵，何立国，贾丽，2007)。外倾性和神经质之所以能够充当调节金钱与幸福感关系的中介变量，可能是因为这两个人格维度更多地体现了遗传所决定的神经系统的动力特征对行为的持久影响，更多地代表了人的自然性格(或称为气质)，具有本源性，可以被称为气质性人格(张兴贵，何立国，贾丽，2007)。大量研究表明，外倾性与积极情感呈高度正相关，神经质与消极情感呈高度正相关(Costa & McCrae，1980)。因此，具有这两种人格特质的人的幸福感可能总是处于较高水平或者较低水平，无论其收入水平如何。也就是说，金钱对幸福感的直接影响是微弱的，金钱主要通过外倾性和神经质作用于幸福感。

另一个已被证实在金钱与幸福感之间起中介作用的人格特质是控制感。例如，约翰逊和克鲁格的研究表明，对生活的控制感可以调节实际的财富与生活满意度之间的关系（Johnson & Krueger，2006）。拥有强烈控制感的人更可能采取行动为自己的目标而努力奋斗，也更可能通过奋斗实现期望的目标，从而产生更多的满意感，这种结果又增强了个体对生活环境的控制感。因此，控制感调节收入与生活满意度之间的关系或许基于这样一种方式：人们通过工作和其他途径创造物质财富，那些相信自己能够控制生活的人更可能成功地为自己创造出有利的经济资源，从而产生更多的幸福感（Johnson & Krueger，2006）。即使在经济困难的时候，控制感也是有适应价值的。拉赫曼和韦弗的研究发现，那些低收入但能够维持高度控制感的被试报告的幸福感水平几乎与高收入的被试一样高（Lachman & Weaver，1998）。他们不会将这种低收入状态视为不可变的，而是确信能够改变这种情形。因此，他们的不幸福程度比那些处于同一状态中的悲观低收入者要低得多。可见，在经济状况不利的情形中，控制感扮演了一种积极的角色，能够使人们成功地调整自己以适应这种困境，从而缓和低收入对幸福感的负面影响。当然，对于控制感的这种适应价值，也有人存有异议。有一种观点认为，对于处于不利经济状况中的人们来说，要他们相信自己能够控制这种环境是不现实的，有可能导致不恰当的自责。相反，维持对现状的评估对他们可能更有利。而且，如果低收入不能提供控制的机会，拥有高度的控制感可能还会导致失望和沮丧。因此，能够明确地意识到外在环境的限制对于低收入的群体可能更有效（Lachman & Weaver，1998）。其他人格特质如自尊、乐观等虽然与幸福感密切相关（Diener et al.，1999），但是仍较少作为调节金钱与幸福感关系的中介变量出现在实证研究中，因此这些变量的作用有待进一步验证。

随着研究的深入，在收入与主观幸福感的关系中，有研究者发现，社会支持起部分中介作用，人格成分——神经质和宜人性起缓冲作用，外倾性起增强作用，社会支持的中介作用受宜人性的调节

（王玉龙，彭运石，姚文佳，2014）。

2. 目标

埃蒙斯认为，资源会通过影响人们实现目标的能力间接影响幸福感，那些对人们实现自己的目标有利的社会资源会提高幸福感（Emmons，1986）。因此，金钱对幸福感有影响可能是因为它影响人们达成各种目标的能力。从理论上来讲，更多的金钱能够使人们达成更多的目标，从而带来更多的幸福感。但是，有这样一种观点，即财富之所以对幸福感产生影响，主要是因为它提供了满足基本的生理需要如食物、水、住房的一种手段。一旦基本需要被满足，它与幸福感的关系就变得复杂了。

基于此争议，迪纳等人深入地探讨了收入、基本需要的满足和幸福感的关系，发现即使基本需要被控制，收入仍然与幸福感呈显著正相关，表明金钱对幸福感的影响超越了满足基本的生理需要这个层次（Diener，Diener，& Diener，1995）。以上是把金钱作为实现目标所需的一种社会资源来看的，如果换一个角度，把金钱本身作为追求的目标，它对幸福感又将产生什么样的影响呢？西尔吉提出了物质主义（materialism）这一概念，他把物质主义定义为个体认为物质生活领域相对于其他生活领域更重要的一种状况（Sirgy，1998）。西尔吉认为，物质主义本身对幸福感有直接影响。相关研究表明物质主义与幸福感呈负相关，即使控制收入也是如此，那些认为金钱比其他目标更重要的人对他们的生活标准和生活质量更不满意。西尔吉对此的解释是，物质主义者把物质追求的目标设置得太高，不切实际，以致根本没有能力去实现这些目标，因而他们对自己的生活不满意（Sirgy，1998）。自我决定理论的代表人物卡塞和赖安也认为，把追求经济的成功作为生活的中心目标会降低幸福感水平（Kasser & Ryan，1993；Kasser & Ryan，1996）。他们的理论基础是：自我决定是人类天生的需求，过分追求经济目标会消耗大量的能量，这样就减少了实现其他内在目标的机会，最终阻碍幸福感的提升。他们还区分了内在目标和外在目标，其中前者是指定向于自我接纳、情感联系、团体卷入的目标。定向于内在目标的人会体验到更多的幸福感，因为这些目标与自我决定需要的满足相联系，而定向于外在目标如金钱则会使人体验到更多心理上的不适应。因此，按照自我决定理论，物质目标之所以与低水平的幸福感相联系，原因在于它缺乏自主定向。契克森米哈赖认为，如果更多的心理能量被投入到物质目标上，追求其他目标如美满的家庭、亲密的友谊、兴趣爱好可用的能量就减少了，而这些目标对于我们的幸福生活同样是必要的(Csikszentmihalyi，1999)。显然，目标的存在有助于幸福感的提升，但是我国研究者对于目标因素在经济状况与幸福感之间怎样发挥作用的探究还较少。

3. 动机

前面我们已经讨论了物质主义对幸福感的负面影响，但是也有研究者对此提出了怀疑。迪纳等人在回顾 30 年来对幸福感的研究时提到，目标对幸福感的影响似乎比简单地达到个人的目标更复杂，这暗示了目标背后的动机可能是一个重要因素(Diener et al.，1999)。早期的研究者曾提出两种类型的物质主义：一种是工具性的物质主义，指使用物质财富作为实现个人价值和生活目标的手段，这种物质主义是无害的；另一种是终极性的物质主义，指使用物质财富去获得社会地位并赢得他人的赞美和羡慕，这种物质主义是有害的(Srivastava，Locke，& Bartol，2001)。卡弗和贝尔德认为每个目标背后有 4 种类型的动机，分别是内部的(被内在的快乐激发)、认同的(反映个人的价值观)、投射的(来自内部的压力，如内疚或社会赞许)、外部的(由外部奖励或惩罚的力量引起)。前两种动机可被归为内部动机，后两种动机可被归为外部动机。目标的内部动机与幸福感呈正相关，外部动机与幸福感呈负相关(Carver & Baird，

1998）。

卡弗和贝尔德的研究的局限在于他们考虑的追求经济成功的原因有限。按照他们的假设，如果研究中包含的动机的范围更广，金钱的重要性对幸福感可能就没有主效应了。于是，斯里瓦斯塔瓦等人在后来的研究中考虑了 10 种挣钱的动机：安全、维持家庭、市场价值、自豪、休闲、自由、冲动、慈善、社会比较、克服自我怀疑。经进一步因素分析，最终确定了 3 种动机：积极的动机、行动的自由和消极的动机。结构方程模型的结果显示，当控制了挣钱的动机尤其是消极的动机后，金钱的重要性与幸福感之间的负相关关系就消失了。研究还发现，积极的动机和行动的自由对幸福感的主效应不显著。这说明物质主义与幸福感的负相关正是源自消极的动机的影响（Srivastava，Locke，& Bartol，2001）。金钱本身是无害的，事实上，当金钱被用来满足基本需求时，它是很有益处的。毕竟，没有金钱是万万不能的。但是，金钱也不是万能的。当用金钱做不能做的事情时，对它的追求就成了问题。例如，金钱不能直接减轻自我怀疑，因为缺少金钱不是自我怀疑产生的根源（Srivastava，Locke，& Bartol，2001）。因此，金钱与幸福感之间关系的关键不在于挣钱的目标本身，而在于挣钱的动机（李静，郭永玉，2007）。从收入的高低来看，当个体的匮乏性需求被满足之后，个体将会产生成长性需要。收入在一定范围内越高，随后便越有可能激发个体相应的动机并做出行动，最终影响其主观幸福感。这说明动机在收入与幸福感的关系中也存在中介效应，与本研究的数据结果相符。

4. 适应与压力

有研究者把适应定义为个体对重复刺激或连续刺激减少反应的情况（Diener，2000）。对生活事件的适应是影响幸福感的一个重要因素。布里克曼等人根据适应理论，用对比和适应来解释中彩票的人并不比一般的人更幸福，而且从一系列平凡的生活事件中得到的快乐更少的现象（Brickman，Coates，& Janoff-Bulman，1978）。正如我们前面在"适应理论"部分分析到的那样，这种好运的影响在短期内会被对比效应削弱，从长远来看会被适应过程削弱。适应可以很好地解释为什么收入的增长不一定带来幸福感的提高，当然，对此还有其他不同的解释。有研究显示，即使是正性的突然的改变或者极端的结果，也会引起压力（Vino-Kur & Selzer，1975）。还有研究者考察了购买英国足球彩票中大奖的人，发现在财富增加的同时也伴随着代价（Diener et al.，1999）：很多人辞职、社交范围缩小、成就感降低，而且当他们被希望提供经济资助时，他们与朋友和家人的关系就会变得紧张。因此，收入的增加可能导致更多的压力，冲淡了其对幸福感的积极效应。

5. 受教育水平

一些研究发现，受教育水平和幸福感呈正相关（Yakovlev & Leguizamon，2012），教育使人获得更好的工作机会和更高的工作回报（Albert & Davia，2005）。另一些研究发现，两者呈负相关或相关不显著（Clark & Oswald，1996；Layard，2006）。教育对幸福感的副作用可以从两个方面解释：第一，受过高等教育的人大多有更高的、更难实现的职业期望，这种工作上的压力降低了他们的幸福感水平；第二，随着受教育水平的上升，收入差距逐渐扩大，这种收入上的不平等对幸福感产生了消极效应（Clark & Oswald，1996）。研究发现，受过更多教育的人在成年早期会体验到更多与预期的不匹配。格雷厄姆等人（Graham，Zhou，& Zhang，2017）的研究指出，在中国，受过教育的人更有可能报告抑郁。而在中国农村，没有受过教育的人更可能对自己的生活满意，也不太可能报告不佳的精神状况。卡斯特里奥特（Castriota，2006）从另一个角度发现，个体的受教育水平越高，其绝对收入水平和幸福感的相关就越低。较高的收入使每个人都更幸福，但是在其他条件都同等的情况下，增加收入产生的边际效应对受教育水平较低的人来说更明显。也就是说，对受教育水平较高的人来说，收入增加对幸福感的积极效应更低。第二次世界大战后，全球经济复苏，教育也获得了相应的发展，发达国家民众的受教育水平普遍较高，发展中国家的教育事业也得到迅速发展，这可以为"幸福悖论"做出部分解释。

6. 社会资本

社会资本是幸福感的重要决定因素（Bartolini，Bilancini，& Pugno，2013），社会资本下降是幸福感水平下降的一个重要原因。研究发现，从短期来看，收入是预测幸福感的有效因素，但从长期来看，社会资本才是幸福感趋势的唯一预测因素（Bartolini & Sarracino，2014）。这与"幸福悖论"的论点"从短期来看，收入和幸福感呈正相关，而从长期来看，两者无关"不谋而合。研究者指出，经济的增长对幸福感产生了积极效应，但同时导致了社会竞争的增强、人际关系的减弱。这就是发达国家的人们能够比经济水平较低的国家的人们感受到更多的幸福感，但不能进一步大幅提升幸福感的原因。研究者还指出，社会资本下降是对当今世界普遍存在的"幸福悖论"现象的一种解释。巴尔托利尼等人（Bartolini et al.，2013）对美国的研究指出，如果美国的社会资本保持在 1975 年的水平，那么美国人的幸福感就会上升，而不是实际表现出来的下降。

7. 个人主义—集体主义

个人主义—集体主义作为影响幸福感的一种文化因素（Triandis，1989；Joshanloo & Jarden，2016），具有如下特点：在个人主义社会中，人们把个体看作基本单元，为个人目标和愿望奋斗，这使个体有更大的自由追求个人目标，并在更大程度上追求幸福；在集体主义社会中，人们把群体看得更重要，致力于实现群体目标，这使个体获得更大的社会支持，并借以提高幸福感（Diener et al.，1995）。个人主义—集体主义不仅能直接影响幸福感，还能间接影响幸福感。

一个民族的智慧水平是它的国民生活满意度的一个积极预测因素，在个人主义的文化里，这种关系更显著（Stolarski，Jasielska，& Zajenkowski，2015），而高度的集体主义会降低平均收入对生活满意度的影响（Opfinger，2016）。研究表明，在集体主义国家里，人们周围的关系模式导致集体主义对幸福感是有益的（Spasovski，2013）。

8. 婚姻状态

研究表明，婚姻使人有更好的机会从持久的亲密关系中获益，使人忍受更少的孤独、远离压力（Stutzer & Frey，2006）；离婚作为一种负性生活事件，会降低幸福感的水平（Rukumnuaykit，2016）。迪特拉和麦卡洛克（di Tella & MacCulloch，2008）的研究指出，法国在20世纪最后25年离婚率的上升给国家带来的经济成本相当于10个点的人均GDP。安杰利斯（Angeles，2011）认为，幸福感在经济增长的同时停滞不前的现象并不构成悖论，计量经济学分析表明，收入对幸福感的积极效应没有变，它只是被其他社会经济变量的变化尤其是离婚的盛行抵消了。这个研究与其说是对"幸福悖论"的反驳，不如说是对它的解释。中国（Xu，Qiu，& Li，2016）、美国（Kennedy & Ruggles，2014）、印度（Dommaraju，2016）、中东和北非的大部分国家（Fereidouni，2016）都经历了离婚率的上升，许多欧洲国家自20世纪70年代早期起也都经历了离婚率的上升。作为组成社会的基本单元，家庭的稳定和完整带给人安定感和归属感。家庭生活是个体幸福感的重要来源之一（Easterlin，2006）。离婚意味着原本可以从配偶那里得到的爱、承诺、支持的丧失，离婚率的普遍攀升趋势是产生"幸福悖论"不可忽视的原因。

这些研究基本上都肯定了收入对幸福感的积极效应，也就是说，收入增长可以提高幸福感，只不过收入对幸福感的积极效应被其他因素的消极效应抵消了，最终呈现出收入增长、幸福感却停滞不前的表面现象。上述众多研究结果对于破解"幸福悖论"具有深刻的意义，但需要注意的是，每个国家的实际情况不一样，不同国家的"幸福悖论"应有不同的解决之道。米库茨卡、萨拉奇诺和杜布罗（Mikucka，Sarracino，& Dubrow，2017）对包括发展中国家、转型国家和发达国家在内的 46 个国家的研究发现，增强社会信任可以使收入增长和幸福感提高和谐共存，但是在发达国家，在增强社会信任的同时还必须具备一个条件——降低收入的不平等程度。因此，破解"幸福悖论"应考虑国家差异。另外，经济发展的程度不同，幸福感的影响因素也不同（Bhuiyan & Szulga，2017）。同一个国家的"幸福悖论"的成因不是一成不变的，用动态的眼光看问题是很重要的。

综上所述，以上各种因素能否对收入和幸福感的关系做出科学解释，需进一步验证。其他对幸福感具有消极效应的因素如失业（Lawless & Lucas，2011）、通货膨胀（di Tella，MacCulloch，& Oswald，2001）、通勤时间（Nie & Sousa-Poza，2016）等能否对"幸福悖论"做出解释，它们在收入和幸福感的关系中扮演了何种角色，也值得进一步研究。至于工作时长这种与经济增长呈正相关、与幸福感呈负相关的变量（di Tella & MacCulloch，2008），其作用就更值得关注了。

8.5 提升经济幸福感的措施

8.5.1 个人方面

首先，个体应争取通过自己的努力奋斗获得基本的生活条件，借助心理策略提高幸福感。幸福感在一定程度上取决于稳定的人格因素，如外倾性和神经质，而且乐观的信念、有控制感和高自尊会降低低收入对幸福感的负面影响（李静，郭永玉，2007；2008）。因此，低收入者更需要保持乐观和有控制感的生活状态，相信自己能在一定程度上创造条件改变自身的经济状况乃至整个生存状况。此外，要尽量使自己更外向一些、情绪更平和一些，多接触外向平和、乐观向上的人，积极寻求社会支持，建立安全的依恋关系。社会支持也是幸福感的重要预测源，尤其是在低收入条件下，社会支持对幸福感的积极作用更强烈。

其次，个体不要总是向上比较，要适当向下比较，保持平和的心态。我们常说的"比上不足，比下有余"的心态，就有助于自己在一定程度上缓解经济压力、提高幸福感。我们还可以采取策略，降低社会比较对幸福感的负面影响。例如，在消费行为方面，如果在满足基本的物质生活所需以外还有更多的收入，不妨把这些收入投资到生活经历上（如旅游、看演出、健身运动等），这会比把它们投资到物质财富上（如买珠宝等奢侈品）更让人幸福。研究表明，比起物质财富，生活经历不容易被拿来与他人进行比较（Boven & Gilovich，2003；Boven，2005；Carter & Gilovich，2010）。此外，建构有利于提升幸福的价值观也是很重要的。研究发现，内部定向的价值观（如看重潜能的发挥和道德的完善）不仅对幸福感的提升有积极作用，而且能够减弱参照收入对幸福感的负面效应，而外部定向的价值观（如看重物质财富和功名权力）则刚好相反（Georgellis，Tsitsianis，& Yin，2009）。

最后，个体应适当控制物质欲望的增长，设置合理的生活目标。欲望无止境，要求太高不仅不会提高幸福感，反而会增添烦恼。金钱是个人实现生活目标所需的条件或手段，但是如果无止境地追求更高的收入，把获取物质财富作为生活的中心目标，以致形成一种物质主义的价值观念，就会大大降低个体的幸福感，这一点已得到众多研究的支持（李静，郭永玉，2008）。因此，当基本的物质生活需要已经得到满足，即维持一个人的生活必备的物质条件已经有保障以后，就要适当控制物质欲望的增长，从生活中寻找其他快乐因子，特别是更多地致力于精神需要的满足，如求知、审美、潜能实现、终极关怀等。物质生活和精神生活达到平衡的状态才是最让人感到幸福的(Sirgy & Wu，2009)。研究者还发现一种有助于人们保持适度物质欲望的心理能力——专注(mindfulness)，它是指对当前内心体验接纳性的关注。专注的个体更多地注意和享受自己内心的感觉和体验，更强调内部目标(如亲密关系、兴趣爱好、个人发展)的实现，而较少关注外在的金钱和物质商品带来的快乐，从而更不容易受到物质消费信息的影响。而且，专注能使个体更多地接纳自我和自己的处境，从而使个体产生"我所拥有的东西是足够的"这种知觉。

8.5.2　家庭方面

家庭对个体主观幸福感的影响是持续的，而且影响时间最长。因此，从家庭方面采取有效措施对提高人们的主观幸福感有很大帮助。

首先，良好的家庭环境与氛围有利于提高个体的幸福感。家长应加大教育力度，积极推行德育教育，提高子女的整体素质，从而提高子女的幸福感。

其次，家长应尽可能地提高婚姻质量、注重家庭结构的完整性、促进家庭成员相互支持等，这些对子女的幸福感的积极作用同样不可低估。

最后，家长良好、适度的教养方式对子女的心理健康有重要的积极作用。应减少无端批评、冷漠、施压式教育，从而进一步提高子女的幸福感。

8.5.3　社会方面

首先，政府要进一步协调经济和环境的关系，注意环境的保护，为居民提供良好的生态环境，确保人和自然的和谐统一。

其次，政府要加强履行社会治理的职能，营造公平、信任、个人利益得到良好保护的和谐氛围，为国家进步、社会和谐打造良好的环境基础，提升居民的幸福感。从工作的角度来看，政府要加强就业引导和职业教育，积极引导人们基于个人的长处特点选择职业，而非盲目从，如通过媒体宣传使人们树立正确的择业观。同时，政府应高度关注低收入群体的生存状态，着力缩小贫富差距(李静，郭永玉，2010)，积极创造更多的岗位和良好的就业环境，帮助居民实现个人价值，提高居民的幸福感。

最后，政府要从政策方面建立评价社会发展的主观指标，确立科学的发展目标，促进经济快速与良性发展。既要促进经济总量的增长，也要注重经济质量的提高。通过加强公共危机的应急处理、建立和完善利益调整机制等举措来进一步提升我国居民的主观幸福感，实现人民安居乐业、社会安定有序、国家长治久安。

8.6 结语

幸福是人类永恒不变的追求(黄希庭，苏彦捷，2010)。也许正因为如此，国内外众多心理学家、社会学家和经济学家针对幸福感及其影响因素开展了大量研究。幸福感研究领域的发展方向反映了社会热点的变化趋势。随着我国经济社会的发展，如何提升民众的幸福感受到了来自多方面的前所未有的关注。这是因为幸福感既与个体的生活质量和身心健康密切相关，也关系到社会的和谐与稳定，对幸福感进行系统的研究有助于切实提高我国居民对于政治、经济、环境、人际以及健康等层面的满意度。国家统计局 2007 年推出的"幸福指数"这一测量指标，也充分说明了幸福感研究的重要性(王彤，黄希庭，陈有国，2017)。

从幸福感与经济状况的关系的视角出发，了解收入与幸福感的关系对提高中国国民的幸福感具有重要的现实意义(李静，郭永玉，2010)。"让人民生活得更加幸福、更有尊严"已成为当前我国政府工作的重要目标，这个目标如何才能实现呢？从收入与幸福感的关系来看，要想提高幸福感，首先要提高收入，以满足人们基本的物质生活需要。当收入超过这一基本水平之后，要想继续保持或进一步增强幸福感，就应该试图减少其他因素诸如社会比较、收入不平等、适应不良和欲望等带来的消极效应。这整个过程需要国家、社会和个人的共同努力。

综上所述，本章在理论层面更加系统、全面地描述了我国居民的主观幸福感与经济收入的关系，更加合理、科学地解释了在我国经济发展水平的大背景下对人们的幸福感产生影响的各层面因素。本章在实践层面更加准确有力地预测了后续我国居民经济状况与幸福感的动态关系，提出了在多个层面上更有利于国家、民族、人民的应对措施与策略，包括建议政府采取适当的政策更好地促进社会的有效运转和良性发展。这对于人民生活质量的提高和精神文明的建设有重要的现实意义，对于促进我国心理学的发展也有重要作用。

婚姻状况与幸福指数

从古至今，中国人对幸福的定义不能没有和谐的婚姻生活。"死生契阔，与子成说。执子之手，与子偕老"表达了夫妻二人彼此约定相伴厮守到老的决心，"将翱将翔，弋凫与雁。弋言加之，与子宜之。宜言饮酒，与子偕老。琴瑟在御，莫不静好"描绘了一对夫妻射禽、烧饭、对饮、琴瑟相和的幸福婚姻生活。中国古诗词中有许多描述婚姻生活并流传至今的佳句，除了上文中的句子，我们也会读到"白头偕老当年誓，如今未老生怨愁"这样对婚姻状况感到失望无奈的诗句。毋庸置疑，婚姻状况与幸福感之间一定存在微妙又深刻的关系。

在现实生活中，我们感受到的幸福来自方方面面。婚姻状况与人际关系满意度的关系最为密切，也是影响人们幸福感的重要因素之一。和谐稳定的婚姻是社会和谐的重要组成部分。研究婚姻状况与幸福指数之间关系对提高婚姻质量具有积极意义，在一定程度上为个人的成长和发展提供了有力指导，对于家庭关系的稳定以及整个社会婚姻关系的发展产生了积极影响，对促进和谐社会的发展也具有现实意义。稳定的婚姻家庭关系是构建和谐社会的基础和条件，如果一个社会的整体婚姻质量下降、离婚率不断提高，那么生活在这个社会中的人对婚姻的持久预期和向往程度必然会大幅度下降，会做出不乐观的判断，更不愿意把自己的时间、精力或感情过多地投入婚姻中，造成婚姻不幸福者增多或不幸福感程度增加，从而对社会的和谐与稳定造成不利影响。总之，从个人的角度来看，对婚姻状况与幸福指数之间关系的探讨对实现个人的成长与发展、提高婚姻质量具有积极意义；从家庭建设和社会发展的角度来看，对婚姻状况与幸福指数之间关系的探讨对建立稳定的婚姻关系、发展健康的家庭关系、促进和谐社会的发展具有重要的现实意义（周沫，2008）。

9.1　婚姻状况

9.1.1　婚姻状况相关概念的界定

1. 婚姻满意度

婚姻满意度指已婚夫妇对婚姻关系满意程度的评估，是衡量婚姻生活质量的指标之一。婚姻满意度主要包括物质生活满意度、躯体愉悦满意度、夫妻调适满意度和人格行为满意度四个方面（孙丽岩，王建辉，吴友军，2002）。婚姻幸福感和婚姻满意度的概念相似但不相同，两者都是指夫妻从婚姻中获得的积极感受，但婚姻幸福感更侧重情感评估，而婚姻满意度包含更多的认知成分。

2. 婚姻质量

不同学派对婚姻质量的概念一直存在争议，个人感知学派认为婚姻质量就是当事人对婚姻的主观感知质量，即当事人对婚姻的满意度。而调适学派则强调婚姻质量的客观性，认为婚姻质量是夫妻之间关系的结构特征或这种特征的具体存在和统计表现，也就是婚姻关系的客观调适质量。无论依据哪种定义，婚姻质量都是幸福感的重要影响因素。

3. 婚姻调适

婚姻调适是指个体用来获取既和谐、融洽又富有功效的婚姻关系的过程或做法（Locke，1951；Spanier ＆ Cole，1976），其概念强调提升幸福感过程中个体对婚姻状况的主观能动性。在婚姻生活中，可以从情感、沟通与解决冲突、个人习惯、夫妻生活及角色方面对婚姻关系进行调试。研究表明，婚姻调适程度能够客观反映婚姻的幸福程度，而婚姻的幸福程度是主观幸福感的重要组成部分（Haring-Hidore et al.，1985；李艳兰，2010）。

4. 婚姻承诺

婚姻承诺在心理学领域内有很多解释：凯利（Kelley，1983）给出的解释是个体希望维持这种关系的愿望；马塞利娜（Moorrnan，2000）将婚姻承诺定义为"持久性地渴望维持具有价值的婚姻关系"的表现；鲁斯布尔特和范·兰格（Rusbult ＆ Van Lange，1996）认为婚姻承诺是牢固的婚姻关系的内在表现，包括长期的倾向和与关系联结的意识。研究表明，给予更多承诺的配偶往往对彼此更加包容（Rusbult ＆ Verette，1991），在解决问题与主动沟通方面更加有效（Robinson ＆ Blanton，1993）。婚姻承诺往往带给夫妻彼此足够的安全感和信任感。

5. 婚姻期待

婚姻期待指个体对婚姻的期望，与对婚姻生活的满意度、婚姻质量关系密切。许多婚姻关系的结束与个体的婚姻期待落空，从而产生挫折感、绝望感有关。最早对婚姻期待的探索结果都是通过临床实践得到的，在临床咨询过程中，治疗师帮助来访者通过对自己婚姻期待的调整来提升婚姻关系的质量（Sullivan ＆ Schwebel，1995）。婚姻期待得到满足的个体会对婚姻质量产生更积极的评价，婚姻期待受挫的个体则会对婚姻质量产生更消极的评价。早期的研究发现，对配偶的期待受挫会预测夫妻双方较低的婚姻满意度和幸福感水平，其中妻子的期待受挫水平的预测作用大于丈夫（Hackel & Ruble，1992；Ruvolo & Veroff，1997）。婚姻期待与婚姻实际状况的相符程度是影响夫妻幸福感的重要因素。

9.1.2 婚姻状况的测量

对婚姻状况的测量一般采用自陈报告量表，大致可分为三类：第一类是将婚姻生活的具体内容作为考察项目，第二类是以婚姻生活的某一特征作为考察维度，第三类是将两者结合。根据对婚姻幸福感的不同界定，不同理论对其的测量有不同的标准。

婚姻调适问卷由洛克和华莱士依据婚姻调适理论共同设计，在临床上用于区分对婚姻满意和不满意的夫妻，题目少且使用方便；斯帕尼尔（Spanier）在原有婚姻调适问卷的基础上编制了配偶调适量表，将夫妻双方的满意度、凝聚力、一致性和情感表达作为婚姻质量的标准；艾弗斯、奥尔森和巴鲁迪（Ives，Olson，& Baroudi，1983）编制的婚姻调查表涵盖了婚姻质量的主要方面，主要用于婚姻咨询工作，有助于进行有针对性的婚姻治疗，得到了广泛应用；弗劳尔斯和奥尔森（1993）在婚姻调查表的基础上进一步修改简化，编制了婚姻满意度问卷。有研究者提出以自我对婚姻的主观感受即婚姻满意度来测量婚姻质量，开发了一些非常简短的测量工具，如婚姻质量调查表和诺顿（1983）研制的堪萨斯婚姻满意度量表。20 世纪末，又有研究者提出以婚姻满意度来测量婚姻质量难以全面反映夫妻关系多元、复杂的内涵，如芬彻姆和林菲尔德（Fincham & Linfield，1997）将感情体验划分为积极情感和消极情感两个维度，在配偶调适量表、婚姻调适问卷的基础上编制了积极和消极婚姻质量量表。

20 世纪 90 年代，我国开始重视对婚姻质量的测量和评估。进入 21 世纪以来，我国学者开始研究婚姻对幸福感的可能影响。徐安琪和叶文振(2002)通过访谈等形式制订了婚姻质量多维组合量表，包括夫妻关系满意度、物质生活满意度、性生活质量、双方凝聚力、婚姻生活情趣和夫妻调适结果 6 个维度，并检验了量表的内部一致性信度和结构效度，但量表的使用范围较为有限；程灶火(2004)借鉴婚姻调适问卷、婚姻调查表并结合自身咨询经验编制了中国人婚姻质量问卷，包括性格兼容、夫妻交流、化解冲突、经济安排、业余活动、情感与性、子女与婚姻、亲友关系、家庭角色和生活观念 10 个维度，研究表明问卷的重测信度、同质信度、结构效度、效标效度和实证效度均较理想，符合心理测量学的要求(张姝婧，2012)。

9.1.3 婚姻状况的相关理论

1. 婚姻满意度理论

婚姻满意度理论关注个体对婚姻的感性认知，认为婚姻质量与主观婚姻满意度的概念是相同的主观概念，两者都是个体对婚姻生活主观感受及配偶之间关系的综合评价。以婚姻满意度理论为解释基础的研究会以夫妻双方作为研究主体，认为高质量的婚姻是夫妻双方对婚姻关系高满意度、高幸福感的体现。

2. 婚姻调适理论

婚姻调适理论以婚姻关系本身作为研究对象，认为婚姻质量就是夫妻关系的客观调适质量。婚姻调适理论以夫妻双方互动模式、冲突数量、交流状况以及夫妻间的结构特征为测量指标，其对婚姻质量的研究涉及夫妻双方的情感交流、价值观差异、冲突解决途径等方面，强调从客观的角度分析婚姻关系可能会与幸福感存在相关。

3. 社会角色理论

社会角色理论认为，社会行为上的性别差异源于社会所制定的两性劳动分工形成的性别角色期望及性别类项技能上的差异，两者促成了男女在社会行为上的不同。由该理论进一步提出的性别差异理论认为，家庭分工在很多社会里是以性别为依据的：男性外出工作，女性在家劳动。我国传统意义上的家庭分工一直以"男主外，女主内"的模式为主，随着教育政策的落实以及平等意识的增强，我国婚姻关系的角色分工不再拘泥于此，"男主内，女主外"和夫妻二人共同分担经济与家庭责任等模式应运而生。以性别为依据的家庭分工会造成人们对性别角色的期望——社会成员期望男性与女性各自所具有的属性与其角色相符，因此我们期望女性比男性更有母性、更加友善、更加善于表达感受及更敏感，认为女性更应该在家里照顾父母和孩子。但是，幸福的夫妻双方在婚姻中各自的分工与责任上是没有冲突的。社会角色理论为解释夫妻在婚姻中责任分工的不同提供了理论基础。

4. 社会交换理论

社会交换理论认为，择偶实质上是一种资源的交换行为，交换成功的条件往往是择偶双方具备相似的资源基础。因此，物质基础、社会经济地位、家庭背景、性格特质以及相貌身材等经济性与非经济性资源的同质性就成为现代社会同质性婚配的重要条件，但每一项条件同质的重要性因人、因时和因地而异。择偶在很大程度上是为了让个人利益最大化，如果夫妻在各方面匹配并能从对方那里得到自己缺少的部分，那么他们结合后的幸福感水平可能比单身时的个人幸福感水平要高。在中国传统社会中，婚姻的结合讲究"门当户对"，其中就可能包括双方在社会经济地位上的匹配。双方的社会经济地位以及家庭背景越相似，他们的幸福感水平就越高。但是，并非所有"门当户对"的婚姻都是完美的。有研究显示，婚姻的"门当户对"与离婚率存在一定的相关（陆益龙，2009）。

5. 社会选择理论

社会选择理论认为，那些在心理健康以及财务状况方面更满意的人也是更有可能结婚的人。婚姻不一定能提高幸福感，但是已经很幸福的人更有可能选择结婚（Ross，Mirowsky，& Goldsteen，1990）。用"快乐的人可能会更快乐"来解释的话，乐观向上的品质使快乐的人更容易走进婚姻的殿堂（Mastekaasa，1992）。他们也会吸引到更成功的或者与其类型相同的人，并且他们的婚姻生活体验更加幸福。相反，不快乐的人更容易遭受各种心理问题的困扰，会更担忧结婚后可能带来的压力和麻烦。这些问题会阻碍他们走向婚姻，甚至会导致婚姻关系破裂。但是这也不是绝对的，有研究就表明，对生活最满意的人对婚姻的态度反而是最不积极主动的（Lucas et al.，2003）。

6. 其他相关理论

在婚姻生活中，相互的信任与承诺会增强彼此对对方的依赖，承诺结构模型解释了婚姻承诺在信任与幸福感之间所起的作用，婚姻生活中的信任通过对配偶的承诺（如遵守约定等）以及对婚姻的承诺（如丈夫对妻子说"我一定给你一个幸福的家"等）影响幸福感。幸福的婚姻承诺是为成功的婚姻做出贡献的重要因素之一（Ferguson，1993）。也有研究者从社会学习理论的角度分析，认为夫妻关系是彼此交流、沟通的方式的产物。西方研究已发现，积极、高质量的沟通方式与婚姻满意度和稳定性有很高的相关。社会因果关系理论则认为，婚姻本身通过增强情感和经济支持来提高幸福感，同时也会减少生活的艰辛，保持或者提高幸福感。韦特和莱勒（Wait & Lehrer，2003）提供了一种较为详细的机制，来解释婚姻可能带来的积极影响：社会融合和社会支持。这两种影响指出，结为伴侣的最终结果是成为同居关系或者夫妻关系。这两种关系的区别在于是否受到法律的保护。

9.1.4   我国国民婚姻状况分析

研究者在分析中国 20 世纪 90 年代以来的婚姻状况时，发现 1990 年至 2011 年，在人口基数呈逐年递增的态势下，结婚登记人数明显呈现先下降后上升的波动趋势。在 1980 年至 1990 年，由于生育率波动，我国出现了出生小高峰。从 2005 年开始，生于出生小高峰的人群逐渐达到适婚年龄，造成了结婚登记对数及粗结婚率的大幅反弹。离婚登记对数基本呈现逐年增加的趋势，且在 2001 年前后呈现先缓升后陡升的趋势，这与中国社会发展过程中文化价值观的变化有关，婚姻的解体逐渐被人们看作正常的现象(高颖，张秀兰，祝维龙，2012)，个人选择机会的增多也使一些夫妻鼓起勇气寻求自己的幸福。也有研究在一定程度上解释了婚姻"中年危机"的出现。自 20 世纪 90 年代以来，离婚人数不断上升，其中 30 岁以下年龄组的离婚情况变动不大，而 30~54 岁年龄组则出现了较大的变动。由于迈入中年的夫妻的感情已由婚姻初期的浓烈转为平淡，婚姻逐渐走入平淡期，且中年夫妻上有父母需要照料、下有处于求学期的子女。这些日常生活中的压力加上部分中年男性的事业已渐渐走向成熟，无法抵挡外界的诱惑，最终使婚姻走向解体(陆杰华，王笑非，2013)。

研究者强调，人口流动的增加会使未婚以及离婚的人口比重增加，同时经济发展会带动婚姻观念的转变，从而影响婚姻的变动。以追求经济利益最大化为特征的市场经济也可能促使人们的心理需求倾向于功利性，导致开放的现代婚姻逐渐取代保守的传统婚姻，进而使得婚姻当事人在面对婚姻不幸福或为了某些经济利益时往往会选择离婚。最后，未婚男性的数量远大于未婚女性。研究者认为，婚姻市场里可供选择的男性和女性人数相差较大，从而出现比例失调，导致未婚者不能按照传统的偏好择偶，婚姻行为发生较大变化，造成婚姻拥挤(郭志刚，邓国胜，2000)。在传统婚姻家庭中，婚姻的稳定性主要靠生育、血缘关系等外在因素来维系；而在现代社会，女性对自身婚姻更有自主权，婚姻的稳定性主要靠双方的婚恋观及自身的文化素养等内在因素来维系。这对我国未婚率、离婚率的上升也有一定的影响（孙炜红，张冲，2013）。

已婚者的婚姻状况也是研究者的研究重点。中国科学院心理研究所 2007 年国民心理健康状况调查的结果显示，已婚人群的婚姻质量较好，且存在性别差异。随着结婚年限的增长，女性的婚姻调适问卷得分的变化趋势表现为 U 形曲线，中期的婚姻质量较低，而初期和末期的婚姻质量较高。研究者分析，婚姻质量的性别差异可能来自以下方面：第一，男性和女性在处理婚姻状况中的问题时有很大不同。对于婚姻中的这些压力事件，受教育程度较高、个人收入较高的女性可能具有较多的个人积极资源，可以更好地应对；而男性在婚姻中面临的调整和挑战与高学历、高收入带来的优势没有太大关系。第二，男性和女性的婚姻满意度受到性别角色约束的影响：高学历、高收入的女性受到的性别角色的约束强度相对较小，角色行为的界限也相对模糊，如操持家务的时间相对较短、在婚姻中的独立性较高，因而其婚姻满意度较高；而性别角色的约束强度在不同学历和收入水平的男性群体中可能差异不大。但值得注意的是，城市与农村男性受到的性别角色的约束强度差异较大。农村男性拥有更多的家庭实权，肩负着养家的责任，婚姻价值观相对保守（张萍等，2008；王宇中，赵江涛，2009），因而其婚姻调适能力相对较差，婚姻质量相对较低。

一项历时 4 年、由上海社会科学院社会学研究所副研究员徐安琪主持的中国婚姻质量调查为公众提供了对比数据。调查主要采用入户访问的形式，对上海、甘肃、广州和哈尔滨的 800 对夫妻进行问卷调查。认真分析和比较数据后，专家组得出结论：妻子的年龄大于丈夫的婚配模式更佳，核心小家庭（夫妻）的结构更有助于提高物质生活情趣，般配的夫妻的婚姻质量更好，丈夫较豁达忍让以及承担较多家务有利于提高婚姻关系满意度……并且研究者通过对婚姻质量的打分发现，75%的家庭的婚姻质量达到了中等水平，只有3%的夫妻关系可以被称为是高质量和完美的。

9.2 婚姻与幸福感的关系研究

婚姻是社会生活的重要组成部分（Myers，Madathil，& Tingle，2011），是一切家庭关系的基础。最早对幸福的探讨来自哲学，亚里士多德继承了梭伦、苏格拉底和柏拉图的幸福观后提出了自己的幸福观。他认为幸福是灵魂的一种合于德行的实现活动，强调人的潜能的充分发挥与自身价值的实现。"男大当婚，女大当嫁"，成家立业、代代相传是中国人的传统观念。婚姻是一座"围城"，城外的人想进来，城里的人想出去。人们带着对幸福美满、白头偕老的憧憬步入婚姻，但婚后又不得不面临柴米油盐、生儿育女等压力，现实的情形与爱情的浪漫相去甚远。当下，中外学者开始从经济学、社会学等角度全面分析经济、社会环境、年龄、婚龄、性别、教育、职业等因素对幸福感的影响。

9.2.1 婚姻状况对幸福感的影响研究

从20世纪50年代起，幸福感的研究视角逐渐从哲学转向了心理学。心理学研究者认为，婚姻是社会关系的主要成分，是决定主观幸福感和身心健康水平的重要因素。婚姻幸福感是指夫妻对在婚姻关系中体验到的幸福感或满意感的主观评价。有研究显示，婚姻幸福感水平高的人的身心更加健康，其应对消极生活事件的能力也更强。同时，幸福的婚姻对孩子的学业和社会适应能力具有积极影响（张会平，2013）。还有研究表明，已婚个体的幸福感水平最高，而处于单身、同居、离异、丧偶等状态的个体的幸福感水平较低（Mastekaasa，1994；

Stutzer & Frey，2006；Diener，Gohm，& Suh，2000；Chapman & Guven，2016）。

进入 21 世纪以来，我国研究者的研究重点从起初的探讨我国居民幸福感的整体状况逐渐向探究相关变量对主观幸福感的影响转变。在研究范围方面，邢占军（2002）认为西方学者先后形成了对生活质量、心理健康和心理发展三种意义的研究取向；在研究社会因素对主观幸福感的影响方面，池丽萍（2016）等人认为社会支持特别是配偶、父母、朋友的支持都会影响个体的主观幸福感。研究者基于相关数据分析我国居民主观幸福感的影响因素，结果显示我国居民的幸福感水平整体较高，婚姻对幸福感有显著的预测作用（陈婉婷，张秀梅，2013）。

婚姻通常被认为会通过增加财政资源、促进身体健康和提供更多的情感支持来提高个体的幸福感。研究指出，婚姻可以为个人和家庭带来下一代的希望、经济的支持，还有"老来伴"的幸福生活（Rook，1984）。阿盖尔（1999）认为婚姻可以提高个体的自尊，还可以缓解个体的生活压力。斯图泽和弗雷（2006）认为，夫妻共同活动带来的愉快、没有孤独感、促进自尊和情感支持都是促进幸福感的重要方面。坎贝尔等人在 20 世纪 70 年代的调查结果表明，婚姻和家庭是预测美国人总体幸福感的 15 个因素中最主要的两个。婚姻状况的变化是成人社会生活中的重要转变之一，人们倾向于认为婚姻是一件积极的事情。但同时，婚姻在 50 个压力事件研究中，排在第 7 位。因此，婚姻是令人愉快的、对生活有益的，但也可能带来很大的压力。

婚姻与主观幸福感的关系密切。主观幸福感的多层次结构模型将幸福感分为三个层次、四个领域：最高层次指整体幸福感，反映人们对生活幸福感的整体评价；次高层次包括积极情感、消极情感、一般生活满意度和具体生活领域满意度；最低层次是对以上层次成分的说明，如积极情感包括喜悦、满足等。对婚姻与幸福感关系的评价涉及每一层结构的分析。就次高层次的幸福感来讲，婚姻关系的和谐会提高生活满意感，与配偶生活过程中产生的高兴的、生气的情绪都会影响情感体验。而婚姻满意度也是具体生活领域满意度之一，愤怒与较低的婚姻满意度有关（Gottman & Krokoff，1989）。对婚姻质量和主观幸福感的测量都是从主体自身满意度的角度进行的，对婚姻质量的测量主要要求主体对婚姻关系内在层面如情感交流、角色分工、化解矛盾方式等方面的满意度进行评估，对主观幸福感的测量主要要求主体对现在的生活状态及经历的生活事件如工作、和朋友的关系、婚姻质量等方面的满意度进行评估。

婚姻会影响幸福感的内容结构。在已有的测量中，已婚人士与未婚人士的幸福感结构有所不同。已婚人士的幸福感包括 5 个维度，即情感沟通、理解支持、夫妻生活、相互忠诚和矛盾解决，同时受到其他人口学变量如年龄、婚龄、职业和子女人数等的影响。在已有研究中，对已婚人士幸福感的探究缺少对健康状况和家庭关系的考察，这与社会医疗保障的完善以及以小家庭为主的家庭模式有关。

有研究者认为，婚姻促进幸福感的机制源于两个方面：一是通过增进工作的幸福感而增进幸福感，二是通过促进健康而提升幸福感（袁正，李玲，2017）。阿马托（2014）研究发现，结婚和同居会促进心理、身体健康，这种正向预测对男性长久存在，但是对女性的作用相对较弱。已婚人士患高血压、心脏病、癌症、肺炎、痴呆等疾病及动外科手术的可能性会更小，遭遇交通事故甚至被谋杀的可能性也较小（Lyubomirsky，2008）。

迪纳等人（2000）对 42 个不同国家样本的研究发现，婚姻与主观幸福感之间的关系是稳定的。随着时间的推移，尽管控制了许多变量，但这种关系仍然存在（Mastekaasa，1993；Clark & Oswald，1994）。长期的主观幸福感水平会受到性格、家庭、社会等各种因素的影响，但是最终将稳定在某一水平。区别于其他影响因素，婚姻状况表现为能够为个人创造一个新的幸福感基线水平。研究发现，那些对婚姻失望或者丧偶的女性表现出明显低于之前的幸福感基线水平。可能的解释是这些人在经历了极端事件后建立了一个新的幸福感基线水平，且在确定这一水平的过程中已经平衡掉了其他因素带来的影响(Lucas et al.，2003)。

9.2.2　婚姻状况与幸福感的跨文化研究

1. 跨文化研究的一致性

虽然公众的性别平等意识日益增强，但是男性和女性在角色规范与执行方面仍存在差异。研究表明，婚姻对女性来说更重要。尽管父亲在家务和育儿方面的贡献越来越大，但是母亲仍然承担着父母的责任中更多的部分(Bianchi & Milkie，2010)。在婚姻生活中为了夫妻关系的和谐发展，其中一方可能愿意主动做出改变，以提高对方对自己的满意度。但是，如果把配偶作为改造对象，对于婚姻质量的提高而言是弊大于利的(Hira et al.，2010)。我国研究者在中国夫妻被试中开展伴侣调控策略研究，结果验证了夫妻任意一方改变对方的意愿与被改变者的低自我理想、更多的自我调控高度相关，改变伴侣或感到自己被伴侣改变都会影响关系满意度（张小红，2008)。对婚姻功能不满意的个体会努力改变自己来满足对方的期待(Ruvolo & Ruvolo，2000)，这一结论具有跨文化的一致性。

乐国安等人(2005)进行的较早的跨文化比较研究发现，中美男性均更关注未来配偶的相貌、身材信息，而女性均更关注对方的资源与承诺信息。但美国男性择偶的年龄范围大于中国男性，中国人更重视对方是否看重婚姻承诺。可见，在中西方文化背景下，人们的配偶期待有很大的相似性。已婚夫妻往往会在婚姻关系的维持中比同居伴侣倾注更多的精力，而且已婚夫妻的幸福感水平要高于同居伴侣(Evans & Kelley，2004；Stack & Eshleman，1998)。以上结果在中西方是普遍存在的。

2. 跨文化研究的差异性

邢占军等人(2003)提出了关于婚姻与幸福感跨文化差异研究的几个方面。首先，中西方进行婚姻状况与幸福感研究时采用的测量工具不同，结果不具有可比性。从测量工具的有效性来看，如果各自采用的工具都具有较好的信效度，那么考虑幸福感在婚姻状况上存在的组群差异时可以从婚姻质量方面分析，但这与文化因素所导致的婚姻观密切相关。因为我国对谈论性方面的体验的接受程度较低，所以大多数国内学者在研究幸福感水平时没有直接将其作为测量的维度。但是，性方面的体验是主观幸福感体验中不可或缺的重要方面。因此，测量维度方面也会受到文化因素的影响。其次，在对幸福感的理解方面，西方研究者一般将主观幸福感理解为人们依据自己的标准对自身生活的评价，将满意度作为反映居民幸福感状况的指标；我国研究者则认为幸福感是我们所体验到的一种理想状态。最后，从构成主观幸福感体验的经验对象方面分析，婚姻主体必然受到特定的文化背景、所处社会的发展程度以及体验对象的个性差异等方面的影响。婚姻状况与民族性格的关系会共同影响幸福感的形成(Inglehart，1990)，如在解释跨文化幸福感水平的差异时，国家性格(中国的"互依自我"人格与美国的"独立自我"人格)对幸福感产生的影响比婚姻状况更大(Vanassche et al.，2013)。因此，在研究婚姻与幸福感关系时，必然要考虑到文化差异。

不同的文化背景对婚姻期待有影响。研究表明，中西方在婚姻期待的内容上存在显著的文化差异：美国夫妻在维持界线和共享时间两个维度上有较高的一致性，而中国夫妻在努力达到完美和表达性投入两个维度上有较高的一致性(Epstein et al.，2005)。个人对家庭形成的偏好会在一定程度上受到文化背景的影响，他们的人生选择也决定了今后的生活满意(Diener et al.，2000)。研究表明，在一个特定的文化社会环境中，婚姻价值越高，婚姻状况对主观幸福感的影响越大(Vanassche et al.，2013)。

对家庭构成的观念也会受到不同社会文化的影响。在中国，一夫一妻制一直都受到法律的保护，大多数中国居民对于婚姻关系之外的同居伴侣、单亲父母抚养子女等家庭模式的接受程度还是较低的。通常认为，婚姻关系一旦确立，幸福感更多地来自整个家庭的生存状态。尤其是在中国的文化背景下，家庭的价值和重要性受到了人们的充分重视。

离婚率的高低及其对幸福感的影响在一定程度上体现了不同的社会文化的特点。如果一个国家的离婚率较低，我们认为：一方面，这个国家的居民的婚姻关系比较稳定，夫妻双方的幸福感水平较高；另一方面，即使其中一方在婚姻生活中不幸福，个体也会受传统观念的束缚，加之来自周围的支持很少，仍会困在不幸的婚姻当中，居民的幸福感水平并不高。相反，在那些拥有开放、独立思想的男性和女性不会因为社会环境的约束而放弃自己追求幸福的权利的国家，即使离婚率较高，居民的幸福感水平也是较高的。因此，我们并不能单从离婚率的高低判断人们的幸福感水平。

9.2.3　影响婚姻状况与幸福感之间关系的因素

1. 个人特征因素

性别。性别对幸福感的影响一直都没有统一的定论。邢占军和金瑜（2003）对婚姻与幸福感的关系进行研究时发现，婚姻对幸福感的影响与性别有关，已婚女性的幸福感水平比未婚女性高，而男性则恰恰相反，未婚男性的幸福感水平高于已婚男性。已婚男性会比妻子承担更多的家庭开支、抵御外在侵害等责任，更加担忧妻儿是否会过上优质的生活。女性往往将丈夫看作一辈子的依靠，希望其为家庭遮风避雨，这在一定程度上意味着婚后生活的压力有所减小。而且在生儿育女的过程中，女性比男性付出了更多的艰辛，从而会获得更多容易满足的快乐，幸福感水平更高。因为在婚姻生活中，妻子常常会向丈夫请求更多的支持，难免会有抱怨，丈夫则更擅长倾听与提供帮助，所以丈夫的幸福感水平并没有妻子高。但也有学者认为，性别对婚姻幸福感没有影响(Stack & Eshleman，1998；Louis & Zhao，2002)。

中国传统文化让我们对男女性别角色的期待存在差异，家庭、婚姻对于女性具有更重要的意义，这意味着女性的家庭负担更重。一旦出现婚姻与事业的冲突，以事业为重的女性就会被贴上"女强人"的标签，这种社会观念进一步强化了女性对于家庭、婚姻的依赖和重视。有研究发现，女性的性别认同与婚姻期待存在显著相关，被动服从取向的女性较少期待平等的婚姻，而有整合的女性身份认同的女性更期待平等的婚姻和亲密关系(Yoder，Perry，& Saal，2007)。换言之，女性对婚姻的期待与态度体现了其在婚姻中的生活方式，是做"贤妻良母"还是做工作、家庭两不误的"女强人"在很大程度上影响了女性在婚姻中获得的幸福感。

经济。经济对婚姻幸福感的影响主要体现在稳定的经济条件给夫妻双方提供了很好的物质基础，同时减小了由经济原因引起的其他生活方面的压力。稳定的经济条件能给婚姻提供很好的物质基础，而家庭经济困难会给当事人带来较大的生活压力和烦恼，引发夫妻关于钱财管理和使用的冲突行为等，进而产生婚姻危机(Stutzer & Frey，2005)。较低的家庭收入对夫妻双方来说是一种慢性压力，他们需要每天小心翼翼地维持生活上的收支平衡，易产生沮丧、愤怒和抑郁的情绪。因此，经济困难对个体心理健康的消极影响会波及夫妻关系的和谐。尽管已婚女性进入劳动力市场的比例越来越高，但是传统社会中，家庭经济状况与丈夫的养家角色密切相关。如果家庭收入较低，那么妻子极有可能认为丈夫没有完成他应承担的职能，进而影响妻子的婚姻幸福感。

收入对婚姻幸福感的影响也不是绝对的，收入在一定范围内会增进人们的婚姻幸福感，但高收入带来的欲望也会对婚姻幸福感产生负面影响（Hayo & Seifert，2003）。也有研究结果显示，与客观收入相关的变量包括个人、家庭、夫妻收入，婚姻幸福感与其没有显著的相关（郭郡郡，刘玉萍，2016）。研究结果表明，夫妻双方的收入越匹配，主观幸福感水平越高，这是因为夫妻关系的和谐共存依靠收入匹配所决定的家庭权力分配的平等性。妻子和丈夫在低收入婚姻状况中都会有消极的情感体验，对丈夫来说，这会使其产生更消极的社会角色和自我认同，从而在婚姻互动中表现出更强的敌意和负面情绪；妻子对家庭的社会经济状况比丈夫更敏感，因而在婚姻幸福感中受到的负面影响更大。

教育。研究表明，中等教育水平的夫妻生活满意度最高，受教育程度相似的夫妻的婚姻满意感比受教育程度悬殊的夫妻更高（Stutzer et al.，2005）。如果增加额外的教育活动的投入，就会产生更高水平的幸福感（Blanchflower & Oswald，2004）。因此，教育水平与婚姻幸福感之间存在正相关，而且这种关系在低收入水平的国家尤为显著（龚继峰等，2011）。

教育不仅直接影响幸福感的获得，而且会通过其他方面间接影响幸福感。有研究（Bjornskov，2003）通过对美国和瑞士的调查显示，教育会通过健康对幸福感产生间接影响。受教育程度较高的群体往往会将社会经济地位、个体特征以及品位作为同质性婚配考量的重要条件，而受教育程度较低的群体往往偏向于异质性婚配。需要强调的是，社会经济地位、个体特征和婚配模式不仅会通过重新分配社会资源来影响社会的不平等程度，而且会影响新生家庭的生活品质，甚至会影响两个家族的幸福感。受教育程度决定了夫妻双方的人生观、价值观等，这些也会通过经济水平、职业类型、婚姻态度等因素共同影响夫妻的幸福感。

职业。一个人的职业反映了家庭的生活水平与受教育程度，与婚姻中的幸福感存在相关关系。我们通常认为，从事医生、教师等稳定工作的夫妻双方的幸福感指数比家庭主妇、高危职业群体要高（李艳兰，2010），因为良好的职业会让人拥有更好的生活条件，如医疗保障和经济支持。但是随着社会的发展和对职业要求的提高，结果并不尽然如此。有研究发现，女性青年医生的婚姻质量在整体上的得分低于常模，在解决冲突方式、夫妻交流、业余生活、子女和婚姻、角色平等性等因子上的得分也显著低于常模（周红伟，2013）。因此，职业的类型可能影响人们对待婚姻的态度、处理问题的方式等方面，从而影响幸福感。

研究表明，失业对幸福感存在极大的负面影响。若将生活满意度作为固定变量，可以发现失业者的分数比在职者低5%～15%。失业会使生活满意度降低19%，使综合幸福感降低15%。失业会使家庭经济负担加重，同时影响个体的身份认同，使其产生心理落差，久而久之，易产生负性情绪。因此，是否有工作以及工作的性质都会对幸福感产生重要影响。

地域。此次幸福指数的国情调查结果在地域方面的差异表现在长江以北、长江以南地区的城镇和农村。通过对其婚姻状况题目的分析，我们发现我国长江以北、长江以南地区对于婚姻中的幸福感体验并未出现差异，人口流动的增长与南北家庭的结合使我国家庭的构成模式多种多样，不同家庭在评价婚姻中的幸福感方面也不尽相同。农村夫妻表现出比城市夫妻更多的"要求/退缩"型沟通方式，这也可能与中国传统文化中的"丈夫是一家之主"等观念有关。

同质性。配偶之间某些因素的同质性与主观幸福感具有较强的关联性。实质上，现代社会的演化催生了角色相容的同质性婚配关系。同质性婚配关系表明选型匹配在择偶过程中扮演着重要角色，这不仅会影响两性婚后生活的满意度，而且会长期影响新生家庭的整体幸福感（Luo & Klohnen，2005）。

针对配偶双方人格特质相似性和互补性的研究显示，人们似乎偏好选择和自己相似的人结婚。研究者对 137 对夫妻和同居者的调查揭示，夫妻个性的高度相似性对关系质量有重要影响（Barelds & Barelds-Dijkstra，2007）。个人与家庭因素的同质性也决定了夫妻双方的相对平等，平等的家庭关系更容易使人获得幸福感。

性格特征。良好的性格和夫妻双方的默契会使婚姻生活更和谐，使双方更能感受到彼此的重要性。许多不美满家庭的问题源于对另一半的不了解，如彼此的生活习惯、处理问题的方式以及性格上的差异，婚后才发现难以共同生活，最终不得已结束婚姻。有调查表明，人格与生活满意度存在正相关（Ferreri-Carbonell & Gowdy，2007）。不同的人格特质会导致不同的生活满意度，结合情绪体验来看，外倾性（如积极参与社会活动等）会促进积极情感的产生，而神经质（如焦虑等）会促进消极情感的产生。良好的婚姻关系会使夫妻双方的心情愉悦，生活幸福感水平较高，形成稳定和谐的婚姻关系。相反，如果夫妻中有一方容易焦虑且不能妥善处理婚姻状况中的问题，另一方就会产生厌烦等消极情绪，生活幸福感水平就会下降。

以往对配偶个性特征的偏好研究以及配偶双方人格特质相似性和互补性方面的研究比重较大。研究者发现，具有生理优势（外表英俊）的男性更具吸引力，因而更具社会优势。但对于严肃的亲密关系而言，易相处特质的水平最能预测当前和未来的关系质量以及关系是否会解体（Bryan，Webster，& Mahaffey，2011）。大量研究都得到了类似的结论，人们更加偏好友善、值得信任、较不具支配性的配偶。

同亲子关系、友谊关系等其他社会关系一样，婚姻关系与自我的发展息息相关，婚姻依恋是配偶或忠诚恋人之间持久、复杂的情感联系。在自我发展中有缺失（低自尊、非安全型依恋）的个体对亲密关系的期待会更为消极，而安全型依恋的个体在婚姻中会抱有乐观的期待，其在婚姻中的调适好于非安全型依恋的个体（Russell，1997）。一些自我评价较低的个体对婚姻的期待较低（Campbell et al.，2001），幸福感水平也随之下降。

有关依恋类型与婚姻状况关系的研究表明，在婚姻关系中保持积极的信念和期待会使婚姻关系更稳定，从而使个体感受到更多的亲密、承诺和情感卷入，能够在关系中体验到更高水平的幸福感。依恋类型对婚姻满意度有直接的影响，也会通过其他方面的中介作用间接影响婚姻满意度。安全型依恋的个体更容易有令人满意、和谐稳定的婚姻关系，而焦虑/回避型依恋的个体在处理婚姻关系中遇到摩擦和困难时比安全型依恋的个体更趋于逃避和焦虑，从而降低个体的婚姻质量。乐国安等研究者（2007）的调查显示，妻子的依恋类型对丈夫的婚姻质量有显著影响；无论是男性还是女性，安全型依恋的配偶都提高了对方的婚姻质量。总而言之，良好的性格和足够的安全感增强了个体对配偶的依赖，使其在婚姻生活中更易感受到家庭的归属感和幸福感。

身体健康。婚姻可以通过促进身体健康提升幸福感。婚姻中的行为活动提供了早期发现和处理病症的机会——婚姻关系中的一方鼓励另一方接受药物治疗，减少危险行为如饮酒、吸烟等，可以帮助其恢复身体健康，形成健康的饮食规律（Umberson，1992；Rogers，1995）。同时，夫妻双方较好的身体状况也会提高幸福感。有关死亡率的研究发现，婚姻有助于降低男性的死亡风险，但在女性群体中没有发现这一作用（Lillard & Waite，1995；Litwack & Messeri，1989）。在婚姻生活中，妻子会改善丈夫的生活方式，使用一些简单的初级预防技术如戒烟、避免酗酒以及促进健康饮食，来降低肺癌、肝硬化以及结肠癌等的患病风险（Ross，Mirowsky，& Goldsteen，1990）。

心理健康和工作压力的交互作用对婚姻中双方的影响是有差异的，抑郁、焦虑的妻子会从丈夫那里得到更多的支持，而精神紧张的丈夫能够获得妻子更多的支持（Wang & Repetti，2014）。婚姻生活的开展意味着对另一半承担更多的责任。

2. 家庭发展因素

婚姻的维系时间。婚姻的维系时间会对婚姻中的幸福感产生影响，我们通常认为新婚夫妇会更多地感受二人世界的美好，沉浸在婚姻生活的幸福中，也会更多地包容对方，给予对方更多的关怀与体谅。同时，婚姻的维系时间也会与其他因素共同影响婚姻的质量。如果是先成家、后立业的婚姻关系，夫妻双方可能存在工作、人际关系处理等压力，对婚姻投入的精力较少，对婚姻生活的体验不够。新婚燕尔的夫妻往往更容易沉浸在婚姻生活中，但是随着孩子的出生以及家庭结构的变化，夫妻双方在生活中体会到的幸福感也会发生变化，为了家庭更好的发展承受着各种压力。随着家庭的逐步稳固，夫妻之间形成固定的生活模式，慢慢从激情爱转变为伴侣爱，彼此视对方为最信任的人，在婚姻中感受到的幸福感水平也随之上升。

人们在亲密关系的不同阶段对婚姻的期待也有所不同。订婚者比已婚者有更高的关系期待，对伴侣和关系有更多理想化的认知歪曲（Bondsraacke et al.，2001）。刚进入婚姻状态时，婚姻带来的安全感、亲密关系、经济资源、社会资源等使个体的幸福感大幅度提升，这种现象被称为"蜜月期效应"，并且这一效应在城市已婚男性身上体现得最为明显（池丽萍，2016）。研究者认为，在测试的样本中，城市已婚男性可能拥有更多的优质资源，较早地进入婚姻，但令人意外的是，其幸福感水平会在婚后两年陡然下降。至于女性，大龄未婚女青年的人数不断增加且大多较为优秀，这一现象使已婚女性更加珍惜婚姻关系，从而感到满足，并且幸福感水平较高。

　　大量研究表明，婚姻中的幸福感随着婚龄的增长呈 U 形曲线的变化趋势。也有研究者认为，人们的幸福感会最终趋于稳定并保持在一个水平上。理由是随着时间的推移，人们会逐渐适应最高兴和最难过的事情（Brickman，Coates，& Janoff-Bulman，1978）。有研究对近 2.5 万人进行了 15 年的追踪，结果表明，虽然婚姻生活中会发生不同的事情，但是幸福感最终会回到基线水平（Lucas et al.，2003）。这种相对稳定的婚姻状况与幸福感的关系可以用反应—适应模型来解释，但有一种特殊情况，即丧偶之后，即使个体已经经历了相对缓慢的适应，其对生活的满意度也显著低于结婚前。婚姻的维系时间在一定程度上代表了夫妻双方感情深厚的程度，稳定、和谐的婚姻状况一定是花费时间打磨后夫妻双方彼此适应而建立的稳定的家庭关系。

　　子女。孩子的降生意味着婚姻生活逐步走向成熟。大量研究表明，婚姻满意度的周期变化不是线性的，而是呈 U 形曲线，即结婚后未育的年轻夫妻的婚姻满意度较高，第一个孩子出生后幸福感水平开始下降，直至孩子离家后进入"无孩阶段"，幸福感水平又开始上升。然而，在多孩家庭中，这个结论就显得过于单一。研究认为，孩子的出生之所以会使父母的幸福感水平下降，可能是因为这改变了家庭结构，使夫妻的情感交流减少、生活压力增大；也可能是因为家庭规模的扩大减少了夫妻在一起的机会和时间，进而影响了婚姻的调适质量。有研究表明，子女对父母的家庭生活满意度的作用是积极的，但是对父母的经济状况满意度的作用是消极的，抵消效应使子女对父母的生活满意度不会产生太大影响（Zimmermann & Easterlin，2006）。范艾思克等人（Vanassche et al.，2013）的研究结果显示，子女的年龄对父母的幸福感有影响：孩子越小，父母付出的时间越多、心理压力越大，因而幸福感水平越低。

　　对于老年人来说，婚姻状况和子女数量是影响主观幸福感的主要因素。老年人的生活面临更多的压力，如生理机能的衰退、配偶的离世以及子女不在身边等，而子女是否来看望和子女的数量都能显著影响老年人的生活满意度（于晓琳等，2016）。子女对父母的生活满意度的影响还表现在很多方面，如亲子关系是否融洽、子女间的关系是否和谐等。

　　家庭分工。如今，越来越多的女性投入社会工作中，因此双职工家庭中的家务分工与婚姻质量的关系也引起了人们研究的兴趣。夫妻对他们之间的家务分工感觉越公平，他们感受到的婚姻满意度也就越高。一方面，以往女性在中国家庭中集中承担家务和照顾家庭的责任。但是如今，经济的发展使女性也有机会去工作。因而女性的生活压力逐步加大，她们不仅需要努力工作，还要完成家务劳动。如果男性不主动承担，就会使其幸福感水平下降。另一方面，丈夫不做家务可能加剧婚姻关系中分工的不平等，从而使夫妻之间对于家庭生活问题的处理方式出现不一致，导致个体的幸福感水平降低。总而言之，在婚姻生活中，主动为对方承担家庭责任会带给彼此幸福感。

　　婚姻沟通方式。婚姻沟通方式包括建设型沟通方式、消极的"要求/退缩"型沟通方式、相互责备型沟通方式。前一种有利于夫妻关系的良好发展，使个体获得较高的心理健康水平，同时保持良好的婚姻质量。后两种通常表现为通过唠叨、责备和抱怨等方式或者采取消极应对、退缩等手段维持现状或避免被伴侣完全控制。研究结果表明，沟通方式对婚姻满意度的影响较大，对主观幸福感的直接影响较小。

　　夫妻之间积极的情感表达是婚姻沟通方式的表现之一，婚姻沟通方式会直接或通过婚姻质量间接影响主观幸福感。夫妻积极的情感表达会使双方的幸福感水平上升，尤其是女性在婚姻中更注重情感的交流和互动，常常向对方做出"我爱你""我相信你""我们一起面对困难"等积极的表达。这不仅会让另一半产生信任感和幸福感，也会带给自己积极的情绪。研究发现，对于采取积极沟通技巧(如关注对话、倾听等)的夫妻产生的积极婚姻期待，可以预测稳定的婚姻满意度(McNulty & Karney，2004)。即使婚姻期待未得到满足，积极的归因和沟通行为也有助于保持较高的婚姻满意度(Kirby，Baucom，& Peterman，2005)。

婚姻态度。子女的婚姻态度与父母的婚姻质量和婚恋态度有直接的关系，父母的表现通过代际传递影响子女的婚姻积极性(周永红，黄学，2014)。个体在婚姻选择以及处理问题的方式上倾向于重复他们在原生家庭中学到的相应模式，并且将这种模式传递给他们的孩子。积极的婚姻态度对于个体的婚姻质量、身心健康和在婚姻中体会到的幸福感有非常重要的作用，如父母经常吵架的家庭会使孩子感受到更多的恐惧和不安，对爱情和婚姻产生怀疑(Glinka & Marquardt，2005)。孩子以后组建了自己的家庭，也会使用相似的相处模式，从而降低自己的幸福感水平。有研究发现，来自完整家庭的女大学生对婚姻会比其他女大学生赋予更重要的意义，更期望早点结婚(Ellison，Burdette，& Glenn，2011)。父母的婚姻期待对子女的婚姻产生的影响会受到青少年依恋关系和依恋程度的调节，如与母亲的依恋关系更紧密的青少年更容易受到母亲的婚姻期待的影响。婚姻态度不同于恋爱态度，更容易受到原生家庭的影响。健康、积极的婚姻态度可以促进婚姻关系的建立和婚姻生活的开展，进而提高夫妻的婚姻满意度。

婚姻机制。婚姻机制指婚姻双方为保证婚姻关系的正常运行而建立的各项机制，主要包括信任机制、沟通机制和情感机制。信任机制以夫妻双方对彼此的信任为基础，是婚姻关系得以正常运行的基础，也是保证其他机制实现的重要条件；沟通机制以夫妻双方的情感交流为基础，帮助彼此满足对婚姻的情感需求，增加夫妻的亲密度；情感机制涉及夫妻双方在感情上给予对方无条件的支持和理解。

夫妻生活的开展就是相互支持的过程，来自伴侣的支持在成年人应对压力和日常生活的挑战中发挥了重要作用。在婚姻中充分感受到支持的个体会对婚姻生活更加满意（Acitelli & Antonucci，1994）。而批评、指责等负面支持过程预示着将会产生婚姻危机甚至离婚（Lavner & Bradbury，2012）。因此，良好的婚姻机制是幸福婚姻生活的重要保障。

3. 社会环境因素

婚恋观。婚恋观被定义为人们对婚前恋爱、婚姻生活以及婚恋过程中性爱取向的看法，不仅直接影响个体对配偶的选择，而且影响个体对未来婚姻家庭责任和义务的承担，进而影响个体的幸福感。我国当代大学生的婚恋观已不再是传统的"父母之命，媒妁之言"等观念，而是开放、现代、平等的交友观念。

随着社会经济的发展，年轻人的婚恋观也发生着改变。有的人追求事业的成功，有的人追求学业的成就，30岁左右成婚的人数逐年增加，甚至有一部分人成为"恐婚""不婚""丁克"一族。婚恋观的变化影响个人对幸福感的体验，同时影响其他群体的情绪变化。婚恋观的形成不是一蹴而就的，也不是一成不变的。树立健康向上的婚恋观、倡导和谐的婚姻生活、不断提高婚姻质量，已经成为提高全社会居民幸福感水平不容忽略的环节。

社会关系。社会关系是影响我国居民幸福感的一个重要因素，主要包括三种成分——家庭、婚姻和友谊。其中，家庭、婚姻既是生活的重要组成部分，也是推动整个社会和谐、稳定的基础力量。社会关系中的成分既相互联系又相互影响，良好的社会关系对婚姻中的幸福感至关重要。

社会文化。一方面，社会评价中的不利因素如爱情观的弱化、家庭责任感的缺失都会对青少年学生的婚恋观造成一定的负面影响，表现为对婚姻的稳定性、持久性产生怀疑，甚至拒绝婚姻。另一方面，法律的约束会使一些想要结束婚姻关系的男性和女性重新考虑婚姻的价值。虽然当代社会对于有过婚史的单身人士有了更多的包容和理解，但是受传统观念的影响，离婚带来的代价对于女性来说还是非常巨大的。因此，即使婚姻关系并不和谐，许多人也不得不选择继续维持下去，这大大降低了个体的幸福感水平。

　　社会文化对个人社会关系与幸福感的影响是潜移默化的。研究发现，女大学生观看电视节目的总量与理想化的婚姻期待呈负相关，但是浪漫类型的电视节目如浪漫喜剧、肥皂剧等的观看量与高度理想化的婚姻期待呈显著正相关(Segrin & Nabi，2002)。良好的社会文化氛围影响着个体的婚姻态度、婚恋观，营造健康、积极的社会环境对于未婚群体和已婚群体都是十分必要的。

9.3　婚姻状况对我国国民幸福指数的预测作用

　　中国人幸福指数指标体系从整体幸福指数和领域幸福指数两个方面对我国国民幸福感水平进行考察，婚姻状况与幸福感的关系属于人际关系满意度的研究范围。结合本次幸福指数国情调查的地域考察，分别从长江以南、长江以北地区分析我国已婚人群的幸福感差异。合并第 5、第 6 章长江以南、长江以北地区两部分的数据，使用均值填补缺失值(不包括人口学数据)，最终得到有效样本量 2730份。使用 SPSS18.0 软件对婚姻状况与我国国民幸福指数的数据进行分析。

9.3.1　研究方法

　　1. 研究对象

　　同第 8 章。

2. 研究工具

本研究采用中国人幸福指数量表(修订版)，具体介绍见第 5 章。

3. 数据处理

使用 SPSS18.0 软件对数据进行分析。首先对数据进行预处理，将量表相应维度的所有项目得分相加后取平均数作为该维度得分；对缺失值采用序列均值法进行替换。

9.3.2　婚姻状况对长江以南地区居民幸福指数的预测作用

结合第 5 章的数据分析结果可以看出，婚姻状况对整体幸福感的影响十分显著，已婚者的幸福感水平最高。在各领域满意度中，长江以南地区居民的人际关系满意度得分最高，与其他 4 个方面的满意度(政治生活满意度、环境生活满意度、经济生活满意度以及健康状态满意度)都存在显著差异。

此次国情调查对人际关系的考察较为抽象且简单。与对其他维度的考察如对住房、法律权利的保护、身体健康的评价相比，关于人际关系满意度对个人的实际生存压力以及生活质量的影响的考察较少，受较强的主观判断影响，因而相对得分较高。

在人际关系满意度维度中，除考察婚姻状况外，还有对工作关系、家庭关系以及亲密度的调查。分别从年龄结构、地域、职业等角度来看，长江以南地区居民的人际关系满意度没有出现性别差异，其中已婚居民的满意度也未受到性别因素的影响；人际关系满意度会随年龄的增长而上升。虽然社会关系日益复杂，但是并未影响到长江以南地区居民的人际关系满意度，其日趋上升展现了人们良好的社会适应。

以往的研究较少考察婚姻关系与政治生活满意度的关系，本次调查中，已婚居民的政治生活满意度($p = 0.003$)显著低于其他婚姻状况的居民。而在环境生活满意度($p = 0.012$)、人际关系满意度($p < 0.001$)和经济生活满意度($p < 0.001$)上，已婚居民的得分都显

著高于其他婚姻状况的居民。在政治生活满意度维度考察中，有关"法律纠纷""社会保障"等的描述可能对已婚人士有特殊的意义。已婚与未婚、同居伴侣等关系的最大区别在于其受到法律的保护，这为夫妻二人的个人权利提供了保障。但是，个体从单身生活过渡到夫妻生活，除了面临生活习惯的改变、子女抚养等压力外，也会受到法律的约束。子女的出生不仅需要夫妻双方承担法律规定的义务，而且会给夫妻双方带来对子女生命财产安全的担心。

在经济方面，调查了居民对工作、家庭收入、住房等条件的满意程度，良好的住房、稳定的经济收入现已成为女性择偶的条件之一。在环境方面，调查了居民对住房周围生态环境、治安环境的满意程度。已婚居民通常结伴出行，生活安全感较高，因此感受到的环境生活满意度较高。

9.3.3　婚姻状况对长江以北地区居民幸福指数的预测作用

对我国幸福指数分析的结果表明，我国居民的整体满意度均较高。但长江以北地区居民所处的生活环境人口密度较小，居民在争取生活资源时的压力也较小，在学习和工作时多呈现团体合作的形式；而在长江以南地区，人们以经商为主，这使他们形成了心思缜密、较真的性格，在学习和工作中也更加独立。因此，长江以北地区居民的人际关系满意度更高。

在分析地域环境、职业等因素对人际关系满意度的影响时发现，与长江以南地区居民不同的是，地域环境对长江以北地区居民的人际关系满意度有影响。良好的居住环境使得人们的生活满意度提高，人际环境也是影响居民生活满意度的重要因素。城市发展节奏的加快增加了人们学习、生活的压力，使得人们在工作时需要小心翼翼，人与人之间的距离较远；但是在农村地区，人们的衣食住行等条件的差距不大，人口流动性小，邻里乡亲通常十分熟悉，交往频繁。因此，农村居民的人际关系满意度更高。

9.3.4　长江以南、长江以北地区已婚人群幸福感的比较分析

此次调查受样本类别的限制，未考察已婚人群与未婚人群的幸福感差异，但是从多个样本一致性的经验来看，可以得出以下结论：第一，婚姻状况与人际关系满意度的水平有相关关系；第二，与其他领域满意度（政治生活满意度、经济生活满意度、环境生活满意度、健康状态满意度）相比，我国居民的人际关系满意度最高。良好的婚姻关系是个体人际交往的重要部分，能给人带来家庭的温暖和支撑（颜伟佳，胡维芳，2014）。美满的婚姻对幸福感有明显的促进作用，表现在已婚者拥有更好的经济条件、能够获得更多的环境安全感等方面。已婚居民的整体幸福感水平显著高于单身以及离婚和丧偶的居民。此外，长江以南与长江以北地区结果的差异性表现在：首先，长江以南地区已婚人群的人际关系满意度比其他人群高；其次，长江以南地区已婚人群的政治生活满意度低于其他领域满意度；最后，长江以北地区农村居民的人际关系满意度显著高于城市和乡镇居民。这些差异体现了我国长江以南和长江以北地区的经济水平、地域环境、文化背景等相关因素对婚姻状况的交互影响。总而言之，婚姻状况可以直接或间接地对我国居民的幸福感产生影响，是人际关系满意度的重要预测因素。

9.4　提升我国国民婚姻幸福感的建议与措施

许多年轻人逐渐形成的晚婚、恐婚、不婚的态度，不断增长的女性劳动力以及离婚率的逐年增长，都影响着居民以及社会对婚姻幸福感的认识。因此，倡导年轻人树立对婚姻健康、积极的看法与态度，指导整个社会创建和谐、幸福的婚姻生活显得格外重要。结合已有的研究成果，我们提出了四条建议。

第一，提高居民的婚姻家庭法治意识，促进幸福家庭的构建。

相关职能部门应通过社区、网络宣传等形式，加强对民众的思想道德教育，对婚姻家庭方面的法律知识进行宣传，进一步提高居民的婚姻家庭法治意识。在全社会进一步倡导男女平等、夫妻和谐互助的家庭美德，积极抵御不良思想对人们的腐蚀，构建和谐的家庭生活。

第二，深化住房调控等家庭政策扶持，鼓励人口就近就业。中国人一般都有这种传统的观念——有房才有家，有家才有归属感。很多男青年也许因为在城市没有住房，所以一直单身。因此，解决他们的住房问题从某种程度上说也是解决单身问题。在西方，许多国家通过实施经济奖励、减税和增加社会福利等家庭政策来促进家庭关系的和谐，从而提高国民幸福感（Matthijs，2007）。我国在采取相关措施提高人们的幸福感水平时可以借鉴西方的经验，更加倾向于采取支持家庭等社会关系的方式，如延长产假、陪产假等优惠政策，加强家庭的纽带关系。

第三，关注大龄青年的婚配，倡导婚前辅导和婚姻咨询。随着教育的普及以及个人独立性的提高，年青一代的自主性增强，选择独居生活的人越来越多，加上媒体对离婚个案和婚姻压力的过度宣传，"恐婚族"的比例越来越高。应关注未婚群体的心理变化，为他们提供交流、表达的机会。对已有伴侣的未婚青年进行积极的婚前培训与心理疏导，增强伴侣之间的信任与交流。提供相应的婚姻咨询或治疗，训练夫妻学习建设性的沟通技巧，教会他们有效地处理消极事件，合理安排闲暇时光，在日常交流中多表达爱和体贴等积极情感，提高婚姻质量，进一步提升双方的幸福感水平。

第四，夫妻双方彼此信任，增强自我管理，共同分担责任。要想拥有高质量的幸福婚姻，夫妻双方需要保持积极乐观的心态，对家庭有高度的责任感。夫妻之间要敞开心扉、互帮互助，增强彼此的安全感和信任感，重视和欣赏对方身上的美好品质，通过宽容体贴、理解沟通共同促进双方的成长。为了使家庭生活更加幸福美满、家庭结构更加稳固，已婚人士要经常反思自己的婚姻状况，不能将抚育孩子、经济支持等责任完全抛给另一半，要主动担起家庭的责任，相互扶持，陪伴子女成长，用自己的积极行动影响下一代。

增强自我管理是夫妻双方实现主观幸福感提高和为对方提供有力的感情支持的重要保障。身体管理主要指对自我身体健康的管理，健康的身体是健康的人格的基础。在现代社会快节奏、高压力的生活方式下，对自我身体健康的管理显得尤其重要。对情绪的自我管理可以从转化负面情绪、适当的情绪表达、情绪的自我平衡等方面考虑，对自我情绪进行有效管理是提升主观幸福感、促进夫妻的情感交流、改善婚姻质量的重要条件。要鼓励夫妻对思想和情感的自我表露，夫妻之间的自我表露越多，越能加深彼此的信任和理解，也越能缓解生活的压力，对关系维系和身心愉悦起到重要作用。

9.5　结语

获得幸福是大多数人一生的追求。婚姻作为社会生活的重要组成部分，对人们的生活、环境文化氛围以及幸福感有极大的影响。探讨婚姻状况与幸福指数的关系，从个人的角度来看，对实现个人的成长与发展、提高婚姻质量具有积极意义；从家庭建设、社会发展的角度来看，对建立稳定的婚姻关系、发展健康的家庭关系、促进和谐社会的发展具有重要的现实意义。

首先，本章对国内外学者对婚姻机制及婚姻状况的测量进行了总结，被较为认可的相关概念如婚姻满意度、婚姻质量、婚姻调适、婚姻期待等都是评价婚姻生活的重要指标。根据对婚姻生活关注的重点的不同，衍生出不同的测量工具。其次，通过对我国国民幸福指数的调查，得到如下结果：第一，婚姻状况与人际关系满意度有相关关系；第二，与其他领域满意度（政治生活满意度、经济生活满意度、环境生活满意度、健康状态满意度）相比，我国居民的人际关系满意度最高。为进一步考察我国婚姻状况与幸福感的关系，对长江以南与长江以北地区的数据分别进行整理，得到如下结果：第一，长江以南地区已婚人群的人际关系满意度比其他人群高；第二，长江以南地区已婚人群的政治生活满意度低于其他领域满意度；第三，长江以北地区农村居民的人际关系满意度显著高于城市和乡镇居民。以上实证结果一方面是对此次幸福指数指标体系的适用性调查，另一方面说明通过此次国情数据研究了我国长江以南和长江以北地区居民的婚姻状况与幸福感关系的差异，是具有价值的研究结果。

本章为了向其他研究者提供有关婚姻状况与幸福感关系的更广泛的研究结果，总结了国内外近十几年有关婚姻状况与幸福感关系的研究。为了有针对性地解决我国婚姻状况中出现的各种问题，我们提出了相应的干预措施：第一，提高居民的婚姻家庭法治意识，促进幸福家庭的构建；第二，深化住房调控等家庭政策扶持，鼓励人口就近就业；第三，关注大龄青年的婚配，倡导婚前辅导和婚姻咨询；第四，夫妻双方彼此信任，增强自我管理，共同分担责任。

幸福的婚姻是夫妻共同追求的目标，也是整个社会文明进步的标志。我们关注人的幸福与尊严，关注社会的和谐，就需要在尝试提升人们的主观幸福感的同时了解我国已婚群体的心理变化，思考如何帮助人们正确处理婚姻生活中出现的问题、保持积极乐观的心态。

健康与幸福指数

幸福感是一种复杂的情感，其影响因素复杂，年龄、性别、健康、文化、经济、生活环境和生活事件都是影响幸福感的重要因素，其中健康无疑是重要的因素之一。当代社会物质资源日益丰富，人们更加关注心理、精神健康问题。无论在国内还是国外，健康对幸福感都有非常显著的影响。因此，本章在梳理已有研究结果的基础上结合本课题组收集的调查数据，探讨健康与幸福感的关系。

10.1 健康的内涵

健康指个体在身体、精神、社会适应等方面都表现出良好的状态。早期对于健康的定义主要将个体视为生物有机体，从生物学或医学的角度进行定义，认为没有疾病即健康。《辞海》认为健康是人体各器官系统发育良好、功能正常、体质健壮、精力充沛并具有良好劳动效能的状态，通常用人体测量、体格检查和各种生理指标来衡量。这种定义方式扩大了对健康的界定范围，不再认为健康就是没有疾病，但仍忽略了个体的社会性，对健康的认识仍过于狭隘。

1946年，世界卫生组织在宪章中首次提出健康的三个维度，即健康是一种在身体上、心理上和社会适应上的完满状态，而不仅仅是没有疾病和虚弱的状态。这一对健康的重新定义说明，健康不仅仅指体魄强健，也指精神状态良好。这促进了人们对健康的全面了解。1989 年，世界卫生组织再次将健康的概念完善为同时具备躯体、心理、社会适应和道德完善的良好状态。在更新的定义中，将道德修养作为精神健康的重要内涵，强调明辨是非，按照社会行为规范支配自己的思维或行动也是衡量个体健康的重要标准。

国内对健康的定义主要依据国际卫生大会对健康概念的阐述，并据此概括出三种不同的观点：持两分法观点的学者认为人的健康概念包括躯体和精神两个方面的内容；持三分法观点的学者认为健康包括躯体、精神和社会适应三个方面的良好状态，即认为除了躯体健康、精神健康外，良好的社会适应能力也是衡量个体健康的重要标准；持四分法观点的学者认为除了躯体健康、精神健康、社会适应良好外，还应将道德健康作为健康的重要成分。

10.1.1 生理健康概述

生理健康指个体的生理指标正常，无脏器病变，有较强的身体活动能力以及对疾病的抵抗能力。生理健康指标的评估方法除客观的体检指标外，对于有自知力的人群，还包括自陈式健康状况问卷。其中，美国波士顿健康研究所研制的简明健康调查问卷被广泛应用于健康情况调查。该问卷包括生理机能、生理职能、躯体疼痛、总体健康状况这四个与生理健康高度相关的维度，以及精力、社会功能、情感职能、心理健康这四个与心理健康高度相关的维度。

生理健康是影响个体主观幸福感的一个重要因素。金吉勋等人（Kim et al.，2015）的研究表明，患有身体疾病和医疗需求没有得到满足都会降低个体的幸福感水平。赵珍明等人（Cho et al.，2011）对美国老年人的调查显示，身体健康的损害对高龄人群的主观幸福感有显著的直接影响。国内也有研究证明，老年人的身体健康情况与其幸福感水平显著相关（童兰芬等，2012）。也有研究显示，个体感知的健康状况对主观幸福感的影响比实际的健康状况更大（Kosloski, Stull, & Kercher，2005）。徐鹏和周长城（2014）的研究显示，自评健康状况更好的老年人的主观幸福感水平相对更高。此外，个体幸福感水平也会影响个体的健康以及疾病的康复。凯科尔塔-格拉泽（Kiecolt-Glaser，2002）的研究显示，生活满意度较高的人的伤口愈合速度较快。科恩等人（2003）的研究显示，总体生活满意度较高的个体更不容易感冒，即使感冒了也更容易恢复。

身体健康与疾病处于对立的地位，但两者之间并非真空地带。亚健康是介于健康与疾病状态之间的临界值，一般指机体虽无明确的疾病，但呈现出活力降低、适应能力减退的一种生理状态（杨豪，2005）。亚健康状态由四个要素构成，即排除疾病原因的疲劳和虚弱状态，介于健康与疾病状态之间的中间状态或疾病前状态，在生理、心理、社会适应能力和道德上的欠完美状态以及与年龄不相称的组织结构和生理功能的衰退状态（武留信，张雁歌，黄靖，2006）。亚健康状态下的个体虽未达到疾病状态，但会表现出生理功能或代谢功能的异常，以及心理状态的不适应和社会适应能力的下降，其最大的特点就是尚无确切的病变评价指标出现，但机体有明显的临床表现。亚健康已成为我们不可忽视的重要问题，它不仅存在转化为疾病的潜在风险，而且会通过机体的临床表现给人们带来身心的痛苦。目前已有研究证明，亚健康状态对个体的生活质量、学习工作状态均有消极影响（陈燕等，2012）。对于亚健康的测量以自陈式量表为主，对应世界卫生组织对健康的界定，亚健康状态问卷一般包括躯体症状表现、心理症状表现和社会适应能力三个维度。

10.1.2　心理健康概述

心理健康是个体良好的心理素质的表现，是人的整体健康状态的必要组成部分（刘华山，2001）。心理健康是一种持续的心理状态，在这种状态下，个人具有生命的活力、积极的内心体验、良好的社会适应，能够有效地发挥个人的身心潜力与积极的社会功能。第三届国际卫生大会(1946)认为，所谓心理健康，是指在身体、智能及情感上与人的心理健康不相矛盾的范围内，将个人心境发展成最佳状态。它是强调个体在与各种环境的相互作用中、在内外条件的许可范围内能不断调整自身的心理结构，自觉保持心理、社会适应良好的一种持续而积极的心理功能状态(康钊，2006)。心理健康标准一直以来都是被争论不休的一个话题，学者们迄今为止仍没有就此达成共识。

对心理健康内涵的探索，到目前为止主要经历了消极的心理健康、积极的心理健康和完全的心理健康三个取向阶段。

消极的心理健康取向阶段也叫病理学取向阶段。这个阶段的研究者受早期"健康就是没有疾病"的健康观的影响，认为没有心理疾病症状的心理状态就是心理健康。在该思想的影响下，人们认为心理健康是一个单维的结构，即心理疾病的有或无主要以精神病理学症状为指标，涉及内化障碍(如抑郁、焦虑)和外化精神心理障碍(如行为障碍)两个方面，将精神和心理疾病诊断手册作为心理健康诊断工具。后来，研究者逐渐对在心理健康的评估中过多关注精神病理学这一做法提出越来越多的怀疑，认为一个人即使没有任何行为问题或情绪紊乱，也仍可能是一个没有目的的躯壳，这样的人至多可以说是消极的心理健康。因此，基于精神病理学的心理健康也被称为消极的心理健康。

积极的心理健康取向阶段也叫有益健康取向阶段。亚霍达(Jahoda, 1958)率先提出积极的心理健康的概念，并将其与消极的心理健康相区分，认为积极的心理健康的内涵应包括个体和社会环境的良性互动。后来，随着积极心理学的兴起，研究者进一步强调心理健康的积极面，并将幸福感作为积极的心理健康的重要指标。在凯斯（Keyes，2007）的研究中，心理健康就直接被操作性定义为幸福感（包括情感幸福感、心理幸福感、社会幸福感三个方面）。积极心理学的前沿研究对此前以消极的心理健康为主流思想的心理学知识体系提出挑战，直指消极心理学模式（病理心理学）存在的知识空隙，并对其存在的种种弊端与困境提出批评与怀疑（Seligmna & Csikszentmihalyi，2000）。在这一背景下，以幸福感研究为主体的积极心理学体系补充、完善与发展了现代心理健康理论体系。

完全的心理健康取向阶段也叫完全状态取向阶段。这是心理健康内涵、结构研究的新阶段，这一阶段的理论结合并超越了消极的心理健康和积极的心理健康单维、片面的理论。完全的心理健康的理论认为，心理健康不仅仅是心理疾病症状的缺失，也不仅仅是高水平主观幸福感的存在，而是一种两者结合的完全状态。相关的实证研究也表明，消极的心理健康和积极的心理健康作为相互独立又相互关联的结构，是一对统一体。我国的学者也提出了类似的学术思想，如认为心理健康"应当是一种完好的状态"，它"既是一种适应状态，也是一种发展状态"，包含"适应"与"发展"两个方面。其中，"适应"与心理疾病症状的缺失相似，而"发展"则代表了积极的心理状态。

心理健康标准是心理健康概念的具体化，国内外学者提出的心理健康标准不同。国外有学者将心理健康水平划分为严重心理疾病、低于一般心理健康水平、一般心理健康水平、高于一般心理健康水平和极端心理健康水平五个层次。西方关于心理健康标准的界定多以个体为取向，如奥尔波特提出，只有在个体之中才能发现作为个体之间互动基础的行为机制和意识过程；马斯洛认为，具有自我实现者的人格特征的人就是心理健康的人；迪纳（1984）认为，心理健康的三个重要标志包括主观性、多维性和积极性。因为心理健康是个人的主观体验，所以它应体现在个人生活的各个层面，客观条件只作为影响主观体验的潜在因素。此外，心理健康并非仅仅体现为消极因素较少，还要求个体拥有较多的积极因素。亚霍达（1958）认为应从六个方面建立心理健康标准：①对自己的态度；②成长、发展或自我实现的方式及程度；③主要心理机能的整合程度；④自主性或对于各种社会影响的独立程度；⑤对现实知觉的适当性；⑥对环境的控制能力。国内学者将心理健康水平大致分为严重病态、轻度失调、常态和很健康四个等级（林增学，2000），而且强调个体的社会性。黄坚厚提出的心理健康的四项标准包括：①乐于工作；②能与他人建立和谐的关系；③对自身具有适当的了解；④和现实环境有良好的接触。

通观国内外学者对心理健康标准的各种看法，我们可以发现共同之处多于分歧。自 2008 年起，中国心理卫生协会在全国范围内组织业内专家，通过文献调研、调查和反复研讨，历经三年的努力，最终确定了中国人心理健康标准。综合各种观点，归纳出心理健康的三个层面六个标准。三个层面可简要归纳为：自我和谐、人际和谐、社会和谐。六个标准包括：①认识自我，接纳自我；②自我学习，独立生活（学习能力、生活能力、解决问题能力）；③情绪稳定，有安全感（情绪稳定、情绪积极、情绪控制和安全感）；④人际关系和谐（人际交往能力、人际满足和接纳他人）；⑤角色功能协调统一（角色功能，心理与行为符合所处的环境、年龄等特征，行为协调）；⑥适应环境，应对挫折（保持与现实环境的接触，能够面对和接受现实、积极应对现实，能够正确面对并克服困难、挫折）（李建明，2012）。制定中国人心理健康标准的意义在于为评价心理健康提供理论依据和便于操作的评估工具，为维护和促进公众的心理健康发挥积极作用。

10.2　健康与幸福感的关系研究

结合幸福感不同视角的定义，目前关于幸福感的研究视角十分广阔，既有个体研究，又有以家庭为单位的研究，还有对城市、国家幸福感的研究，这足见社会和学界对民众幸福感的重视。此外，幸福感是一个动态发展的心理状态，在不同的文化背景下，个体对健康的认知、判断均存在差异，研究视角也存在差异。因此，针对健康对幸福感影响的研究需要立足本土文化背景。

10.2.1　健康与幸福感研究重点关注的群体

本章主要关注健康与幸福感的关系，由于因素的特殊性，这一方向的研究主要集中于个体，尤其是特殊群体中的个体的研究，诸如疾病患者、留守儿童、老年人、青少年等。不同群体身心健康水平以及关注度的差异，使这些特殊群体的幸福感具有一定的特殊性。

1. 疾病患者

对于某些疾病患者来说，不仅躯体的病痛会影响其生活满意度和幸福感，疾病带来的经济、社会压力等对其生活满意度和幸福感也有极大的损害。尤其是慢性疾病带来的慢性应激状态，会导致个体产生更多的抑郁、焦虑等情绪，这一影响与疾病对个体生活的影响程度相关。例如，相较于高血压患者，糖尿病患者需要注意饮食控制，病症对其生活质量产生的影响更大、更直接，导致糖尿病患者的幸福感水平也更低。因此，我们在关注患者躯体的病痛是否被治愈的同时，也不应忽视疾病对患者的心理造成的间接影响，后者往往是导致患者生活满意度降低的重要因素。所以，对于疾病患者幸福感水平的关注具有重要的现实意义。

2. 留守儿童

农村剩余劳动力向城市的大量转移带动了我国经济的迅速发展，

但也产生了留守儿童问题这一"后遗症"。吴霓等人（2004）关于留守儿童的调查报告显示，大部分留守儿童的心理负担重，没有心理归属感，而且对生活的满意度较低。长期缺少父母的陪伴，会在心理健康、社会支持和依恋类型等方面对个体产生较大的影响。有研究表明，相较于一般大学生，童年期有过留守经历的大学生的依恋质量较差，表现为不安全型依恋和回避型依恋的比例更高，且其幸福感水平和生活满意度水平也显著低于一般大学生（王玉花，2010）。如何解决儿童因留守产生的心理问题、人际问题以及生活满意度问题，是值得我们关注的。因此，对此特殊群体的研究是具有现实意义的。

3. 老年人

我国已步入老龄化社会，因此老年人的福祉问题已成为各界热切关注的话题。老年人的幸福感是评判老年人物质生活与精神生活水平的重要标准，也是判断老年人身心健康的必要条件之一（张伟，胡仲明，李红娟，2014）。所以，对老年人幸福感状况及其影响因素的研究不仅有助于提升老年人的生活品质，而且有助于推进老龄事业的积极发展。对于老年人的幸福感，主要结合年龄造成的个体机能减退、患病率高等特点进行研究。前人的研究表明，主观幸福感和健康的关系与年龄密切相关。老年人自身体质的衰退，导致其慢性病的患病率随年龄的增长而增加。鲍林、法夸尔和布朗（Bowling，Farquhar，& Browne，1991）的研究表明，只有健康状况对 85 岁以上的老年人的幸福感有显著影响。赵珍明等人（2011）的研究发现，身体健康的损害对高龄人群的负面影响更显著，这也间接验证了疾病对老年人幸福感的重要影响。国内也有研究得到了相同的结论，刘仁刚和龚耀先（2000）的调查表明，健康是影响我国老年人生活满意度的首要因素；童兰芬等人（2012）对不同群体老年人的心理健康情况及其影响因素的分析显示，住院老年人的幸福感水平显著低于敬老院和社区老年人，即身体健康情况与老年人的幸福感显著相关；无行动困难的老年人的幸福感优于有行动困难的老年人，能够自我照顾的老年人的幸福感优于自我照顾有困难或者无法自理的老年人，没有身体疼痛的老年人的幸福感优于有中度或重度身体疼痛、不舒服的老年人，没有焦虑或抑郁情绪的老年人的幸福感优于焦虑或抑郁的老年人（李峰等，2017）。这些研究结果与其他社会文化背景下的研究结果相似。后续研究发现，身体健康与主观幸福感的关系是双向的，幸福感也可能在健康维护中起到保护作用。国内外均有研究发现，在老年人群体中，疾病和幸福感相互影响（Howell，Kern，& Lyubomirsky，2007；任杰，金志成，杨秋娟，2010），自评健康状况更好的老年人的主观幸福感水平相对较高（徐鹏等，2014）。

4. 青少年

青少年阶段是生理、心理发展的关键期，也是心理冲突和情绪、行为问题的高发阶段，因此青少年群体也是幸福感研究的重点关注对象。有研究表明，生活事件能显著预测青少年的身心健康状况，即生活事件的得分越高，青少年的身心健康状况越差；青少年应对生活事件时的方式、心理韧性、自尊水平等在其中也起到重要作用。而且中学生面临着升学的压力，学业成绩也成为影响其幸福感的重要因素，主要表现在成绩较差的学生体验到更多的负性情绪，幸福感体验相对较差（岳颂华等，2006；王小新，安金玲，2009）。积极的应对方式有利于青少年心理健康的发展和幸福感的体验，消极的应对方式尤其是消极情绪的不良应对方式则不利于青少年心理健康的发展和幸福感的体验。较多使用问题解决、认知重建、自我放松等积极的应对方式的个体的幸福感水平较高，心理健康状况更好；而较多使用幻想、压抑、自责等消极的应对方式的个体的幸福感水平较低，心理健康状况更差。可见，应对方式对主观幸福感和心理健康有较好的预测作用（岳颂华等，2006；杨海荣，石国兴，2004）。

心理韧性是个体运用自己具有的积极心理资源，通过与个体面临的内外压力事件或困境的积极交互作用获得良好的适应结果（席居哲，桑标，左志宏，2008），较高的心理韧性意味着较强的保护性。在面对生活事件时，心理韧性高的个体能更积极地应对，避免负性情绪对心理健康的影响。因此，根据心理韧性的高低能间接地预测个体的幸福感水平（李义安，张金秀，2011）。目前国内外的大量研究发现，除了人格特征、应对方式和归因方式等个体因素，来自家庭、老师和朋友的社会支持也是影响青少年主观幸福感和心理健康的重要因素。良好的人际关系有助于青少年形成积极的情感，并且促进心理健康的发展，而积极的情感与良好的心理健康水平都是个体高水平主观幸福感的重要表现。

幸福感的研究对象并不局限于个人，尤其是健康往往不仅会对某一独立个体的幸福感产生影响，而且会对个体所属的整个家庭的幸福感产生影响。当家庭的某一成员出现生理疾病时，由此带来的经济负担、生活压力和情感刺激势必会影响整个家庭的幸福感。此外，个体的认知和态度也会对家庭的幸福感产生较大影响。一个能从积极乐观的角度观察世界、处理矛盾的人，往往具有较高的幸福感知度，也更能维护和提升家庭的幸福感水平；一个消极被动地看待事物、思索问题的人的幸福感知度则往往较低，容易对家庭的幸福感水平造成不利的影响。有研究发现，对老年人而言，与自身客观的健康状况相比，自评的健康感受与其主观幸福感联系得更为密切（Kosloski et al.，2005）。徐鹏等人（2014）的研究也显示，自评健康状况较好的老年人的主观幸福感水平更可能较高。和谐的家庭氛围和稳固的社会支持对老年人的健康和幸福感均有促进作用。因此，在探讨健康问题对幸福感的影响时，我们的研究视角不能局限于个体生理、心理上的疾病或亚健康状态对自身幸福感水平的影响。患者生理、心理上的疾病或亚健康状态对其家庭成员幸福感水平的影响，也是一个值得我们关注的问题。在一项调查研究中发现，在非常幸福的家庭中，超过 75％的受访者的身体健康自评为"很好"或"好"，比其他家庭的比例都高；而在幸福感水平低的家庭中，受访者的身体健康自评为"不好"或"很不好"的比例也高于其他家庭。对此我们可以推测，幸福感水平更高的家庭中的成员的身体健康自评水平更高。也就是说，家庭中个人的身体健康状况对于整个家庭的幸福感有重要影响，家人身体健康的家庭更加幸福。除生理健康之外，家人的心理状态也对家庭幸福感有显著影响。研究数据显示，在幸福感水平高的家庭中，家人感到沮丧、抑郁、焦虑的比例远低于幸福感水平低的家庭(陶涛等，2014)。另有其他关于患者照顾者、家人、配偶的幸福感水平的研究，也得到了类似的结果(李丽娜等，2017)。整体而言，针对患者家人、照料者的幸福感水平以及家庭成员的身心健康对整个家庭幸福感的影响，国内仍缺乏系统的研究。

10.2.2　健康对幸福感的影响研究

1. 身体健康对幸福感的影响

身体健康是影响个体主观幸福感的一个重要因素。患有躯体疾病的患者通常会由于病痛而伴有焦虑、抑郁等消极情绪甚至心理疾病的症状等，这也是身体疾病造成患者的幸福感水平下降的重要因素。尤其是对于慢性疾病患者而言，由于病痛作用的时间长，心理健康状态往往更差。此外，疾病对个体生活的影响程度也是影响个体幸福感的重要因素。如果需要改变饮食结构或生活习惯，那么个体的幸福感就会受到较大影响。幸福感水平和生活满意度对疾病的恢复和健康状态的改善也有影响，高水平幸福感的个体的自愈功能和治疗效果更好。因此，对于疾病患者的幸福感水平的关注具有重要的现实意义。同时，无论在国内还是国外，针对老年人群体的研究均发现，健康状况是老年人幸福感水平的重要影响因素，健康的损害对老年人幸福感的影响比其他年龄段更大(Bowling et al., 1991；Cho et al., 2011；刘仁刚等，2000；徐鹏等，2014)。缺乏稳定社会支持的老年人以及由于疾病而生活不便、自理能力差的老年人的幸福感水平比其他老年人更低(童兰芬等，2012；李峰等，2017)。

综上我们可以发现，身体疾病对幸福感的影响不再局限于躯体的病痛造成的痛苦，其带来的社会支持的减弱、生活体验的变化等对个体幸福感水平的影响也是我们不能忽视的。中国老年人这一特殊群体一般缺乏稳定的收入来源，而且当代社会的老年人大多为家庭、儿女奉献，缺乏朋友间的社交，因此家人是老年人的主要社会支持力量。老年人主要依靠儿女生活，儿女工作的繁忙以及疾病对儿女经济的拖累导致老年人对健康的重视程度非常高，健康对老年人幸福感水平的影响也非常大。此外，身体健康也会对心理健康产生影响。经常生病的人情绪波动较大，爱发脾气，与他人相处容易产生摩擦，经常对自己感到不满；身体健康的人则相对更能保持良好的情绪和健康的心态，与人相处较为融洽，对自己的满意感相对较高，并且这种心理上的满意感又会给生理带来积极的作用，从而形成良性循环(王雁等，2006)。因此，在今后的研究中，我们要考虑到在这一点上我国与西方国家的不同，以及在测量个体身体健康程度的同时不能忽略身体疾病对心理健康和幸福感的影响。

2. 心理健康对幸福感的影响

心理健康是健康的重要组成部分，已有大量研究证明了心理健康与幸福感之间的关系。部分研究者将幸福感作为心理健康的重要评估维度，甚至直接将心理健康定义为幸福感。但迪纳(2000)认为幸福感的概念不能等同于心理健康，主观幸福感不是心理健康或主观健康的同义词或替代指标。精神错乱者、心理疾病患者也可以拥有幸福感并对其生活感到满意，但不能说他们的心理健康；对一个不暴露自己动机和情感的人，可以说他很快乐，但也不能认为他的心理健康。因此，虽然幸福感与心理健康之间的关系十分密切，但不能简单地将两者混为一谈。当然，不可否认的是，个体的心理健康状况对于幸福感的影响是非常重要的。目前的研究已建构了相对稳定的模型，证明了心理健康与幸福感之间的密切关系，有关模型将在下文详细介绍。有研究者认为，幸福感研究是对心理学传统研究的补充，有利于增进人们对心理健康的理解，同时为探讨心理障碍的机制提供了一种新的途径。研究者不能仅仅使用精神症状测量作为心理健康的评价指标，应该从多方面考察与评价心理机能状况。基于这种认识，幸福感评估成为心理健康诊断与治疗的新潮流，幸福感测评技术得到了广泛的应用（Lebow，1982），越来越多的学者把幸福感作为心理健康的指标或维度（刘仁刚，龚耀先，1999；谭和平，1998）。因此，幸福感测评技术特别是多维度、立体化、全方位的幸福感测评技术的发展，全面深入地揭示了心理健康的本质，促进了健康心理学的发展。

自尊也是心理健康的重要指标之一，有研究者探索了自尊与幸福感之间的关系。迪纳认为，自尊与主观幸福感之间呈正相关，高自尊者的幸福感水平也更高。这一结论在后续研究中被反复证实（Xu，Wu，& Qiu，2005；严标宾，郑雪，2006；高媛媛，江宜霖，黄希庭，2014）。此外，其他构成心理健康的重要维度如积极接纳自我的态度、自我实现、自主机能、社会责任感等，也是幸福感的影响因素。因为本课题组的测量并未涉及这些因素，所以此处不再赘述。

10.2.3　健康与幸福感关系研究的文化差异

健康对于每个人都是十分重要的，是每个人都想拥有的。生理健康和心理健康对于个体都格外重要。因此，健康与幸福感之间的关系也是众多学者争相研究的问题之一。但作为一种复杂的心理概念，幸福感受认知、情感、文化等诸多因素的影响。而且幸福感是一个动态发展的心理状态，还依赖具体的文化背景。

早期对于幸福感的研究源自西方哲学，因此西方早期心理学研究继承了西方哲学的身心二元论，将幸福分成生理的或心理的、物质的或精神的。多数西方心理学家认为，幸福是个体在期望满足后的心理感受。从 20 世纪 50 年代幸福感研究出现至今，西方心理学主要研究个体对幸福的体验和感受。以马斯洛、荣格、塞里格曼等人为首的心理学家主要关注个人的心理健康、幸福感和自我实现等问题，因此主观幸福感一直都是西方幸福感研究的主要成分。目前，西方幸福感研究主要涉及两个领域：其一是幸福感的成分、结构和测量，研究者从不同的角度建构了幸福感理论，分析了幸福的心理结构维度；其二是幸福感的条件，即幸福感的影响因素和预测因素。

幸福感作为一种复杂的心理现象，是认知、情感、文化等多种因素相互作用的结果。幸福感不是静止不动的，而是随着个体的成长有规律地发展变化的。幸福感的研究应立足文化和个体成长，因而在不同的文化背景下产生了不同的研究视角和工具。在幸福感研究之初，西方心理学研究者并没有意识到文化对于幸福感的决定性影响，甚至有研究者把不同国家的幸福感差异归因于经济水平的差异。随着研究的深入，越来越多的研究证明了文化会影响个体对幸福感的判断和感受以及对目标实现途径的选择（Markus，Kitayam，& Heiman，1996；Triandis，1989）。前人的跨文化研究发现，在西方富裕国家或个人主义国家中，个体更强调"享受生活"这类价值观，提升幸福感主要通过增加个人的休闲娱乐来激发其积极情绪；而在集体主义国家中，体现得更多的价值观是"社会认可"，人们主要通过使他人快乐或获取他人认可的方式来获得积极情绪，以提升幸福感（Oishi et al.，2009；Triandis，1989）。作为集体主义国家，我国在社会文化和价值观上均与西方国家有差异。但由于我国关于幸福感的研究起步较晚，目前的研究主要是调查不同群体的幸福感现状以及对其影响因素的探讨。此外，我国关于幸福感的研究仍主要基于西方的理论和研究方法，缺少原创的本土理论。近年来，研究者逐渐关注本土化的研究，并编制出一些适用于中国人的幸福感水平测量工具，如中国城市居民主观幸福感量表（邢占军，金瑜，2003）、大学生主观幸福感问卷（姜永杰，杨治良，2008）等。基于文化的差异，我国与西方关于健康对幸福感的影响的研究的侧重点有所不同。在对身体健康方面的研究中，西方着重探讨疾病对患者自身幸福感的影响，而在我国的文化背景下，独立个体的疾病不仅会影响其自身的幸福感，对于其他家庭成员的幸福感也有影响，患者本身也会由于担心对照看者和家庭造成负担的心理而促发消极情绪，降低其幸福感水平。在对心理健康方面的研究中，西方重视人格特质和自身心理能力的作用，而我国更重视早期成长环境的作用，如依恋类型、应对方式、童年创伤等。由此可见，文化差异会对研究的关注点产生影响。

10.2.4　健康与幸福感关系的理论模型

由于幸福感的内涵十分丰富，近十年针对幸福感的研究从视角到方法均呈现多元化的趋势。基于不同的研究视角，研究者形成了各自相对稳定完善的理论结构。迪纳等人（2000）的研究视角立足主观幸福感，认为主观幸福感是情绪幸福感和认知幸福感的融合。情绪幸福感主要是个体面对生活事件产生的情感状态，认知幸福感主要是个体对生活的评价以及满意程度。基于这一视角，迪纳等人提出了主观幸福感的结构模型，将主观幸福感划分为三个层次四个领域。在此模型中，整体幸福感处于最高层次，反映个体对生活的整体评价；第二层次包括积极情感、消极情感、一般生活满意度、具体生活满意度；第三层次是第二层次中的四个领域的可测量和操作的成分，如积极情感的具体成分包括快乐、喜悦等，一般生活满意度的具体成分包括有意义感、充实感和成就感等。里夫和凯斯（Ryff

& Keyes，1995)从心理幸福感的角度出发，认为幸福感不仅包括情绪成分，也包括个体自身的心理能力，并基于此建立了六维度模型。社会幸福感把研究的视角延伸到个体与社会的关系的层面，凯斯(1998)提出的社会幸福感的五维度理论模型包括社会整合、社会认同、社会贡献、社会实现、社会和谐五个维度。

有学者基于不同的研究视角建构了不同的幸福感理论模型，本章着重介绍生命意义理论模型和心理健康双因素模型，这两种模型适用于解释健康对幸福感的影响。其中，生命意义理论模型强调生命意义对情绪以及幸福感的影响，并在后续的发展中进一步探索了生命意义中的存在意义和追寻意义的过程这两个维度对情绪和幸福感的影响；心理健康双因素模型探索了心理健康与幸福感之间的关系。研究者最初提出了四分说的划分方式，在后续的理论发展中进一步提出了划分更为精确的六分说。在国内的研究中，更多地采用四分说的划分方式，这一模型是探讨心理健康与幸福感关系的研究中常见的模型之一。我们将在下文对这两个模型进行详细介绍。

1. 生命意义理论模型

生命意义这一概念最早被纳入心理学的研究范围是由弗兰克尔发起的，他提出人类需要生命意义，并且具有追寻生命意义的动机，会不断去发现其生命的意义与目的(Frankl，1963)。此后，研究者不断对生命意义理论的内涵和维度进行探索。其中，斯特格(Steger，2009) 提出生命意义的内涵应分为认知和动机两个维度。其把认知维度命名为存在的生命意义，指人们理解生命的含义，并且认识到自己在生命中的目的、目标或使命；把动机维度命名为生命意义寻求，指人们努力去建立或增加对生命的含义和目标的理解。一些研究者认为，除了认知和动机两个维度，生命意义还应该包括情感维度。瑞克(Reker，2000)提出，生命意义的情感成分是伴随着人们对生命意义的领悟、生命目标的实现而产生的。生命意义的情感成分是指个体从过去的经验或已经完成的目标中所得到的满足和自我实现的成就感(靳宇倡，何明成，李俊一，2016)。斯特格等人对一些较有影响的生命意义概念进行整合，通过总结得到更完整、确切的生命意义概念，认为生命意义是指个体对人类自身及其存在的本质和那些自认为比较重要的事物的感知、觉察，包括存在意义和寻求意义两个维度(Steger et al.，2006)。其中，存在意义指的是个体对自己的生活是否有意义的感受评价，强调的是感受的结果；寻求意义指的是个体对生命意义的积极寻求程度，强调过程(程明明，樊富珉，2010)。大量研究证明，生命意义不仅对个体的生存至关重要，而且是个体的健康和幸福感不可或缺的元素。

生命意义是影响个体心理健康的关键因素(Van Tongeren & Green，2010)。一般来说，体验到更高水平的生命意义的个体的身心健康水平更高(Boyle et al.，2010)，其体验到抑郁和焦虑的风险更低(Sternthal et al.，2010)。国外大量研究表明，生命意义与主观幸福感(Steger，Oishi，& Kashdan，2009)、身心健康(Sherman et al.，2010；Westerhof et al.，2010)等均存在相关。齐卡和张伯伦(Zika & Chamberlain，1987)对日常慢性压力源以及三个人格变量(内外控、果断和生命意义)与主观幸福感的关系进行考察，发现生命意义对主观幸福感的正向预测作用是三个人格变量中最强的。在后续的研究中，他们使用多个量表在不同的群体中对生命意义进行测量，以探讨生命意义与心理幸福感的关系，结果发现生命意义与心理幸福、积极情绪均存在显著正相关，而与心理痛苦、消极情绪均存在显著负相关(Zika & Chamberlain，1992)。斯特格等人(2006)的研究也得到了类似的结果，再次验证了生命意义与积极情绪以及生活满意度呈显著正相关，而与消极情绪呈显著负相关。瑞克(2002)的研究发现，生命意义能够显著地预测 14 个月后个体的幸福感和身体健康。一项针对中国人的生命意义对幸福感和情绪的影响的元分析也验证了这一结论（靳宇倡，何明成，李俊一，2016）。综上可知，生命意义与积极情绪和主观幸福感呈正相关，而与消极情绪呈负相关的结果是稳定存在的。

当生命存在意义时，个体的积极情绪得到提升，而积极情绪较高的个体通常更容易体会到更高水平的生命意义（King et al.，2013），其主观幸福感和生活满意度也会相应提高。因此，具有较高水平生命意义的个体通常会更健康、更快乐、更少烦恼，也更长寿（Hill & Turiano，2014）。从心理健康的角度来看，积极情绪与生命意义的关系是区分享乐主义和幸福感的关键（Biswas-Diener，Kashdan，& King，2009）。综上，生命意义和积极情绪之间的因果路径是双向的，生命意义能够产生积极情绪，积极情绪也能增强生命意义。另外，生命意义对消极情绪也有一定的调节作用。有研究发现，生命意义对应激条件下的心理健康具有调节作用，可以调节应激条件下的忧郁情绪和一般健康问题（李虹，2006）。生命意义是个体产生和维持幸福感的重要因素，缺乏生命意义是个体产生心理问题和选择自杀的重要原因，很多心理问题都源自生活的空虚感和价值观的矛盾（张姝玥，许燕，杨浩铿，2010）。

绝大多数研究都得到了生命意义与积极情绪和主观幸福感呈正相关的结果，但也有极少数研究得到了相反的结果，即发现了生命意义与消极情绪的正相关关系（Steger et al.，2008）。对于这一结果，研究者进行了进一步的探讨，分别从生命意义的两个维度即存在意义和寻求意义出发进行分析，结果发现存在意义与生活满意度、积极情绪呈正相关，而寻求意义与神经质、抑郁和消极情绪呈正相关（Steger，2006）。后续两项对土耳其大学生的研究的结果再次验证了这一结论。研究者发现，生命意义能显著预测主观幸福感，其中存在意义正向预测主观幸福感，而寻求意义负向预测主观幸福感。但我国关于生命意义与幸福感关系的元分析得到了不同的结果。在我国的被试群体中，存在意义与主观幸福感、生活满意度和积极情绪呈显著正相关，与消极情绪呈负相关但不显著；寻求意义与主观幸福感和积极情绪呈显著正相关，与生活满意度呈正相关但不显著，与消极情绪呈负相关但不显著（靳宇倡，何明成，李俊一，2016）。

2. 心理健康双因素模型

传统的心理健康模型采用消极的精神病理学指标，主要涉及内化心理障碍和外化心理障碍两个方面，以精神和心理疾病诊断手册为心理诊断工具，其治疗目标是减少或消除心理疾病（Keyes & Lopez，2005）。这一模型对个体心理健康水平的诊断存在高估或低估的风险。

随着积极心理学的兴起，研究者对以异常心理为主要内容的研究方法进行矫正，认为心理疾病的消除并不意味着心理是健康的，心理健康和心理疾病是一个联合的评估体系。因此，从心理疾病到心理健康之间存在中间状态，即既达不到诊断标准又不符合积极健康的心理状态。所以研究者在后续研究中增加了主观幸福感等积极指标，建构了心理健康双因素模型（Keyes & Lopez，2005；Suldo & Shaffer，2008；Wang，Zhang，& Wang，2011；Keyes，2014）。心理健康双因素模型在传统心理健康模型的基础上认为，心理健康除了包括心理疾病症状等消极指标，还包括积极指标。因此该模型将人的心理健康状态分为四类，即低症状和高主观幸福感的完全心理健康型、低症状和低主观幸福感的部分心理健康型、高症状和高主观幸福感的部分病态型、高症状和低主观幸福感的完全病态型（见图10.1）。该模型强调心理辅导与治疗的最终目标是帮助个体达到完全心理健康状态，其提出的四类划分方式也使得诊断和治疗更加全面、准确（Suldo & Shaffer，2008；王鑫强，张大均，2011；王鑫强，谢倩，张大均，刘明矾，2016）。国外对心理健康双因素模型的研究证明，根据模型区分的四类心理健康状态的个体在学业功能、身体功能、心理功能以及社会功能方面均存在显著差异。其中，完全心理健康型个体在各项功能评价指标上的得分最高；在心理行为问题指标评价中得分最低；而完全病态型个体与完全心理健康型个体相反。心理健康双因素模型的四分法在西方大中学生中得到了系列实证研究的支持（Antaramian，2015；Eklund et al.，2011；Suldo & Shaffer，2008）；我国研究也发现该模型在高中生中得到了验证，其所划分的四类心理健康状态人群在学业压力感受和学业情绪上存在显著差异（董文婷，熊俊梅，王艳红，2014；王鑫强等，2016）。

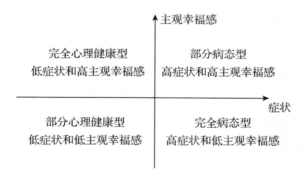

图 10.1　心理健康双因素模型四分模型图

基于四分说，凯斯（2002；2005；2007）进一步提出了六分说。他将四分说中的主观幸福感维度的水平由高、低调整为高、中、低，并分别用三个术语表述，即健康的、中等心理健康的、渐衰的。将主观幸福感新划分的三个水平与心理疾病症状原有的两个水平结合，可以得出六种心理健康类型，包括完全心理健康型、部分心理健康Ⅰ型、部分心理健康Ⅱ型、部分病态Ⅰ型、部分病态Ⅱ型及完全病态型（见图 10.2）。

相较于国外，国内对积极心理学和幸福感的研究起步较晚，因此关于心理健康双因素模型的研究还比较少。已有的研究主要是对心理健康双因素模型的介绍和探讨以及一些验证，目前国内对心理健康双因素模型人群的划分应用更广泛的是四分法。海曼等人验证

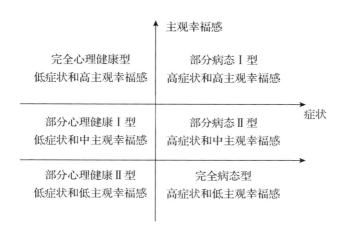

图 10.2 心理健康双因素模型六分模型图

了心理健康双因素模型指标的稳定性，并探索了该模型在教育中的应用。研究结果发现，模型中四种不同类型的学生在身心健康、学业功能、社会支持方面的表现均支持了模型的假设。因此，教育工作者应针对不同心理健康类型的青少年采用不同的预防和干预措施，注重提高他们的主观幸福感水平。在教育中，包括在青少年的临床诊断、在校表现和未来的发展以及学校政策的制定等方面，心理健康双因素模型均有重要意义（海曼，熊俊梅，段晓明，2013；海曼等，2015）。董文婷等人（2014）在中国高中生群体中再次对该模型的适用性进行了实证调查，并将所测高中生依据四分法分为四类，对这四类人群的学业压力进行了测查。研究发现，心理健康双因素模型适用于我国的高中生，其所划分的四类人群在学业压力上存在显著差异。除此之外，该模型在大学生群体中也得到了验证（王鑫强，苏志强，2015）。

综上可知，心理健康双因素模型在国内外的研究中均得到了验证。在心理健康双因素模型中，幸福感是评价心理健康水平的重要维度，这也证明了心理健康与幸福感水平的相关。因此，在关于幸福感的研究中可以引入心理健康双因素模型的逻辑模式。

10.3　健康对我国国民幸福指数的预测作用

合并第五、第六章长江以南、长江以北地区两部分的数据，使用均值填补缺失值(不包括人口学数据)，最终得到有效样本量 2730 份。使用 SPSS18.0 软件进行幸福感与健康状况的数据分析。

10.3.1　研究方法

1. 研究对象

同第 8 章。

2. 研究工具

本研究采用中国人幸福指数量表(修订版)，具体介绍见第 5 章。

3. 数据处理

使用 SPSS18.0 软件对数据进行分析。首先对数据进行预处理，将量表相应维度的所有项目得分相加后取平均数作为该维度得分；对缺失值采用序列均值法进行替换。

10.3.2　健康状态满意度的影响因素

比较长江以南、长江以北地区居民的自评健康水平，发现长江以南地区居民认为自己的健康程度更高。长江以南地区居民对自身健康程度的评分均值为 3.28，而长江以北地区居民对自身健康程度的评分均值为 2.81。经统计，长江以南、长薄以北地区居民对健康水平的评分存在显著差异，$t = 16.50$，$p < 0.001$。与城市和乡镇居民相比，农村居民对自己的健康水平更为满意，$F(2, 2654) = 3.87$，$p = 0.021$。农村居民的健康水平为 3.18，而城市和乡镇居民的健康水平都是 3.07。这可能是由于相对于农村居民，城市和乡镇居民的工作压力和生活成本更高，因此其身体健康水平下降。

是否在职或离退休对个体的健康水平也存在显著影响，

$F(2，2312)=4.78$，$p=0.008$。据统计，在职居民对自身健康水平的评分为 3.15，离退休居民对自身健康水平的评分为 3.03，其他工作状态的个体对自身健康水平的评分为 3.12。由此可见，在职居民对自身健康水平的评分显著高于离退休居民，这可能是由年龄、收入以及自我效能感等多种因素造成的。经济收入对健康水平的影响也十分显著，$F(3，2703)=18.90$，$p<0.001$。在本章中，我们将月收入水平划分为 1000 元以下、1000～3000 元、3000～5000 元、5000 元及以上四个档次。其中，1000 元以下者的健康水平评分为2.93，1000～3000 元者的健康水平评分为 3.03，3000～5000 元者的健康水平评分为 3.18，5000 元及以上者的健康水平评分为 3.28。由此可见，随着收入水平的提升，被试对自身健康水平的评价也变得更高。这一结果似乎与城镇和农村居民的健康水平统计结果存在矛盾，但经济收入并不是影响个体生活质量和健康水平的唯一因素。城镇居民虽然收入更高，但是生活压力更大、消费水平更高，这些都可能造成个体健康水平的降低。

年龄对健康水平有显著影响，$F(5，2654)=1.60$，$p=0.002$，而且年龄与健康满意度呈 U 形曲线关系。中年人(30～39 岁)对自己的健康状态最不满意，而老年人(高于 60 岁)对自己的健康状态最满意。这一结果或许从侧面表明了现在中年人广泛处于亚健康状态，这在很大程度上源于高强度的工作和生活压力(刘敏，2011；宋林，何佳，2003)。相反，尽管老年人的免疫力降低，但是他们在退休后压力减小并注意保养，因此健康满意度更高。需要注意的是，本研究所用量表衡量的是个体对自己健康的主观评价，而不是个体的客观表现(通常用疾病和生理指标来衡量)，因此个体的健康生活满意度可能会在短时间内由于客观原因(如遭遇疾病)而发生变化。这一点对于老年人的健康生活满意度可能会造成很大的影响。

此外，个体的婚姻状况对健康程度也有显著影响，$F(2，2572)=$

6.29，$p = 0.002$。其中已婚个体和离婚、丧偶个体对自身健康水平的评分较低，分别为 3.09 和 3.07。而令人惊讶的是单身个体对自身健康水平的评分最高，为 3.25，这可能是因为单身个体不需要承担婚姻、家庭带来的压力和责任。此外，这一结果可能也与年龄相关，和之前发现的年龄与健康满意度的 U 形曲线关系一致。

综上可知，诸多因素对个体的健康满意度均有影响，其中既包括个体的内在因素如年龄，也包括外在环境因素如所处地域、收入水平。对于年龄因素，正如前面提到的，健康对老年人而言是最为关注的问题之一。且对于老年人而言，健康也是影响其幸福感的重要因素之一，其影响甚至比经济水平更大。从以往的研究中，我们也不难发现，针对老年人健康情况与幸福感关系的研究是幸福感研究的主要部分。此外，居住地对个体的健康满意度也有影响。由上文可知，长江以南、长江以北地区居民的健康满意度有差异，居住在城镇还是农村对个体的健康满意度也有影响。这不仅是特定地区的经济、医疗水平的差异造成的，而且显示出了不同的文化、生活习惯、自然环境等对个体主观健康评分的影响。例如，城镇居民的文化水平一般高于农村居民，对自我的关注、对健康的认识和对医疗的了解的程度都比农村居民高，因此其对于健康满意度的自评标准可能与农村居民存在差异。但由于本课题组的调研缺乏对个体客观健康水平的测量，我们不能确定上述因素对个体健康水平的影响是属于对主观满意度的影响还是包括对客观健康水平的一定影响。针对这一点，在后续研究中需要进一步探讨。

10.3.3　健康对我国国民幸福指数的预测结果分析

据分析，生理因素和心理因素对幸福感均有影响。从健康角度来看，个体自评的身体健康与其幸福感显著相关，$r = 0.44$，$p < 0.001$。之后，将被试按照健康水平的平均分进行分组，高于平均分的被试为高分组，低于平均分的被试为低分组。比较两组被试整体

幸福感的得分，发现组间差异显著，$t=2.61$，$p<0.05$。其中高分组整体幸福感的得分为 3.92，低分组整体幸福感的得分为 3.42，即认为自己身体更健康的个体的整体幸福感水平也更高。由此可见，健康对个体的幸福感有显著影响。

由前面可知，个体的性别、年龄、收入等因素均对整体幸福感有影响。因此，我们对个体的性别、年龄、工作情况、婚姻状况、居住地、收入水平进行了控制，再次分析，仍发现健康水平对个体的整体幸福感有显著影响，$F(1, 2729)=3.21$，$p<0.001$。这与前人的研究结果一致，即个体的健康水平与幸福感具有密不可分的联系，且健康水平更高的个体的幸福感水平也更高。然而，正如前面提到的，健康对幸福感的影响并不仅仅是病痛带来的直接影响，中间可能存在其他变量形成的中介或调节甚至更复杂的关系，如某些心理变量、社会支持、对生命意义的认识等因素。但关于这些变量是如何作用的，我们目前尚未有清晰的认识，在后续研究中需要进一步进行数据收集与讨论。

总体来看，身体健康不仅是人全面发展的基础，而且关系着国民的幸福。虽然我们在本次调查研究中没有涉及对客观健康水平的测量，但前人的研究已发现认为自己身体更健康的个体的整体幸福感水平也更高(Kosloski，Stull，& Kercher，2005)，说明主观健康满意度对个体幸福感的影响比客观健康程度更大。因此，在重点推进医疗保障、医疗服务、公共卫生、药品供应等的基础上，还应提高国民健康生活质量，不能忽视主观感受到的健康水平对居民的幸福感和健康满意度的影响。

10.4　结语

主观幸福感与个体健康是紧密联系的，且两者的关系受到了越来越多的重视。本研究所构建的基于主体认知的幸福论整合并丰富了现有的幸福理论，有利于在提升个体幸福感的同时提升社会幸福感。本研究建构的符合国情的幸福指数指标体系可以作为公共政策工具，在决策实践中发挥重要作用。本研究对当前我国居民幸福感水平及影响因素的揭示，为政府部门有针对性地制定公共政策提供了数据支持和科学依据。我们针对本研究的结论所提出的对策建议，可为各级政府管理部门的公共管理、决策提供一定的参考。

从主观幸福感与健康状况的关系的视角出发，重视居民的健康状况与主观幸福感的关系对提高人们的幸福感具有重要的现实意义。当个体的身体健康状况良好时，个体对幸福的感受更多地受其他因素的影响；当个体的身体健康状况较差时，疾病造成的生理痛苦与心理压力往往成为个体追求幸福的一大阻碍（王彤，黄希庭，毕翠华，2014）。近年来的研究也表明，主观幸福感是健康水平的一个影响因素，且对健康具有正向的预测作用。主观幸福感与居民健康状况之间的关系是双向的。由于不同学者采用的研究角度、研究方法、被试群体、测量工具、因果逻辑等不尽相同，以及在测量中存在社会赞许性、认知偏差、反应定势等，国内有关我国居民幸福感水平与健康状况关系的研究结果不一致，难以形成较有说服力的结论，也难以建构本土化的中国居民主观幸福感理论体系。因此，本章在梳理了前人针对健康状况与幸福感之间的关系的研究结果的基础上进行归纳和总结，揭示了两者的关系。本章涉及长江南北十几个城市的两千多个数据，因此这一结果更加成熟，也具有较强的代表性。

从心理健康对幸福感的影响的角度来看，随着时代的进步，积极心理学引起了社会的关注，青少年、大学生、老年人的心理健康状况更是引起了社会的高度重视。传统心理学的研究重点主要集中在忧郁、焦虑等负面情绪方面，但随着心理学的进一步发展，有更多的研究者注意到，心理健康研究不能仅仅集中在心理疾病和问题的诊断以及治疗等方面，更应该重视对积极乐观、幸福快乐等方面的研究。因此，尝试探索个体心理健康和心理幸福感的关系结构、加大对个体层面的发掘与研究力度、进一步深化对心理健康和心理幸福感关系的认识，都具有重大的现实意义。除此之外，主观幸福感属于一种积极的心理暗示，也是判断一个人自身所拥有的精神质量的重要评价指标。怎样有效地提升个体自身的主观幸福感、促进个体心理健康的发展，成为教育与实践工作者重要的研究课题，也是满足素质教育的要求、真正落实以人为本的教育理念需要解决的关键问题。

从生理健康对幸福感的影响的角度来看，大量研究表明，身体健康状况是幸福感的重要影响因素之一，其对幸福感的影响有时候甚至比收入还要大。从前人的研究中，我们能够找到健康状况的各种成分与个体主观幸福感的紧密关系。本研究采用自评的身体健康状况和生活压力作为身心健康的指标，通过数据分析发现，自评的身体健康状况对幸福感水平有显著的预测作用。

随着社会经济的不断进步和发展，个体的身心健康以及主观幸福感受到了有关研究者的广泛关注。从长远的角度来看，在未来的指导实践过程中，希望相关部门能够在提高国民自身健康意识的基础上重点推进医疗保障、医疗服务、公共卫生、药品供应和监管体制的综合改革。这些政策的完善不仅能够改善城乡居民的健康状况、提高国民健康生活质量、减小不同地区居民健康状况的差异，而且能够增强国民的幸福体验。

情绪敏感性与幸福指数

在生活中，我们几乎每时每刻都要面对自己和他人的种种情绪，准确的情绪知觉和情绪表达对于人际交往来说是十分重要的。例如，一位合格的母亲应该能够觉察孩子的情绪变化、了解孩子的情绪特点，并较为准确地感受孩子的需要。在人际交往的过程中，我们也不难发现：有些人善于察言观色，对他人的情绪变化较为敏感；有些人则比较迟钝，在交谈中，对方已经面露不悦，他们却依旧谈笑风生。究其原因，可能是由于他们在情绪敏感性上存在个体差异。什么是情绪敏感性？它与幸福感的关系是怎样的？这些都是本章将要回答的问题。

11.1 情绪敏感性

情绪是一种复杂的心理现象，包含情绪体验、情绪行为、情绪唤醒等复杂的成分(黄希庭，郑涌，2015)。它是建立在个体需要基础上的一种重要的心理活动，也是人们对外界环境的一种主观感受和社会表达。情绪过程是人类三大心理过程(认知过程、情绪过程、意志过程)中的重要一环。

11.1.1 情绪敏感性的定义

什么是情绪敏感性？情绪敏感性的概念较为宽泛，不同研究领域的学者对于情绪敏感性的定义有所不同。例如，从病理学的角度来说，对情绪高度敏感是边缘型人格障碍的主要表现之一，通常表现为对情绪的过度强化以及过激的情绪反应（Van et al.，2015）。对于正常群体来说，情绪敏感性也有自己的定义。例如，约韦夫等人（Jovev et al.，2011）认为，情绪敏感性指个体能够感觉到情绪刺激的最低阈限；我国学者赵杨、王林与时勘（2015）认为，情绪敏感性是指个体关注他人情绪并易受他人情绪影响的程度；科沃特、多玛希迪和匡特（Kowert，Domahidi，& Quandt，2014）把情绪敏感性看作一种用于理解他人意图的基本社会技能；施奈德、亨佩尔和林奇（Schneider，Hempel，& Lynch，2013）则提出，除了分辨出情绪刺激的速度，情绪感知的准确性也应被纳入情绪敏感性的概念范畴。

综上所述，我们将情绪敏感性定义为个体识别他人情绪的速度和准确性。如果一个人的情绪敏感性高，就意味着他在面对某个情绪刺激时感知到这个情绪刺激的阈限更低，即他更容易感知到这个情绪刺激，或者说他有更大的可能性能够感知到某个刺激是情绪性的。情绪敏感性更高的个体对于情绪刺激的识别也更加准确，如能正确地将悲伤情绪知觉为悲伤而不是恐惧。

11.1.2 情绪敏感性的重要性

1. 情绪敏感性的进化意义

情绪敏感性对于个体的生存和社会适应十分重要。从进化论的角度来说，快速知觉情绪更有助于物种的生存。达尔文就曾在其著作《人和动物的感情表达》中列举了不同物种的例子来说明这一点。对于动物来说，识别出同伴痛苦的表情能够使自己远离痛苦的来源，从而避免死亡的危险。对于人类来说，有些陌生人表现得较为友好，愿意慷慨地提供帮助，而有些陌生人则充满敌意。能否察觉出这两类陌生人之间情绪的不同，将决定能否做出不同的选择。

2. 情绪敏感性的社会适应意义

在人们的日常生活中，情绪敏感性是一种基本的社会技能。在成功的社会交往中，能够较为准确地去推断对方的想法、感受和意图是至关重要的。科泰等人（Côté et al.，2010）对个体的情绪智力与领导能力的关系进行了研究，发现情绪智力的各个成分均与个体的领导能力呈显著正相关。其中，情绪智力中的情绪知觉维度和被试领导能力的相关系数高达 0.88。洛佩斯等人（Lopes et al.，2003）发现，被试的情绪智力越高，报告的与他人的积极联系、从父母那里得到的支持越多，与朋友之间的负面交往越少。情绪敏感性通常包括对言语线索的情绪敏感性和对非言语线索的情绪敏感性（Kowert et al.，2014）。言语线索一般指语音、语调。例如，多伊等人（Doi et al.，2013）的研究发现，大部分阿斯伯格综合征患者对中、高强度情绪语调信息识别的正确率比对照组更低，反应时也更长。非言语线索一般指身体姿势及面部表情（de Gelder，2009）。例如，阿维泽尔等人（Aviezer et al.，2012）发现，相对于通过面部表情来判断网球运动员是得分还是失分，通过身体姿势或者完整的图片（同时包括面部表情和身体动作的图片）来对其是得分还是失分进行判断更加有效。个体对面部表情（如高兴、悲伤）的敏感性即对于面部表情的识别的速度和准确性，有许多研究探讨人们的面部表情敏感性与社会适应能力的关系。一般来说，人们的面部表情敏感性越高，社会适应能力越强。例如，菲利波等人（Philippot et al.，1990）研究了 3~5 岁儿童的社会技能和情绪编码能力的关系。在实验中，儿童需要先观察一些情绪场景，随后确定哪种表情（如快乐、悲伤或恐惧）最符合当前自己观察的场景中的人物角色的心情。儿童的社会技能由家长通过标准化的问卷来评定。结果发现，拥有相对较强的社会技能的儿童对面部表情的编码能力相对较好，而且编码的成绩随着年龄的增长而有所提升。英帕宁等人（Leppänen et al.，2001）考察了7～10岁儿童的面部表情识别的正确率与社会适应能力的关系。实验测量了被试对基本面部表情和声音的识别、在同伴中的受欢迎程度以及由教师评定的社会适应能力。结果表明，女孩的面部表情识别正确率与社会适应能力呈显著正相关，说明通过非言语线索（如面部表情及声音）去识别他人的情绪状态是学龄期女孩的一种重要的社会认知能力。面部表情敏感性与社会适应能力的相关可能是因为两者在脑机制方面有重合，其中杏仁核是最关键的一个共同脑区，不仅与面部表情特别是消极表情的识别有关，而且与社会信息的加工（如警觉的加工）密切相关。已有的一系列功能性磁共振成像研究表明，对面部表情特别是恐惧表情的视觉加工能够诱发杏仁核的活动（Gamer & Büchel，2009；Hung，Smith，& Taylor，2012）。这些发现也得到了来自脑损伤的研究结果的有力支持。脑损伤的研究发现，双侧杏仁核存在损伤的患者通常在消极情绪的识别上存在障碍（Adolphs et al.，1999）。也有研究表明，杏仁核损伤的患者在一些社会情绪如嫉妒情绪的识别中也出现了障碍（Adolphs，Baron-Cohen，& Tranel，2002）。

有趣的是，情绪敏感性对个体社会技能的影响不仅仅体现在现实生活中面对面的社会交往上，在虚拟世界如网络交往中也有相应的体现。科沃特等人（2014）对游戏玩家与游戏相关的友谊和玩家害羞的特质之间的关系进行了研究，对于害羞的测量采用情绪敏感性问卷，发现害羞的玩家（情绪敏感性的得分较高）与不害羞的玩家（情绪敏感性的得分较低）在游戏内的友谊质量上存在明显差异。情绪敏感性较高的个体在网络交往中具有更大的优势，在线游戏能够让他们克服传统社会交往中的困难，在网上结交新朋友，还可以巩固旧的友谊。赵杨等人（2015）对微博上网民的情绪敏感性、行为意向与执行意向的关系进行了研究，结果显示，网民对网络上的热搜词情绪反应越敏感，就越容易将网民群体的价值观、内心感受、利益、情感体验等内化为自我概念。

3. 情绪敏感性与情绪智力

情绪敏感性是情绪智力的重要组成部分。情绪智力也就是我们通常所说的情商，是指人们驾驭自己和他人的情感、情绪，区分它们之间的差异，并能使用这些信息指引自己思考和行动的能力（Salov & Mayer，1990）。有效的情绪智力包括两个方面：一方面是指个体能够对自己及他人所展现的情绪信息进行准确识别；另一方面是指在准确识别情绪信息之后，个体能够依此对自己的想法和行动进行指导。心理学家萨洛维和梅耶认为，情绪智力由三个部分组成：①准确识别、评估和表达自己和他人的情绪；②调节自己和他人的情绪；③利用情绪信息有计划地、创造性地激励行为。在这三个部分中，识别他人的情绪是情绪智力的基础，情绪敏感性与识别他人的情绪密切相关。由此可见，情绪敏感性更高的人可能在情绪智力上发展得更好，而情绪智力发展较好的人更容易对自己和他人的情绪做出积极的调控，从而维持较健康的心理状态，更好地与他人进行交往，实现生活、学习和工作上的成功。

已有研究表明，情绪智力高的个体更倾向于与同伴进行合作，建立亲密关系（Schutte et al.，2001）。较高的情绪智力与较强的同伴交往能力、高质量的人际关系以及低水平的人际冲突有关（Lopes et al.，2015）。例如，罗森塔尔等人（2011）通过研究发现，智力水平一般但是拥有较强的情绪感知能力的学生在学校里更受同伴的欢迎，学习成绩也更好。张文娟、邹泓和梁钰苓（2012）采用青少年情绪智力问卷和青少年社会适应状况评估问卷对我国2623名中学生进行调查，探究其情绪智力与社会适应之间的关系。结果发现，我国青少年的情绪智力与积极社会适应呈显著正相关、与消极社会适应呈显著负相关。情绪敏感性较高的人通常能够与他人保持较为和谐的人际关系，情绪敏感性较低的人则会在人际交往中表现出不同程度的不适应。

4. 情绪过度敏感的危害

情绪敏感的个体具有更好的心理社会适应性，但并非个体的情绪敏感性越高就在人际交往过程中越受欢迎，过度的情绪敏感可能会导致他人的不适及抵触。研究显示，对情绪的过度敏感或过度不敏感通常与一些精神疾病有关。例如，边缘型人格障碍与情绪过度敏感特别是对消极情绪的过度敏感有关（Domes，2008）。林奇等人（2006）的研究发现，边缘型人格障碍患者通过较低强度的面部表情刺激就能正确识别表情所属的类型，这表明他们在识别面部情绪时的阈值较低。孤独症、精神分裂症和社交焦虑症则被证实与低情绪敏感性有关（Alvares，Hickie，& Guastella，2010；Grastella & Macleod，2012；Button et al.，2013）。具有这些心理问题的人群通常存在情绪识别障碍。

11.1.3 情绪敏感性的影响因素

情绪敏感性的影响因素是多样而复杂的。就人们对于面部情绪知觉的敏感性来说，影响面部情绪知觉的主观因素主要是性别、年龄、人格、家庭环境和情绪状态，客观因素主要是表情本身。

1. 性别对面部情绪知觉的影响

一般来说，女性的情绪敏感性要优于男性（Montagne et al.，2005；Thayer & Johnson，2000）。前人的许多关于情绪识别方面的性别差异的研究都向我们展示了女性在情绪识别上的优势：女性通常对微妙的情绪变化更为敏感，而且对模糊的表情线索表现出了更低的知觉阈限（Barrett & Bliss-Moreau，2009；Plant et al.，2000；Shields，2002）。女性的情绪敏感倾向不但体现在完成实验任务的操作成绩上，而且体现在她们的自我报告中，即在对自己的情绪敏感性进行评价时，女性的评分比男性高（Baron et al.，2000）。女性对于情绪变化的高敏感性可能源于其在进化中所担任的角色。在早期的社会分工中，女性主要负责抚养孩子，因此她们必须具有与之相适应的能力，这样才能保证其后代的生存(Babchuk, Hames, & Thompson, 1985)。准确而快速地知觉到婴儿和他人的面部情绪，就是这些能力中的一个重要组成部分。但是，研究者在女性情绪敏感性所涉及的情绪种类的覆盖面有多广这一方面依然存在争议。一部分研究者认为，女性几乎在所有的基本情绪上都具有识别的优势，这是因为作为婴儿的主要抚养者，女性需要对婴儿的所有非语言信号(如哭泣和微笑)都具有高度敏感性(Ainsworth, 1979; Hall & Perlmutter, 1986)；另一部分研究者则认为，女性只对消极情绪有更高的敏感性，这是因为婴儿的消极表情(如哭泣)提供的是一种威胁到自身生存的信息，女性只需要对这一类信号进行关注(Hampson, Anders, & Mullin, 2006)。因此，蒙塔涅等人(Montagne et al., 2005)认为，男性和女性所敏感的情绪种类是不同的。在社会分工中，女性通常会更多地承担照顾孩子的责任，因此她们对与照顾者角色相关的一些情绪更加敏感，如快乐、恐惧和悲伤。相比之下，男性对愤怒的情绪更加敏感，也更多地表露出愤怒的情绪，这与他们的保护性社会角色有关。因此，性别对不同种类情绪的敏感性的影响是不同的。

2. 年龄对面部情绪知觉的影响

情绪敏感性受到个体年龄的影响，黄希庭和张庆林(1991)的研究结果显示，儿童情绪识别的准确率普遍不如成人，但情绪识别的准确率会随着年龄的增长而提高。也有一些研究表明，随着年龄的增长，大多数人对消极情绪的敏感性呈现逐渐减弱的趋势(McDowell, Harrison, & Demaree, 1994; Murphy & Isaacowitz, 2010; Phillips, MacLean, & Allen, 2002)。但年龄的增长并不一定就意味着情绪敏感性的普遍降低，如墨菲等人(Murphy et al.,

2010）对成年初期的年轻人与老年人针对伪装微笑和真实微笑的知觉敏感性进行了研究，结果发现年轻人和老年人都可以较出色地辨别出与自己相对应的年龄的人的伪装微笑和真实微笑，然而老年人在识别年轻人和老年人混合呈现出的伪装微笑和真实微笑时的表现要比年轻人好。研究者给出的解释是：被试的社会交往经验随着年龄的增长而增加，这有助于其对情绪的识别。

3. 人格对面部情绪知觉的影响

在一些与敏感性（如心软、直觉）和忧虑感（如自我怀疑、不安全感）相关的人格特征上，高情绪敏感性的个体得分也较高（Kowert et al.，2014）。多蒂等人（Doty et al.，2013）的研究表明，神经质水平较高的被试对恐惧表情的敏感性也相应较高。有研究（Jimura, Konishi, & Miyashita，2009）发现，神经质人格与悲伤表情加工能力存在相关。一部分神经影像学方面的证据表明，人格对与加工个体面部表情有关的脑神经的反应方式和强度有显著影响（Calder et al.，2011；Suslow et al.，2010），这一点在许多具有病理性人格特质的人格障碍患者身上表现得更为明显。对疾病人群的研究主要聚焦在对边缘型人格障碍患者的研究上。例如，舒尔策等人（Schulze et al.，2011）对正常被试和边缘型人格障碍患者的情绪识别能力进行了比较研究，发现与正常被试相比，边缘型人格障碍患者对情绪的敏感性显著增强，无论是在知觉积极表情时还是在知觉消极表情时都明显表现得更好，这可能与他们经历过的一些情感失调事件有关。瓦格纳和莱恩汉（Wagner & Linehan，1999）的研究则表明，边缘型人格障碍患者对于某些特定的面部情绪存在识别的偏向。例如，他们更容易识别出恐惧的表情，并且存在对恐惧的表情的过度反应，也更倾向于将中性的表情识别为恐惧的表情。另外，还有小部分研究探讨了其他人格障碍患者的情绪敏感性的特点，如谢恩等人（Shean et al.，2007）发现，具有分裂型人格的被试在知觉基本面部情绪时的错误率较高，这可能源于他们在社会认知过程中存在的障碍。罗森塔尔等人（2011）则发现，具有反社会型人格的被试对悲伤和恐惧的情绪存在识别障碍。

4. 家庭环境对面部情绪知觉的影响

儿童的社交技能最早是从与父母的交流中获得的，包括对各种面部情绪进行正确、快速的识别和理解。儿童及青少年期是面部情绪识别能力发展的重要时期，这一时期父母的教养方式对于孩子的面部情绪识别能力的发展具有直接而重要的影响，父母不恰当的教养方式可能会影响到孩子的社交技能的发展。研究发现，有过受虐待经历的儿童对于愤怒这一面部表情更加敏感（Pollak et al.，2000），在童年期与积极情绪接触较少或与不良情绪接触较多都会使儿童对于基本面部情绪的识别产生障碍（Pollak & Kistler，2002）。格鲁尔和若佩（Gerull & Rapee，2002）发现，在观察到母亲的消极表情之后，孩子对于一些与恐惧情绪相关的新奇刺激（如蜘蛛玩具）表现出了更强的焦虑和回避。斯塔里亚诺、布伦南和范曼（Striano，Brennan, & Vanman，2002）的研究发现，长期处于消极情绪下的婴儿或儿童展现出了对积极面部表情的更多关注。也有研究表明，早期的依恋经验与面部情绪敏感性存在联系（Maier et al.，2005）。这些结果都间接表明，家庭环境特别是父母的教养方式对儿童的情绪敏感性存在影响。

5. 情绪状态对面部情绪知觉的影响

个体的情绪状态会影响面部情绪知觉。研究显示，抑郁症患者的情绪识别速度和准确性均低于正常人（Surguladze et al.，2004）；焦虑程度高的人识别快乐面孔时容易犯错误，而他们对愤怒面孔的识别成绩却比较好（Demenescu et al.，2010）。

6. 表情本身对面部情绪知觉的影响

洛布(Lobue，2010)的研究显示，人们对于具有威胁性的面孔识别得更快，这可能是进化的结果。也有许多研究显示，人们对于快乐表情的识别速度更快，这可能是因为快乐表情在视觉图像的识别线索上要比消极表情更简单。在图像表情中，嘴角向上扬起就可以代表快乐。相比之下，消极情绪的表现则需要更多的面部结构(Lambrecht，Kreifelts，& Wildgruber，2012；Adolphs，Baron-Cohen，& Tranel，2002)。除表情所属的类别之外，表情的真伪也会影响人们的情绪敏感性。人们在日常生活中经常会根据交谈的场合或者气氛来表现不同的表情。例如，人们在与他人交谈的时候经常会表现出刻意的(非真实的)笑容，有些人则常常刻意用开心的表情去掩饰自己的负面情绪，以达到误导他人或者增强自己所讲述的信息的可信度的目的。许多神经科学的研究表明，真实表情和伪装表情在其表达和识别方面存在特定的神经回路(McLellan et al.，2012；Rinn，1984)。关于被试识别出伪装表情的成绩，不同研究者得出的平均成绩存在较大差异。弗兰、埃克曼和弗里森(Fran，Ekman，& Friesen，1993)及戈瑟兰等人(Gosselin et al.，2002)让被试判断两张笑容图片是否一致(一致和不一致的图片各占一半)，研究结果表明，被试能够识别出某个开心的表情为伪装表情的可能性约有55%。也有一部分研究者(Boraston et al.，2008；Manera et al.，2011)得出的结论是，人们能够识别出伪装的笑容的可能性约有70%。总的来说，人们区分真伪笑容的能力并不强。

从伪装表情识别的影响因素来看，克鲁姆胡贝尔和曼斯特德(Krumhuber & Manstead，2009)对被试识别真实笑容与伪装笑容的能力进行了考察，发现越对称的笑容在真实性上的评分越高。莱克内斯(Leknes，2013)的研究结果表明，催产素能够影响人们对伪装表情的识别。催产素又称缩宫素，是一种哺乳动物激素，男女都会分泌。对女性而言，它能在分娩时引发子宫收缩，刺激乳汁分泌。此外，它还能降低人体内肾上腺素等压力激素的分泌水平，以降低血压。当一个人的催产素水平升高时，即便是对完全陌生的人也会变得更加慷慨、更有爱心，因此催产素又被称为"爱情激素"或"道德分子"。向鼻内喷催产素能够提升被试对于伪装表情的情绪敏感性。而且催产素对于情绪敏感性处于不同的基线水平的被试的作用是不同的，情绪敏感性基线水平较低的被试向鼻内喷催产素后，对伪装表情的情绪敏感性提升的幅度更大。埃克曼等人(1999)在司法心理学的研究中发现了三类擅长识别谎言的人：当观看犯人陈述某一问题的录像时，联邦法官识别谎言的正确率达到73％，临床心理学家达到68％，洛杉矶的司法陪审员也接近67％。这一研究结果表明，经验和训练会影响人们对于说谎者细微表情的捕捉。另外一项研究表明，教会人们观察说谎者在音调和表情上的特点，可以提高他们的情绪识别的准确性(Ekman & O'Sullivan，1991)。

11.2　情绪敏感性的测量范式

情绪敏感性的表现多种多样，这导致在实验室中对其的测量难度有所加大。在对情绪敏感性的研究过程中，研究者开发出了多种有效的情绪敏感性的测量范式，且一直致力于对已有研究方法的改进，力求使用更具有生态效度的材料去研究不同人群的情绪敏感性。在本部分，我们将向大家介绍一些较为常用的情绪敏感性的测量范式，以帮助大家更好地了解情绪敏感性的研究方法。

11.2.1　静态表情图片测量

静态表情图片是研究者在早期的面部情绪敏感性研究中常用的一种材料。使用时通常向被试呈现一些情绪表情图片，要求被试选择与图片表现出来的情绪相对应的情绪词。除此之外，也有一部分研究者采用情景故事法，即向被试呈现一个情景故事，让被试选择一张与这个故事相匹配的表情图片，以选择相匹配表情图片的正确率为考察被试情绪识别能力的指标，该任务多被用于对儿童情绪敏感性的测量（Pollak et al.，2000）。常用的情绪图片库主要有埃克曼和弗里森（1976）开发的情绪图片系统以及国际情绪图片系统。采用静态表情图片对被试的情绪敏感性进行研究具有较大的局限性。首先，采用这种方法测量得到的指标较为单一。采用静态表情图片仅能测量被试情绪识别的准确性，无法测量其识别速度。其次，生态效度较低。实验中采用的面部表情是静态的，这与生活中人们丰富而多变的表情有较大的差别。因此，近些年来大部分研究者选择与现实情境更接近的面孔变化范式，即让被试观察表情的动态变化。

11.2.2　面孔变化任务测量

面孔变化任务是用于测量被试正确感知不同强度的情绪表情能力的一种任务，是目前在面部情绪敏感性的研究中常用的一种实验范式，也被列入社会胜任力的标准测试。这一范式在行为研究及功能性磁共振成像研究中均被广泛使用（Blair et al.，2001；Van et al.，2015）。实验表情材料由 Morph 软件制作，在任务过程中，研究人员通过电脑向被试呈现不同情绪类别的从 0 到 100％强度的渐变表情，被试通过按键来判断是否知觉到了某种情绪以及选择该情绪所属的类别。

面孔变化任务的实验材料多采用埃克曼和弗里森（1976）开发的情绪图片系统，也有一些研究采用其他情绪图片库的情绪面孔图片。这些情绪面孔图片由一些演员进行模仿展示，演员人数一般为 4～10 人，男女各半，每人展现出 6 种不同类别的基本表情，分别是快乐、悲伤、愤怒、恐惧、厌恶和惊讶。每种情绪表情从 0 到 100％强度以固定的比例（如 10％）为单位进行等距渐变，有些是情绪表情动画的渐变（Montagne et al.，2005），有些是情绪表情图片的渐变(Jovev et al.，2011)。图 11.1 向我们展示了情绪表情动画变化任务中不同强度的快乐表情。结果表明，在情绪识别的正确率上，被试对快乐表情的识别的正确率最高，约为 98％；识别的正确率最低的表情是恐惧，仅有 40％。在情绪识别的速度上，被试对快乐表情表现出了最快的识别速度，在表情展现至 40％的强度时就可以分辨出这是快乐表情；相反，被试对恐惧表情和悲伤表情的识别速度最慢，在表情展现至 60％～65％的强度时才能分辨出这是恐惧表情或悲伤表情。图 11.2 向我们展示了情绪表情图片变化任务中不同强度的愤怒表情。情绪表情动画变化任务的实验所得到的结果与情绪表情图片变化任务的实验类似，快乐情绪在所有情绪中是最早被识别出来的；而与其他 5 种情绪相比，被试知觉愤怒情绪所需的强度最大、时间最长。

在面孔变化任务的正式实验中，主试向被试随机呈现若干个情绪面孔变化的试次。在实验的反应阶段，被试一般需要做出两种反应。一种反应是情绪感知。在情绪表情动画变化任务中，主试要求被试一旦识别出某种表情，就通过按空格键进行反应，此时对应的强度值以及反应时间会被计算机程序记录下来。在情绪表情图片变化任务中，被试通过按键或者点击鼠标来选择是哪张图片展现了某种表情，通过这类反应记录被试的情绪敏感性的速度。另一种反应是情绪判断，即要求被试通过迫选法按键选择刚刚知觉到的表情类型(如按键 A＝快乐，按键 B＝悲伤，按键 C＝愤怒，按键 D＝恐惧，按键 E＝厌恶，按键 F＝惊讶)，通过这类反应记录被试情绪判断的准确性。

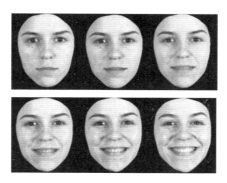

图 11.1　情绪表情动画变化任务中不同强度的快乐表情示例

（图片来源：Montagne et al.，2005）

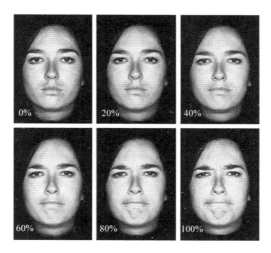

图 11.2　情绪表情图片变化任务中不同强度的愤怒表情示例

（图片来源：Jovev et al.，2011）

在面孔变化任务中，最重要和最核心的一部分是对不同强度的情绪面孔进行操纵。这一操纵的原理是：每个情绪面孔上都存在多个特征点，正是这些特征点为我们定义了面部表情的形状，表情的等距变化就是通过计算两个端点图像上相应特征点之间的空间位置差产生的。面孔变化任务要求刺激图片之间的差异是等距变化的，这种对于刺激图片的操纵在现实生活中并不容易实现，因此需要运用专门的电脑软件或渐变技术进行操作(邱方晖，罗跃嘉，贾世伟，2015)。

面孔变化任务既适用于正常人群(Thayer & Johnson，2000；Montagne et al.，2005)，也适用于情绪异常人群，如边缘型人格障碍人群(Guitart-masip et al.，2009)、抑郁症人群(Pearson et al.，2010)、孤独症人群(Teunisse & de Gelder，2001)及精神分裂症人群(Chan et al.，2010)。其优点在于：①可以同时测量被试情绪知觉的速度和准确性，测量指标更加完善；②可以用于研究表情的细微变化对被试产生的影响，更贴近现实生活，社会意义更大，生态效度更高；③操作较为简便，反应结果可直接由计算机进行记录。由于面孔变化任务具有以上优点，这一任务成了面部情绪敏感性测量的经典范式。由于东西方的文化及情绪表达方式都存在一定的差异，西方面孔情绪变化任务不一定完全适用于我国被试。因此，汪凯等人(Wang et al.，2006)编制了我国第一套 Morph 情绪面孔变化任务，用于神经心理学实验研究，并得到了一系列有意义的研究成果。在此基础上，朱春燕等人(2010)以大学生群体为被试进行中国人 Morph 情绪面孔变化测验，结果发现 Morph 情绪面孔变化任务在大学生群体中具有较高的信度。因其基于情绪类别模型理论，理论基础明确，同时与考尔德等人(Calder et al.，1996)编制的西方面孔情绪变化任务在各情绪面孔上的识别成绩相关都较高，所以该范式①具有良好的理论效度和效标效度，也证明了对人们的基本情绪面孔的识别具有跨文化的一致性。

11.2.3 情绪场景任务测量

情绪场景任务是指研究者向被试提供社会情绪场景，被试需要

---

① 该范式在长期使用过程中进行过多次改良，如表情图片由黑白变为彩色，由仅向被试呈现正面表情变为正面和侧面表情相结合等，但基本的实验步骤都是大致相同的。

参与到情绪场景中或者对情绪场景做出评价。参与到情绪场景中是指让被试观看情绪场景图片，然后按键判断情绪，或者采用专业技术（如功能性磁共振成像）对被试的大脑活动进行直接记录和反映。例如，古德曼等人（Goodman et al.，2014）的研究让被试观看一系列随机呈现的愉快、中性及不愉快的图片，如图 11.3 所示。每观看完一张图片后，被试有一定的时间对这张图片所表达的意义（如愉快、中性、不愉快）进行按键选择，系统对被试的反应时和正确率进行记录。施内尔和赫佩茨（Schnell & Herpertz，2007）让被试观看选自国际情绪图片系统的 25 张消极情绪场景图片，同时测查被试在观看情绪场景图片时的血氧信号。

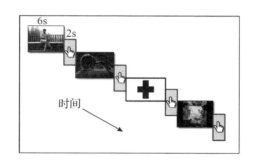

图 11.3　通过参与到情绪场景中测量情绪敏感性示例

（图片来源：Goodman et al.，2014）

对情绪场景做出评价是指让被试观看情绪场景图片，对图片进行自然的情感反应，然后通过自评量表评价情绪图片的效价和唤醒度（Arntz et al.，2015；Koenigsberg et al.，2009）。效价是指情绪图片的积极/消极程度，唤醒度是指机体情绪状态被激活的程度。例如，舒尔策等人（2011）的研究同样选取了国际情绪图片系统中的 72 张消极情绪场景图片（如遭受苦难的人的照片）和 24 张中性情绪场景图片（如城镇风景的照片）提供给被试观看，被试在每看完一张情绪场景图片后需要立即对其进行效价和唤醒度的评定。

综上所述，情绪场景任务是让被试对情绪场景图片而非面部表情图片进行反应，所涉及的情绪分类方式较单一，一般仅分为积极情绪场景、中性情绪场景和消极情绪场景。这一任务的出现进一步扩大了情绪敏感性的测量范围，使其不再局限于面部的情绪表情，而是涉及日常生活中的情境，从而增强测量的现实意义和生态效度。

11.2.4 冲突情境故事法测量

对于儿童情绪敏感性的测量大多采用冲突情境故事法。马斐森等人(Mathieson et al.，2011)向儿童讲述若干同伴冲突的情境故事，在讲述完每个故事后，让儿童想象自己是故事中的主人公，采用 3 点评分(1 为一点都不伤心或生气⋯⋯3 为非常伤心或生气)来测量儿童在冲突情境下的情绪敏感性。由于被试是儿童，采用讲故事的方式进行情境设置能够使儿童更好地理解实验者所创设的情绪情境，然后针对实验者所提出的问题进行选择。

11.2.5 问卷法测量

问卷法作为一种经典的心理学研究方法，也常被用于情绪敏感性的测量中。瓜里诺等人(Guarino et al.，2007)基于人格的神经质和外倾性的理论编制了情绪敏感性问卷。该问卷共有 55 个题目，分为两个维度。一个维度是消极的，指以自我为中心的敏感性，如"我经常为自己感到难过"；另一个维度是积极的，指对于他人情绪的敏感性，如"当看到别人在遭遇困难时，我会感到非常难过"。被试采取二择一的方式进行反应。研究结果显示，在积极维度上得分较高即对于他人情绪较敏感的被试能够更好地识别情绪。库茨等人(Kutz et al.，2010)运用焦虑敏感性指数问卷测量被试的焦虑敏感性程度。该问卷共有 16 个题目，采用 5 点评分(0 为非常少⋯⋯4 为很多)来记录被试对于可能会引起焦虑的场景的担忧程度，如"地震时我会感到惊慌"。

情绪敏感性作为个体社会适应力的重要组成部分，在社会技能的测量领域也有相应的问卷。奥姆达尔和唐奈（Omdahl & Donnell，1999）采用"如果他人对我微笑，我会感到快乐""如果看到他人伤心，我也会情绪低落""看到感动的场景，我会激情难抑""我能够敏锐地感知到他人的情绪变化""看到他人挑衅的面孔，我会马上产生愤怒""我非常在意他人的情绪变化""和喜欢的人在一起会让我感觉情绪变好""剧烈争吵的场面会使我心跳加快"这 8 个题目组成一个简短的量表，来测量被试的情绪敏感性。科沃特等人（2014）对里乔（Riggio，1989）编制的社会技能量表中的情绪敏感性分量表进行简化，形成了情绪敏感性简版量表，用于对个体的情绪敏感性进行研究。该量表由三个题目构成，分别为：①即使人们有意隐藏自己的情绪，我似乎也总是能知道他们的真实感受是什么；②当第一次见到某人时，我就能大概知道他的性格是怎样的；③我一眼就能看出某人是否在说谎。

　　情绪敏感性是情绪智力的一个重要组成部分，因此情绪智力量表中的情绪感知维度也能够用于对情绪敏感性进行测量。目前研究中常用的情绪智力量表为美国心理学家舒特（Schutte）根据萨洛维（Salovey）提出的情绪智力和梅耶（Mayer）提出的情绪智力模型所编写的舒特情绪智力量表，该量表由情绪感知、调控他人、自我调控、运用情绪四个维度构成。其中，情绪感知维度的题目与上述研究者编制的情绪敏感性问卷的题目基本一致，主要包括对自身情绪的感知与对他人情绪的感知两个部分，如"我很清楚自己在某一刻的情绪""当别人告诉我他的人生中发生的某件重大事件时，我几乎感觉到好像发生在自己身上一样"。

　　总的来说，情绪敏感性的测量方法可以分为三类。首先，认知任务类方法（按键反应）测量了个体情绪敏感性的认知表现。其优点是较为直接地测量了个体情绪识别的反应速度，还可以与事件相关电位、功能性磁共振成像等技术结合，探索个体在对情绪进行反应时的大脑活动，揭示其内在的脑机制。其次，情境测量法倾向于测量个体在社会环境中知觉他人情绪的能力，有较好的生态效度，有更广泛的适用人群，可以进行跨年龄的情绪敏感性对比研究。但它难以进行大规模的测量，实验结果的可推广性受到每个研究不同的实验条件和操纵的影响。最后，问卷法倾向于测量个体的情绪敏感性特质，也常被用于对被试在社会环境中的情绪敏感性的测量，如个体能否在与他人交往的过程中感知到他人的异常情绪等。其优点是可以同时收集大量被试的数据，提供的情绪情境也更加生活化。但是被试可能会出现不认真作答或者作答具有社会赞许性的情况。同时，问卷法采用文字对情绪进行描述，相比于直接观看情绪表情图片或情绪场景图片来说，可能会产生不同的效应。此外，因为问卷法不能即时收集被试的反应，所以我们无法用问卷法来测量被试识别情绪的速度。

11. 3   情绪敏感性与幸福感的关系研究

在前面的叙述中，我们已经了解到幸福感包括主观幸福感、心理幸福感和社会幸福感。那么，不同幸福感水平人群的情绪敏感性有何差异呢？我们将基于文献和组内研究阐述这一问题。

11. 3. 1   以正常群体为被试的研究

情绪敏感性和幸福感有着密切联系。对于正常群体，情绪敏感性与个体的幸福感总体呈正相关，即个体的情绪敏感性越高，其幸福感水平就越高。情绪敏感性与个体幸福感的相关主要体现在以下几个方面。

首先，情绪敏感性是情绪智力的重要组成部分。奥斯汀(2004)在其研究中采用特质性情绪智力量表测量被试的情绪智力，用面孔变化任务(Ekman & Friesen，1976)测查被试的面部情绪敏感性，同时控制被试对非面部情绪信息的加工速度（Lomas，2002）。结果显示，被试自我报告的情绪知觉能力与他们的情绪识别任务的成绩呈显著正相关，这表明情绪智力越高的个体对他人情绪知觉的敏感性越高，且这种相关不受个体的一般加工速度的影响。佩特里迪斯等人（Petrides et al.，2003）进行的研究也得到了类似的结果，即高情绪智力的被试识别情绪表情的速度比低情绪智力的被试快。在此基础上，研究者增添了一个情绪诱导实验，先测量被试的基线情绪状态（McNair，Lorr，& Droppleman，1992），一周后让其回到实验室观看3分钟左右的令人不安的视频，再过一周让其回到实验室观看令人愉悦的视频。在观看令人不安的视频和令人愉悦的视频后，分别让被试再次填写情绪状态量表。结果表明，相较于情绪智力较低的被试，情绪智力较高的被试观看视频后在情绪状态量表上的得分更高，即展现出了更丰富的情绪，对于情绪诱导视频展现出了更高的敏感性。综上可知，情绪敏感性越高的个体越能够知觉他人的情绪、越能够更好地适应社会情境，其情绪智力也越高。

其次，情绪智力是幸福感的重要影响因素。无论是从概念上来说，还是从经验上来说，情绪智力都与幸福感相关（Palmer，Donaldson，& Stough，2009；Petrides & Furnham，2001；Saklofske，Austin，& Minski，2003）。这是因为情绪智力有助于个体更好地进行自我调节，如顺利地应对困难（Saklofske et al.，2007）以及进行自我整合式的目标设定（Spence，Oades，& Caputi，2004），从而提升个体的幸福感。在已有的情绪智力与幸福感的关系研究中，多数研究所指的幸福感为主观幸福感。主观幸福感包括两种成分，分别是认知成分和情感成分（Diener et al.，1999）。其中，认知成分是指人们对于生活中信息处理结果的评估（Pavot & Diener，2008），国内研究者常将其解释为生活满意度。它是对个体主观幸福感的认知评价，更具有理性的成分。情感成分包括个体在日常生活中所体验到的积极情感

（如愉快、活力、成就感）和消极情感（如悲伤、压抑、忧虑），这些成分又被细分为许多不同的侧面。虽然这些成分存在共同变化的倾向，但有时变化又可能不一致。积极情感和消极情感是相对独立的，个体在积极情感上的得分与在消极情感上的得分并不存在必然的关系。许多研究探讨过情绪智力与主观幸福感之间的关系，如蒙塔瑟姆等人（Montasem et al.，2013）通过生活满意度量表（Diener et al.，1985）以及积极消极情感量表（Watson，Clark，& Tellegen，1988）对被试的主观幸福感进行测查，采用佩特里迪斯和弗南汉姆（Petrides & Furnham，2003）的简版特质情绪智力量表来测量被试的情绪智力。最终得出的结构方程模型结果显示，情绪智力既能够很好地预测主观幸福感的情感成分，也能够预测主观幸福感的认知成分。佩特里迪斯和弗南汉姆（2003）的研究探讨了情绪智力、主观幸福感及人格三者之间的关系，发现情绪智力能够解释幸福感总变异的50%。在排除了人格的影响之后，情绪智力和幸福感仍然存在显著正相关。然而在排除了被试的情绪智力因素之后，单凭人格因素并不能解释被试在幸福感得分上的差异。阿尔瓦雷斯等人（Álvarez，Pacheco，& Berrocal，2016）通过对 25 项情绪智力与主观幸福感的研究进行整合发表的一篇元分析文章表明，无论情绪智力的测量方法及结构是怎样的，其与主观幸福感之间均存在显著正相关（$r=0.32$）。而且元分析的结果显示，情绪智力与主观幸福感的认知成分之间的相关（$r=0.35$）要高于其与主观幸福感的情感成分之间的相关（$r=0.29$）。

最后，也有研究对情绪敏感性与个体幸福感之间的关系进行了较为直接的探讨。例如，刘格斯等人（Zeegers et al.，2017）对婴儿养育过程中父母的心理化（即父母对婴儿的内部状态进行及时的、一致的、恰当的欣赏的程度）、父母的情绪敏感性和婴儿的安全依恋三者之间的关系进行了探讨，发现父母的情绪敏感性和婴儿的安全依恋呈正相关($r=0.25$)，父母的心理化和父母的情绪敏感性能够解释婴儿的安全依恋的 12％的变异。在控制了父母的心理化之后，父母的情绪敏感性和婴儿的安全依恋的相关依然稳定($r=0.19$)。婴儿的安全依恋与个体的许多积极的心理品质相关，是个体幸福感的重要影响因素。

　　研究者针对一些幸福感水平较低的正常群体进行的研究也证明幸福感与情绪敏感性之间是相关的。巴尔博萨等人(Barbosa et al.，2016)利用信号检测论范式研究监狱中的罪犯对情绪图片的效价和唤醒度的评价，实验要求被试观察 120 张情绪图片，对其效价和唤醒度进行评定，每张情绪图片都有 6 个水平的效价和 6 个水平的唤醒度。结果显示，罪犯对情绪图片的唤醒度的评价均分更高，展现出了更高程度的唤醒，但是相对于正常组被试来说，他们对唤醒度的变化不敏感。齐默—根贝克(Zimmer-Gembeck)及其同事对于低水平幸福感青少年的情绪敏感性进行了一系列研究。首先，他们对 358 名 9～13 岁的少年进行纵向研究(Zimmer-Gembeck & Duffy，2014)，探讨关系攻击、欺骗和情绪敏感性三者之间的关系。"关系攻击"一词由美国心理学家克里克和格罗特皮特提出(Crick & Grotpeter，1995)，与身体攻击不同，这类攻击主要通过人际关系网络实施，以破坏人际关系为目的，如恶意散播谣言、将某人排斥在活动之外等。研究采用同伴提名法，对被试是否实施过关系攻击行为及是否遭受过欺骗进行测查。情绪敏感性方面则采用问卷测量被试在社会信息处理中展现出来的情绪敏感性，包括拒绝敏感性、对负面评价的恐惧以及对亲密行为的逃避。研究结果显示，情绪敏感性强化了关系攻击和欺骗之间的关系，即在不同的纵向评估时间点上，那些关系攻击较多且情绪较敏感的被试都表现出了更高的受欺骗风险。不过，这一强化仅仅体现在女孩身上，没有体现在男孩身上。随后，研究者又通过一项时长为 14 个月的纵向研究(Zimmer-Gembeck，2015)

发现了情绪敏感性和应对之间的交互作用。这里的应对是指个体为适应需求或调适情感所做出的努力，研究发现，曾经有过被同伴欺骗或排斥经历的青少年会有更高的情绪敏感性和更多的应对反应。随着时间的推移，基线情绪敏感性较高的青少年会产生更高程度的社会逃避和沉思，高社会逃避和沉思组青少年的情绪敏感性也会不断提升。另外一项针对青少年拒绝敏感性的研究（Zimmer-Gembeck，2016）显示，遭受同伴的拒绝和欺骗是许多青少年生活中的一项重大压力事件，这两者都和抑郁及焦虑症状显著相关，经历拒绝和欺骗会导致个体对未来遭受拒绝的可能性的高度敏感。具有高拒绝敏感性的青少年在与朋友交往的过程中更容易采取亲和与妥协的态度，但他们的友谊稳定度和在友谊中所获得的幸福感水平都比较低，这说明对于拒绝这一事件表现出较高敏感性的个体会出现更多社交情感方面的问题。鲁道夫和齐默—根贝克（Rudolph & Zimmer-Gembeck，2014）的研究发现，青少年的拒绝敏感性与其父母的养育方式有关。结果证实，那些报告了他们的父母有更多负面育儿行为的青少年会出现更多社交情感方面的问题，其抑郁和社交焦虑症状更严重，拒绝敏感性的水平更高，对拒绝威胁的反应更加强烈。

　　近年来关于催产素和情绪识别关系的研究从另外一个角度向我们证明，高水平幸福感的人群有更高的情绪敏感性。研究者开始关注催产素在人类身上所产生的潜在社会效应。许多研究表明，向被试的鼻内喷射催产素能增强其评估他人情绪的能力，其原因或许是催产素能够增加杏仁核对积极情绪的反应，同时抑制杏仁核对恐惧情绪的反应（Gamer，Zurowski，& Büchel，2010）。莱克内斯等人（2013）研究了向鼻内喷射催产素对被试情绪敏感性的影响，发现催产素能够增强被试对隐藏情绪表达的敏感性。同时，个人基线情绪敏感性的水平能够预测人们对面部表情感知能力的改善程度，情绪敏感性较低的参与者向鼻内喷射催产素后能够在情绪识别任务上表现出更强的诱导改善。迪·辛普利西奥等人(Di Simplicio et al.，2009)发现，催产素能够减少个体对积极面孔的错误识别，同时减慢个体对恐惧面孔的识别速度，最终达到促进个体的人际交流和亲社会行为的目的。

11.3.2　以病态人群为被试的研究

对于许多病态人群来说，情绪敏感性与幸福感并不一定呈正相关。我们可以看到，许多关于病态人群与正常人群的比较研究表明病态人群的情绪敏感性通常存在偏差。这种偏差可能表现为：①个体对于各种情绪表现出过高(如边缘型人格障碍患者)或过低的敏感性。托勒等人(Toller et al.，2017)的研究表明，患有神经退行性疾病的人会表现出社会行为及社会情感洞察力的变化，其中在社会情感方面出现的关键症状即情绪识别速度的降低。②个体对于消极情绪的过度敏感以及对于积极情绪的敏感性欠缺。综上，以病态人群为主要代表的很大一部分低水平幸福感人群在情绪敏感性上存在偏差。

研究表明，个体的幸福感水平会影响他们对外界信息的注意，从而影响他们的情绪敏感性。维特莱等人(Vittersø et al.，2009)认为，个体存在前注意偏见。也就是说，一个人的幸福感水平高可能是因为其更倾向于积极地评价自己，并且这种积极评价的倾向会投向除自身之外的客观刺激。相对来讲，低水平幸福感可能会造成个体的盲目悲观倾向或者对环境中的消极刺激的选择性注意倾向。对焦虑症个体的研究显示，相比于健康的被试，患焦虑症的被试更倾向于对看到的人的面孔做出消极的评价。布伊等人(Bui et al.，2015)的研究发现，社交焦虑障碍患者普遍存在面部情绪信息处理的偏差，更容易将面部表情知觉为负面的，也更容易产生对负面表情的强化记忆。研究表明，焦虑症患者会更快速地知觉到愤怒和恐惧的面孔(Yoon et al.，2015)，对于抑郁症患者情绪敏感性的研究也发现了相同的趋势。伯克等人(Bourke et al.，2010)的研究发现，在评估一个表情的效价时，患抑郁症的被试对快乐表情和中性表情的识别准确率更低，相比于控制组而言，更容易把快乐表情和中性表情识别为悲伤表情。他们对快乐表情的面部情绪敏感性更低，识别所需的强度更高；而对悲伤表情和愤怒表情的面部情绪敏感性更高，识别所需的强度更低。

综上所述，情绪敏感性是情绪智力不可或缺的组成部分，同时又有大量研究表明情绪智力与个体主观幸福感之间存在显著正相关，因此，情绪敏感性较高的个体的主观幸福感得分可能也普遍较高。此外，有关病态人群及成长过程中经历过负面情绪事件的被试的研究也表明，低水平幸福感群体的情绪敏感性可能会出现下降，或者仅对一些他们曾经产生过的较为熟悉的负面情绪表现出较高的敏感性。

11.4 情绪敏感性与我国国民幸福指数的关系

表情抑制是指人们有意识地抑制已启动并正在进行的一切与情绪有关的行为。通过表情抑制，人们可以改变情绪体验（如增加积极情绪和减少消极情绪）和改变情绪表达行为（如压抑面部表情）。已有研究表明，个体的低水平幸福感与对表情抑制的使用偏好紧密相关（Butler et al.，2003；Haga，Kraft，& Corby，2009；唐淦琦，黄敏儿，2012）。在进行情绪判断任务时，表情抑制也会导致较低的情绪敏感性（Schneider et al.，2013）。基于此，本研究将探索幸福感水平与面部情绪敏感性的关系，以及表情抑制在其中可能起到的作用。

11.4.1 研究方法

1. 研究对象

本研究采用两个实验考察高、低水平幸福感人群面部情绪识别的速度和准确性。研究一选取被试 64 人，其中高水平幸福感组与低水平幸福感组各 32 人。研究二选取被试 63 人，其中高水平幸福感组 31 人，低水平幸福感组 32 人。

2. 研究工具

日常情绪问卷（Izard et al.，1993；黄敏儿，郭德俊，2001）。要求被试根据近三个月的情况作答，量表为 4 点评分，1 到 4 代表经常感受到的程度（1 代表偶尔和几乎没有……4 代表总是）。

生活满意度量表（Pavot & Diener，2008）。该量表包括 4 个题目，采用 5 点评分（1 代表非常不同意……5 代表非常同意），内部一致性系数为 0.89。

中国人幸福指数量表。该量表包括 6 个维度（政治生活满意度、人际关系满意度、经济生活满意度、健康状态满意度、环境生活满意度和文化生活满意度），内部一致性系数为 0.83，6 个维度的内部一致性系数分别为 0.84（政治生活满意度）、0.71（人际关系满意度）、0.74（经济生活满意度）、0.77（健康状态满意度）、0.83（环境生活满意度）和 0.74（文化生活满意度）。

积极消极情绪量表（Watson，Clark，& Tellegen，1988）。该量表为 5 点评分（1 代表非常不同意……5 代表非常同意），其中积极情绪测量和消极情绪测量题目各 10 个，要求被试根据近三个月的情况作答。积极情绪量表的内部一致性系数为 0.85，消极情绪量表的内部一致性系数为 0.84。

情绪调节量表（Gross & John，2003）。该量表包括 6 个认知重评题目（内部一致性系数为 0.70）和 4 个表情抑制题目（内部一致性系数为 0.61）。

行为任务。研究一中的情绪敏感性任务是向被试呈现快乐、恐惧和愤怒的表情图片，情绪强度的设置分别为 50% 和 100%，随后被试按键选择刚刚观察到的是哪一种情绪。实验共 32 个系列，采用的图片来自拍摄的视频资料，并使用 Adobe Premiere Pro CS6 软件以每秒 25 帧画面进行截图。50% 的图片来自第 10～13 帧，100% 的图片来自第 25 帧。每张图片由 40 名材料评定者进行评定，最终采用了认同率皆大于或等于 70％的图片。

研究二中的情绪敏感性任务使用了多阶段变化面部情绪识别任务范式（Blair et al.，2001），这一范式展现了面部情绪从 0 到 100％强度的变化过程。实验采用的图片来自拍摄的视频资料，照片包括 4 种不同的情绪面孔（愤怒、恐惧、悲伤和快乐），每组表情由 2 名男性和 2 名女性展现。由 40 名材料评定者对 4 名演员的视频进行评定，对他们的表情的认同率都高于 80％，随后使用 Adobe Premiere Pro CS6 软件对视频进行截图。4 种表情共 16 个系列，每个系列 21 张图片。在每个系列中，第一张图片的情绪强度为 0。

3. 数据处理

采用 SPSS18.0 软件对数据进行分析。

11.4.2　结果分析

研究一考察高、低水平幸福感组表情识别的正确率是否存在差异，分为两个阶段。阶段一为问卷测量阶段，采用日常情绪问卷测量被试的幸福感，并根据日常情绪问卷的成绩将被试分为高水平幸福感组和低水平幸福感组。为了验证这一分组的有效性，研究同时让被试完成生活满意度量表和中国人幸福指数量表（Hu et al.，2015），随后对被试的生活满意度和中国人幸福指数的得分进行分析，发现高、低水平幸福感组被试在中国人幸福指数的得分上存在显著差异。与低水平幸福感组相比，高水平幸福感组的生活满意度更高，中国人幸福指数的得分也更高，这说明该幸福感分组有效（见表 11.1）。被试还填写了积极消极情绪量表和情绪调节量表。

阶段二为实验阶段，被试在电脑前完成实验任务。首先，一个没有情绪的面孔在屏幕上呈现 1500ms，到时间后，屏幕中心出现一个呈现 300ms 的注视点。再经过 1000ms 的空白，一个情绪面孔出现在屏幕上，呈现时间为 300ms。面孔情绪为愤怒、恐惧、悲伤和快乐中的一种，强度为 50% 或 100%。面孔消失后，有 500ms 的间隙，随后显示 4 个情绪选项，被试从中选择一个，选择时间最多为 5s。到时间后，进行下一个系列的实验，共有 32 个系列。4 类情绪面孔出现的顺序随机，被试通过按键进行反应。数字键 1 为愤怒，2 为恐惧，3 为悲伤，4 为快乐。

研究一的实验结果表明，高、低水平幸福感组在识别 50% 强度的愤怒和悲伤面孔时的正确率存在显著差异，但在识别 100% 强度的 4 种面孔时的得分均不存在显著差异。这一结果与已有研究基本一致，即人们在判断 100% 强度的情绪面孔和强度较弱的情绪面孔时的敏感性是存在差异的。在一些研究中，人们对于情绪面孔的识别的差异只存在于对低强度面孔的识别中。

表 11.1　高、低水平幸福感组心理特点的差异

因变量	低分组（$M \pm SD$）	高分组（$M \pm SD$）	F	p
日常情绪问卷得分	13.50 ± 1.81	18.75 ± 1.71	142.41^{**}	0.01
生活满意度	18.84 ± 7.12	26.00 ± 4.89	22.22^{**}	0.01
中国人幸福指数得分	121.37 ± 18.61	142.90 ± 13.24	20.71^{**}	0.01
积极情绪	26.84 ± 5.55	28.53 ± 5.02	1.63	0.21
消极情绪	30.34 ± 9.68	32.58 ± 9.18	0.88	0.35
认知重评	31.11 ± 5.07	32.28 ± 4.39	0.85	0.36
表情抑制	13.25 ± 4.21	13.52 ± 3.43	0.11	0.75

研究二探究高、低水平幸福感组识别他人面部表情的速度和准确性是否存在差异，其问卷阶段的任务与研究一一致。但在实验阶段，研究二使用了多阶段变化面部情绪识别任务范式作为面部情绪识别材料。这一范式可以展现面部情绪从强度为 0 到强度最大的变化过程，每个阶段面部情绪的强度增加 5%。其他程序与研究一的实验阶段相同。

被试的得分是其做出正确判断的阶段数。例如，如果被试在一组（block）的第九张图片对该组的面部情绪做出了正确判断，9 就是

其得分。四组的得分累计后，得出被试对该情绪面孔的总得分。分数越低，说明被试的判断速度越快、面部情绪敏感性越高。

　　研究二的实验结果表明，高、低水平幸福感组的面部情绪敏感性存在差异。相比于高水平幸福感组，低水平幸福感组对消极的情绪面孔的判断速度更快，正确率也更高（见表 11.2 和表 11.3）。但高、低水平幸福感组对于积极情绪的面部情绪敏感性没有显著差异。

表 11.2　高、低水平幸福感组判断表情的速度差异

表情	低分组（$M\pm SD$）	高分组（$M\pm SD$）	F	p
愤怒	37.32±11.59	37.84±14.09	0.06	0.81
恐惧	29.73±8.68	31.63±10.01	0.63	0.43
悲伤	14.26±6.84	19.38±11.52	4.45[*]	0.04
快乐	15.70±5.36	15.16±6.37	0.13	0.72

表 11.3　高、低水平幸福感组判断表情的正确率差异

表情	低分组（$M\pm SD$）	高分组（$M\pm SD$）	F	p
愤怒	3.03±1.17	3.38±1.01	1.56	0.22
恐惧	3.52±0.51	3.03±0.90	6.90[**]	0.01
悲伤	3.13±1.12	3.41±1.07	1.01	0.32
快乐	3.94±0.25	4.22±1.81	0.75	0.39

　　本研究没有发现高、低水平幸福感组在表情抑制上的差异，这可能是由于表情抑制更符合中国文化的需求。相对于西方文化，亚洲文化对于表情抑制的需要更为强烈，注重增进人际关系、强调团体和谐、维护团队利益（Suh et al.，1998），且更倾向于调节和控制自己的行为（Matsumoto，2007）。因此，研究者认为，高、低水平幸福感组对于消极情绪的面部情绪敏感性的差异可能源于个体注意倾向的差异。研究显示，情绪能够影响个体的注意倾向。汉森等人（Hansen & Hansen，1988）提出了情绪的凸显（pop-out）效应，这一效应认为情绪影响个体对刺激的注意选择。人们随时随地都具有情

绪，因而会保持不同的情绪状态来处理环境中的信息。根据凸显效应，快乐的情绪会引导人们注意积极的刺激，而害怕的情绪则会引导人们注意消极的刺激。在观察客观刺激物时，当人们处于快乐的情绪中时，其注意力偏向于显示成功和趋向目标的过程的线索（Isen，2003）；当人们处于害怕的情绪中时，其会将注意力资源集中在可能的威胁上（Öhman & Birbaumer，1993）。

个体的情绪敏感性和主观幸福感的关系并非总呈正相关，我们在本章提到的边缘型人格障碍群体就是一个典型的例子。舒尔策等人（2011）提出，边缘型人格障碍患者对于愤怒的情绪往往有过度的感知，而且比正常被试更容易把模糊的面部表情刺激识别为消极的表情（如恐惧、愤怒）。克罗韦尔、博奇恩和莱恩（Crowell，Beauchaine，& Linehan，2009）在其提出的边缘型人格障碍的生物社会发展模型中提到，导致边缘型人格障碍的一个重要原因就是个体早期的脆弱性，而这种脆弱性起初表现为冲动性，随后表现为过高的情绪敏感性。多尼根等人（Donegan et al.，2003）与明岑伯格等人（Minzenberg et al.，2007）认为，边缘型人格障碍患者的情绪敏感性较高。相较于正常人群，边缘型人格障碍患者在 3 种情绪面部表情（快乐、悲伤和恐惧）的展示中都显示出更强的杏仁核活动，而杏仁核是边缘系统的一部分，也是产生情绪、识别情绪和调节情绪的重要部位。莱恩汉（1993）的研究也表明，边缘型人格障碍患者往往存在以下特征：①情绪敏感性升高；②缺乏调节强烈情绪的能力；③相对于正常群体，在情绪发生波动后返回基线水平所需要的时间更长。以上这些特征会导致更极端的情绪、行为和认知失调，从而损害个体的主观幸福感。

11.5 结语

情绪敏感性对于动物适应自然环境以及人类适应社会环境都有

重要作用。测量情绪敏感性的方法多种多样，有问卷法、情境法、行为任务法及脑成像法等。情绪敏感性与幸福感有着较为复杂的关系，正常群体一部分研究结果揭示了情绪敏感性与幸福感呈正相关。也有部分研究结果显示，幸福感水平的高低影响个体选择积极或消极刺激的倾向。人们更倾向于注意与自己情绪效价相同的刺激，对效价相同刺激的注意速度更快，如低水平幸福感人群对于消极情绪面孔的识别速度更快。病态群体存在情绪识别的偏差。情绪敏感性是情绪智力的重要部分，情绪智力是影响幸福感的重要因素。但总的来说，大多数研究并未揭示出情绪敏感性与幸福感的因果关系，因此这是未来研究的重要方向。此外，如何利用提升情绪敏感性增强个体幸福感可能是未来研究进行幸福感干预的方向。

幸福感的提升：理论、策略与应用

幸福是千百年来人们奋斗不息的动力源泉，也是人类社会追求的终极目标，党的十九大报告提出"使人民获得感、幸福感、安全感更加充实、更有保障、更可持续"，因此，如何提升个体的幸福感成为各界关注的热点。然而，分析先前的研究会发现，国内外关于幸福感提升的研究相对较少，尤其是国内关于这方面的研究仍处于起步阶段。并且，东西方文化的差异导致个体提升幸福感的方式存在文化特异性（刘舒阳，陈红，胡媛艳，2014），这就使得幸福感的提升具有不容忽视的跨文化特性。本章将首先回顾西方已有的幸福感模型，以及基于模型发展出的幸福感提升的相关理论，随后阐述东西方文化下幸福感的不同侧重点和总结已有的跨文化幸福感提升研究，最后对未来的研究方向进行综述。

12.1 幸福感提升的发展历程及理论基础

12.1.1 幸福感提升的发展历程

对幸福感提升的研究，最早可以追溯到 1983 年。福代斯（Fordyce）以大学生为被试，提出了可以运用多种方法提升大学生的幸福感以及 14 个基础性的个人幸福感项目，如保持忙碌、更加活跃、花更多的时间去社交、更好地组织和计划事情、停止担忧等。福代斯的研究具有以下开创性：首先，他明确提出了可以通过改变行为和认知来改善幸福感；其次，通过实验操纵，他证明了提升幸福感并不依靠安慰剂效应；最后，他提出了个人特点与幸福感提升项目的匹配，即在一个人履行的提升项目与他所欠缺的方面或他欲求的方面相匹配的情况下，他的幸福感提升水平是最高的。

　　进入 21 世纪后，幸福感的提升受到越来越多的关注，学界也出现了其他创新性研究，如书写人生目标实验（King，2001）。在实验过程中，采用 2（有创伤、无创伤）×2（有最好的自己、无最好的自己）被试间设计。在创伤组（有创伤＋无最好的自己），研究者要求被试写下生活中经历过的创伤性事件或创伤性损失，并发表对这些经历的想法；在最好的自己组（无创伤＋有最好的自己），研究者要求被试想象未来的生活目标，并且想象经过自己的努力实现了所有的人生目标；在联合组（有创伤＋有最好的自己），研究者在前两天给予被试创伤组的指导语，而在第三天和第四天给予被试最好的自己组的指导语；控制组（无创伤＋无最好的自己）的被试被要求尽可能详细地写下当天的计划。结果发现，最好的自己组的主效应显著，即与创伤组和控制组相比，最好的自己组有更高的幸福感水平。在另一项实验（Emmons ＆ McCullough，2003）中，研究者把被试随机分为感激组、日常琐事组、生活事件组。在感激组，研究者要求被试回忆并写下过去一周中令自己感激的五件事，如慷慨的朋友、伟大的父母等；在日常琐事组，研究者要求被试列出一周的生活中发生的五件烦心事，涉及人际关系、工作、学校、住房、财务、健康等方面；在生活事件组，研究者要求被试列出过去一周影响自己的五件事，如学习心肺复苏、清理自己的鞋柜等。结果显示，与日常琐事组和生活事件组相比，感激组对生活有更高的评价，有更少的躯体疾病和更长的锻炼时间。在后续研究中，研究者设置了向下社会比较组，要求被试回忆并写下自己比别人过得更好的地方或自己有的别人所没有的东西。结果发现，三组被试在身体健康抱怨、锻炼时间上无显著差异，在健康行为上也无显著差异，但感激组对他人的情感支持比日常琐事组和向下社会比较组更多。与日常琐事组相比，感激组更可能帮助他人，但与向下社会比较组无显著差异。

萨金特和蒙格兰(Sergeant & Mongrain，2014)把被试随机分为两组：在线积极心理干预组和控制组。前者进行为期三周的积极心理干预，在干预第一天要求被试列出五件让他们认为自己的生活是愉快的、充实的或有价值的事情。然后列出三件使他们看到困难情境的积极面的事情，在接下来的时间，被试需要简单描述他们想在未来一两天内达到的目标，描述他们为达到这个目标计划采取的措施。被试每隔一天完成这些计划以达到目标，两个任务交替进行。后者也进行两个任务，旨在提升个体的自我意识。在第一个任务中，研究者要求被试描述他们过去 24 小时的经历，包括他们做了什么、持续的时间及和谁一起完成的等；在第二个任务中，研究者要求被试描述他们第二天的任务，包括将会去哪里、将会做什么、将会看到谁及他们的目标。同前者一样，任务进行三周且两个任务交替进行。研究结果发现，前者可以在短期内增加与任务相关的愉快情绪，缓解长期不适应的态度。

研究者(Quoidbach，Mikolajczak， & Gross，2015)发现，品味、追忆、想象自己最好的方面以及感激和冥想都可以提升个体的幸福感。除了上述这些操作，研究者还发现，写作练习、引导想象、展示人们的照片或者重复一些短语也都可以提升个体的幸福感(Davis et al.，2016；Hutcherson，Seppala， & Gross，2008)。国内的研究发现，通过一定的方式同样可以提升幸福感。研究者把被试随机分到积极怀旧组和自由怀旧组，在实验中让被试分享怀旧故事，共 10 个怀旧主题。积极怀旧组要求被试使用积极表达框架下的"精彩人生故事联系卡"讲述故事，如童年生活中最快乐的两件事、早年家庭生活中经历的最开心的两件事等；自由怀旧组要求被试使用中性表达框架下的"人生故事征集联系卡"讲述故事，如童年生活中的两件事、早年家庭生活中经历的两件事等。为强化被试的怀旧体验，研究者编制指导语："请您闭上双眼，用5分钟或更长的时间回忆这次经历，尽量回忆每一个细节。"针对场景和人物、情绪和情感体验、认识与感受等，每张故事卡设置3～4个问题，用于强化被试的故事回忆。结果显示，积极怀旧组的积极情绪及幸福感水平显著高于自由怀旧组（王晓庄等，2018）。

总而言之，幸福感的提升受到了越来越多的国内外研究者的关注，且已有研究发现幸福感可以通过一定的方式得到提升，如书写人生目标、感激、积极怀旧等。

12.1.2　幸福感提升的理论基础

柳博米尔斯基、谢尔顿和斯卡德（Lyubomirsky，Sheldon，& Schkade，2005）提出的持续幸福感模型是幸福感提升的重要理论基础之一。该模型包括三个因素——意向活动、遗传设定点和生活环境，三者分别解释主观幸福感的40%、50%和10%。

意向活动是人们有选择地做出的行为。它要求人们必须投入某种程度的努力，即个体要明确地采取某种行动，而不是任其自然发生。意向活动和生活环境的关键区别在于：前者是人们针对环境所做出的行为，后者是发生在人们身上的事（Lyubomirsky et al.，2005）。

遗传设定点是个人稳定且长期不变的幸福感基线值。双生子研究的证据支持了幸福感的长期稳定性。莱肯和特勒根（Lykken & Tellegen，1996）调查了1400对双胞胎后发现，无论双胞胎是从小生活在一起还是分开由不同的家庭抚养，同卵双生子幸福感水平的相关是0.40，异卵双生子幸福感水平的相关近乎为0，幸福感的遗传率达到80%。李等人（Li et al.，2016）的双生子研究发现，到21岁时遗传可以解释工作满意度的 31.2%，到 25 岁时遗传可以解释工作满意度的 18.7%，到 30 岁时遗传可以解释工作满意度的 19.8%。总而言之，遗传因素对幸福感的影响是长期且稳定的，而且每个人的幸福感基线值都是相对稳定的。个体的幸福感虽然可能在短期内上下波动，但是会随着时间的推移回到基线水平。

生活环境是个人生活中偶然的但又相对稳定的因素。与幸福感相关的生活环境因素既包括个人所处的国家、地理、文化环境以及人口统计学因素（如年龄、性别和种族等），也包括个人史（如童年经历、生活意外等）以及个人的生活状态（如职业、收入、健康、信仰情况等）(Diener et al.，1999)。于晓琳等人（2016）在全国 5 个省份调查了 240 名 60～98 岁的老年人，发现与老年人幸福感有关的因素包括子女是否看望、年龄、子女数量、受教育程度、子女是否外出打工、婚姻状况、性别。高锋剑等人（2017）采用优势分析的方法，分析了心理韧性、孤独感、自我效能感对老年人幸福感的影响。结果显示，就老年人的主观幸福感而言，孤独感的预测力大于心理韧性与自我效能感，心理韧性的预测力大于自我效能感。高锋剑等人（2017）还调查了 411 名不同居住地的老年人的时间洞察力及主观幸福感，发现对于安置区的老年人来说，时间洞察力水平越高，主观幸福感水平就越低，而普通社区的老年人的时间洞察力不能显著预测其主观幸福感。王彤、黄希庭和陈有国（2017）发现，从一线城市到四线城市，居民的整体幸福指数和领域幸福指数都显著上升，二、三线城市显著高于一线城市，但又显著低于四线城市。个人收入对一线城市的整体幸福指数无显著影响，但对二、三、四线城市的整体幸福指数有显著影响；家庭人均收入对不同发展水平的城市的整体幸福指数的影响与个人收入完全相反。田宇、李峰华和黄希庭（2017）采用城市居民幸福指数量表对 195 名居民进行调查的结果发现，在城镇化进程中，社区居民的整体幸福指数和各领域幸福指数均高于全国平均水平。通过对 11 名居民的深度访谈发现，人际关系和谐、环境良好、文化水平提高、政务通达有限、收入提高有限、医疗发展滞后、旅游发展政策、经济发展这八个因素是造成居民幸福指数高而不平衡的原因。罗扬眉、王彤和黄希庭（Luo，Wang，& Huang，2018）选取了中国 31 个省份（不包括香港、澳门和台湾）的 5471 名被试，比较了绝对收入、相对收入和收入期望对幸福感的影响，结果发现与绝对收入和相对收入相比，收入期望更能预测个体的幸福感。彭文会（2016）发现，不同的经济状况、健康状况、婚姻状况、子女状况和每日交往数量的居家老年人的人际关系满意度差异显著，具体表现在：①在经济状况方面，月收入在 1000 元及以下的老年人的整体幸福感及人际关系满意度显著低于月收入在 1000 元以上的老年人；②在健康状况方面，能完全自理的老年人的整体幸福感水平、人际关系满意度和人际价值感显著高于半自理的老年人；③在婚姻状况方面，有配偶的老年人的整体幸福感水平、人际关系满意度和人际价值感显著高于丧偶及未婚的老年人；④在子女状况方面，子女在身边的老年人的整体幸福感水平及人际关系满意度显著高于子女不在身边的老年人；⑤在每日交往数量方面，平均每天与 4 个及以上的人说过话的老年人的整体幸福感水平、人际关系满意度和人际价值感水平显著高于平均每天与 3 个及以下的人说过话的老年人。

对于幸福感的提升，遗传设定点是长期而固定的，无法改变；生活环境则受到对快乐的适应的影响。对快乐的适应指虽然个人状态的变化（如发生正性事件）能在短期内提升幸福感，但人们将很快适应这一变化，这就使得这一变化导致的幸福感的提升迅速下降甚至消失，幸福感水平恢复到基线值。物质条件、经济水平、情感生活等方面的生活状态的改善对幸福感的提升容易因为人们的适应而被抵消（Diener，Lucas，& Scollon，2006；Easterlin，

2006；Kahneman & Thaler，2006；Lyubomirsky et al.，2005；Wilson & Gilbert，2005）。研究表明，对于大多数人来说，婚姻带来的生活满意度会随着时间的推移而消失（Lucas，Clark，Georgellis，& Diener，2003）。因此，尽管一个人可能因为搬家、加薪等事件而暂时地提升幸福感，但这种提升并非持续的。人们倾向于适应恒定不变的环境，一旦积极环境的天花板效应出现，人们就很难再进一步地提升幸福感。

幸福感提升的理论出发点是人的意向活动。理论和实证研究都提出，人们可以通过简单的、积极的意向活动如表达感激和进行友善行为来提高自己的幸福感（Lyubomirsky & Layous，2013）。通过有意识的努力（如行为、认知），人们可以避免对幸福感的适应（Lyubomirsky，2011）。谢尔顿和柳博米尔斯基（Sheldon & Lyubomirsky，2006)的研究让被试想象自己所要达成的人生目标在未来都将实现，并将这种心想事成的美好人生记录下来，写下美梦成真的感受。研究结果发现，此活动可以维持和提升积极情绪，且被试在活动过程中能获得生命意义、认识新的自己。

12.2 幸福感提升的策略

近些年来，有关幸福感提升的研究日益增多。关于能否通过一定的方式提升个体的幸福感，国内外主要有两种观点：第一种观点认为幸福感是稳定不变的，第二种观点认为幸福感可以通过一定的方式得到提升。第一种观点的提出基于两种理论。一种是设定点理论（set-point theory）。该理论认为幸福感是由基因决定的，而人的幸福感水平主要围绕设定点上下波动。大量研究也支持了这一观点，如行为遗传学研究发现，遗传可以解释 50％ 的幸福感（Nes et al.，2006）。有学者采用双生子研究，计算了同卵双生子和异卵双生子幸福感的相关系数，并估计了遗传和环境因素对幸福感的贡献率。结果发现，在幸福感的六个维度中，遗传对幸福感的贡献率为 37%～64%（Gigantesco et al.，2011）。有关 973 对双生子的研究发现，幸福感的差异完全由五因素模型的遗传结构决定。另一种是享乐适应理论。享乐适应是指个体适应或习惯引发情绪的事件或刺激物（包括积极刺激物和消极刺激物）的过程（Lyubomirsky，2011）。享乐适应理论认为个体对生活事件的情感反应与感觉适应类似：外在刺激引发个体强烈的情绪反应（正向或负向）后，随着时间的推移，个体的情绪会很快恢复到初始水平（王彦，王岩，2008；余樱，景奉杰，2016）。在享乐适应模型中，如图 12.1 所示，个体遭遇模型最左边的"正向的变化"之后，幸福感发生变化（T2 幸福感＝T1 幸福感＋a_1），接着享乐适应通过两条途径到达 T3 幸福感（T3 幸福感＝T1 幸福感＋a_2），即最终保持的幸福感。在水平轴上，引起变化的最大事件（"正向的变化"）会带来一系列小变化（水平轴上第二个变量"积极事件的数量"）。但随着时间的流逝，积极事件逐渐减少，且个体逐渐习惯这些事件，因此它们越来越难以激发积极情绪。

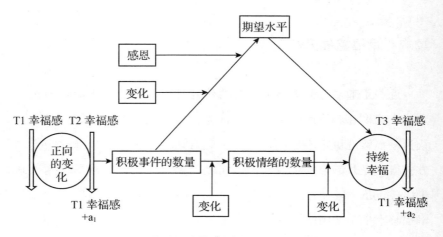

图 12.1　享乐适应模型（余樱，景奉杰，2016）

　　第二种观点认为可以通过一定的方式来改变个体的幸福感，如前面提及的社会交往、关注当下等（Fordyce，1983）。现今关于幸福感提升的研究的理论基础多为第二种观点。对于如何提升人们的幸福感，张军伟等人（2010）认为目前主要有三种研究取向。

　　第一种取向是考虑外在因素，如财富、收入对幸福感的影响。科汉等人（Curhan et al.，2014）招募了 1027 名日本人和 1805 名美国人，以探讨受教育水平、主观社会阶层和幸福感之间的关系。结果发现，与日本人相比，美国人的主观社会阶层更能预测其幸福感、积极的情绪、目标感和自我认同；与美国人相比，日本人的客观社会阶层更能预测其幸福感、与他人的积极关系和自我认同。黄婷婷等人（2016）招募了 120 名年轻人和 120 名老年人。在实验过程中，研究者首先测量被试的主观幸福感，3～7 天后启动被试的社会地位比较。社会地位比较共有 4 种启动条件——经济上行比较、经济下行比较、计量上行比较和计量下行比较，被试被随机分配到其中一种启动条件下，随后研究者再次测量被试的主观幸福感。结果发现，年轻人的主观幸福感更容易受到社会经济地位比较的影响，而老年人的主观幸福感更容易受到社会计量地位（强调个体在所处群体中的地位，常以受尊敬、被羡慕的程度和拥有的影响力为度量指标）比较的影响。

　　第二种取向是从行为决策的角度探讨提升幸福感的策略。具体而言，行为决策中的幸福法则包括快乐编辑、少即更好、巅峰—结尾法则、短视和损失规避，基于这些法则提出的幸福感提升策略包括告诉消息的策略、赠送礼物的策略、使用损失规避提升幸福感的策略、使用巅峰—结尾法则提升幸福感的策略和克服行为短视的策略（张军伟等，2010）。张军伟等人（2010）还认为，在现实生活中，我们会经历很多事情，这些事情既有好的也有坏的。当这些事情发生时，我们应该怎样告知别人呢？快乐编辑的法则有：①两笔盈利应分开；②两笔损失应整合；③小得大失应分开；④大得小失应整合。根据快乐编辑的法则，我们可得出以下提升幸福感的策略。①当有两个好消息时，我们应该分开（隔一段时间）告诉他人。因为分开告诉个体两个好消息能够使个体经历两次高兴，并且分开告诉使个体高兴的程度大于一次告诉两个好消息。②当有两个坏消息时，我们应该一起告诉他人。因为分开告诉个体两个坏消息会使个体经历两次痛苦，并且后一个坏消息将给个体一种雪上加霜的感觉。如果一次告诉两个坏消息，个体仅会经历一次痛苦，并且个体一次接受两个坏消息的痛苦程度小于分开接受两个坏消息。③当有一个极坏的消息和一个好消息时，我们应该分开告诉他人。因为当告诉个体一个极坏的消息后，接下来的一个好消息能给个体带来意外惊喜。④当有一个极好的消息和一个坏消息时，我们应该一起告诉他人。因为个体对极好消息的高兴能冲淡坏消息所带来的痛苦。

另外，在日常生活中，我们会有一些烦琐的开支，如水费、电费、电话费等。根据"两笔损失应整合"的法则，我们建议为这些开支专门开一个账户，到月底一次扣除，这样可以减少个体的支付痛苦。

巅峰—结尾法则是指人们在对快乐或痛苦体验进行回溯性评价时，通常只对快乐或痛苦体验的高潮部分和结尾部分记忆犹新，而对快乐或痛苦体验的持续时间不敏感。卡尼曼等人（Kahneman et al.，1993）的经典研究验证了巅峰—结尾法则。在研究中，研究者首先让被试体验两段痛苦的经历：第一段体验的时间较短，被试要把手放入 14 摄氏度的冷水中，持续 60 秒后将手拿出；第二段体验的时间较长，被试也要把手放入冷水中，前 60 秒时间水温为 14 摄氏度，在接下来的 30 秒里，他们依然要把手放在令人感觉不舒服的冷水中，只不过水温已从之前的 14 摄氏度慢慢上升到 15 摄氏度。按照理性的观点进行分析，被试应该对第二段体验感到更加痛苦，因为被试在第二段体验中将手放在冷水中的时间多于第一段体验。但是研究发现，被试对这两段痛苦体验进行回溯性评价时，通常会认为第一段体验要比第二段体验痛苦，如果让他们再体验一次的话，他们宁愿选择第二段体验。简单来说就是，虽然在第一段体验中被试将手放入冷水中的时间较短，但是其结尾部分的痛苦程度高于第二段体验，因此被试的记忆会告诉他们第一段体验更加痛苦。

第三种取向是从积极心理学的角度探讨提升幸福感的策略。积极心理学认为认知、情感、行为等因素强调个体的心理过程，因此可以通过干预手段来改变个体的心理过程，进而改变个体的认知、情感、行为。大量研究也支持了这一观点，如通过感激、承诺做善事、积极的生活经验、认同并运用个体优势（段文杰，2012）等策略来提升个体的幸福。程翠萍和黄希庭（2016）探讨了勇气对个体的幸福感的影响，发现勇气对个体的幸福感有显著的预测作用，勇气还可以通过社会取向、自我价值观间接影响个体的幸福感。张巍等人（2014）探讨了基于持续幸福理论的感激、助人和追求目标等幸福感干预方法在国内工作场所中的有效性。研究采用随机分组，将3家企业的140名员工随机分为3个干预组（感激组、助人行为组、追求目标组）、1个安慰剂控制组和1个对照组，进行持续一周的干预，并在干预前、干预后和干预结束后两周测量被试的幸福感。要求感激组被试每天观察并记录值得感激的3件事（认知取向），要求助人行为组被试每天完成并记录对他人有帮助的3件事（行为取向），要求追求目标组被试每天记录有助于达成个人近期目标或愿望的3件事（意志取向），要求安慰剂控制组被试每天记录当天发生的有印象的3件事；对对照组被试不做任何干预。结果显示，记录感激能够提升个体的幸福感，并且有一定的持续作用；助人行为的干预能够显著提升个体的幸福感、增加个体的积极情绪并显著减少个体的消极情绪，且有一定的持续作用；追求目标的干预能够显著提升个体的幸福感、减少个体的消极情绪，且在两周后仍有一定的持续作用。

　　总而言之，目前学界对于幸福感能否提升主要有两种观点，即幸福感是稳定不变的和可以通过一定的方式提升个体的幸福感。对于如何提升个体的幸福感，研究者提出了三种研究取向：通过外在因素提升幸福感、从行为决策的角度探讨提升幸福感的策略和从积极心理学的角度探讨提升幸福感的策略。以下从具体的研究出发，为幸福感的提升提供证据支持。

12.2.1　品味

　　品味(savoring)是个体主动用心地感受积极体验、延长和增强积极体验的过程，大量研究证实了品味与幸福感的紧密关系。在布莱恩特和威洛夫(Bryant & Veroff，2007)的实验中，研究者要求被试在一周中每天独自散步 20 分钟。积极关注组被试被要求在散步中注意身边令自己愉快的事物(如花朵、阳光等)，思考它们为什么让自己愉快；消极关注组被试被要求在散步中注意身边令自己不愉快的事物(如噪声、垃圾等)，同时思考它们为什么让自己不愉快；控制组被试仅仅散步，而不给予指示。研究者在实验前后测量了被试的幸福感水平，结果发现，积极关注组个体的幸福感水平显著高于消极关注组与控制组。史密斯和汉尼(Smith & Hanni，2017)要求被试每天早上和晚上分别留出 5 分钟，完成为期 1 周的积极体验活动。在活动中，研究者首先要求被试回想一些积极的事情(如正在发生的积极事件、愉快的回忆或将会发生的积极事件)，其次让被试思考这些事情为什么让他们感到愉快、注意他们想到这些事情时所产生的积极情绪(如娱乐、兴趣、兴奋、满足等)，最后要求被试运用一些时间思考这些事情的特殊性及对它们的感激性。研究分别在干预前、干预后、干预后 1 个月和干预后 3 个月测量被试的心理弹性、抑郁症状和幸福感，结果发现，随着时间的推移，被试的心理弹性、抑郁症状和幸福感都得到了显著改善。斯塔谢夫斯基和西格尔

(Straszewski & Siegel，2018)把被试随机分到品味组和控制组，品味组被试被要求在 6 分钟之内尽可能多地回忆并描述过去一周发生的积极事件的细节以及积极事件带给自己的感受和情绪。在实验的前两分钟，品味组被试被要求回忆与之相关的情境、气味和细节，然后在接下来的 4 分钟里回放记忆，并写下他们在这些事情中的感受；而控制组被试被要求客观地写下在某个平常的日子里如何充分利用自己的时间。结果发现，品味组被试比控制组被试有更多的帮助寻求意图。随后，研究者不仅操纵而且测量了被试的抑郁症状、积极情绪、个人控制知觉及帮助寻求意图。结果发现，品味可以通过影响个体的积极情绪间接影响个体的帮助寻求意图。侯维佳等人（Hou et al.，2017）招募了 263 名癌症确诊病人，调查了被试在被诊断为癌症之后的 6 个月内与癌症有关的躯体症状、幸福感等。结果显示，个体的品味水平与躯体症状、焦虑症状、抑郁症状呈显著负相关，与积极情绪和幸福感呈显著正相关。乔斯、利姆和布莱恩特（Jose，Lim，& Bryant，2012）的研究表明，与生活中的积极事件发生频率较高时相比，当其积极事件发生频率较低时，品味更能提升个体的幸福感。他们认为，品味对幸福感既有一定的中介作用，又有一定的调节作用。人们在关注生活中的积极事件时，会从认知和情绪两个方面重新审视和评价自己的生活状态，相应地改善生活满意度。因此，虽然品味被用于提升幸福感的时间并不长，但是它的效用毋庸置疑。

12.2.2 感激

感激（gratitude）被定义为"个人认识到非自身努力而得到利益的能力"（Bertocci & Millard，1963），"在他人对自己不求回报地采取友善行为或者慷慨行为后被唤起的体验"（Emmons & McCullough，2004）。杨强和叶宝娟（2014）发现，感激与幸福感呈显著正相关；罗利和周天梅（2015）调查了 865 名中学生，发现中学生的感激会显著提升其幸福感、社会支持水平和抗挫折能力。罗雪峰和沐守宽（2017）进一步发现，感激提升个体的幸福感是通过领悟社会支持和基本心理需求的链式中介起作用的。具体而言，感激水平越高的个体领悟社会支持的水平越高，进而引起基本心理需求（包括胜任需要、自主需要和关系需要）的增加，最后提升个体的幸福感。伍德、弗罗和杰拉蒂（Wood，Froh，& Geraghty，2010）对现有的多种感激策略进行分类，分为感激列表、行为表达和感激冥想。

感激列表即定期书写个人的感激事件，是广泛使用的经典感激策略。在感激列表实验中，埃蒙斯和麦卡洛（2003）发现，与回忆麻烦事件、中性生活事件或进行向下社会比较的被试相比，回忆感激事件的被试幸福感水平最高。在为期两周的每日记录实验中，每日记录感激事件的被试体验到更多的积极情绪，表明每日感激练习与更高程度的积极情感有关。索思韦尔和古尔德（Southwell & Gould，2017）在干预前、干预后及干预后三周的随访中测量被试的抑郁、焦虑、睡眠质量和幸福感，在干预过程中要求被试完成感激列表。具体而言，要求被试写为期三周、每周至少一次的日记，在日记中回想过去一天所感激的五件事情。结果发现，与干预前相比，干预后被试在抑郁、焦虑、睡眠质量上有更低的得分，有更高水平的幸福感；与干预前相比，在干预后三周随访时，被试在抑郁和睡眠质量上无显著差异，但幸福感的提升效果仍然存在。弗罗、塞夫西克和埃蒙斯（Froh，Sefick，& Emmons，2008）以每日感激列表的方式对青少年进行干预，结果与埃蒙斯等人（2003）的实验结果一致：感激提升了幸福感，并减少了消极情绪。曼泰、弗雷席尔德和伦纳（Manthey，Vehreschild，& Renner，2016）把被试随机分为三组——最好的自己组、感激列表组和控制组，然后进行为期八周的干预。其中，最好的自己组要求被试想象一下自己未来的生活是什么样的，感激列表组要求被试回忆上周发生的值得感激的事情并写

下来，控制组要求被试考虑即将到来的一周的重要任务。结果发现，
与控制组的被试相比，最好的自己组和感激列表组的被试有更高水
平的幸福感、更少的消极情绪及更少的抑郁症状。关于感激干预可
以减少身体意象严重受损者对身体的不满的研究也间接支持了这一结
果。杰拉蒂、伍德和海兰（Geraghty，Wood，& Hyland，2010）对479
名身体意象严重受损（低于正常人群1.3个标准差）的社区人员样本
进行为期14天的干预，实验组要求被试每天记录6件感激事件，两
个控制组分别为不处理组和每天自动思考记录（automatic thought
record，ATR）组。结果表明，相对于不处理组的被试，实验组和
ATR组的被试对身体的不满均显著减少，但是两者的差异不显著。
这表明感激记录和ATR干预法对减少身体意象严重受损者对身体的
不满具有同等效用。国内也有研究者探讨了感激干预对正在服刑的
暴力型犯罪者的攻击性及幸福感的影响，在干预过程中要求干预组
被试在5周的时间里细数感激，指导语如下："请你在每天晚上临睡
前静静地回想一下，至少记录3个你今天感激的人、事或物（如父
母、其他亲人、阳光等），一天之内的感激事件不能重复。对每一个
值得感激的人、事或物用几个短语或句子加以描述（无字数限制），
写在发给你的日记本上。不同日期可以记录相同的感激事件，一共
记录5周，共35天。"结果发现，干预组被试在后测阶段的感激水平
和主观幸福感水平均显著高于对照组，而攻击性则显著低于对照组
（邓衍鹤等，2016）。感激列表的使用频率是研究者关心的另一个问
题。柳博米尔斯基、特卡奇和谢尔顿（Lyubomirsky，Tkach，&
Sheldon，2004）的研究表明，在每周表达一次感激的学生中，存在
幸福感的提升；而在每周表达三次感激的学生中，这种作用却消失
了。研究者认为，可能是一周三次的感激表达使得被试感到厌烦、
对实验失去了兴趣，因此策略失效。

　　行为表达是指人们表达自己的感激的具体行为，如给自己感激

的人写信并投递出去。塞里格曼等人（Seligman et al.，2005）在研究中要求实验组被试在一周内书写并投递一封感激信，结果发现，与控制组相比，写感激信的个体在即时测验和一个月后的再测中报告了更高的幸福感水平和更低的抑郁水平。弗罗等人（Froh et al.，2009）对儿童和青少年样本进行每两天一次的 10～15 分钟的干预，为期两周。实验组要求被试写表达感激的信件并当众邮寄，控制组要求被试写关于日常事件及对其想法和感受的信件并当众邮寄。结果表明，与控制组被试相比，实验组中的低积极情感者在干预后的即时测量和两个月后的测量中均报告了更多的感激和积极情感。

　　感激冥想要求被试用一个更为整体的方式回想或书写感激事件。沃特金斯等人（Watkins et al.，2003）在研究中将被试随机分为四组：感激冥想、书写感激事件、写一封信给自己想要感激的人和中性条件。结果显示，与控制组被试相比，三个感激组被试的积极情感水平显著增加，其中感激冥想组被试的积极情感水平最高。在感激冥想研究（Rash，Matsuba，& Prkachin，2011）中，实验组被试有比控制组被试（回忆生活中的重大事件）更高的生活满意度、幸福感和自尊水平。相似的结果在其他研究中也存在（Koo，Algoe，Wilson，& Gilbert，2008）。感激是使用最广泛的幸福感提升策略之一，研究者认为，激发感激可以提升人们的生活满意度、增加人们的积极情绪，有助于培养人们对未来的积极态度（Emmons & McCullough，2003；Froh et al.，2008）。分类激发感激的方法使研究者能够更好地探寻感激对幸福感的影响效力和机制，其中，感激冥想被认为是最能提升个体幸福感的感激方法之一。人们对某个感激事件的关注程度越高、细节记忆越清晰，就越可能体验到当时的情感。感激事件带来的积极情感体验也增加了人们此时此刻的积极情绪。

12.2.3　希望

　　希望也是影响幸福感的因素之一。金（2001）的研究表明，书写最佳的可能自我能够帮助个体提升自己的幸福感，体验更少的烦恼、更多的快乐，也更少得病，三周后，幸福感依然小幅度地提升。拉尤斯、纳尔逊和柳博米尔斯基（Layous，Nelson，& Lyubomirsky，2013）的研究验证了金的研究结果，该研究发现，让大学生书写最佳的可能自我，无论是在网络中还是在现实中，均使大学生的幸福感、积极情绪、沉浸感和人际关系等在一定程度上得以提升。还有研究发现，大学生的生活满意度（Boehm，Lyubomirsky，& Sheldon，2011）、积极情感（King，2001；Peters et al.，2010；Sheldon & Lyubomirsky，2006）、乐观（Peters et al.，2010）和整体幸福感（Lyubomirsky，Dickerhoof，Boehm，& Sheldon，2011）也能通过这种方式得到一定的提升。有研究发现，书写生活目标对心理健康有积极影响（Frattaroli，2006）。这可能是因为书写生活目标可以唤起意识（awareness），帮助个体清楚自己的生活目标、重新编排事情的先后顺序、决定事物的价值。另外，获得清晰而有价值的目标被证明与积极心理功能有关（Emmons，1986；Omodei & Wearing，1990）。书写生活目标可能会减轻目标冲突，不仅使人们确立自己的目标，还将相互矛盾的目标重新排序，帮助人们做出取舍。因此，书写生活目标在唤起人们更强的控制感和更多的积极情绪的同时，通过将未来目标具体化使人们更有动力向目标努力，从而促进目标的实现。这种循环作用或许可以解释为何希望能够提升幸福感。总之，书写最佳的可能自我通过一系列中介因素对幸福感的提升产生影响，国内也有研究支持了这一观点。王丽娜等人（2015）探讨了城市空巢老人的希望水平对幸福感的影响，结果显示，希望水平越高的个体幸福感水平越高。王钢、张大均和刘先强（2014）以幼儿园教师为研究对象，发现希望水平会提升被试的心理幸福感、情绪幸福感、社会幸福感和认知幸福感。进一步的研究发现，希望水平通过积极应对的方式影响幸福感，且这一影响受到文化的调节，具体而言，中国幼儿园教师的希望水平对积极应对的影响小于新西兰幼儿园教师。谢丹等人(2016)总结了希望在临床领域的应用，认为希望可以通过训练产生和提高，进而帮助个体改善身心疾病、矫正不良行为，还可以帮助个体应对压力情境，促进个体的积极心理健康，帮助其更好地成长与发展。刘孟超和黄希庭(2013)认为，希望可以提升个体的学业成绩，对生活满意度、生活质量等方面也会产生积极影响，还可以促进个体的生理健康(如减轻生理疼痛、降低患病风险等)，且可能在物质滥用的治疗中起到一定的作用。

12.2.4　亲社会行为

近年来，研究者发现亲社会行为也是提升幸福感的一种手段。亲社会行为包括一切保护或帮助他人获得幸福的行为(Schwartz & Bilsky，1990)。邓恩、阿克南和诺顿(Dunn，Aknin，& Norton，2008)提出，相比于为自己花钱，为其他人花钱更能提升幸福感。首先，在横断研究中，亲社会消费与更高的幸福感水平显著相关；其次，在纵向研究中，进行亲社会消费的被试更为幸福；最后，在实验操纵中，进行亲社会消费的被试报告了更高水平的幸福感。这些实验结果为亲社会行为和幸福感的因果联系提供了直接证据，证明为其他人花钱比为自己花钱更可以提升幸福感。

阿克南、邓恩和诺顿(2012)的研究表明，相比于回忆为自己消费的被试，回忆为他人消费的被试在回忆结束后的幸福感显著提升。实验进一步证明，当人们同时进行几种不同的亲社会行为时，他们的幸福感提升程度更大；每周履行不同友善行为的人比每周只履行单一友善行为的人提升了更多的幸福感(Sheldon，Boehm，& Lyubomirsky，2012)。阿克南等人(Aknin et al.，2015)把被试随机分为为自己购买糖果和为他人购买糖果两组，发现为他人购买糖果的个体比为自己购买糖果的个体有更多的积极情绪。拉尤斯等人(Layous et al.，2012)以9～11岁儿童为被试，结果表明，一周履行三种友善行为的被试提升了幸福感和生活满意度。另外，不仅履行亲社会行为能够提升幸福感，意识到自己的亲社会行为对幸福感也有积极影响。大竹等人（Otake et al.，2006）对日本女大学生进行了研究，实验组被试注意一周内自己每日对他人的友好行为，对控制组被试则没有给予任何指示。一周后和一个月后进行的追踪测试表明，实验组被试的幸福感显著提升。

亲社会行为通过三个中介变量影响幸福感：人际关系、胜任感和自主性（Dunn，Aknin，& Norton，2014）。人际关系指的是当帮助他人可以满足基本的社会联结需要时，人们可以获得最大的情感收益。例如，当亲社会行为提供了与他人建立关系的机会时，人们从亲社会消费中可以获得更多的幸福感。研究者认为，亲社会消费提升幸福感可能源于亲社会消费提供了建立社会关系（即人际关系）的机会（Aknin et al.，2012）。当亲社会消费提供了与他人连接的机会时，人们会从亲社会消费中获得更多的幸福感。但也有证据表明，即使没有增强社会关系，亲社会消费也会提升幸福感（Aknin et al.，2012）。

胜任感指的是当人们能够看到自己的亲社会行为造成某种改变时，这种行为最可能满足人们的幸福感。当人们认为自己是一个有效率且合格的帮助者时，会从亲社会行为中获得更高水平的幸福感。例如，当捐赠给一个慈善机构的钱被明确显示了其用途时，捐赠者会获得更高水平的幸福感（Aknin et al.，2013）。

自主性指的是只有当人们感到自己的行为是出于完全自由的选择时，亲社会行为的情感效益才会更大化。有研究（Weinstein & Ryan，2010）表明，当亲社会行为是自发行为（即体现了人们的自主性）时，被试的幸福感提升水平最高。纳尔逊等人（Nelson et al.，2016）招募了472名被试，将他们随机分为四组——为他人做好事组、为人类或世界做好事组、为自己做好事组和控制组，进行为期四周的干预和为期两周的追踪。结果发现，为他人做好事组比为自已做好事组和控制组在心盛(被看作最高水平的幸福感,包括积极情绪、沉浸体验、人际关系、人生意义、自我实现五个要素)上有更高的提升。进一步的中介效应分析发现,与控制组相比,为他人做好事组有更多的积极情绪、更少的消极情绪,进而有更高水平的幸福感。元分析同样支持了这一结果(Curry et al.,2018),给予他人帮助会提升个体的幸福感、降低个体的压力知觉(Inagaki & Orehek,2017)。还有研究者(Schreier,Schonert-Reichl,& Chen,2013)关注未成年人的志愿行为与幸福感和健康的关系,把被试随机分为两组:参加为期十周的志愿活动的被试组和不参加任何志愿活动的被试组。在活动前后测量被试的身体质量指数、炎症和胆固醇水平以及移情、情绪和心理健康等指标,结果显示,与不参加任何志愿活动的个体相比,参加为期十周的志愿活动的个体有更低的炎症和胆固醇水平,有更高的移情能力、积极情绪和心理健康水平,且罹患心血管疾病的可能性显著减小。杨莹和寇彧(2017)探讨了亲社会自主动机和亲社会行为对青少年的幸福感的影响,相关分析发现,亲社会行为和幸福感呈显著正相关;而使用问卷法和实验操纵法进行探究时,发现亲社会自主动机对幸福感有显著影响,而亲社会行为对幸福感的影响不显著。

亲社会行为植根于人类的天性。阿克南、哈姆林和邓恩(Aknin,Hamlin,& Dunn,2012)针对2岁以下婴幼儿的研究表明,当婴幼儿履行亲社会行为时(将自己的糖果给予木偶),他们是最快乐的。研究者(Aknin et al.,2015)进一步对2~5岁的儿童进行研究,在儿童收到糖果后,随机要求儿童进行昂贵的捐赠(把自己的糖果给木偶)或不昂贵的捐赠(把实验者的糖果给木偶),同样发现儿童在赠送礼物时比在自己收到礼物时更快乐。这说明,在人类的本性中就深藏着对于给予行为的自我奖赏。研究表明,亲社会消费激活了大脑中奖赏区的活动(Harbaugh,Mayr,& Burghart,2007;Zaki & Mitchell,

2011）。帕克等人（Park et al.，2017）让被试在接下来的四周内把钱花在其他人（实验组）或自己（控制组）身上，发现实验组被试报告了更多的幸福感，且实验组被试在颞顶交界处的激活比控制组被试更强，这种慷慨的决策还会对颞顶交界处和腹侧纹状体之间的连通性进行特异性的调节。更为重要的是，实验组的腹侧纹状体活动与幸福感的变化直接相关。

12.3　应用理论与策略，提升国民幸福感

12.3.1　理论与策略的文化适用性

　　尽管东西方社会对于幸福感的追求是一致的，但是各自对于幸福的体验和追求方式并不相同。西方文化是典型的个人主义文化，侧重自我价值的体现、自我决定与自我目标的实现，提倡个人权利优先。社会传统和风尚鼓励人们努力奋斗，并奖赏获得成就的人。他们的幸福感是个人导向的，注重个体的自我提升与自我管理。个人主义文化下的个体更重视自我管理与独立的自我，认为个体被个人需要和目标驱动（Triandis，1995）。特里安迪斯（Triandis，2015）进一步总结认为，个人主义文化强调个体利益，弱化集体利益，强调个体自我，弱化人际关系，且个体注重个人追求，依照自身价值观行事等。与之相反，集体主义文化强调集体利益，弱化个体利益，强调人际关系，弱化个体自我，为得到集体的认可和尊重，个体需要顺从集体目标，按照集体规范行事等。因此，西方人更多地将幸福感视作积极的状态（如满足、享受）、个人自由和职责（Lu & Gilmour，2004）。东方文化则是典型的集体主义文化，更关注个人的社会角色义务，注重人际和谐以及人与环境的和谐（Suh et al.，1998），幸福感具有社会导向。显然，不同的幸福感提升策略对东西方文化中的个体具有不同的作用。许龙等人（2017）认为，东西方文

化的差异导致个体在情感、认知和行为方面具有较大差异，这一差异会影响个体的幸福感。具体而言，西方情境下个体的幸福感源于对环境掌控、自主性和情感等需求的满足，而东方情境下个体的幸福感则强调人际和谐与社会价值。丛晓波(2014)认为，无论是幸福观还是幸福感，都有其社会文化的客观性前提。在西方文化背景下，幸福感是以个人成就来定义的，对幸福感的追求驱使人们将积极情绪最大化；在东方文化背景下，幸福感则是以人际关系来定义的，对幸福感的追求驱使人们平衡积极情绪和消极情绪。陆洛(2007)认为，文化直接塑造幸福观，并通过建构不同的自我观来决定人们追求幸福的想法、感受与行为，进而影响主观幸福感。在个人主义文化中，幸福感具有个人负责和直接追求的特征；在集体主义文化中，幸福感则具有注重角色责任和辩证均衡的特征(陆洛，2007)。北山等人(Kitayama et al.，2000)认为，文化通过自我建构对幸福感产生决定性的影响。马库斯和北山(Markus & Kitayama，1991)的独立我、互依我的建构围绕自我—他人关系展开，独立我强调人我关系的分离，互依我则强调人我关系的融合。东方集体主义文化影响下的个体多以互依型自我建构为主，强调自我与他人的和谐共处。迪纳等人(Diener et al.，1958)指出，幸福感由两种成分构成：生活满意度和情绪平衡。生活满意度是个人对自己生活整体状态的判断，而情绪平衡则是更多的积极情绪和更少的消极情绪的综合。这两种成分直观地体现了人们的幸福感及其水平，文化可以直接作用于这两种成分，从而对幸福感产生影响。

1. 生活满意度

个人主义—集体主义作为影响幸福感的一种文化因素(Joshanloo & Jarden，2016；Triandis，1989)，具有以下特点：在个人主义社会中，人们把个体看作基本单元，为个人目标和愿望奋斗，这使个体更多地追求个人目标以获得幸福；在集体主义社会中，人们把群体看得更重要，并致力于实现群体目标，这使个体获得更大的社会支持，并借以提高幸福感（Diener，Diener，& Diener，1995）。个人主义文化下的个人生活满意度基于个人内部而不是人际因素，集体主义文化下的个人生活满意度则相反（Suh et al.，1998）。在个人主义文化中，个体独特的态度、情感和认知对于其做出生活评价具有极为重要的作用；而在集体主义文化中，个体更重视其在社会秩序中的地位，被要求必须更好地适应团体、履行团体义务。一项针对40个国家的大学生的研究发现，来自个人主义文化国家的个体在评判生活满意度时首先基于自己的内部感受，而来自集体主义文化国家的个体依据社会标准和内在感受评判生活满意度（Suh et al.，1998）。吴佳辉、卢克斯特和帕克（Wu，Luksyte，& Parker，2015）分析了第五次欧洲工作条件调查的数据，结果发现，资质过剩、工作自主性、文化三者相互作用，影响个体的幸福感。进一步分析发现，在个人主义文化中，工作自主性可以缓解资质过剩对幸福感的消极影响，而在集体主义文化中没有发现这一影响。有研究者（Choi & Chentsova-Dutton，2017）发现，对于培养积极情绪文化背景（欧裔美国人和西班牙裔美国人）的被试而言，瞬间的积极情绪比瞬间的消极情绪更能预测幸福感。相比之下，对亚裔美国人来说，瞬间的消极情绪与幸福感的相关更高。纳姆、金和塔姆（Nam，Kim，& Tam，2017）发现，在美国被试中，个体在高抑制情绪（相对于控制组）条件下的生活满意度较低，但低抑制情绪组和控制组之间没有差异，这表明高抑制情绪会降低美国人的生活满意度。相比之下，在中国被试中，个体在低抑制情绪（相对于控制组）条件下的生活满意度较高，但高抑制情绪组和控制组之间没有差异，这表明低抑制情绪会增加中国人的生活满意度。因此，对集体主义者来说，生活满意度可能更容易受到外部条件的影响（Diener et al.，1995）。个人主义—集体主义不仅直接影响个体的幸福感，还间接影响个体的幸福感。一个民族的智慧水平是国民生活满意度的一个强健的正向预测因素，在越倾向于个人主义的文化中，这种关系越显著（Stolarski，Jasielska，& Zajenkowski，2015）。高水平的集体主义会降低平均收入对生活满意度的影响（Opfinger，2016）。奥普芬格（Opfinger，2016）的研究指出，在东欧、中东、北非以及拉丁美洲，个体的收入和幸福感呈显著正相关；在西欧和亚洲地区，两者的关系不显著；在北美和撒哈拉以南的非洲，两者呈负相关。集体主义程度或许可以对这种地区差异做出部分解释（晏小华等，2018）。

2. 情绪平衡

东西方看待积极情绪与消极情绪的方式不同。在积极情绪方面，相对于西方文化中的个体，东方文化中的个体报告了更不频繁、更不强烈的积极情感（Diener et al.，1995；Kitayama，Markus，& Kurokawa，2000；Oishi et al.，1999；Schkade & Kahneman，1998）。这一情况在不同研究中有不同的解释。一些研究者认为，亚裔美国人比欧美人报告了更少的积极情绪（Mesquita & Karasawa，2002；Tsai et al.，2002；Tsai，Levenson，& McCoy，2006）或者更多的消极情绪（Tsai et al.，2006）。刘影等人（2016）发现，在个人主义文化国家中，表达抑制通常发挥着较负面的作用，主要体现在情绪体验、人际关系、心理和社会适应及学业成功等方面；在集体主义文化国家中，表达抑制并非完全是一种不恰当的调节策略，这主要表现为集体主义文化中的个体在情绪体验、人际关系以及心理和社会适应上可能有较好的表现。德·沃斯等人（De Vaus et al.，2017）发现，西方人临床抑郁症和焦虑症的发生率较高。分析认为东西方文化的差异可以引起人们思维方式的差异，即整体性思维方式和分析性思维方式的差异。在集体主义文化中，人们倾向于接受矛盾、期待变化、在背景中理解自我，且这种思维方式会从根本上影响人们对消极情绪的态度——消极情绪被认为不那么消极、有威胁，且更易于管理。另一些研究者认为，亚裔美国人其实并非比欧美人体验到更少的积极情绪，只是报告体验到更少的积极情绪（Oishi，2016）。沃茨等人（Wirtz et al.，2009）的实验表明，东西方人的回忆分配给积极情绪与消极情绪的比重不同。在判断是否有意愿再次经历一个类似的假期时，欧裔美国人基于回忆起的积极情绪，而亚裔美国人基于回忆起的消极情绪。另外，他们的研究还表明，欧裔美国人与亚裔美国人在积极情绪与消极情绪的即时报告上没有差异，但两个群体在回忆时显示出了非常不同的特点：欧裔美国人唤起了更多强烈的积极情绪，而亚裔美国人则唤起了更多强烈的消极情绪。

12.3.2　社会期望

或许是由于文化背景的压力，西方人更倾向于积极回忆和唤起积极情感（Diener et al.，2000），东方人更倾向于认为感受和表达积极情感是不被期待的（Diener et al.，1995）。在西方文化中，美好生活的标准和信念只重视情绪体验的积极方面；东方文化则同样程度地关注消极情绪（甚至认为消极情绪更重要），强调最小化消极情感的重要性，并视其为建构和谐的社会关系和角色完备的文化要求。大石（Oishi，2016）的研究表明，欧裔美国人回忆过去一周幸福感的最强预测因素是一周中最好的那一天，亚裔美国人回忆过去一周幸福感的最强预测因素则是一周中最差的那一天。综上所述，文化不仅通过社会标准直接塑造了人们体验和回忆情感的方式，而且通过隐性的社会期许和社会文化中关于情感评价的标准间接塑造了这些方式。

12.3.3　幸福感提升的跨文化研究

关于幸福感提升的跨文化研究虽然不多，但是也取得了一些成果。伯姆等人（Boehm et al.，2011）对北美白人和亚裔美国人进行幸福感提升的实验，结果表明，尽管实验条件下（表达乐观与感激）的被试（北美白人和亚裔美国人）都提升了生活满意度，但亚裔美国人的满意度改变较小。在两个实验组中，北美白人的满意度提升都很大。这种文化差异的一个可能的原因是个人主义文化更重视自我提升，因而增强了北美白人对于策略的敏感性，使得他们更努力地提升幸福感；集体主义文化则更不重视自我中心和个人目标，因而减少了亚裔美国人提升幸福感的努力。这种文化差异的另一个可能的原因是个体只有在与其文化信念匹配的策略下追求幸福，才可能取得成果。集体主义者可能从他人导向的积极行为中受益更多，而个人主义者可能从自我导向的积极行为中受益更多。上述实验的结果显示，乐观条件下的亚裔美国人的生活满意度没有改变，而感激条件下的亚裔美国人提升了生活满意度（尽管微弱）。这些结果与亚洲文化相一致——表达感激是加强社会联结的行为，因而更适合重视社会关系和社会和谐的亚洲人。王彦等人（2013）以中国大学生为被试的幸福感提升实验验证了伯姆等人的实验结果，感激组的被试比乐观组和控制组的被试提升了更高水平的幸福感。他们认为，感激是指向他人的，因此它更适合注重社会关系的中国文化。在拉尤斯等人（Layous et al.，2013）的跨文化幸福感提升研究中，美国被试在两个实验组（感激组和友善行为组）中都获得了幸福感的提升。在友善行为组，韩国被试的幸福感提升程度与美国被试相似；然而在感激组，韩国被试的幸福感增长显著低于美国被试。研究者认为，这是因为东方文化下的个体比西方文化下的个体更易受到矛盾（辩证）思想和情感的影响（Peng & Nisbett，1999）。东亚人常常同时感受到积极情绪和消极情绪，在体验到感激情绪时很可能同时体验到内疚的情绪，"给他人添麻烦"的想法使得其在感激他人时也降低了自身的幸福感水平（Bagozzi，Wong，& Yi，1999；Kitayama et al.，2000；Schimmack，Oishi，& Diener，2010）。总之，文化背景和社会风尚对人们是否"有意愿"努力提升幸福感有着重要影响。

12.3.4　提升国民幸福感的本土化方案

中国一向被视为集体主义文化的典型代表，在这种文化中，人们更关注关系的和谐，既注重积极情感也注重消极情感。因此，中国人幸福感提升的文化背景不同于欧美国家。为设计出适用于我国国民的幸福感提升策略，未来我国的幸福感提升研究可以从以下方面着手。

1. 社会文化信念

中国的文化是集体主义文化，幸福导向是集体导向。因此，一些侧重关系联结的提升策略对中国人的适用性更强，如表达感激、每日履行亲社会行为、亲社会消费等。亲社会行为在各种文化中都存在，但是关于亲社会行为在东方文化下如何促进个人幸福感提升的研究还十分有限。布坎南和巴尔迪（Buchanan & Bardi，2010）以日本女大学生为被试的研究发现，每天对他人履行友好行为增加了个体的生活满意度，证明亲社会行为在集体主义文化下对提升幸福感具有效力。窦凯等人（2018）采用物品选择游戏操纵被试接收到的社会善念水平，在游戏过程中，玩家 A 通过调整"唯一物品"和"非唯一物品"的选择比例来展现高低不同的社会善念水平。在每轮任务开始时，由玩家 A 在同种类的 4 个（或 3 个）物品中选择 1 个，整个实验共包括 10 种物品（如水杯、苹果等），每种物品又按照特征差异分为"唯一物品"和"非唯一物品"，即 4 个（或 3 个）同类物品中，有 3 个（或 2 个）物品完全相同（视为"非唯一物品"），而另一个物品仅在某一表面特征上与之相区别（视为"唯一物品"）。如果玩家 A 从 3 个（或 2 个）"非唯一物品"中选择一个（如红水杯），那么被试（或玩家 B）仍然有选择的机会（可在红水杯与绿水杯之间选择），这种情况被视为高社会善念行为；如果玩家 A 选择了"唯一物品"（如绿水杯），就意味着被试（或玩家 B）失去了选择的机会（只能从红水杯中选择），这种情况被视为低社会善念行为。在高社会善念行为组中，研究者设置玩家 A 选择"非唯一物品"的比例为 80％，选择"唯一物品"的比例为 20％；在低社会善念组中，研究者设置玩家 A 选择"非唯一物品"的比例为 20％，选择"唯一物品"的比例为 80％。在实验过程中，玩家 A 扮演行为实施者的角色，而被试扮演行为接受者的角色。当玩家 A 做出选择后，被试需要在剩下的 3 个（或 2 个）物品中选择 1个。整个实验共包括 24 个试次，其中 4 个试次为控制条件（即 4 个物品中，"唯一物品"和"非唯一物品"各 2 个）。结果发现，接受高社会善念行为的被试体验到更强的积极情绪和更弱的消极情绪。亲社会消费是亲社会行为的一种具体形式，在东方文化下对提升幸福感具有一定的效力。研究表明，亲社会消费对于幸福感的促进并不受国家、文化和经济水平的影响（Aknin et al.，2013）。探索亲社会行为对于中国人幸福感提升的影响及其机制具有十分重要的意义。

　　2. 情绪体验

　　东西方对情绪的不同看法影响着幸福感提升策略的效力。在情绪体验方面，东西方最主要的差异来自是否关注消极情绪。西方文化并不太关注消极情绪对幸福感的作用，但在东方人的幸福感中，消极情绪发挥了重要作用。在对于关系和生活的评价中，西方人回忆起的积极情绪对于满意度影响最大；对于东方人的满意度而言，回忆起的消极情绪的缺乏和积极情绪的呈现具有同等的重要性。换言之，倘若增加积极情绪是西方人提升幸福感的主要手段，或许对于东方人而言，消除消极情绪是更为有效的幸福感提升方式。

　　3. 情绪表达

　　情绪表达是文化调节幸福感的除情绪体验外的另一个侧面。有研究者（Diener & Diener，1996）给出了一个假设：如果大部分文化中的大部分人都是幸福的，那么那些允许表达强烈情绪的文化中的人们就会显得更幸福一些，那些限制表达强烈情绪的文化中的人们从某种程度上来说就显得不那么幸福。这种情况同样反映了东西方在情绪表达上的差异。为此，在对中国人的幸福感进行测量时，研究者必须确认被试的情绪表达与其真实情绪是否一致，这是判断提升策略是否真正有效的关键。另外，受历史文化和社会文化的影响，西方人更乐于追求和表现高水平的幸福；东方人则更倾向于中庸，与集体中的其他人保持一致，强调自己的幸福并不是社会期待的结果。因此，如何避免被试由于受文化影响而隐藏自己的真实情绪，是未来有关幸福感提升的研究将面临的主要任务。

12.4 结语

经过百余年的发展，心理学不再只关注人的病态心理及其治疗，而是更多地将研究领域拓展到人的优势与美德。学界目前对于心理障碍及其治疗手段已有大量研究，未来也应该有更多的针对人的优势与美德的研究，发展出可以帮助人们提升幸福感的策略。

随着我国经济发展水平的不断提高，在物质生活得到满足后，人们的精神需求和对幸福的追求也日益迫切。2010年，"幸福"二字出现在政府工作报告中，表明政府愈加重视和提倡人民幸福。幸福已成为各界关注的热点，国内社会学、经济学、心理学等领域的研究者也将目光投向了这一领域（刘杰，李继波，黄希庭，2012）。相对于西方国家，有关幸福感提升的研究在我国起步相对较晚，加之东西方文化差异的存在，使本土化的幸福感提升的研究显得尤为迫切。是什么影响了中国人幸福感的提升？适合中国文化的幸福感提升策略有哪些？哪些策略在中国具有的幸福感提升效力比在西方更强？类似的很多问题都有待我国心理学研究者在中国人幸福感提升的研究中予以解答。

幸福感是一个高于非幸福感缺失的状态，又植根于文化之中，在不同的文化中有着不同的内涵。相应的幸福感提升应采取不同的策略。在未来的研究中，研究者只有关注中国文化中不同于西方文化的部分，以及对已有策略进行筛选、创新，才能有效提升中国人的幸福感。

参考文献

保宏翔，刘丹红，杨鹏，等. 卫生统计指标体系构建一般方法的探讨[J].第四军医大学学报，2007，28(10)：944-946.

毕重增. 心理测量学[M]. 重庆：西南师范大学出版社，2016.

蔡富莲. 当代凉山彝族家支聚会及其作用[J]. 民族研究，2008(1)：51-58，111-112.

蔡华俭，黄玄凤，宋海荣. 性别角色和主观幸福感的关系模型：基于中国大学生的检验[J]. 心理学报，2008，40(4)：474-486.

曹大宇. 阶层分化、社会地位与主观幸福感的实证考量[J]. 统计与决策，2009(10)：89-91.

常宝. "民族"、"族群"概念研究及理论维度[J]. 世界民族，2010(3)：17-23.

陈刚，李树，陈屹立. 人口流动对犯罪率的影响研究[J]. 中国人口科学，2009(4)：52-61.

陈刚. 社会福利支出的犯罪治理效应研究[J]. 管理世界，2010(10)：75-86.

陈浩彬，苗元江. 主观幸福感、心理幸福感与社会幸福感的关系研究[J]. 心理研究，2012，5(4)：46-52.

陈浩彬. 幸福感理论模型探索——基于大学生的实证研究[D]. 南昌：南昌大学，2008.

陈姝娟，周爱保. 主观幸福感研究综述[J]. 心理与行为研究，2003，1(3)：

214-217.

陈硕．转型期中国的犯罪治理政策：堵还是疏？［J］．经济学（季刊），2012（2）：381-402.

陈田林．汉区高校少数民族大学生幸福感调查［D］．南昌：南昌大学，2012.

陈婉婷，张秀梅．我国居民主观幸福感及其影响因素分析—基于 CGSS2010年数据［J］．调研世界，2013(10)：9-15.

陈燕，金岳龙，康耀文，等．中学生的亚健康状况与应激性生活事件、应对方式［J］．中国心理卫生杂志，2012，26(4)：257-261.

陈毅春．论我国北方地区水污染现状及治理对策［J］．北方环境，2012(6)：91-92.

陈咏媛．中学生同伴关系与其幸福感的关系研究［J］．医学与社会，2006，19(8)：42-43.

程翠萍，黄希庭．大学生勇气与主观幸福感的关系：一个有调节的中介模型［J］．心理发展与教育，2016，32(4)：478-485.

程国栋，王根绪．中国西北地区的干旱与旱灾——变化趋势与对策［J］．地学前缘，2006(1)：5-16.

程明明，樊富珉．生命意义心理学理论取向与测量［J］．心理发展与教育，2010，26(4)：431-437.

程灶火，谭林湘，杨英，等．中国人婚姻质量问卷的编制和信效度分析［J］．中国临床心理学杂志，2004，12(3)：226-230.

池丽萍．中国人婚姻与幸福感的关系：事实描述与理论检验［J］．首都师范大学学报(社会科学版)，2016(1)：145-156.

丛晓波．何以幸福：论幸福感的社会文化性前提［J］．东北师大学报(哲学社会科学版)，2014(2)：211-214.

崔春华，李春晖，王欣，等．Ryff 心理幸福感量表在河北师范大学生中的试用［J］．中国心理卫生杂志，2005，19(2)：128-130.

崔春华，李春晖，杨海荣，等．958 名师范大学学生心理幸福感调查研究［J］．中国行为医学科学，2005，14(4)：359-361.

达尔文．人和动物的感情表达[M]．北京：科学出版社，1996．

戴廉．"幸福指数"量化和谐社会[J]．瞭望新闻周刊，2006(11)：24-26．

党云晓，张文忠，余建辉，等．北京居民主观幸福感评价及影响因素研究[J]．地理科学进展，2014，33(10)：1312-1321．

邓敏，张雪峰．哈尼、彝族大学生民族认同现状的调查[J]．中国健康心理学杂志，2014，22(4)：630-631．

邓衍鹤，朱一杰，李毅，等．感恩干预对暴力型犯罪服刑人员的攻击性和主观幸福感的影响[J]．中国临床心理学杂志，2016，24(2)：368-372．

董文婷，熊俊梅，王艳红．心理健康双因素模型的中国高中生实证调查[J]．中国临床心理学杂志，2014，22(1)：88-91．

窦凯，刘耀中，王玉洁，等．"乐"于合作：感知社会善念诱导合作行为的情绪机制[J]．心理学报，2018，50(1)：101-114．

段建华．总体幸福感量表在我国大学生中的试用结果与分析[J]．中国临床心理学杂志，1996，4(1)：56-57．

段文杰．提升幸福感：基于性格优势的纵向干预实验[D]．重庆：西南大学，2012．

樊胜岳，王曲元．云南省丽江市古城区居民的生活质量与幸福感评价[J]．甘肃社会科学，2009(3)：80-84．

费孝通．关于我国民族的识别问题[J]．中国社会科学，1980(1)：147-162．

冯海英，黄鑫．彝族地区老年人人格及心理健康与主观幸福感的关系[J]．中国老年学杂志，2010，30(13)：1875-1877．

冯海英，严顺琴．彝区老年人人格类型与主观幸福感的关系[J]．中国老年学杂志，2015，35(1)：208-210．

傅红春，缪丹，武长河．中美主要宏观经济指标比较研究[M]．上海：人民出版社，2005．

高锋剑，陈有国，刘培朵，等．心理韧性、孤独感、自我效能感预测老年人主观幸福感的优势分析[J]．心理与行为研究，2017，15(2)：227-232，239．

高锋剑，江竹，陈媛婷，等．时间洞察力与老年人主观幸福感的关系：居住地的调节作用[J]．心理学进展，2017，7(3)：270-278．

高颖，张秀兰，祝维龙．北京市近年离婚水平与年龄分布的变动趋势分析[J]．北京社会科学，2012(4)：34-42．

高媛媛，江宜霖，黄希庭．居民一般自我效能感对幸福感的影响：自尊的中介作用[J]．心理研究，2014，7(2)：62-67．

宫春子．幸福指数指标体系的构建[J]．辽东学院学报(社会科学版)，2006，8(6)：84-88．

龚继峰，苗元江，白苏妤．婚姻幸福感概述[J]．科教导刊(中旬刊)，2011(10)：186-187．

龚丽娟．彝族大学生民族认同与内隐自尊研究[D]．重庆：西南大学，2009．

郭郡郡，刘玉萍．个体特征、夫妻交往与婚姻幸福感[J]．山东女子学院学报，2016(2)：43-50．

郭雪萍，冯超，张红雷．不同民族中学教师主观幸福感与人格关系研究[J]．石家庄学院学报，2008(6)：99-103．

郭永玉．从社会和个人层面认识幸福[J]．党政干部参考，2010(9)：14-15．

郭永玉，李静．武汉市居民幸福感现状的调查与思考[J]．华中师范大学学报(人文社会科学版)，2009，48(6)：136-140．

郭志刚，邓国胜．中国婚姻拥挤研究[J]．市场与人口分析，2000(3)：2-18．

海曼，熊俊梅，段晓明．心理健康双因素模型在教育中的应用[J]．中小学心理健康教育，2013(9)：4-6．

海曼，熊俊梅，龚少英，等．心理健康双因素模型指标的再探讨及稳定性研究[J]．心理科学，2015，38(6)：1404-1410．

韩向前，翁维玲．不同身份青年军人幸福感的比较[J]．中国临床康复，2005，9(4)：74-76．

郝乐，张启望．幸福指数及其统计测量[J]．统计与决策，2020，36(17)：38-42．

何志强．法治政府绩效评价指标体系研究[D]．广州：华南理工大学，2016．

胡夏娟．大学生压力知觉、复原力和心理幸福感的关系研究[D]．石家庄：

河北师范大学，2009.

黄华锋．基于幸福感与满意度的江门公众幸福指数实证研究［D］．广州：华南理工大学，2011.

黄嘉文．收入不平等对中国居民幸福感的影响及其机制研究［J］．社会，2016，36（2）：123-145.

黄静．构建居民幸福指数指标体系方法研究［D］．大连：东北财经大学，2007.

黄李辉，阮永平．文献分析法在我国管理会计研究中的应用——基于33篇样本文献的分析［J］．财会通讯，2017（4）：39-43.

黄立清，邢占军．幸福指数量表在我国内地城市居民中的初步试用研究［J］．中国行为医学科学，2005（5）：464-465.

黄敏儿，郭德俊．大学生情绪调节方式与抑郁的研究［J］．中国心理卫生杂志，2001，15（6）：438-441.

黄婷婷，刘莉倩，王大华，等．经济地位和计量地位：社会地位比较对主观幸福感的影响及其年龄差异［J］．心理学报，2016，48（9）：1163-1174.

黄希庭，李继波，刘杰．城市幸福指数之思考［J］．西南大学学报（社会科学版），2012，38（5）：83-91.

黄希庭，苏彦捷．心理学与人生（第二版）［M］．广州：暨南大学出版社，2010.

黄希庭．心理学导论（第二版）［M］．北京：人民教育出版社，2007.

黄希庭，郑涌．心理学导论（第三版）［M］．北京：人民教育出版社，2015.

黄媛，陈英耀，梁斐，等．专家评价法在某市公立医疗机构公益性评价中的应用［J］．中国卫生资源，2012，15（4）：299-300.

贾黎斋，王宇中，赵山明．夫妻心理健康、婚姻质量及其关系研究［J］．中华行为医学与脑科学杂志，2010，19（6）：529-531.

姜德顺．"民族"一词的意译及音译［J］．世界民族，2002（5）：77-78，81.

姜文波，李茂山，刘建伟．探究地理环境对我国南北方发展的影响［J］．科教文汇（中旬刊），2009（7）：279-279.

姜永杰，杨治良．《大学生主观幸福感问卷》的编制［J］．湖南师范大学教育科学学报，2008，7（6）：115-119.

蒋大国. 当代凉山彝族青少年民族认同与国家认同整合研究——以西昌市彝族大中学生为例[D]. 昆明：云南大学，2011.

蒋奖，秦明，克燕南，等. 休闲活动与主观幸福感[J]. 旅游学刊，2011，26 (9)：74-78.

金炳镐，毕跃光，韩艳伟. 民族与族群：是概念的互补还是颠覆？——民族理论前沿研究系列论文之二[J]. 黑龙江民族丛刊，2012(2)：4-15.

金炳镐，孙军，肖锐. 民族问题"去政治化"、"文化化"："新思路"还是"老套路"？——民族理论前沿研究系列论文之三[J]. 黑龙江民族丛刊，2012(3)：1-16.

金尚会. 中国彝族文化的民族学研究[D]. 北京：中央民族大学，2005.

金盛华，田丽丽. 中学生价值观、自我概念与生活满意度的关系研究[J]. 心理发展与教育，2003，19(2)：57-63.

靳宇倡，何明成，李俊一. 生命意义与主观幸福感的关系：基于中国样本的元分析[J]. 心理科学进展，2016，24(12)：1854-1863.

康君. 幸福涵义与度量要素[J]. 中国统计，2006(9)：18-20.

康钊. 对心理健康标准的现代诠释[J]. 现代教育科学，2006(10)：54-56.

孔维民. "一方水土一方人"——南方人与北方人性格差异及其成因初探[J]. 淮北煤师院学报(社会科学版)，1992(2)：55-61.

赖先荣，张丹，俞佳，等. 彝族《医算书》文献价值与医学价值初探[J]. 环球中医药，2014(7)：527-531.

乐国安，陈浩，张彦彦. 进化心理学择偶心理机制假设的跨文化检验——以天津、Boston两地征婚启事的内容分析为例[J]. 心理学报，2005，37(4)：561-568.

乐正. 2006年：中国深圳发展报告[M]. 北京：社会科学文献出版社，2006.

黎蓉，金江. 工作满意度、年龄与主观幸福感——基于武汉市城镇居民的分析[J]. 华南理工大学学报(社会科学版)，2011，13(2)：90-94.

黎昕，赖扬恩，谭敏. 国民幸福指数指标体系的构建[J]. 东南学术，2011 (5)：66-75.

李朝霞．温州城市居民幸福指数现状调查与研究[J]．浙江社会科学，2011（6）：148-152.

李陈．中国36座中心城市人居环境综合评价[J]．干旱区资源与环境，2017，31（5）：1-6.

李二玲，覃成林．中国南北区域经济差异研究[J]．地理学与国土研究，2002（4）：76-78.

李峰，唐颖，严丽萍，等．家庭因素和健康状况对老年人幸福感的影响[J]．中国健康教育，2017，33(10)：867-870，893.

李虹．自我超越生命意义对压力和健康关系的调节作用[J]．心理学报，2006(3)：422-427.

李建明．中国人的心理健康标准与评价要素[J]．中国健康心理学杂志，2012，20(2)：169.

李静，郭永玉．金钱对幸福感的影响及其心理机制[J]．心理科学进展，2007，15(6)：974-980.

李静，郭永玉．如何破解中国的"幸福悖论"[J]．华中师范大学学报(人文社会科学版)，2011，50(6)：155-160.

李静，郭永玉．收入与幸福的关系及其现实意义[J]．心理科学进展，2010，18(7)：1073-1080.

李静，郭永玉．收入与幸福感关系的理论[J]．心理研究，2008(1)：28-34.

李静，郭永玉．物质主义及其相关研究[J]．心理科学进展，2008(4)：637-643.

李静，种媛．幸福感研究中民族特质的影响作用[J]．西南民族大学学报(人文社科版)，2015，36(12)：213-218.

李军．以国民幸福指数为导向的中国地方政府绩效评价体系研究[D]．济南：山东大学，2013.

李磊，刘鹏程，孙姍．男性与女性，谁更幸福[J]．统计研究，2017，34(7)：82-93.

李立，徐莉．城市少数民族流动人口综合幸福感及其影响因素探究——以武汉市为例[J]．黑龙江民族丛刊，2013(5)：21-26.

李丽娜，赵璋，任璐璐，等．阿尔茨海默病患者照料者生命质量与主观幸福感的关系[J]．中国健康心理学杂志，2017，25(4)：501-504．

李实，马欣欣．中国城镇职工的性别工资差异与职业分割的经验分析[J]．中国人口科学，2006，2006(5)：2-13．

李涛，史宇鹏，陈斌开．住房与幸福：幸福经济学视角下的中国城镇居民住房问题[J]．经济研究，2011(9)：69-82．

李维．风险社会与主观幸福：主观幸福的社会心理学研究[M]．上海：上海社会科学院出版社，2005．

李响，邢清华，王小光，等．指标体系的构建原理与评价方法研究[J]．数学的实践与认识，2012，42(20)：69-74．

李杏．幸福指数指标体系建构[J]．决策与信息(财经观察)，2008(11)：144-145．

李学信．社区卫生服务导论(第3版)[M]．南京：东南大学出版社，2007．

李雪铭，晋培育．中国城市人居环境质量特征与时空差异分析[J]．地理科学，2012，32(5)：521-529．

李艳兰．自我效能感、婚姻调适、职业压力与中小学班主任主观幸福感的关系[J]．中国临床心理学杂志，2010，18(3)：363-365．

李义安，张金秀．高中生心理韧性与主观幸福感和心理健康的关系[J]．中国学校卫生，2011，32(7)：797-799．

李远远．基于粗糙集的指标体系构建及综合评价方法研究[D]．武汉：武汉理工大学，2009．

林洪，孙求华．中国国民幸福统计研究十年简史[J]．统计研究，2013，30(1)：37-43．

林南，卢汉龙．社会指标与生活质量的结构模型探讨——关于上海城市居民生活的一项研究[J]．中国社会科学，1989(4)：75-97．

林添福．福州市居民幸福指数指标体系的建构[J]．福建商学院学报，2017(2)：74-80．

林增学．心理健康结构维度的研究概述及理论构想[J]．社会科学家，2000(6)：64-68．

刘华山．心理健康概念与标准的再认识[J]．心理科学，2001，24(4)：480-481.

刘杰，李继波，黄希庭．城市幸福指数问卷的编制[J]．西南大学学报(社会科学版)，2012,38(5)：92-99.

刘利．幸福感评价体系的缺陷及其未来研究方向[J]．成都大学学报(社会科学版)，2015(5)：1-5.

刘孟超，黄希庭．希望：心理学的研究述评[J]．心理科学进展，2013,21(3)：548-560.

刘敏．北京市公务员和科技人员亚健康及生活状况调查[D]．中国疾病预防控制中心，2011.

刘仁，卞树檀，于强．评估指标体系构建的方法研究[J]．电子设计工程，2013,21(1)：34-36.

刘仁刚，龚耀先．老年人主观幸福感及其影响因素的研究[J]．中国临床心理学杂志，2000,8(2)：73-78.

刘仁刚，龚耀先．纽芬兰纪念大学幸福度量表的试用[J]．中国临床心理学杂志，1999,7(2)：107-108.

刘舒阳，陈红，胡媛艳．幸福感提升：跨文化研究及其在我国的应用前景[J]．西南大学学报(社会科学版)，2014,40(5)：95-104,183.

刘舒阳．高低幸福感人群的面部情绪敏感性差异研究[D]．重庆：西南大学，2016.

刘伟，蔡志洲．经济增长与幸福指数[J]．人民论坛，2005(1)：39-41.

刘显翠．汉族、土族、回族中学生的民族认同与主观幸福感关系的跨文化研究[D]．兰州：西北师范大学，2008.

刘翔平．当代积极心理学[M]．北京：中国轻工业出版社，2010.

刘向东，陶涛．幸福感评价指标体系研究——基于"幸福圈层理论"的实证分析[J]．中国人民大学学报，2012(5)：99-107.

刘影，桑标，龚少英，等．情绪表达抑制功能的文化差异[J]．心理科学进展，2016,24(10)：1647-1654.

刘正发．凉山彝族家支文化特性初探[J]．中央民族大学学报(哲学社会科学版），2008（4）：50-54.

陆杰华，王笑非.20世纪90年代以来我国婚姻状况变化分析[J].北京社会科学，2013（3）：62-72.

陆洛.华人的幸福观与幸福感[J].心理学应用探索，2007，9（1）：19-30.

陆益龙."门当户对"的婚姻会更稳吗？——匹配结构与离婚风险的实证分析[J].人口研究，2009（2）：83-93.

罗布合机.积极稳妥地处理彝族家支问题[J].民族研究，1999（3）：108-111.

罗建文，赵嫦娥.论居民幸福指数的评价指标体系及测算[J].湖南科技大学学报（社会科学版），2012，15（1）：43-51.

罗菊花，金水高，翟凤英，等.家庭经济状况评价指标探讨[J].卫生研究，1996（S1）：103-106.

罗丽萍.彝族大学生主观幸福感及影响因素研究[D].重庆：西南大学，2010.

罗利，周天梅.中学生感恩与主观幸福感的关系：抗挫折能力与社会支持的中介作用[J].心理发展与教育，2015，31（4）：467-474.

罗竖元.回顾与展望：居民主观幸福感的内涵、测量与影响因素研究述评[J].理论导刊，2014（3）：89-92.

罗雪峰，沐守宽.高中生感恩对心理幸福感的影响：领悟社会支持和基本心理需要的链式中介作用[J].心理科学，2017，40（4）：878-884.

请扫码了解更多

图书在版编目（CIP）数据

中国人幸福感研究：国民幸福指数的建构与应用 / 陈红著. —北京：北京师范大学出版社，2023.2

（心理学与社会治理丛书）

ISBN 978-7-303-27613-4

Ⅰ. ①中… Ⅱ. ①陈… Ⅲ. ①居民－幸福－研究－中国 Ⅳ. ①D668

中国版本图书馆 CIP 数据核字（2021）第 269408 号

图 书 意 见 反 馈　gaozhifk@bnupg.com　010-58805079
营 销 中 心 电 话　010-58807651
北师大出版社高等教育分社微信公众号　新外大街拾玖号

出版发行：北京师范大学出版社　www.bnup.com
　　　　　北京市西城区新街口外大街 12-3 号
　　　　　邮政编码：100088
印　　刷：北京盛通印刷股份有限公司
经　　销：全国新华书店
开　　本：787 mm×1092 mm　1/16
印　　张：25
字　　数：314 千字
版　　次：2023 年 2 月第 1 版
印　　次：2023 年 2 月第 1 次印刷
定　　价：118.00 元

策划编辑：沈英伦　　　　　　　责任编辑：宋　星
美术编辑：李向昕　　　　　　　装帧设计：李向昕
责任校对：陈　荟　　　　　　　责任印制：马　洁